Carl Richter

Kriegstagebuch eines Sanitätsoffiziers

Beim Stabe des Generalkommandos des X. Armeekorps aus den Jahren 1870-1871

Carl Richter

Kriegstagebuch eines Sanitätsoffiziers
Beim Stabe des Generalkommandos des X. Armeekorps aus den Jahren 1870-1871

ISBN/EAN: 9783743615557

Hergestellt in Europa, USA, Kanada, Australien, Japan

Cover: Foto ©ninafisch / pixelio.de

Weitere Bücher finden Sie auf **www.hansebooks.com**

Kriegs-Tagebuch

eines

Sanitäts-Offiziers

beim Stabe

des General-Commandos des X. Armeecorps

aus

den Jahren 1870—71.

~~~~~~

Von

Dr. Carl Richter,

Oberstabsarzt a. D. in Boppard a. Rhein.

Rathenow 1892.
Verlag von Max Babenzien.

Seiner Excellenz

dem

Herrn Reichskanzler des deutschen Reiches, General der Cavallerie,
Inhaber des Hohen Ordens vom Schwarzen Adler,
Ritter hoher und höchster Orden,

Herrn Graf von Caprivi,

ehemaligem Chef des General=Stabes, später commandirendem
General des 10. Armeecorps

als Zeichen tief empfundener Dankbarkeit und aufrichtiger,
treuer Verehrung

hochachtungsvoll gewidmet

vom Verfasser

Dr. Karl Richter, Oberstabsarzt a. D.

Excellenz!

Kaum würde ich es gewagt haben, Euer Excellenz um das gütige Wohlwollen zu bitten, die Widmung meines „Kriegs=Tagebuches" huldvoll entgegennehmen zu wollen, wenn ich nicht die leise Hoffnung hegte, daß es mir mit Hülfe meiner Tag für Tag gemachten, ausführlichen Aufzeichnungen und der Briefe, welche ich damals an Eltern und Geschwister geschrieben habe, vielleicht gelungen sein dürfte, meine vielseitigen Erlebnisse beim General=Commando des X. Armee=Corps während des Krieges 1870—71 getreu und unverfälscht so zu schildern, wie ich sie damals als Sanitäts=Offizier aufgefaßt und empfunden habe. — Ich habe es deshalb auch unterlassen, die in meinem Tagebuche enthaltenen Angaben, Urtheile und Schilderungen selbst da nicht, wo es sich um specifisch Militairisches handelt, mit den später ermittelten, authentischen, amtlichen Zahlen und thatsächlichen Feststellungen zu vergleichen und nach denselben abzuändern, oder richtig zu stellen. — Es sollen diese meine Aufzeichnungen ja keineswegs einen besondern geschichtlichen Werth beanspruchen, oder als objective Schilderungen positiver Thatsachen gelten, sondern sie sollen einfach nur die subjectiven Eindrücke von selbsterlebten Vorgängen so wiedergeben, wie diese sich der jedes=maligen Lage und Stimmung entsprechend mir dargestellt haben und frisch niedergeschrieben worden sind.

Da an den meisten geschilderten Ereignissen nicht nur das ganze General=Commando mehr oder weniger betheiligt gewesen ist, sondern auch die verschiedenen Truppentheile des X. Armee=Corps die Hauptsachen mit erlebt und mit durchgemacht haben, so glaube ich nicht ganz mit Unrecht annehmen zu dürfen, daß die Schilderungen meines Tagebuches für zahlreiche Mitkämpfer des damaligen X. Armee-Corps gleichsam eine erwünschte Skizze, eine Art Untermalung des großen Kriegsbildes darstellen werden, in welches jeder Mitbetheiligte sehr leicht seine eigenen Erlebnisse wird einzeichnen können.

Euer Excellenz aber dürften wohl vor Allen diese Kriegs-Erinnerungen den größten Theil der eigenen Erlebnisse dieser großen, unvergeßlichen Zeit ins Gedächtniß zurückzurufen im Stande sein. Sollten daher diese Blätter es zu erreichen vermögen, Euer Excellenz hin und wieder eine kleine Erfrischung und eine angenehme Stunde der Rückerinnerung an die Freuden und Leiden des Kriegslebens zu bereiten und somit, wenn auch nur eine geringe Kleinigkeit dazu beitragen, Euer Excellenz die drückende Schwere der dem deutschen Vaterlande gewidmeten Sorge und Mühe und der für alle Schichten des deutschen Volkes ebenso segensreichen, wie verantwortlichen Thätigkeit auf kurze Zeit zu erleichtern, so würde meine kleine Arbeit mich schon unerwartet reich belohnen.

Möchte es mir vergönnt sein, meiner tief empfundenen Dankbarkeit in dieser Weise einen schwachen Ausdruck zu verleihen für das Wohlwollen und stete Interesse, durch welches Euer Excellenz noch bis in die letzte Zeit hinein hochbeglückt haben

Euer Excellenz

in vorzüglichster Hochachtung und unwandelbar treuer Verehrung

gehorsamsten,

mehrjährigen directen Untergebenen in Kriegs- und Friedenszeit,

den Verfasser.

Boppard a. Rh., am 6. März 1892.

Inhalts-Verzeichniß.

I. Von der Mobilmachung bis zur Kapitulation von Metz.

Mobilmachung und Aufmarsch des 10. Armeekorps.

(13. Juli bis 1. August 1870.)

Schon am 13. und 14. Juli 1870 herrschte in der Stadt Hannover in allen militairischen Kreisen eine schwüle, unheimliche Stimmung. Mit Ungeduld und Spannung wartete man auf die wichtige Entscheidung, ob Frankreich es wagen würde, den großen blutigen Kampf mit Deutschland schon jetzt heraufzubeschwören, oder ob beide Gegner noch länger mit halbgezückten Schwertern mißtrauend sich gegenüber stehenbleiben würden. — Auch ich durfte an diesen Tagen die Stadt nicht verlassen, um sofort bei etwa eintreffender Mobilmachungsordre mit den Einberufungsordres für die Militair= ärzte beginnen zu können. Im Stillen waren auf dem General= ärztlichen Bureau alle hierzu nöthigen Vorkehrungen getroffen worden.

15. Juli. Die Gewitterwolken schienen sich wieder verzogen zu haben; mir wurde gestattet, die Stadt zu verlassen und so besuchte ich denn ruhig das an diesem Tage auf der Bult bei Hannover stattfindende Wettrennen und ging dann mit den Kameraden heiter und guter Dinge zum Abendconcert in den Tivoli=Garten. Es war ein herrlicher Sommerabend und der Concertgarten ziemlich bis auf den letzten Platz mit fröhlichen und heiteren Menschen gefüllt. — Es mochte kurz nach 8 Uhr Abends sein, als sich unter den zahl= reich anwesenden Offizieren eine sich mehr und mehr steigernde, freudige Erregung zeigte; hier und dort sah man Gruppen der= selben sich lebhaft unterhalten; bald auch hörte man von anderen Seiten von Kriegserklärung und Mobilmachung flüstern. Da erschien plötzlich die hohe, stattliche Gestalt des Generalstabs = Chefs 10. Armeecorps, des Majors v. Caprivi auf den Stufen der hell= erleuchteten Musik=Estrade, der mit entblößtem Haupte und laut=

1

schallender Stimme die soeben eingetroffene französische Kriegs=
Erklärung verlas und mit einem Hoch auf den höchsten Kriegsherrn,
unsern König Wilhelm schloß, in welches sämmtliche Anwesenden,
namentlich die Offiziere donnernd einfielen unter dem Tusch des
Musikcorps. — An eine Fortsetzung des Concertes war natürlich
nicht mehr zu denken; unter unendlichem Jubel und nicht enden=
wollenden Hochrufen auf den König begleitete die Menge die heim=
kehrenden Offiziere und mit Sturmesgewalt brauste die Botschaft
und jubelnde Freude durch die ganze Stadt und rief überall den
gleichen Jubel hervor. — Schnell wurden von allen Seiten Fackeln
herbeigebracht, die Blumenläden mußten ihre Vorräthe an Kränzen,
Blumen und grünen Gewinden hergeben und bald ordnete sich ein
stattlicher Zug von Fackeln, Lampions, Fahnen und Kränzen tragenden
Menschen, der von Minute zu Minute sich vergrößerte. Unter den
Klängen der „Wacht am Rhein", welche von der mitmarschierenden
Tivoli=Kapelle angestimmt wurde, durchzog die ungeheure Menge
die Straßen, um den militairischen und städtischen Behörden
Serenaden zu bringen und ihre Freude darüber auszudrücken, daß
die unserm geliebten Könige angethane, persönliche Beleidigung, die
unerhörte Anmaßung des übermüthigen Franzmannes durch deutsche
Fäuste kräftig zurückgewiesen werden sollte. Keine Ungehörigkeit
oder Rohheit brachte einen Mißton in diese erhebende, großartige
Kundgebung und erst in später Nacht verstummte allmählich der
Jubel und die freudige Erregung.

Noch am Abend brachte ich dem Generalarzt die entscheidende
Botschaft und bestellte mir die nöthige Hülfe an Schreiber für den
folgenden arbeitsschweren Tag.

16. Juli. Um 7 Uhr Morgens war im Bureau Alles zum Beginn
der Mobilmachungsarbeiten bereit, um 8½ Uhr traf die Mobil=
machungsordre und ½ Stunde später endlich auch die sehnlichst
erwartete Bestätigung unseres Mobilmachungs=Planes aus Berlin
ein. Und nun begannen Tage saurer, anstrengender Arbeit. Vier
Schreiber zu beschäftigen und zu controlliren, welche zeitweise
sämmtlich nach meinem Dictat gleichzeitig verschiedene Schreiben anzu=
fertigen hatten, dabei selbst mitarbeiten und unausgesetzt mündliche
Anfragen erledigen, das war keine leichte Arbeit und kostete bei der
herrschenden Hundstagswärme manchen Schweißtropfen. Doch
Jeder arbeitete mit Lust und Freudigkeit, Niemand wurde lässig,

ober der ungewohnten Arbeit überdrüssig. Und so wurde es uns
möglich bis Abends 11½ Uhr sämmtliche Einberufungs-Ordres, die
Benachrichtigungen an die Landwehr-Bezirke und Truppentheile der
Post zu übergeben. Und ich kann stolz hinzufügen, bei dieser großen
Anzahl von mehr als 300 Schreiben ist auch nicht der geringste
Irrthum vorgefallen, kein Brief verloren gegangen, oder als unbestellbar zurückgesandt worden. In ähnlich arbeitsvoller Weise
verliefen die folgenden 14 Tage bis zum Ausmarsche. Anfragen,
Abänderungen, Anordnungen, das Mobilisieren der Sanitäts-
Detachements und Feldblazarethe u. s. w. hielten uns unausgesetzt
in Athem und es kam mir wie eine goldene Zeit vor, als wir
endlich dem Bureau den Rücken kehren und die Garnison verlassen
konnten. — An meine eigene Ausrüstung hatte ich kaum denken
können. Sättel, Zaumzeug u. dergl. waren in der ganzen Stadt
nicht mehr aufzutreiben, so daß ich froh war, von einem Freunde
diese Sachen in noch brauchbarem Zustande erhalten zu können.
Mein junges Remonte-Pferd hatte ich noch nicht einmal gesehen,
der Bericht meines Burschen aber, daß er täglich ein butzend Mal
abgeworfen sei und selbst der Reitlehrer dasselbe nur schwer regieren
könne, waren keineswegs für mich sehr ermuthigend. Indessen
erreichte ich es noch, daß mein und des Corps-Stabs-Apothekers
junges Pferd beim Train-Bataillon gegen ältere, gut gerittene und
ruhige Stammpferde umgetauscht wurden. Wie werthvoll dies für
mich war, erkannte ich erst später, denn nicht nur ertrugen diese
Pferde alle Anstrengungen vorzüglich, sondern ihre Sicherheit und
Ruhe waren mir auch in mancher gefahrvollen und unangenehmen
Lage von dem größten Nutzen. — In diese arbeitsvolle Zeit
fiel noch der Beginn der Ausbildung von freiwilligen Kranken-
trägern, welche ich übernommen hatte; indessen konnte ich nur die
erste Uebung selbst leiten. Nie werde ich die Begeisterung vergessen,
mit der Jung und Alt sich dem Liebesdienste widmeten, und die
Spannung und Aufmerksamkeit, mit der die den großen Turnsaal
bis zum letzten Platze füllende Versammlung meinem ersten und
leider letzten Vortrage folgten.

Eine trübe, schwere Stunde war es dagegen, als ich von
meinem einzigen Bruder Abschied nehmen mußte, der nach kaum
beendeter Einjähriger-Dienstzeit als Unteroffizier zum 73. Infanterie-
Regiment einberufen war. Wer konnte sagen, ob der Abschiedsgruß

den er mir aus dem nach Wesel dampfenden Zuge zuwinkte, nicht
der letzte war, ob es nicht ein Abschied fürs Leben gewesen sei.
Aber die gewaltige Arbeit und freudige Aufregung dieser Tage ließ
kein längeres Grübeln und Nachdenken zu, wie im Traume flogen
die Tage vorüber, ungeahnt schnell war die Trennungsstunde von
der Heimath, von den Lieben da. Doch auch die Abspannung war
so groß, daß selbst der Abschied keinen nachhaltigen, tieferen Eindruck mehr hervorrufen konnte, vielmehr ein Gefühl der Erleichterung
und des Wohlbehagens brachte, daß jetzt eine Zeit der Ruhe und
Erholung nach den anstrengenden Wochen der Mobilmachungs-
Arbeiten angebrochen sei.

29. Juli. Endlich war Alles zum Aufbruch bereit und unbekannt
mit dem Endziele unserer Fahrt bestiegen wir 8½ Uhr Morgens
den für das General-Commando 10. Armeecorps bereitgestellten Eisen-
bahnzug. — Eine ungeheure Menschenmenge umgab den Bahnhof
und bildete eine feste Mauer längs des ganzen Zuges. Eine
Kapelle spielte bald Kriegs-, bald Abschiedslieder, Damen aus allen
Ständen überreichten den Scheidenden Blumenspenden, Herren im
Frack kredenzten schäumenden Champagner und von allen Seiten
drückte man uns die Hand zum Abschied und rief uns Segens-
wünsche zu. Unter brausenden Hoch- und Hurrahrufen setzte sich
endlich der Zug in Bewegung und selbst jetzt noch wurden uns
Blumen und Champagnerflaschen in die Coupees gereicht, obgleich
schon aus jeder Wagenecke eine Roth- oder Rheinweinflasche uns
freundlich entgegen lächelte. In die Kissen des Coupees uns bequem
zurücklehnend, sahen wir langsam die Stadt am Horizonte verschwinden ohne besonderes Schmerz- oder Trauergefühl zu empfinden.
Noch ein Gruß und Hannover lag für eine lange, bange Zeit
hinter uns, glücklicher Weise für Keinen von unserem Stabe für
immer.

Langsam und unter häufigem Aufenthalt auf den Stationen
ging es dem Rheine zu. Auf allen Bahnhöfen wurden wir von
der zahlreich erschienenen Bevölkerung freudig begrüßt, reichlich
bewirthet und mit froher Hoffnung und frommen Wünschen entlassen. In Dortmund erhielten wir spät Abends die Nachricht von
dem angeblichen Siege der Franzosen bei Saarbrücken, dieselbe
wurde auch allen Mannschaften mitgetheilt, rief indessen bei Niemand
auch nur die geringste Besorgniß oder Entmuthigung hervor. „Wir

werden es ihnen schon heimzahlen!" hieß es überall. Denn daß der bevorstehende Kampf etwa ein leichter sein werde, erwartete Niemand und selbst unsere kühnsten Hoffnungen und Wünsche verstiegen sich nicht zu dem Glauben, daß wir stets aus jeder Schlacht als Sieger hervorgehen würden. Doch das stand bei Allen fest, wir können wohl in einzelnen Schlachten geschlagen werden, doch nie würden wir Deutschen, so lange noch ein Arm das Gewehr tragen, eine Hand die Klinge führen könne, eine Unterwerfung unter die Macht der Franzosen dulden, nie ein Deutscher es zugeben, daß die linke Seite des Rheins an Frankreich falle. In uns Allen hallten die schönen großen Worte Arndt's wieder: „Der Rhein Deutschland's Strom, nicht Deutschlands Grenze!"

30. Juli. Um 2 Uhr Morgens rasselte unser schwerer Zug über die donnernde Rheinbrücke nach Köln, aus dunkler Nacht blickte stumm und majestätisch der Prachtbau des Domes zu uns herüber. Doch weiter ging es nach kurzem Aufenthalt am linken Rheinufer aufwärts; ein neidischer Nebel und feiner Regen entzog leider die Schönheit des herrlichen Thales unsern Blicken. Um 10 Uhr Morgens nach 26stündiger Fahrt langten wir, noch müde von der durchwachten und durchdachten Nacht, in Bingerbrück an, wo wir sofort ausgeschifft wurden. Wir wurden ½ Stunde oberhalb Bingens in der herrlichen Villa Landy einquartirt und für den weiten Weg durch die wundervolle Aussicht auf Bingen, den Rhein mit seinen schönen Ufern, den Niederwald und einen großen Theil des Rheingaues, sowie durch ausgezeichnete Verpflegung und die herzlichste Liebenswürdigkeit und Freundlichkeit unseres Wirthes reichlich entschädigt. Nur ungern schieden wir von dort und haben uns noch oft genug während des Feldzuges nach diesem unsern ersten wundervollen Quartier zurückgesehnt.

31. Juli. Als wir Nachmittags in Rüdesheim die dort liegenden Feldlazarethe inspicirten, erwartete uns noch ein besonderer Genuß, indem der liebenswürdige Quartierwirth eines der Chefärzte, ein großer Weinbergbesitzer uns eine Flasche seines besten alten Rüdesheimer Weines vorsetzte. Es war ein herrlicher, aber auch ein kostbarer Tropfen, der uns hier credenzt wurde. Unsere Absicht, uns hiervon einige Flaschen mit zunehmen, gaben wir denn auch sofort auf, als wir uns nach dem Preise erkundigt hatten. Spät Abends noch hatte ich meinen ersten Ordonnanzritt auszuführen, jedoch nicht zu Pferde, sondern per Dampfer nach Rüdesheim, und ich mag wohl mit nicht geringem stolzen Selbstbewußtsein dem Kapitain des dienstlich zur Verfügung stehenden Schiffes die Worte zugerufen haben: Auf Befehl des Königl. General = Kommandos 10. A. C. bitte ich mich sofort nach R. zu fahren und dort meine Rückkehr zu erwarten.

Höchst angenehm beschlossen wir diesen ersten Tag des Feldzuges mit einem ausgezeichneten Abendessen auf der Villa gemeinschaftlich mit unsern liebenswürdigen Wirthen, deren Herzlichkeit uns Nord= Deutsche ganz besonders wohlthuend anheimelte.

Vormarsch des X. Armee-Corps gegen Metz.
(1.—15. August 1870.)

1. August. Ganz heiter gestaltete sich unser Aufbruch am nächsten Morgen. Unser Corps=Stabs=Apotheker, der mir ein lieber, treuer, stets hülfsbereiter und zuverlässiger Freund geworden ist, hatte zu= fällig ein ziemlich großes und wohlgerundetes Pferd erhalten, während er selbst unter mittelgroß und untersetzt war, so daß er ohne Hülfe unmöglich in den Sattel kommen konnte. Seine bisherigen Reit= studien hatten sich auf einen einzigen Versuch in der Reitbahn beschränkt, dennoch war er nicht zu bewegen seine etwas langen und scharfen Sporen abzulegen. Kaum hatte der Bursche ihn von der einen Seite auf das Pferd hinaufgehoben, wobei die Sporen dasselbe unruhig machten, so flog er auch schon zur andern Seite wieder herunter. Erst nachdem er sich entschlossen hatte, die Sporen abzulegen, konnte er sich im Sattel halten, und ohne weiteren Unfall gelangte er zwischen Herrn Generalarzt und mir reitend nach Bingen. Nach kurzer Rast brachen wir mit dem Generalkommando wieder auf. Im Trabe ritten wir an den ver= schiedenen Truppen vorbei, wobei der Stabs=Apotheker zwischen dem Artillerie=Inspections=Adjutanten O. und mir reitend sich wacker hielt. Als wir aber auf freier Chaussee waren und die jungen, durch die Eisenbahnfahrt noch aufgeregten Pferde der Adjutanten und Ordonnanz=Offiziere in allen Gangarten auf dem breiten Wege herumzutanzen und unruhig zu werden begannen, und ich obendrein in Folge Zerreißens eines Steigbügelriemens den Stabsapotheker allein seinem Schicksal überlassen mußte, da verunreinigte er sich sehr bald mit seinem Pferde, verwirrte sich mit den Zügeln und wurde, als er einen unnöthigen Sprung über den Chausseegraben ausführte, sanft auf das weiche Ackerfeld abgeworfen. Das in voller Hast vorbei galoppirende, reiterlose Pferd brachte uns die Kunde von dem Unfall, mir aber die willkommene Gelegenheit von meinem defecten Sattel herunter zu kommen. Schnell bestieg ich das eingefangene Pferd und eilte zu unserem Freunde zurück, den ich zum Glück unverletzt fand und in unsern äußerst bequemen Actenwagen setzen konnte, den er von da ab stets benutzte, so daß mir nunmehr 2 Reitpferde zur Verfügung standen, die mir namentlich bei den Schlachten sehr von Nutzen waren. Herr Generalarzt und ich trennten uns bald vom Stabe, um zunächst in Kreuznach nach den dort einzurichtenden Kriegslazarethen zu sehen; wir fanden Alles bereits gut vorbereitet und Herrn Dr. F. mit der Oberleitung betraut. Nach einem erfrischenden Bade und einigen Gläsern vorzüglichen Bieres ritten wir in unser 1½ Meilen entferntes Quartier Sprendlingen, wo wir leiblich gut unterkamen.

2. August. Der Ruhetag in dem kleinen, abseits der Verkehrsstraße liegenden Städtchen Sprendlingen war ziemlich langweilig; ich benutzte den Nachmittag, um unsere jungen Actenwagen = Pferde, 2 wundervolle helle Füchse etwas einzufahren, da dieselben sehr lebhaft und hitzig waren.

3. August. Es war ein sehr heißer Tag, so daß auf dem kaum mehr als 2 Meilen langen Marsche bis Fürfeld, wo wir um 11 Uhr eintrafen, gegen 20—30 Mann, namentlich vom 78. und 73. Regimente am Wege liegen blieben und nachgefahren werden mußten. Die Ursache war zum Theil Hitzschlag, zum Theil plötzliche Brustfellentzündung, auch hatte ein sehr starker Mann einen heftigen epileptischen Anfall. Ein Todesfall war jedoch nicht zu beklagen. Bei dem alten Herrn Pfarrer Pfeifer wurden wir sehr freundlich aufgenommen und gut verpflegt, er stand nicht an, zu dem ausgezeichneten Mittagessen von den besten alten Weinsorten aus seinem Keller herauszulangen, vorzüglich war auch sein alter milder Portwein, mit dem er uns auch noch unsere Feldflaschen füllte.

4. August. Durch waldreiches, bergiges Terrain wurde bei starker Hitze der Marsch nach Meisenheim fortgesetzt, doch war die Zahl der Maroden ziemlich gering. Das Städtchen liegt in dem engen, bewaldeten Glanthal recht romantisch.

5. August. Unser Marsch führte uns durch das schöne, an Abwechselung reiche Glanthal nach Kusel. Hier erfuhren wir von unserem Siege bei Weißenburg und feierten denselben heiter und frohen Muthes, so gut es gehen wollte, in dem kleinen Gasthause.

6. August. Erst Mittags erfolgte der Weitermarsch nach Waldmoor, wo wir das erste schlechte Quartier fanden und ich auf einem alten Sopha schlafen mußte. Zudem wurde Nachts 3 Uhr alarmirt, jedoch erst am Morgen 6 Uhr weitermarschirt.

7. August. Unser nächstes Quartier St. Ingbert erreichten wir schon um 10 Uhr, und fanden hier die ersten Verwundeten, ca. 100 Franzosen, welche ohne jede Hülfe und Pflege dort zurückgelassen waren. Schnell ritt ich zum nächsten, etwa 1 Meile entfernt liegenden 2. Sanitäts-Detachement und holte die Aerzte desselben, das nöthige Pflege- und Wärterpersonal, sowie Instrumente, Verbandmittel 2c. herbei. Erst Abends gegen 10 Uhr waren die letzten nothwendigsten Operationen beendet, alle Verwundeten gut versorgt, und zwei dortige Collegen, Dr. Krieger und Ehrhardt, mit der weiteren Behandlung derselben betraut.

Es waren dies die ersten Verwundeten, welche in diesem Kriege von Aerzten des 10. Armeekorps behandelt und die ersten Operationen, die ausgeführt wurden, und zwar eine Amputation des Oberschenkels bei dem Musketier Neumann vom 40., sowie bei M. Dufeau und Regis vom 66. Infanterie-Regiment (Stabsarzt Dr. Thelemann und Dr. Höstermann); auch ich machte hier meine erste größere Operation, eine Amputation des Oberarmes bei einem französischen Artilleristen.

8. August. Um 4½ Uhr Morgens ausmarschirt, erreichten wir um 9½ Uhr die französische Grenze zwischen Klein-Blittersdorf und Groß-Bliedersdorf. Kurz vorher war ein längerer Halt gemacht worden, um die ganze 20. Division hier zu sammeln. Beide Dörfer werden nur durch das kleine Grenzflüßchen Blies getrennt und durch eine ziemlich lange Brücke wieder verbunden. Auf der Mitte dieser Brücke befand sich die deutsch-französische Grenzlinie, das Geländer jeder Hälfte derselben prangte in den betreffenden Landesfarben. Dicht vor der Brücke machten wir Halt, dem General-Kommando zunächst folgte das Trompeterkorps und 1 Escadron der 9. Dragoner, dahinter dicht aufgeschlossen die übrigen Truppen. Der kommandirende General und sein Stabs-Chef sprengten bis zur Mitte der Brücke, machten dort Kehrt, und nun hielt der General eine kurze, kernige Ansprache an die Soldaten, worin er besonders betonte, daß wir nicht aus Eroberungssucht, sondern von Frankreich gezwungen den Krieg nur zu unserer Vertheidigung führten. In diesem Sinne überschritten wir auch jetzt auf Befehl unseres höchsten Kriegsherrn die französische Grenze. Das am Schluß auf den König Wilhelm ausgebrachte Hoch brauste unter Jubel und stolzer Freudigkeit durch die langen, dichten Reihen der Vaterlandskämpfer, und mit schmetternden Trompeten und unaufhörlichem Hurrah- und Hochrufen wurde das Grenzflüßchen überschritten und die ersten französischen Wohnstätten passirt. Um 10½ Uhr rückten wir dann in Saargemünde ein, wo auf dem Bahnhofe und in Magazinen eine bedeutende Menge von Proviant, Bekleidungsgegenständen u. dgl. vorgefunden und an die Truppen vertheilt wurde. Auch hatten wir wieder für 7 bis 800 französische Verwundete zu sorgen, die ohne ärztliche Hülfe bei mangelhafter Verpflegung und Pflege zurückgelassen waren. — Dort fanden wir auch den schwerverwundeten General Douain, dem der Oberarm im Schultergelenke amputirt werden mußte (Stabsarzt Dr. Groos). — Als wir ihn sahen hatte der Verband soeben, wenige Stunden nach der Operation schon erneut werden müssen, da bei der Aufregung und Unruhe des Verwundeten sich eine starke Nachblutung eingestellt hatte, die zwar schnell gestillt werden konnte, sobald die Gefahr bemerkt wurde; indessen war der Blutverlust, welcher nach der Verwundung, wie bei der Operation und schließlich noch durch die starke Nachblutung stattgefunden hatte, so bedeutend, daß der General trotz sorgsamster Pflege und Wartung schon am folgenden Tage starb.

9. **August.** Der nächste Tag war ein Ruhetag, freilich nur ein Ruhetag für die Truppe, für uns waren diese Tage das volle Gegentheil. Neben der Erledigung der laufenden Bureauarbeiten und ausführlichen Berichterstattung gab es stets Lazarethe zu inspiciren und für verwundete und erkrankte Franzosen zu sorgen, die meist hülflos ohne Pflege, Behandlung und Verpflegung von den abziehenden Truppen zurückgelassen wurden. Vielfach waren die Armen gar nicht, oder nur höchst primitiv verbunden, und vielfach in solchem Zustande der Vernachlässigung, daß nur noch größere Operationen Hoffnung auf ihre Erhaltung gaben. Meist war der Abend lange angebrochen, ehe ich eine freie Stunde zur Erholung

finben konnte. Troß leichten Sprühregens und vom Regen faſt
grundloſer Wege konnte ich doch dem Wunſche nicht widerſtehen,
meinen nahe der Stadt im Bivak liegenden intimſten Studienfreund,
Aſſiſtenzarzt Dr. Sch. beim 9. Dragoner-Regiment, noch in ſpäter
Abendſtunde aufzuſuchen. Das Regiment lag am Abhange eines
mäßigen Hügels auf freiem Felde. Der durchweichte, lehmige
Ackerboden ließ uns kaum vorwärts kommen und hing ſich in
ſchweren Klumpen an Stiefel und Beinkleid, das Lagerſtroh war
vom Regen durchnäßt, die Zelte vom Winde großen Theiles umgeworfen. In der Mitte eines von helllobernden Lagerfeuern taghell erleuchteten Plaßes ſtand ein über manneshohes Faß ausgezeichneten Branntweins, aus welchem die Leute ſich ihre Koch-
geſchirre vollſchöpften, und da die auf dem Bahnhof vorgefundenen
Beſtände auch Zucker, Zwiebact, Kaffee u. dgl. in Hülle und Fülle
geliefert hatten, ſo herrſchte troß Regens, Kälte und Schmußes eine
heitere Fröhlichkeit bei allen um die Feuerſtätte herumliegenden und
Grogk trinkenden Gruppen. Die Klänge der Muſik-Kapellen erhöhten noch die Lebensluſt und Heiterkeit.

Hoch romantiſch geſtaltete ſich zum Schluſſe mein Heimweg nach
Saargemünde. Der Himmel hatte ſich aufgeklärt, und hell ſlimmerte
durch die dunkle Nacht der Sterne wunderbare Pracht; rings umher, ſo weit das Auge reichte, flammten und flackerten dunkelroth
die unzähligen Lagerfeuer zum Himmel, und von der zu Füßen
liegenden Stadt blickten die einzelnen Lichter ganz verſtohlen aus
dem dunkeln Häuſermeer herüber. Dazu klangen durch die tiefe
Stille der Nacht aus der Ferne die heitern Weiſen der Militair-
muſik herüber, hin und wieder vom Jauchzen und Jubel der noch
am erwärmenden Grogk ſich labenden Soldaten unterbrochen.

10. u. 11. Auguſt. Die Märſche nach Puttlange und Hellimer in den
beiden nächſten Tagen waren zwar kurz, mußten aber im ſtrömen-
den Regen und bei tiefem Schmuße zurückgelegt werden. In erſterem
Städtchen fanden wir noch 70—80 franzöſiſche Verwundete in ſehr
guter Privatpflege und unter tüchtiger ärztlicher Behandlung.

12. Auguſt. Bei ſchönem Wetter ohne Regenmäntel aufgebrochen,
wurden wir auf dem kurzen Marſch nach Laudroff bis auf die
Haut durchnäßt und fanden die meiſten Einwohner geflüchtet, ſo
daß wir in den leeren Häuſern, ſo gut es ging, für uns ſelbſt
ſorgen mußten.

13. August. Kurz nach dem Abmarsche 6 Uhr Morgens bekam ich den Befehl, nach dem 1½ Meilen nördlich von unserer Marsch=linie gelegenen **Faulquemont** (Falkenberg) zu reiten und über etwaige dortige Lazaretheinrichtungen zu berichten. Das zu durch=querende Terrain war nicht militairisch besetzt, die Bevölkerung aber sehr erregt und hatte sich schon mehrfach an einzelnen deutschen Soldaten vergriffen. Da ich keine Begleitung mitgenommen hatte, so war es gerade kein sehr gemüthlicher Ritt, um so mehr, als der Morgen trübe und neblig, auch hin und wieder ein leiser Sprüh=regen eintrat, so daß ich nur die nächste Umgebung deutlich über=sehen konnte. Sobald ich in die Nähe eines Dorfes oder Städtchens kam, mäßigte ich den scharfen Trab meines Pferdes, um dasselbe dann in um so schnellerem Tempo zu durcheilen. Denn der Huf=schlag meines Pferdes lockte sofort die Bewohner an Thüren und Fenster und manch grimmiger, finsterer Blick folgte mir; trieben sich doch in dieser Gegend genug versprengte, französische Soldaten herum, denen Freund und Feind gerne aus dem Wege ging. Schon vor 7 Uhr traf ich gerade beim Aufbruch des General=Commandos 3. Armee = Corps in **Faulquemont** ein, so daß ich nach kurzer Meldung beim Generalarzte des Corps den Rückweg antreten konnte. Ungefährdet kam ich in Landroff an und eilte der nach Delme marschirenden Division nach. Da ich keine genauere Karte der Gegend besaß, war ich froh, als ich nach kurzem Ritt einen unserer Ordonanz=Offiziere traf, mit dem ich mich jedoch so gründlich ver=irrte, daß wir nach etwa drei Stunden wieder auf das marschirende General=Commando 3. Armee=Corps stießen. Nach einem anstrengenden Ritte auf schlechten Wegen langten wir gegen Mittag endlich in Delme an. Doch fanden wir unser General=Commando nicht vor. wohl aber ein Glas herrlichen Bieres, so daß wir neugestärkt noch den 1½ Meilen langen Weg bis zu unserem Quartier **Aulnois sur Selle** zurück=legen konnten. Als wir in das Dorf Nachmittags einritten, war mein Pferd so ermüdet, daß es auf dem schlechten Steinpflaster hin=stürzte und geführt werden mußte. Hatte ich doch von 6 Uhr Morgens bis 4 Uhr Nachmittag mit nur 1½stündiger Rast im Sattel gesessen und über 9 Meilen, größten Theils in scharfer Gangart zurückgelegt.

Der Chef des Generalstabes, Oberstlieutenant von Caprivi, der jetzige Reichskanzler, welcher mein übermüdetes Pferd hatte in den

Stall bringen sehen, ließ sich sofort genauen Bericht erstatten und sorgte dafür, daß auch mir ein Exemplar der erbeuteten französischen General-Stabs-Karten zur Benutzung übergeben wurde. Zum Schluß lud er mich im Namen des kommandirenden Generals zum Diner ein, welches vorzüglich ausfiel. Das General-Commando hatte sich in dem Schlosse des Grafen X. einquartirt, der zwar selbst die Honneurs machte, indessen sich keineswegs sehr nobel benahm, so daß wir denn auch vermutheten, der sowohl seiner Erscheinung, wie seinem Benehmen nach keineswegs vornehm erscheinende Mann könne unmöglich der Graf selbst gewesen sein. Als nämlich der commandirende General sich über den bei Tisch gereichten gewöhnlichen Wein beklagte, versicherte der angebliche Graf auf sein Ehrenwort, daß er keinen bessern Wein in seinem Keller habe. Da diese Behauptung indessen Allen etwas sehr unwahrscheinlich vorkam, so wurde der Herr Pseudo-Graf höflichst ersucht, einen der Adjutanten persönlich in den Weinkeller zu begleiten. Hier fiel sofort eine frisch hergestellte Quermauer auf, hinter welcher sich nach dem durch Klopfen gegen dieselbe erzeugten, hallenden Ton zu urtheilen, noch ein weiterer Raum befinden mußte. Schnell war ein Durchgang durch dieselbe gebrochen und nun fand sich richtig in dem eröffneten Raume ein recht bedeutender Vorrath an feinen und feinsten Weinen, Champagner, Liqueuren u. dergl., die nun erst unserem Diner die rechte, höchst erwünschte Würze verliehen. Der ansehnliche Restbestand des Weinkellers wurde natürlich mit Beschlag belegt und hat uns noch oft auf den Märschen und nach den Gefechten ausgezeichnete Dienste geleistet. Der Herr Pseudo-Graf indessen wurde von nun ab etwas sehr en canaille behandelt, in strengen Stubenarrest gesetzt und am folgenden Tage noch eine Strecke als Gefangener mitgenommen, bis endlich der vor Angst und Aufregung Zitternde mit einer strengen Zurechtweisung heimgesandt wurde.

14. August. Durch eine wundervolle Berglandschaft, an dem Städtchen Noming mit fast italienischem Charakter vorbei und über die schöne hohe Moselbrücke ging unser Marsch dann nach Pont-à-Mousson, nachdem wir zuvor am anderen Moselufer von der alten Burg Mousson aus den ersten Blick auf die etwa 4 Meilen thalaufwärts liegende Festung Metz hatten werfen können. Nach langem Suchen fanden wir in der von Truppen überfüllten Stadt noch unerwartet ein vorzügliches Unterkommen bei einem Baron

Ferd. b'Avôut (rue St. Lawrenze). Daburch, baß ich die bort
einquartierten Soldaten, welche, durch Mißverständnisse aufgebracht,
grob und anmaßend zu werden begannen, energisch zur Ruhe ver=
wiesen, aber auch für ihre gute Verpflegung Sorge getragen hatte,
befreite ich die Familie von großer Aufregung und Sorge. Dafür
wurden wir auch in der liebenswürdigsten Weise aufgenommen und
bewirthet. In der Stadt herrschte gewaltige Erregung und Furcht,
da jeden Augenblick ein Zusammenstoß der feindlichen, sich in nächster
Nähe gegenüberstehenden Truppenmassen erwartet werden konnte.
Kriegerisch und großartig war dann auch der Anblick, der sich uns
am Abend darbot, als wir am Ufer der Mosel entlang schritten.
Soweit das Auge reichte, lohte die dunkle Gluth der unzähligen
Bivakfeuer zum nächtlichen Himmel empor; aus dem Thale und
von den nahen Berglehnen schallte heiterer Gesang und die Klänge
der Militärkapellen zu uns herüber und in der Ferne flackerten
gleich hellen Sternen die feindlichen Wachtfeuer, während der in
weiten Bogen am Horizonte aufflammende röthliche Schein uns die
Stelle der feindlichen Lagerplätze deutlich verrieth.

15. August. Der folgende Tag sollte ein Ruhetag sein; es wurden
daher die zur Aufnahme von circa 2000 Verwundeten und Kranken
hergerichteten Räumlichkeiten inspicirt, in denen meist barmherzige
Schwestern die Pflege zu übernehmen bereit waren, die alles aufs
Beste zur Aufnahme von Verwundeten vorbereitet hatten. Als wir
gegen 10 Uhr Vormittags zu den Bivaks reiten wollten, kam
plötzlich der Befehl zum Ausrücken. Gegen 3 Uhr trafen wir im
Städtchen Thiaucourt ein. Dort sahen wir die ersten französischen
Gefangenen, Cheveaux-legers, die mit Chassepot=Karabinern
bewaffnet waren, sich aber in sehr verwahrlostem Zustande
befanden.

Die Schlacht bei Vionville (Mars-la-Tour).
(16. bis 17. August 1870.)

16. August. Schon um 4$^1/_2$ Uhr Morgens wurde aufgebrochen;
Alles befand sich in fieberhafter Aufregung, denn wir wußten uns
in unmittelbarer Nähe der feindlichen Armee, und es ging das
Gerücht, es habe in den letzten Tagen bereits ein blutiger
Zusammenstoß zwischen dem Feinde und einem Theile der 3. Armee

stattgefunden; ob für uns siegreich oder nicht, war nicht bekannt. — Mit den erforderlichen Sicherheitsmaßregeln, Vortrab, Seiten= patrouillen, wurde der Marsch angetreten, Ordonnanzen kamen und jagten wieder fort; nach kurzem Marsche brach der Chef des Generalstabes, Oberstlieutenant v. Caprivi, mit einigen Dragonern nördlich in der Richtung nach Metz auf, während wir im Trabe an der 19. Division vorbeiritten. An der Tête angekommen, wurde ein längeres Rendez=vous gemacht, bis die Division dicht auf geschlossen war. Jetzt glaubten wir auch in der Ferne Geschütz= donner zu hören, und nur von einem Zuge Dragoner begleitet eilte der Generalstab bald im scharfen Trabe, bald im Galopp vorwärts, bis der kommandirende General mit seinem Adjutanten und einigen Dragonern gleichfalls in der Richtung auf Metz seit= wärts abritt. Wir Uebrigen bezogen bald darauf in St. Hilaire mit der 19. Division Alarm=Quartiere.

Während die Pferde untergebracht wurden, gelang es mir noch, einen Hahn von zweifelhaftem Alter zu ergattern, der schleunigst in den Kochtopf unseres bäuerlichen Wirthes wanderte, dann warf ich mich todtmüde auf ein Bett und lag bald in tiefem Schlaf. Nach kurzer Zeit jedoch schreckte ich aus wüstem Traume auf und hörte jetzt ganz deutlich den Knall der Geschütze, zu dem sich bald der laute Alarmruf der Truppen gesellte. Schnell war ich in den Kleidern, im Nu war unser Bureau=Wagen gepackt, der im Topfe brodelnde Hahn herausgenommen und mehr zerrissen, als zerlegt, mit einem Stücke Brodes auf den Tisch gesetzt. Obgleich das edle Thier recht zähe und hart war, — ob seines Alters wegen, oder in Folge zu kurzen Kochens blieb unentschieden, — wurde er doch mit Appetit verzehrt und noch mit den letzten Resten des Mahles in der Hand bestiegen wir schleunigst unsere Pferde, um der bereits vorausmarschirten Division zu folgen. Ein Stück trocknen Brodes wanderte in meine Satteltasche, leider hatten wir jedoch in der Eile unsere Mäntel und Decken mitzunehmen vergessen.

In der Richtung auf Mars-la-Tour, dem immer deutlicher hör= baren Kanonendonner entgegen, überholten wir schnell die in freudiger Erregung vorwärts eilende 37. Brigade. Jeder erwartete ungeduldig den Augenblick, wo auch unser Corps endlich ins Feuer kommen würde, überall erschallten fröhliche Soldatenlieder. Mit den beiden Regimentern der Brigade, dem 16. und 57. Infanterie=Regiment hatte ich Jahre lang in Hannover in Garnison gelegen, kannte daher die meisten ihrer Offiziere und war mit vielen näher befreundet. Mit frohem, neckendem Zuruf begrüßten wir uns im Vorbeireiten, ohne daß ich ahnte, wie wenige von ihnen ich am Abend noch gesund und unverletzt wiedersehen würde.

Immer lauter dröhnte der Geschützdonner herüber, das Knattern des Gewehrfeuers und das „Rrack, Rrack!" der Mitrailleusen vervollständigten das Concert; bald konnten wir auch in der Ferne das Aufblitzen und den bläulichen Dampf des Geschützfeuers erkennen. Kaum hatten wir die Brigade überholt, so begann sich die Straße mit vereinzelten Leichtverwundeten und Versprengten zu füllen, welche dem 3. Armeecorps und der 20. Division zugehörten. Meist mit Staub, Blut und Schmutz bedeckt, Gesicht und Hände vom Pulverdampf geschwärzt, die Kleider durchlöchert oder zerrissen, ohne Waffen und Helm, die Feldmütze auf dem Kopfe, oder barhäuptig, den Kopf verbunden, oder den Arm in der Schlinge, aufgeregt und theilweise in Angst und Sorge eilten sie an uns vorüber mit der Behauptung, daß die Franzosen siegreich vordrängen, ihr Truppentheil zerstreut oder aufgerieben sei, sie seien als die Letzten ihres Truppentheils vor der feindlichen Uebermacht gewichen. Anstatt den fröhlichen Muth der biederen Westphalen zu dämpfen, riefen sie nur deren Spottlust wach, so daß gar mancher der Versprengten sich beschämt den vorrückenden Kameraden wieder anschloß, die, je mehr sich die Zahl der Flüchtenden steigerte, mit um so größerem Eifer vorwärts eilten und sehnsüchtig den Augenblick herbeiwünschten, wo sie sich dem vordringenden Feinde entgegenwerfen konnten. Jetzt kam auf flüchtigem Rosse der Stabsarzt Dr. B. vom 1. Garde=Dragoner=Regiment angesprengt und meldete, daß ein Trupp Spahis ihn bis einige tausend Schritt westlich der Chaussee verfolgt und ihm seinen Medizinkarren abgenommen hätten (in dieser Richtung, in der Nähe von Ville sur Iron, stand damals französische Kavallerie). Er wurde zur Berichterstattung an den uns folgenden Divisions=Kommandeur gesandt.

Da nahte auch in langsamen Schritt ein kleiner Zug der beiden Garde=Dragoner=Regimenter mit den beiden Regiments=Standarten Einer der begleitenden Unteroffiziere war früher mein Reitlehrer gewesen und berichtete, seine Brigade habe bereits bei mehreren, sehr blutigen Attaquen große Verluste erlitten und befände sich jetzt in einer sehr kritischen Lage; ihnen gegenüber stände die gesamte feindliche Kavallerie. Jeden Augenblick müßten sie befürchten, von der gewaltigen Uebermacht aufgerieben zu werden. Sie würden bis auf den letzten Mann ausharren, jedoch wollten sie ihre Standarten retten. Der kleine Zug habe daher den Befehl erhalten, zurückzugehen und sich dem nächsten vorrückenden Cavallerie-Regimente wieder anzuschließen. Erleichterten Herzens und frischen Muthes machten sie Kehrt, um die 19. Division auf ihrem Vormarsche zu begleiten.

Gleichzeitig sahen wir den Major v. G., Adjutanten des Kommandirenden, mit verhängten Zügeln quer über die Felder aus der Richtung von Tronville heranjagen, hörten, daß die seit dem Morgen in heißem Kampfe stehenden Truppen des 3. Armeecorps und der 20. Division bereits schwer gelitten hätten und in Gefahr wären, vom rechten Flügel der Franzosen umgangen und vollkommen aufgerieben zu werden.

Wir begleiteten ihn zum Divisionär v. Schwarzkoppen, woselbst sich etwa folgendes interessante Zwiegespräch entspann: Major v. G.: „Se. Excellenz, der kommandirende General, lassen Euer Excellenz benachrichtigen, daß der größte Theil des 3. Armeecorps und die 20. Division sich im blutigen Gefecht mit dem Feinde befindet und in der Gegend von Tronville—Vionville—Gorze steht. Die bereits aufs Aeußerste angestrengten Truppen werden von der Uebermacht des Feindes arg bedrängt und es steht zu befürchten, daß ihr linker Flügel von Mars-la-Tour aus, wo sich starke feindliche Infanterie- und Kavallerie-Massen zeigen, umgangen und von der Flanke angegriffen wird. Der Feind steht in der Linie Ville sur Iron—Mars-la-Tour—St. Marcel—Vionville. Gegen diesen rechten feindlichen Flügel sei daher so schnell wie möglich mit allen verfügbaren Truppentheilen vorzugehen." General v. Schwarzkoppen hatte aufmerksam auf der Karte die Angaben des Majors verfolgt und fragte, ohne aufzusehen: „Woher kommen Sie?" Major v. G.: „Von Tronville, wo Se. Excellenz der Kommandirende sich befindet." Indem Excellenz v. Sch. seine Uhr zog, fragte er weiter: „Wie lange und in welcher Gangart sind Sie geritten?" Major v. G.: „Circa ½ Stunde, meist Galopp, nur bergauf scharfen Trab." General v. Schwarzkoppen: „Melden Sie Sr. Excellenz, daß ich punkt 5 Uhr mit den 5 mir zur Verfügung stehenden Bataillonen der 37. Brigade von **Mars-la-Tour** aus gleichzeitig gegen den rechten feindlichen Flügel zum Angriff vorgehen werde. Es ist jetzt 5 Minuten nach 3 Uhr." Als der Major v. G. noch bemerkte: „Können Excellenz nicht noch früher eingreifen? Jeder Augenblick früher ist von der größten Wichtigkeit. Die kämpfenden Truppen sind bereits erschöpft, haben theilweise sehr schwere Verluste erlitten und müssen bereits an einzelnen Stellen zurückweichen," da wiederholte v. Schwarzkoppen nur die Worte: „Melden Sie Sr. Excellenz, Punkt 5 Uhr würde ich von **Mars-la-Tour** aus in das Gefecht eingreifen." Dann ritt er zur Brigade zurück, um dieselbe zu noch größerer Eile anzuspornen. Es schallte noch der freudige Zuruf der Truppen zu uns herüber, als wir mit dem Major v. G. quer durch die Felder auf **Tronville** zu= ritten, um wieder zum Stabe des kommandirenden Generals zu gelangen.

Beim Kreuzen der Chaussee **Mars-la-Tour—Gorze** trafen wir unter einer Brücke lagernd etwa ein Dutzend Soldaten von den verschiedenen Regimentern 3. Armeecorps und der 20. Division, welche versprengt, oder als letzte Reste ihres angeblich aufgeriebenen Truppentheiles sich zurückgezogen haben wollten, sie wurden zu Letzterem zurückgesandt. Wir hatten inzwischen das Geschützfeuer aus den Augen verloren, waren aber kaum tausend Schritte weiter= getrabt, als sich ein ganz eigenthümliches, unheimliches Schwirren und Sausen über unsern Köpfen hören ließ, wie ich es bisher noch nie gehört hatte. Ehe ich noch nach der Ursache desselben fragen konnte, blitzte es etwa 200 Schritte seitwärts von uns hell auf und unter lautem Knall stieg eine kleine, mit Erde und Steinen untermischte Dampfwolke vom Ackerboden trichterförmig in die Höhe. Es war dies die erste feindliche Granate, die uns begrüßte, die erste, die ich so nahe über meinem Kopfe vorübersausen hörte, und die nicht geringe Freude und das stolze Bewußtsein in mir hervorrief, nun endlich doch auch im Feuer zu sein, ohne daß ich auch nur im Geringsten daran gedacht hätte, daß diese eisernen Würfel auch mir gefährlich werden könnten. Bald mehrten sich die vorbeisausenden Dinger, ohne daß irgendwo ein feindlicher oder befreundeter Truppentheil, noch das Aufblitzen oder der Dampf von Geschützen zu sehen war; sie wühlten sämmtlich 2—300 Schritte neben oder hinter uns auf freiem Felde den Boden auf, wobei nur ein

2

Bruchtheil derselben wirklich crepirte. Da plötzlich ertönte von vorne und seitwärts herüber ein ganz anderer, heller, scharfer, mehr metallisch klingender Schall und machte den Boden erzittern. Er stammte von unserer eigenen, kaum 5 bis 600 Schritte entfernt stehenden Artillerie, welche über unsere Köpfe hinweg dem Feinde die eisernen Antwortsbriefe zusandte. — Im Bogen um die Artilleriestellung herumreitend, kamen wir in das von unserer Infanterie starkbesetzte Dorf Tronville, ohne den Kommandirenden zu finden. Hier trennten wir uns vom Major v. G. und eilten zu einer größeren Truppenmasse, die sich in der Richtung nach Vionville zeigte. Es waren dies die Regimenter der 5. Cavallerie= Brigade, welche von Gorze kommend, die Flanke unseres linken Flügels schützen sollten. Auch hier war der General nicht zu sehen, dagegen begrüßten uns auch an dieser Stelle feindliche Granaten, und schlugen bald vor oder hinter uns, bald zwischen uns und der Kavallerie ein, ohne Schaden anzurichten. Nur eine derselben muß um diese Zeit, als den ersten Verwundeten seines Regimentes, meinen intimsten Studienfreund, Assistenzarzt Dr. Sch. beim 9. Dragoner= Regiment, jedoch nur als Streifschuß und so glücklich getroffen haben, daß er mit braun und blauem Rücken davon kam, während seine Uniform von oben bis unten zerrissen und zerfetzt wurde. Er hatte sich gerade vornüber auf den Hals des Pferdes gebeugt, um mit einem Kameraden zu plaudern, als die Granate von links nach rechts seinen Rücken streifte, hätte er gerade gesessen, so würde er wohl mit zerschmettertem Rückgrat neben seinem Pferde liegen geblieben sein. Höchst spaßhaft war der Anblick, wenn er im Trabe oder Galopp seiner Truppe folgen mußte; sein fast nur noch durch den Kragen zusammengehaltener Rock klappte alsdann auf dem Rücken auseinander und die Schöße flatterten zu beiden Seiten herum wie die Flügel einer mächtigen Fledermaus; es war ein Anblick, der allein schon genügte, um Offiziere und Mann= schaften in der heitersten Stimmung zu erhalten.

Nördlich vor dem Dorfe Puxieux fanden wir endlich eine kleine Anhöhe, von der wir unbelästigt vom feindlichen Feuer einen großen Theil des Schlachtfeldes übersehen konnten. — Auf der Höhe der hauptsächlich nach N. und N.-W. sanft ansteigenden Hügelkette breitete sich in weitem Bogen die feindliche Feuerlinie aus, nach links (N.-W.) durch das vorliegende Mars-la-Tour begrenzt, hinter

dem hin und wieder die Waffen der französischen Kavallerie herüber=
blinkten. Vor uns, durch ein weites Ackerfeld getrennt, in den
Tronviller Büschen, dem Dörfchen selbst und den sich östlich weiter=
ziehenden Hecken und Terrain=Senkungen hatte sich unsere Infan=
terie und Artillerie eingenistet und unterhielt ein lebhaftes Feuer=
gefecht. Dahinter hielt abgesessen, in langen Reihen, mit schmaler
Front dem Feinde zugewandt, die 5. Cavallerie=Brigade (v. Bredow).
Sobald die feindlichen Granaten in ihrer Nähe einschlugen, wurde
aufgesessen, im Trabe oder Galopp die nächste Bodenerhöhung über=
schritten und in einem andern Terraineinschnitte wieder aufmarschirt,
bis auch dort der Aufenthalt gefährlicher wurde. So zogen sich
die Regimenter langsam hinter Puxieux fort nach Mars-la-Tour
zu und kamen uns allmählich aus dem Gesichte. — Inzwischen
tauchte auf dem äußersten linken Flügel auch die anrückende
37. Brigade auf. Es war etwa ³/₄5 Uhr, als die 16er und 57er
aus dem Nordende von Mars-la-Tour heraus zum Angriff auf
die durch Feld=Verschanzungen verstärkte und brillant gewählte
Vertheidigungsstellung des mehrfach überlegenen rechten Flügels der
Franzosen vorgingen. In 2 Treffen mit mäßigem Abstande, voran
mit Bataillons=Intervallen die 3 Bataillone des 57., im 2. Treffen
die Intervalle des ersten, deckend die 2 Bataillone des 16. Regi=
mentes, rückten die braven Westphalen in festgeschlossener, breiter
Bataillons=Formation über die nächste Höhe vor, um gleich darauf
in einer Thalsenkung zu verschwinden. Bald stürmten sie indessen
auch schon die dahinter liegende Anhöhe hinauf, ohne bisher einen
Schuß gethan zu haben. — Aber was bedeutete das? Waren diese
unregelmäßigen, unaufhaltsam vorwärts stürmenden Haufen denn
wirklich die eben noch so festgeschlossenen Bataillone? Woher kamen
die Lücken, die da entstanden, aber stets schnell sich wieder schlossen?
Und was waren das für fadenförmige, dunkle Streifen, die gleich
langen Fetzen an jedem Bataillon hingen? waren das die blutigen
Opfer, welche den Weg bezeichneten, den die tapfern Westphalen
genommen hatten? — Unwillkürlich gaben wir den Pferden die
Sporen und jagten über das Ackerfeld vorwärts, um von einer
weit vorliegenden Erhöhung den Vormarsch genauer überblicken zu
können. Abermals wurde die Chaussee nach Gorze überschritten
und bald darauf mußten wir vor einer Umzäunung auf einer mit
niedrigem Buschwerk bedeckten feuchten Wiese — den Tronviller

2*

Büschen — Halt machen. Weder vom Feind noch Freund war etwas zu sehen, nur ein breiter Streifen bläulichen Pulverdampfes verrieth die Stelle des Kampfes. Dagegen dröhnte der Boden von dem Donner der Geschütze, mit dem sich das fortdauernde Knattern der Gewehrsalven und das unheimliche Rrack, Rrack der Mitrailleusen zu einem geradezu betäubenden Schlachten-Concerte vereinigte. — Gleichzeitig flogen zahlreiche Granaten sausend und zischend über uns fort, mit scharfem „pitsch", „pitsch" pfiffen die Chassepot-kugeln uns um die Köpfe, und wie ein Schwarm aufgescheuchter Staare schwirrten dazwischen die Geschosse der Mitrailleusen an uns vorüber, oder klatschten schaarenweise rings um uns in den feuchten Wiesengrund. Schnell wandten wir daher die Pferde und trabten zu unserem früheren Standorte zurück, verfolgt wieder von den Granaten, die mehr oder weniger nahe, vor, hinter oder seit-wärts von uns einschlugen, nur selten crepirend. Zwei seitwärts vor uns zurückeilende Infanteristen wurden kaum 50 Schritte vor uns von einer Granate erfaßt, überschlugen sich und blieben todt mit argzerrissenen Gliedern liegen. — Als wir unsern alten Beobachtungsplatz wieder erreicht hatten, wie anders zeigte sich uns da das Schlachtfeld. — Von Mars-la-Tour loderten an ver-schiedenen Stellen die Flammen der in Brand geschossenen Bau-lichkeiten zum Himmel. Diesseits des Städtchens fuhr gerade unser 1. Sanitäts-Detachement auf, indessen schlugen auch sofort die feindlichen Granaten in seiner Nähe ein, eine so nahe bei dem Divisionsarzte der 19. Division, daß sich sein Pferd überschlug, doch wurden nur ein paar Mannschaften leicht verletzt; das Sanitäts-Detachement dagegen ging weiter zurück und etablirte sich nahe den ersten Häusern der Stadt, wo es dann auch unbelästigt blieb. Wo waren aber die 5 vordringenden Bataillone der 37. Brigade geblieben? Von einem geschlossenen Truppentheile war nichts mehr zu sehen. Diejenigen Tapfern, welche bis zur Höhe der dritten steilaufsteigenden Anhöhe, bis in die Reihen der Franzosen vor-gedrungen waren, wurden schnell von der enormen Uebermacht um-zingelt und gefangen genommen. (Nach einigen Wochen konnten diese in Metz internirten Braven ausgewechselt werden und wurden mit unendlichem Jubel von ihren Kameraden empfangen.) Die übrigen waren vollständig aufgerieben, fast der dritte Mann blieb todt oder verwundet auf dem Felde der Ehre liegen, oder schleppte

sich mit den zurückeilenden Resten nach **Puxieux**. Wie ein Ameisen=
haufen, in den man getreten, wimmelten die Höhen und Felder
zwischen **Vionville - Tronville** von den zurückeilenden Resten der
vor Kurzem noch so siegesfrohen, tapfern beiden Regimenter. Alles
schob, drängte und hastete rückwärts; wie die sturmgepeitschten
Wogen wälzte es sich über die kahlen Felder, wo nichts Schutz
und Deckung gab vor den feindlichen Kugeln, die wie ein Hagel=
schauer auf die Zurückweichenden herabsausten. Gar Mancher, den
beim Sturme das todtbringende Blei verschont, wurde jetzt noch
vom tückischen Geschoß erreicht. Indessen richteten die den Fliehenden
nachgesandten Geschosse nicht so großen Schaden an, wie man
befürchten durfte, denn durchgängig schossen die Franzosen zu unserem
Glücke viel zu hoch, so daß namentlich die Chassepotkugeln über die
Köpfe der Soldaten fortflogen und erst Kilometer weit hinter ihrem
eigentlichen Ziele einschlugen.

Puxieux war der erste Sammelplatz der Rückzugslinie, hierher
eilten Verletzte und Gesunde, Verwundete und Versprengte. Alle
waren in der größten Bestürzung und Unruhe; Jeder fühlte, daß
der mit so freudigem Muthe und fester Siegeshoffnung unter=
nommene Sturm auf die durch Verschanzungen noch bedeutend ver=
stärkte und bei ihrer enormen Uebermacht geradezu uneinnehmbare
Stellung der Franzosen vollständig mißglückt, und sie nicht nur zu=
rückgeworfen, sondern fast aufgerieben und vernichtet waren. Jeder
war noch voll des Grausens von dem letzten Theile des verzweifelten
Sturmes durch eine tiefe Thalmulde einen steil sich erhebenden Ab=
hang hinauf, ohne jede Deckung gegen die vollständig gedeckten und
hinter ihren Verschanzungen unsichtbaren Feinde, voll des Grausens
von dem furchtbaren Kugelregen, dem verderbenspeienden Mitrailleusen=
feuer, von den Schrecken des Rückzuges, der die meisten Opfer ge=
kostet hatte. Alle hielten die Schlacht wenigstens auf unserm linken
Flügel für vollkommen verloren, und waren erstaunt, daß die
Franzosen ihnen noch nicht auf den Fersen folgten. Kaum noth=
dürftig verbunden, riefen und suchten sie nach Wagen, erfragten die
vorgesehene Rückzugslinie, beständig in Furcht und Sorge, von den
Franzosen gefangen genommen zu werden. Fast jeder zurückkehrende
Offizier, deren Zahl ja leider so gering blieb, war mir ein alter Freund
oder Bekannter aus unserer gemeinsamen Garnison **Hannover**,
fragte man nach einem der übrigen Bekannten, so hieß es, der liegt

todt oder schwer verwundet auf dem Schlachtfelde, ich habe ihn liegen oder neben mir fallen sehen. Und es waren gar viele, nach denen man fragen mußte, viele treue, gute Seelen, die man so gerne unter den Zurückkehrenden geschaut und freudig begrüßt hätte. Doch es blieb nicht viel Zeit sich persönlichen Eindrücken hinzugeben. Hunderte und aber Hunderte schleppten sich oder stürzten eilig ins Dorf, fast Jeder wollte versorgt sein. Vor dem Dorfe wurden zunächst von den unverletzten Offizieren die versprengten Mann= schaften zusammengesucht und nach Compagnien getrennt, die Leicht= verwundeten wurden hinter dem Dorfe gesammelt und truppenweise nach Pont-à-Mousson gesandt. Die besten Häuser wurden zu pro= visorischen Lazarethräumen benutzt, luftige Räume und geschützte Höfe wurden zu Verbandplätzen gewählt. Aerzte und Lazarethgehülfen strömten in reichlicher Anzahl hinzu, aber bald fehlte es an Verband= material und vor Allem an Wasser zum Reinigen der Wunden und Anfeuchten der Verbände, die Brunnen waren bald ausgeschöpft, von vielen auch das wenige noch vorhandene Wasser unbrauchbar, weil in dieselben allerhand Unrath, man sagte selbst Thier= und Menschen= leichen geworfen sein sollten. Es war aber auch gar nicht möglich, mehr als die allernothdürftigsten und nothwendigsten Verbände an= zulegen, denn Keiner der natürlich ja meist Leichtverwundeten hatte hierzu Ruhe und Ausdauer, die Furcht, gefangen genommen zu werden, war zu groß. Jeder beeilte sich so schnell wie möglich wieder weiter fort zu kommen. Dazu kam, daß nach kurzer Zeit die Geschosse der Franzosen auch das Dorf Puxieux erreichten, und daß mehrere Häuser durch platzende Granaten in Brand gerathen waren.

Die Verwirrung und Aufregung, der Trubel und das hastige Treiben wurde fast sinnverwirrend. Mir ist es noch jetzt unklar, wie es möglich gewesen ist, diese vielen Hunderte von Verwundeten soweit zu versorgen und für die nicht Marschfähigen die nöthigen Fuhrwerke herbeizuschaffen, um ihr Weiterkommen zu ermöglichen. Als die Dunkelheit hereinbrach, war es uns gelungen, die meisten der transportabeln und marschfähigen Verwundeten auf Wagen oder unter Führung in Trupps auf den Weg nach Pont-à-Mousson in Marsch zu setzen. — Als wir noch die Häuser nach Verwundeten durchsucht und hierbei erst wahrgenommen hatten, mit wie gutem Erfolge die Franzosen das Dorf beschossen hatten, sahen wir uns:

nach unserem General=Commando um, welches wir gegen ¹/₂9 Uhr
Abends SO. von Tronville mit den traurigen Resten des Corps
auf einer Wiese lagernd fanden.

Hier zeigte es sich auch schon, wie enorm die Verluste unseres
Corps an diesem einen Tage gewesen waren; so hatte die 19. Divi=
sion, die nicht einmal mit sämmtlichen Truppentheilen im Gefecht
gewesen war, 193 Offiziere und 4290 Mann durch Tod, Ver=
wundung und Gefangenschaft verloren; die 3 Regimenter der
5. Cavallerie=Brigade, welche in dem berühmten Reitergefecht die
zur Verfolgung unserer zurückweichenden 37. Infanterie = Brigade
vorbrechende französische Cavallerie so glänzend zurückgeschlagen
hatten, dann aber in der Hitze der Verfolgung in ein mörderisches
feindliches Infanterie=Feuer gerathen war, hatte einen Verlust von
90 Offizieren und circa 1300 Mann zu beklagen. Von den Aerzten
war der Unterarzt Dr. Bertheau vom 16. Infanterie = Regiment
neben seinem Regiments=Commandeur, den er verbinden wollte, auf
dem Schlachtfelde geblieben, 4 andere Aerzte hatten theils leichte,
theils schwerere Verwundungen erlitten. Wir hatten aber trotz der
enormen Uebermacht der Franzosen das Schlachtfeld behauptet und
das brennende Mars-la-Tour blieb in unseren Händen.

Traurig genug war der Anblick, den das 10. Corps darbot, als
wir den kommandiren General zu den einzelnen Truppentheilen
begleiteten, denen er seine Zufriedenheit und seinen Dank für die
Leistungen dieses schweren Tages aussprach. Auf einer kleinen
Wiese lag das Corps dicht beisammen, welches noch vor Kurzem
fast 30000 Mann stark freudig und kampfesmuthig gegen den Feind
marschirt war; die einzelne Bataillone glichen kaum schwachen
Friedens=Compagnien, und es dürften höchsten noch 4—5000 Mann
Infanterie dort zusammen gewesen sein; überall fehlte es an Offizieren;
noch bis in die Nacht hinein trafen Versprengte, meist in kleineren
Trupps auf dem Lagerplatze ein. Still und sich nur leise ihre
Erlebnisse zuflüsternd, lagen die Leute auf dem feuchten Boden,
ohne Stroh und Mäntel, ohne Verpflegung und selbst ohne Wasser,
ermattet von den fast unglaublichen Anstrengungen und Aufregungen
der letzten Tage und Stunden. Bei der Nähe des übermächtigen
Feindes mit seinen noch intacten Reserven durften nicht einmal die
Wachtfeuer angezündet werden, um ihm nicht unsere Lage zu ver=
rathen und zu einem nächtlichen Angriff herauszufordern, durch den

wir vollständig erdrückt werden mußten. Und doch war es eine kalte, böse Nacht, deren Gemüthlichkeit auch keineswegs durch die zeitweise herabrieselnden leichten Regenschauer erhöht wurde. Geduldig und ohne das geringste Murren ertrugen unsere tapferen Kämpfer auch diese Entbehrungen und Beschwerden; hatten sie doch ihren greisen Führer, den General, in der heutigen blutigen Schlacht mitten unter sich gesehen, und sahen sie ihn nun auch hier das gleiche, unangenehme Loos mit ihnen theilen.

Ohne Stroh und Lagerfeuer, nur in einen dünnen Mantel und eine Pferdedecke gehüllt, den Sattel als Kopfpolster lag der alte Herr auf dem feuchten Boden, bei einer trüben Laterne bis in die späte Nacht hinein seine Befehle austheilend. Bei der Unsicherheit unserer Lage hatte natürlich unsere Bagage nicht heran-gezogen werden können, selbst die Handpferde und Burschen mußten zurückbleiben, so daß auch wir weder Etwas zum essen und trinken, noch zum Schutze gegen die kalte Nacht bei uns hatten, vielmehr gegen eine Hecke gelehnt und nur den dünnen Gummi-Regenmantel des Generalarztes als Decke benutzend zu schlafen versuchten. Beim Abnehmen des Sattels, der als Kopfpolster dienen sollte, fand ich in den Packtaschen meine Feldflasche und ein Stück harten Brodes, das ich beim Aufbruch aus St. Hilaire zu mir gesteckt hatte.

Im Begriff, den Inhalt der fast vollen Flasche zu prüfen, traf mich die Frage des in der Nähe stehenden kommandirenden Generals: „Haben Sie noch etwas zum Trinken in Ihrer Flasche?" Schnell reichte ich ihm dieselbe mit dem Bemerken, ich wisse nicht, was dieselbe enthalte. Aber schon hatte der General dieselbe an den Mund gesetzt, um sie nach dem ersten Schlucke mit verwundertem Gesicht wieder abzusetzen; dann aber that er mit Behagen noch einige kräftige Züge und reichte sie seinem Stabs-Chef, Oberst-lieutenant von Caprivi mit den Worten: „Versuchen Sie nur, es löscht den Durst ganz ausgezeichnet." Gleichzeitig erbat er sich auch das Stückchen Brod, um es mit dem Oberstlieutenant, dem Generalarzt und mir zu theilen. Auch diesen beiden Herren schien der Trank zu munden, und als ich den Rest kostete, muß ich wohl ein recht beschämtes Gesicht gemacht haben, denn es war der schwarze Kaffee, mit dem ich vor drei Tagen in Landroff die Flasche hatte füllen lassen. Die übrigen Herren erklärten indessen, daß ihnen selten etwas besser geschmeckt habe, als das Stückchen trocknen

Brodes und der Schluck schwarzen Kaffees — und ich mußte ihnen beipflichten.

Todtmüde vor Abspannung nach den colossalen Aufregungen und Anstrengungen des Tages sank ich trotz des schlechten Lagers und der naßkalten Nacht sehr schnell in bleiernen Schlummer, ohne aber wirklichen Schlaf und Erholung zu finden, bis das erste Frühroth uns zu neuer Arbeit aufscheuchte. — Es war dies mein erstes und einziges wirkliches Bivak, welches ich während des ganzen Feldzuges mit durchgemacht habe.

17. August. Nachdem die Pferde mühsam mit etwas Futter versorgt waren, stiegen wir, noch steif von dem schlechten Nachtlager, und ich obendrein mit unangenehmen rheumatischen Schmerzen in allen Gliedern, schon um 5 Uhr Morgens wieder zu Pferde und ritten zunächst zu dem bei Mars-la-Tour etablirten 1. Sanitäts-Detachement unseres Corps. Dasselbe hatte die ganze Nacht hindurch angestrengt gearbeitet, und an den geschützten Orten lagen schon hunderte von Verwundeten auf sauberen Strohsäcken mit verbundenen Wunden, zum Theil nach bereits überstandenen Operationen, gut gereinigt, sauber gekleidet, getränkt und gesättigt, welche nur auf Wagen warteten, um in das in Mariaville inzwischen eingerichtete Feld-Lazareth überführt zu werden. Andere hunderte waren bereits mit Speise und Trank versehen und harrten auf ihre ärztliche Behandlung, während die Krankentransportwagen und Krankenträger immer neue Verwundete herbeibrachten und erquickten. Die meisten derselben gehörten dem 16. und 57. Regimente an und hatten größtentheils schwerere und sehr schwere Verletzungen erlitten, viele derselben die in der Schußlinie der Mitrailleusen vorgegangen waren, hatten mehrere, ja bis 16 verschiedene Wunden erhalten. Es war diese unabsehbare und sich stetig vermehrende Masse von Schwerverwundeten selbst für uns Aerzte ein trauriger, schrecklicher Anblick, der wohl das härteste Gemüth erschüttern und tief bewegen mußte. Ohne Besinnen sprangen auch wir hinzu und halfen nach Kräften bei den unzähligen Operationen und schweren Verbänden. Als dann durch das Eintreffen mehrerer Aerzte der noch nicht etablirten Feldlazarethe unsere Hülfe hier nicht mehr dringend nöthig wurde konnten wir auch einen Augenblick an uns denken, denn Stunden lang hatten wir mit nüchternem Magen an der blutigen und doch so friedlichen Arbeit gestanden. Wir lebten daher ordentlich auf, als uns aus sauberen Töpfchen der verlockende Duft des Kaffees entgegenströmte und wir ihn behaglich mit einem tüchtigen Butter= brode ausschlürfen konnten. Doch durfte ich mir nur wenig Zeit hierzu gönnen, trabte doch schon der Generalarzt dem gestrigen Schlachtfelde zu, um dort den Dienst und die getroffenen Anord= nungen zu kontrolliren. Als ich schnell ihm nacheilen wollte, konnte ich trotz aller Anstrengung das Bein nicht in den Bügel bekommen, da durch das ununterbrochene Reiten und Im = Sattel = Sitzen der letzten Tage meine Sitzparthien einem rohen Beefsteak recht ähnlich geworden waren und das lederne Reitbeinkleid vollständig daran festgeklebt war. Schnell ließ ich mich mit Heftpflaster verbinden und eilte in Begleitung eines die Krankenträger beaufsichtigenden Kollegen meinem Chef nach. Von der Chaussee Mars-la-Tour ab= biegend fanden sich bis zur ersten Einsenkung des Terrains nur vereinzelte Leichen und kein einziger Verwundeter mehr; je weiter wir jedoch kamen, desto schrecklicher und erschütternder wurde der Anblick. Ein geradezu entsetzliches Bild bot die zweite hüglige Er= hebung und die dritte Thalsenkung. Breite, gerade Streifen, auf denen Todte und Verwundete eng aneinander, stellenweise über einander lagen, bezeichneten deutlich die Schußlinie der Mitraillensen, während die dazwischen liegenden Streifen nur mit vereinzelten, selten nahe bei einander Gefallenen bedeckt waren Hatte ich mich schon auf dem Verbandplatze darüber gewundert, wie selten ich ein Stöhnen oder laute Schmerzensäußerungen der braven Westphalen gehört hatte, so war ich geradezu betroffen von der tiefen, fast lautlosen Stille, welche auf diesem entsetzlichen, weiten Felde voller Verwundeten, Sterbenden und Todten lag. Selten nur drang das Röcheln eines in den letzten Zügen liegenden Helden, oder ein leiser, flehender Ruf um Wasser oder Hülfe durch die Todtenstille, dem wir leider nur selten nachkommen konnten. Die zwar frischgefüllte Feldflasche war bald leer, und mein Verbandmaterial schon am Abend vorher gänzlich verbraucht, so daß wir nur auf die kleinen Verbandtäschchen der Soldaten selbst angewiesen waren, die jedoch gerade da, woher die dringendsten Bitten erschallten, durchaus unzureichend waren. Die meisten Verwundeten lagen still da, geduldig auf das immer näher kommende Heranrücken der Kranken= träger=Kolonne wartend. Nur Wenige schauten uns mit sehn= süchtigem, hoffnungsfreudigem Blicke an, die meisten hatten die Augen geschlossen, oder lagen apathisch, völlig erschöpft und ermattet da, gar Mancher schien von einer wohlthuenden Ohnmacht oder Betäubung umfangen, Nichts von seinem elenden Zustande zu empfinden. Einem fleißigen Bienenschwarm gleich eilten Krankenträger mit ihren Tragen, Aerzte und Lazarethgehülfen mit Verbandzeug von Verwundeten zu Verwundeten, sie zu laben, zu verbinden, zu lagern, auf ihre Tragen zu legen und zu den Krankenwagen oder direct zum Verbandplatz zu tragen. — Auf der 3. Höhe, auf der die Franzosen hinter Verschanzungen den Angriff der Westphalen abgewiesen hatten, erblickten wir vereinzelte Reiter hin und herjagen, es waren Marodeure, wie es schien Spahis, welche von Zeit zu Zeit uns ihre Kugeln zusandten. Da wir hier nicht viel helfen konnten, unser Verweilen dagegen den Verwundeten gefährlich werden konnte, so lange die feindlichen Reiter uns beschossen, ritt ich nach Mars-la-Tour zurück, wo es wiederum nicht an Arbeit fehlte. Die Häuser, soweit sie nicht noch brannten, lagen hier gleichfalls schon voller Verwundeten, doch traf bald ein Feldlazareth vom 3. Corps ein, welches sich dort vorläufig etabliren mußte.

Zufällig fand ich hier im Hause des Mr. C. Zambeaux, directeur de la culture et des màgasins de Tabacs en retraite eines sehr liebenswürdigen älteren Herrn, der uns durch einen warmen Imbiß und einige Gläser vorzüglichen Weines erfrischte und erquickte, den Stabsarzt Dr. G., unter welchem ich 1866 im Lazareth zu Uettingen in Bayern wochenlang Dienst gethan hatte, mit Schußwunde am rechten Arm. Glücklicher Weise konnte ich ihm seine damalige Fürsorge für mich mit der aufrichtigen Versicherung etwas lohnen, daß die Verletzung keine gefahrvolle sei, vielmehr eine volle Wiederherstellung auch der Brauchbarkeit des Armes erhoffen lasse. Beruhigt und mit frischem Lebensmuthe nahm er dann auch noch mein Anerbieten an, seiner jungen Gattin von seinem Zustande Nachricht zu geben. — Doch wir hatten nicht Zeit in dem gastlichen Hause lange zu weilen. Zunächst ritten wir am 1. Sanitäts-Detachement nochmals vorbei nach dem Dörfchen Mariaville um nach dem dort etablirten 1. Feld-Lazareth unseres Corps zu sehen. Mit Befriedigung und hocherfreut fanden wir hier nicht nur alle Räume in der zweckmäßigsten Weise zur Aufnahme Verwundeter und Kranker hergerichtet, sondern in den reinen, luftigen Zimmern und Sälen des Guts-Herren-Hauses lagen auch theils auf hochgestopften Strohsäcken, theils in vorhandenen oder in primitivster Weise hergestellten Bettstellen in ihrem frischen Krankenzeuge auf sauberen Bezügen schon hunderte von Verwundeten gestärkt und verbunden und ihre zufriedenen, meist glücklich strahlenden, oder doch hoffnungsfreudigen Mienen und Blicke, wie ihre dankbaren Lobesäußerungen gaben uns den besten Beweis, daß das Lazarethpersonal in vollem Maße seine Schuldigkeit gethan hatte. Und man mußte gestehen, es war erstaunlich, was hier bereits in den wenigen Stunden seit dem Eintreffen des Lazarethes gethan war und mit welcher Sorgfalt, Sauberkeit und Pflichttreue hier gearbeitet sein mußte.

Als wir weiter reiten wollten, traf der Reichskanzler, Graf v. Bismarck in **Mariaville** ein, wo seine beiden Söhne, glücklicher Weise mit leichteren Verwundungen sich befanden; wir kehrten sofort wieder mit ihm um und wurden hierdurch Zeugen zweier höchst origineller Momente, die wohl allen Anwesenden unvergeßlich geblieben sind. Als der Graf durch die Zimmer geschritten, überall mit den Verwundeten sich unterhaltend, erfuhr er, daß es namentlich an Fleisch zu Bouillon für die Kranken mangele, zugleich sah er aber auch auf dem weiten Gutshofe eine Masse Federvieh lustig herumstolzieren, er fragte daher den Chefarzt, Oberstabsarzt Dr. Dyes, weshalb er denn das Vieh dort nicht schlachten lasse? Als der Chefarzt nun erwiderte, es sei das ja Privateigenthum und der Herr Kanzler würde doch nicht wollen, daß dieses angetastet werde, da konnte der Graf ein Lächeln nicht unterdrücken, als er erwiderte: „Der Krieg macht sich zwar seine eigenen Gesetze und Noth bricht Eisen, doch damit Sie Ihr Gemüth nicht beunruhigen, nehmen Sie hier einige Thaler und kaufen Sie dafür das Viehzeug, damit unsere tapferen Verwundeten nicht auch schon dort am Nöthigsten Mangel zu leiden brauchen, wo demselben so leicht vorgebeugt werden kann." — Beim Abschiede entsann sich der Graf, daß er mit einem Mediziner Dyes in demselben Corps gewesen sei. Strahlend vor Glück, als der Kanzler ihn dann mit dem vertrauten „Du" anredete, bat der Oberstabsarzt den Grafen v. Bismarck ein Glas Wein der Erinnerung an die gemeinsame Studienzeit zu weihen. Nur mit Widerstreben willigte der Kanzler ein und leerte das ihm gereichte Glas auf das Wohl des Königs zur Hälfte, die andere seinem alten Corpsbruder hinreichend. Dieser ergriff dasselbe, brachte einen begeisterten Toast auf v. Bismarck, den größten und bedeutendsten Mann der Neuzeit aus, trank einen Schluck und reichte das Glas dann den im Zimmer versammelten Mannschaften des Feldlazarethes mit den Worten: Kinder! Trinkt Alle mit Andacht und Ehrfurcht aus diesem Glase; es soll Euer schönster Lohn sein für die Arbeit und Anstrengung des heutigen Tages, daß Ihr mit dem größten Manne unserer Zeit in diesem so erhebenden Augenblicke aus demselben Glase getrunken habt. Vergeßt diese Ehre nie, möge sie Euch und noch Euren Kindeskindern stets eine schöne unvergängliche Erinnerung bleiben!" Dann nahm er das leere Glas und warf es mit den Worten an die Wand: „Dieses Glas darf durch Niemandes Mund wieder entweihet werden!" Mit ernstem Antlitz, dessen Mundwinkel jedoch ein kurzes Lächeln durchzuckte, gab Graf v. Bismarck, dem Oberstabsarzt Dyes, dessen Augen Thränen der Wonne und des Glückes füllten, einen Händedruck und Bruderkuß. Rasch erkundigte er sich erst jetzt nach dem Zustande seiner Söhne und trat dann tief bewegt, aber mit der Miene eines stolzen, glücklichen Vaters in das Stübchen ein, in welchem beide Brüder untergebracht waren. Rücksichtsvoll blieb jede Begleitung zurück und kein Fremder störte dem Vater den Augenblick des Wiedersehns mit seinen ihm gleichsam von Neuem wiedergeschenkten beiden Söhnen. — Schon nach kurzer Zeit kehrte der Graf mit feuchtglänzenden Augen zurück, bestieg sofort wieder seinen Wagen und schied von den ihn Umstehenden mit leutseligen Dankesworten und der Zusicherung des Generalarztes, daß seine Söhne sofort mit einem Krankentransportwagen nach Pont-à-Mousson weiterbefördert werden sollten. — Gleich darauf saß ich zu Pferde um dem 1. Sanitäts=Detachement den nöthigen Befehl zu überbringen, doch waren die Pferde von der über 36 stündigen, fast ununterbrochenen Anstrengung auf dem Schlachtfelde so total ermattet, daß die Evacuation der beiden Verwundeten erst am folgenden Morgen stattfinden konnte.

Die Mittagszeit war längst vorüber, als ich beim General= Kommando und dem Bivak des Corps bei Tronville wieder anlangte. Dasselbe hatte inzwischen schon ein mehr Vertrauen erweckendes Aussehen angenommen, denn mit anbrechendem Tage waren die in Puxieux gesammelten Versprengten der 37. Brigade und dann ununterbrochen von allen Richtungen her einzeln ober in kleineren Trupps eine große Zahl von Soldaten im Lager wieder eingetroffen, welche bei der Dunkelheit ihren Truppentheil verloren und vielfach bei der in ihren Stellungen verbliebenen Artillerie, oder bei Truppentheilen des 3. Armeecorps die Nacht verbracht hatten. Die einzelnen Truppentheile hatten ihren Lager= platz ausdehnen, resp. einen neuen aufsuchen müssen, in den Lager= gassen standen wieder in Pyramiden die Gewehre, lagen in Reih und Glied die Mäntel und sonstige Ausrüstung, auf den Sammel= plätzen flackerten lustige Lagerfeuer auf, aber dennoch fehlte dem typischen Bivakbilde das sonst dort herrschende Leben und Treiben, die scherzende Fröhlichkeit und der heitere Gesang, nur hie und da vermochte noch ein Spaßvogel seine Kameraden vorübergehend in eine muntere Stimmung zu versetzen. Die meisten lagen ermattet und halb schlafend auf dem Lagerstroh, oder starrten apatisch und lautlos in die Flammen. Es begann sich bei Allen der Hunger und namentlich ein quälender Durst einzustellen. Schon am 16. hatte nicht ordentlich abgekocht werden können, die Tornister waren abgelegt und hatten ebensowenig wie die Verpflegungs = Kolonnen schon herangezogen werden können, denn noch immer war die Lage zu unsicher, wenngleich die Franzosen ihre Stellungen in der Nacht geräumt hatten. Die Brunnen der umliegenden Ortschaften waren schon am vorhergehenden Abend erschöpft und das wenige Wasser, was sich trotz der trockenen Jahreszeit etwa wieder gesammelt hatte, war — man behauptete von den abziehenden feindlichen Truppen — durch hineingeworfene Leichen, Unrath, Verbandsachen ꝛc. so ver= unreinigt, daß es auch filtrirt von Niemand genossen wurde, besonders da das Gerücht ging, die Brunnen seien vergiftet worden. Auch das ½ Meile vom Lager gefundene Wasser eines kleinen Teiches war durch das Tränken der vielen Pferde bald verbraucht. In den Häusern aber wurde weder Wasser noch Wein, oder sonst Genießbares gefunden, die durchziehenden und kämpfenden Truppen hatten längst mit allem Eßbaren aufgeräumt. Wie sehr aber die Soldaten nach einem Trunke schmachteten, konnte Jeder sich vor= stellen, der die anstrengenden Eilmärsche bei der Augusthitze mit= gemacht und bedenkt, daß natürlich auch während des heißen Kampfes und beim Rückzuge, wie im Bivak selbst für die erschöpften Mannschaften jede Möglichkeit fehlte ihren Durst zu stillen. Und auch am 17. brannte die Sonne wieder mit Hundstagswärme

herab auf die im freien Felde lagernden, von Hunger und Durst
geplagten, tapfern Kämpfer. Kaum hatte ich mir für mein ermüdetes
Pferd etwas Futter verschafft, so erhielt ich auch schon wieder vom
Oberstlieutenant v. Caprivi den Befehl mit dem Commandeur der
Feld=Gendarmerie und einigen seiner Leute die Häuser nochmals
zu durchsuchen und auf irgend eine Weise Trinkwasser oder Getränke
für die Mannschaften herbeizuschaffen. In den Kellern lagen zwar
große und kleine Weinfässer im Ueberfluß, aber allen fehlte der
Boden und der nasse durchweichte Fußboden, wie ein fast betäubender
Wein= und Alkohol=Geruch belehrten uns bald, daß die Bewohner,
oder die abziehenden Feinde absichtlich dieselben hatten leerlaufen
lassen, um den Wein nicht in unsere Hände fallen zu lassen. Der
Anblick der vielen leeren Fässer und mehrerer in den Höfen stehender,
zum Theil zerbrochener Ackerwagen brachte mich auf einen guten
Einfall. Schnell wurden mit Hülfe der Soldaten 30—40 große
Fässer aus den Kellern geholt, auf Wagen oder mit Hülfe von
Protzen und herumliegenden Wagentheilen improvisirten Fahrzeugen
festgebunden. Die im Dorfe liegende Artillerie bespannte diese lange
Reihe von Wasserwagen und fort ging es im flottesten Trabe zu
einer 1½ Meile entfernt sprudelnden Quelle. — Ich war natürlich
nicht wenig stolz auf meine Idee, als ich dem Kommandirenden und
seinem Stabs=Chef, welche verwundert dem an ihnen vorbeieilenden,
originellen Wagenzuge nachschauten, eine erklärende Meldung machen
konnte. Belustigt, zugleich aber auch erfreut und zufrieden über
das Mitgetheilte, nahm der commandirende General mich am Arm
und führte mich zu seinem inzwischen eingetroffenen Fourgon, der
freilich an Eßbaren nicht viel, wohl aber noch etliche Flaschen des
confiscirten „gräflichen" Weines aus Aulnis s./S. enthielt. Es
war ein guter Tropfen, mit dem ich dem General Bescheid
thun mußte und von dem er mir dann eine gefüllte Flasche beim
Fortgehen unter den Arm schob. — Und auch der Generalarzt
machte ein recht zufriedenes Gesicht, als ich neben die Flasche noch
einige Päckchen aus meiner Satteltasche legen konnte, die Mr.
le directeur en retraite E. Zambeaux mir am Morgen nach
dem Imbisse in Mars-la-Tour noch heimlich dort hinein gesteckt hatte.
Die verschiedenen Sorten kalten Fleisches mit Weißbrod und Butter
und die Flasche Wein waren denn auch nach den durchgemachten
Anstrengungen für uns ein Hochgenuß, für den wir den fremd=

lichen Spendern höchst dankbar waren. Denn auch Herr General=
arzt war erst im Bivak wieder eingetroffen, als die Herren des
Stabes mit den Vorräthen des Fourgon's bereits aufgeräumt hatten.
Unsere angenehme Stimmung wurde aber nicht wenig gehoben, als
wir bald darauf das XII. Armeecorps an uns vorüber ziehen
sahen. Wie electrisirt sprangen die Mannschaften von ihren Lager=
plätzen auf und begrüßten die Vorbeikommenden mit lautem Jubel,
denn erst jetzt konnten wir frei aufathmen und uns sicher fühlen vor
einer feindlichen Ueberrumpelung.

Noch waren die letzten Abtheilungen des Sächsischen Corps nicht
an uns vorüber, als von Neuem ein unbeschreiblicher Jubel von
den Truppen zu uns herüberschallte, denn während von der einen
Seite die ersten Wagen der Verpflegungs=Kolonne in das Bivak
hineinfuhren, tauchten von der andern Seite die Wasserwagen auf.
Mit einem Schlage verwandelte sich das noch vor Kurzem so stille,
trübselige Lagerbild in ein lebhaftes, geräuschvolles Wogen und
Treiben. Frisch loderten die Feuer auf, an den Kochlöchern und
Heerden wurde es lebendig, Züge mit Feldkesseln eilten den Wasser=
bringern mit fröhlichem Zuruf entgegen, andere Abtheilungen nahmen
die Proviantwagen in Beschlag und vertheilten die so sehnlichst
erwarteten Rationen an die hungrigen Gruppen. Bald dampfte
und brodelte es an allen Stellen und rasch hatten die tapferen
Westphalen, Braunschweiger, Ostfriesen und Hannoveraner ihre alte
Heiterkeit und Frische wiedererlangt. Ein Stück trocknen Brodes
verzehrend umlagerten die Leute singend und scherzend die dampfen=
den Kochgeschirre und nichts mehr erinnerte an die noch vor Kurzem
auf Allen lagernde Apathie, Schlaffheit und Mattigkeit.

Zwar neigte sich die Sonne bereits sehr dem Horizonte zu,
doch durften wir an Ruhe noch lange nicht denken, hatten wir doch
bisher noch Nichts von der Thätigkeit der beiden andern Sanitäts=
Detachements gesehen, die auf unserm rechten Flügel, auf dem
Kampfplatze der 20. Division ihre Verbandplätze aufgeschlagen hatten.
Schnell waren die Pferde wieder gesattelt und der blutrothe,
mächtige Sonnenball blickte gerade noch einmal durch eine dicke
Wolkenschicht zu uns herüber, als wir das Schlachtfeld von Vionville, Rezonville bis Gorze zu durchreiten begannen. Still und
lautlos lag das blutgetränkte Gefilde um uns in der hereinbrechenden
Abenddämmerung, während ein goldgelbes, zum fahlgelb abblassendes

Gewölk am Himmel heraufzog. Aus der Ferne schallte noch der Lärm des Lagers herüber, sonst war kein Laut zu hören, kein Mensch zu sehen. Hin und wieder ließ sich das leise, furchtsame Zirpen eines Vögelchens hören und als wir die Stelle erreichten, wo am Vormittage des 16. das erste große Reitergefecht stattgefunden hatte, klang uns das jammervolle Wiehern der herrenlos herumschwankenden, verwundeten Pferde entgegen, die den Boden aufscharrten, um sich ein erbärmliches Futter zu suchen. Sobald sie uns erblickten, kamen die armen Thiere herangeschlichen und suchten uns zu folgen. Es war oft ein so herzerschütternder Anblick, den diese hülflosen, vom Hunger gequälten und mit ihren zerschossenen Gliedern herumhinkenden, abgemagerten Gäule darboten, daß wir mehrere derselben von einigen vorübergehenden Soldaten durch einen Gnadenschuß oder Bajonetstoß von ihrer Qual erlösen ließen. Von Verwundeten war Nichts mehr zu sehen, die Leichen der Gefallenen waren an verschiedenen Stellen in lange Reihen zusammengelegt, nur mit Pferdecadavern, zerbrochenen oder beschädigten Waffen und Ausrüstungsgegenständen war das Feld zum Theil weithin besäet. So rasch es unsere ermüdeten Pferde gestatteten, eilten wir über das grausige Todtenfeld und erreichten bei einbrechender Dunkelheit die beiden nahe bei einander in geschützten Waldlücken etablirten Feldlazarethe Nr. 2 und 3. Erstaunt und hocherfreut sahen und hörten wir, daß bei Beiden die Hauptthätigkeit bereits beendet war. Seit mehreren Stunden hatten die Krankenträger jeden Winkel, jedes Gebüsch des weiten Schlachtfeldes gemeinsam mit denen des 3. Armee-Corps durchsucht, ohne noch weitere Verwundete zu finden; auch die dringendsten Operationen und schwierigen Verbände waren bereits gemacht. Durch Speise und Trank gestärkt, mit reiner Wäsche versehen, sauber verbunden und auf Strohsäcke gelagert lagen in langen Reihen die Schwerverwundeten am Waldrande, durch wollene Decken und übergelegte Mäntel möglichst gegen die kühle Nachtluft und den feinen Sprühregen geschützt, der sich inzwischen eingestellt hatte, und warteten auf die Rückkehr der Transport- und Strohschüttungs-Wagen, welche sie noch am späten Abend in das nächste Feldlazareth bringen sollten. Es waren dies die Letzten der vielen Hunderte, welche man bereits evacuirt hatte, die hier geduldig und trotz Dunkelheit und Regen zufrieden darüber dalagen, daß sie von den Schrecken und Gefahren des grausigen Schlachtfeldes glücklich erlöst waren. Durch herrlichen Hochwald und ein schmales Wiesenthal bei dunkler Nacht und stellenweise auf steil abfallendem, schlechtem Wege reitend, der hin und wieder durch das Feuer einer Feldwache erhellt wurde, gelangten wir mühsam nach der Ferme St. Apolline bei Gorze, wo rasch das dort befindliche Feldlazareth (1.) besichtigt wurde, dem noch immer weitere Wagen voller Verwundeten zugingen, trotzdem es dort bereits an Platz zu mangeln begann. Um 10 Uhr Abends konnten wir endlich den Rückweg zu unserm Lager antreten. Der Regen hatte aufgehört, die nach Mars-la-Tour führende Chaussee war leidlich im Stande, wenn auch mehrfach durch Proviant= kolonnen beengt und die Wachtfeuer der vielen Truppen, welche meist dicht neben der Straße bivakirten, erleuchteten weithin unsern Weg; so konnten wir denn flott traben, trafen aber doch erst nach Mitternacht bei Tronville wieder ein. In der Scheune, in welcher das General=Kommando zusammen auf Stroh lag, war kein Unter= kommen für uns mehr zu finden, dagegen erblickten wir in einem abseits gelegenen Bauernhause noch Licht und fanden in demselben einen erkrankten, uns bekannten Artillerie=Offizier, mit dessen Hülfe es noch gelang, uns ein dünnes Strohlager aus verschiedenen Häusern und Scheunen zusammen zu suchen. — Aber so todtmüde und abgespannt ich auch war, festen Schlaf konnte ich auch in dieser Nacht nicht finden, eines Theiles stellte sich wieder rheumatisches Ziehen und Unruhe in allen Gliedern ein, anderen Theiles traten immer von Neuem die Schreckensbilder der letzten aufregenden Tage mir klar und deutlich in die Erinnerung und verscheuchten den so sehnlichst herbeigewünschten, erfrischenden Schlaf.

Die Schlacht bei Gravelotte, St. Privat-la-Montagne.
(18.—20. August 70.)

18. August. Beim ersten Morgengrauen war ich daher wieder auf, um zunächst nach unseren Pferden zu sehen, und um 4 Uhr begleitete ich schon den Generalarzt zur Besichtigung der provisorisch in den Häusern von Tronville untergebrachten Verwundeten. Die= selben waren von den kleinen Truppenverbandplätzen zumeist dort= hin geschafft und es fehlte daher an ordentlicher Pflege, Behandlung und Verpflegung; sehr hart war für die Armen der absolute Mangel an Wasser. Den am Tage vorher herangeschafften Vorrath hatten die Truppen an sich gerissen, an die Verwundeten, deren Anwesenheit wir erst am Morgen erfahren hatten, war bei der eiligen Vertheilung nicht gedacht worden. Groß war daher die Freude, als ich nach langem Suchen noch einige Fässer mit Wasser fand, das dann gewissenhaft nach der Kopfzahl unter die Verwundeten vertheilt wurde; wenige Stunden später wurden Letztere auf den leeren, mit dicker Strohschüttung versehenen Wagen der Proviant=Kolonne nach dem Feldlazareth in **Mariaville** gebracht. Als wir 5½ Uhr zum Lagerplatz zurückkamen, sahen wir auch unseren Acten= und Gepäckwagen seit dem 16. Mittags zuerst wieder, der soeben mit der Bagage eintraf. Es war schon eine große Wohl= that, daß wir kurze Zeit uns der Stiefel entledigen und unsere Kleider von Staub, Schmutz und Blut reinigen lassen konnten, noch werthvoller war es aber, daß wir unsere zweiten Pferde frisch und ausgeruht, sowie gut verpflegt vorfanden und gegen die ermüdeten und überangestrengten auswechseln konnten.

Indessen war das ganze 10. Corps bereits NW. von **Tron-** **ville** in Schlachtordnung zum Vormarsch angetreten und sah jetzt wieder, nachdem auch die Artillerie, Cavallerie 2c. und die zur Bedeckung, oder als Feldwachen 2c. abkommandirt gewesenen Mann= schaften herangezogen waren, in seiner wiedererlangten Stärke von etwa 20 000 Mann recht stattlich und Vertrauen erweckend aus. — Wenn man jetzt die langen Reihen und tiefen Kolonnen der Leute in ihren saubern Uniformen und mit blitzenden, blanken Waffen so stramm dastehen sah, die weder in ihrer Haltung noch im Aussehen die Anstrengungen, Aufregungen und Entbehrungen der letzten Tage erkennen ließen, die so gemüthlich plauderten und ihr Pfeifchen Tabak rauchten, oder heiter scherzten und lachten und ohne Furcht und Zagen den neuen Strapazen und Gefahren entgegensahen, so war es fast unmöglich, in ihnen dasselbe kleine Häuflein wieder= zuerkennen, welches 36 Stunden vorher, am Abend des 16. erschöpft und niedergeschlagen, eng zusammengedrängt und schweigsam auf dem kleinen Wiesenstückchen bivakirt hatte. — Jubelnd wurde der reitende Bote der Feldpost begrüßt, als er sein Horn munter erschallen ließ und bei jeder Truppe einen Theil des Inhaltes seiner mächtigen Tasche ausschüttete, und von allen Seiten wurde er angerufen, überall streckten sich ihm die Hände entgegen, welche ihm eine Karte oder ein Brieflein für die Lieben in der Heimath reichten, oder

3*

begierig eine der ausgegebenen Feldpostkarten ergriffen, um sie mit ein Paar flüchtigen Worten versehen dem flinken Postillon zurückzureichen. — Auch ich hatte Briefe aus der Heimath erhalten und vergesse nicht den Eindruck, den der schlichte Anfang des einen Briefes auf mich machte: „In welcher Lage mögen diese Zeilen Dich wohl treffen" u. s. w. Sicher hatte die Schreiberin dieser Zeilen keine Ahnung davon, welche ereignißreiche, aufregende und gefahrvolle Zeit hinter mir und vor mir lag. — Wie mancher Brief aber war in diesen letzten 2 Tagen unbestellbar geworden und mußte mit einer Trauernachricht versehen dem Absender zurückgeschickt werden!

Nach kurzer Rast rückte das Corps vorwärts und überschritt das weite Schlachtfeld des 16. August. Nichts erinnerte mehr an die Schrecken und das Grausen, welches hier am Abend der Schlacht geherrscht hatte, nur hier und dort lagen Fetzen und Ueberreste von Uniformen und sonstigen Ausrüstungsgegenständen umher, oder einzelne Pferdecadaver, zerbrochene Geschütztheile u. dergl. erinnerten daran, daß hier etwas Außergewöhnliches passirt sein müsse. Von Verwundeten nicht nur, sondern auch von den Leichen der Gefallenen war das Schlachtfeld auf unserer Seite bereits vollständig aufgeräumt. Nur auf der Anhöhe, wo die Franzosen hinter sicheren Verschanzungen unsere braven Westphalen mit so mörderischem Feuer empfangen und mit so enormen Verlusten zurückgeworfen hatten, lagen noch einzelne Leichen der Unsern zwischen verschossenen Mitrailleusen-Büchsen, zurückgelassenen Gepäckstücken, unzähligen leeren Patronenhülsen, Päckchen mit Patronen, zerschossenen Protzen u. dergl. — Auf dieser Höhe wurde ein längerer Halt gemacht, um dem an uns vorbei marschirenden stattlichen Gardecorps den Weg frei zu machen, welches dem aus der Ferne jetzt dumpf herübertönenden Geschützdonner entgegen eilte. — Es war somit kein Zweifel mehr, daß auch unser Corps heute wieder auf ein neues blutiges Zusammentreffen mit dem Feinde gefaßt sein mußte. — So erhielt ich denn auch bald den Befehl, nach Mars-la-Tour zurückzureiten, um das noch zurückgebliebene Sanitäts-Detachement und das Feldlazareth, welches provisorisch die dort in den Häusern liegenden Verwundeten versorgte, schleunigst heranzuziehen. Ersteres kam mir bereits entgegen; Letzteres war im Begriff die letzten Verwundeten zu evacuiren und bereitete sich zum Aufbruch vor. —

Auf dem Rückwege verfolgte ich nochmals die Angriffslinie der 37. Brigade; hier lagen, namentlich vor der letzten Anhöhe, wo Freund und Feind handgemein geworden waren, in langen Reihen neben ihrer gemeinsamen Gruft die Hunderte von muthigen Kämpfern, die den Ehrentod fürs Vaterland erlitten hatten. Hier war auch die Grabstelle für die Offiziere des 16. und 57. Regiments, unter ihnen fand ich gar manchen alten Bekannten und Freund, mit dem ich sowohl in der Garnison, wie auf dem Marsche manche heitere und vergnügte Stunde verlebt hatte, und mit dem ich noch Tags zu= vor beim Anmarsche zum Schlachtfelde manch' scherzendes Wort im Vorbeireiten gewechselt hatte. Unwillkürlich flogen meine Gedanken herüber zu meinem einzigen, jüngeren Bruder, der gleichfalls in der Nähe von Metz mit dem 7. Corps an einem blutigen Gefecht in diesen Tagen Theil genommen haben mußte. Waren dort auch die Verluste so bedeutend, daß der 5. bis 6. Mann auf dem Felde der Ehre geblieben war? Und unwillkürlich krampfte sich mein Herz zusammen bei dem Gedanken, daß auch er vielleicht dieser 5. oder 6. Mann gewesen sein könne. — Doch der Geschützdonner rollte immer mächtiger herüber und trieb mich fort zu neuer Arbeit, zu neuen Gefahren und Entbehrungen. Noch ein stummer, trauriger Abschiedsblick wurde den gefallenen Freunden schnell zugeworfen, und vorwärts gings auf flüchtigem Roß wieder zurück zu den Lebenden. Ueber Bruville ritten wir nun an Doncourt vorbei, wo der gefangen genommene Regimentsarzt Dr. K. befreit und für die Evacuation der dort von ihm behandelten Verwundeten gesorgt wurde, auf die Höhe Jouanville-Batilly.

Hier hatte das 10. Corps zunächst in Reserve=Stellung zu verbleiben, links von uns stand das XII. Sächsische Armeecorps, rechts vor uns das Garbecorps. — Seitwärts und etwas vor der Stellung unseres Corps, am Rande des niedrigen Hochplateaus nahe Batilly, standen mehrere Getreidehaufen auf dem Felde, wo unsere Pferde Deckung und Futter, wir aber bequeme Sitzplätze fanden mit einem freien Ausblick auf die weite Ebene mit St. Marie aux chênes, Roncourt, St. Privat-la-Montagne bis nach Amanvillier mit dem dahinter bis zu dem Fort Pappeville sich hinziehenden Walde. Ein Stück Kommisbrod und Speck, wie meine mit Kaffee gefüllte Feldflasche, welches ich einem Sanitäts=Detachement verdankte, mundeten uns prächtig, und mit meinem guten Fernrohre konnte ich selbst Einzelnheiten des vor unsern Augen sich nunmehr abspielenden, grausigen und aufregenden Kampfes deutlich verfolgen. Noch tobte der Geschützkampf hinüber und herüber. Aufgabe unserer Artillerie war es, nicht nur die feindlichen Batterien zum Schweigen, oder Abfahren aus ihren vorgeschobenen Stellungen zu bringen, sondern auch die Verschanzungen zu zerstören, hinter denen die Franzosen, gegen das Gewehrfeuer gedeckt, den Angriff der Unseren erwarteten. Jedes Haus, jede Hecke, jede noch so kleine und niedrige Mauer war durch Anbringen von Schießscharten, oder Aufwerfen von Erdwällen in der zweckmäßigsten Weise von der Infanterie zur Deckung verwendet. Und es fehlte hieran in der Nähe der Dörfer und Städtchen keineswegs, da fast jedes Gehöft, jeder Garten und Weinberg mit Mauern umzogen war. — Von unserem Standpunkte aus konnten wir die Wirkung unserer Geschosse besonders deutlich beobachten und mußten oft staunen über die Sicherheit, mit der sie ihr Ziel erreichten. Hier zertrümmerten sie ein Geschütz und die umherfliegenden Stücke desselben zusammen mit den Granat= splittern riefen Verwirrung und Schrecken unter den Bedienungs= Mannschaften und Pferden hervor. Einmal sahen wir auch eine Protze, oder einen Munitionswagen in die Luft fliegen; als sich dann die Rauchwolke verzogen hatte, lagen Zugpferde und Mann= schaften in einem unentwirrbaren Haufen durcheinander und Leichen und Trümmer bedeckten weithin den Platz. Dort riß eine Granate die schützende Mauer ein und die dahinter liegenden Franzosen eilten in Schwärmen in eine andere Deckung; hier rückte aus dem Dorfe, oder dem nahen Walde ein geschlossener Trupp über freies Feld vor, doch schon nach kurzer Zeit schlug ein Geschoß, dann ein zweites, ein drittes in den dichten Haufen, es entstanden große Lücken, die sich mehrmals wieder schlossen, bis der Rest schließlich auseinanderstob und wie Spreu vor dem Winde in die gedeckten Stellungen zurückfloh. Mit Hülfe des Fernrohres konnte ich stellen= weise die einzelnen Leute deutlich unterscheiden und die furchtbare Wirkung beobachten, welche eine einzige Granate hervorrief, die in der Mitte, oder dicht vor einer geschlossenen Truppenabtheilung crepirte; es war ein schauriger, bis ins tiefste Innere erschütternder und aufregender Anblick, von dem man trotzdem das Auge nicht abzuwenden vermochte.

Es war etwa 2 Uhr Nachmittags, als ein weithinschallendes

freudiges Hurrah zu uns heraufbrauste. Es kam vom Gardecorps her, welches nach alter Sitte hiermit den Befehl zum Angriff be=antwortete. Auch von den Sachsen herüber ertönten die Signale zum Vormarsch. Und bald entspann sich dann dicht vor uns zu unseren Füßen der zwar kurze, aber äußerst blutige Kampf um St. Marie aux chênes, bei dem jede Mauer, jede Umzäunung, ja schließlich fast jedes Haus besonders gestürmt werden mußte und von den gut gedeckten Feinden aufs Zäheste vertheidigt wurde. Aber Sachsen wie Garden drangen unaufhaltsam vor, überkletterten alle Hindernisse und drängten die Franzosen immer weiter zurück, bis beide Corps sich in der Mitte des Dorfes die Hand reichten und nun den größten Theil der tapferen Vertheidiger zu Gefangenen machten. — Während nun die Garde in aller Eile das erstürmte Marie aux chênes gegen etwaige feindliche Angriffe von Roncourt und St. Privat aus in Vertheidigungszustand brachten, tobte der Geschützkampf mit erneuter Heftigkeit. Unser Artilleriefeuer richtete sich namentlich gegen St. Privat von dem wiederholt die französischen Bataillone vorgingen, indessen schon nach kurzer Zeit zur Umkehr gezwungen wurden. Die Verheerungen, welche unsere Granaten hierbei anrichteten, waren geradezu furchtbar; an den Stellen, wo irgend ein Hinderniß, namentlich ein Graben oder Bach, ein lang=sames Vordringen und Stauen der Kolonne hervorrief, entstanden wahre Wälle von Leichen und Verwundeten, über die auch der tapferste Soldat wohl nur mit Grauen und Zagen geschritten sein mag.

Plötzlich wandten sich Aller Blicke seitwärts nach unserm äußersten linken Flügel und eine Unruhe und heimliche Aufregung bemächtigte sich der Truppen unseres Corps. Denn dort tauchten jetzt lange, im Marsch begriffene Infanterie=Colonnen und noch weiter in der Ferne mächtige Staubwolken auf, welche nur durch rasch vorrückende Cavallerie=Massen hervorgerufen sein konnten. Längere Zeit ließ sich die Marschrichtung derselben nicht deutlich erkennen und es tauchte bereits die Vermuthung auf, es möchten dies Truppen des rechten französischen Flügels sein, die eine Um=gehung versuchten, so daß ein Eingreifen auch unseres Corps nahe bevorzustehen schien. Eifrig wurde daher von allen Seiten nach rothen Hosen ausgespäht, doch vergeblich; und bald stellte es sich heraus, daß es das Sächsische Corps war, welches, unsern linken Flügel weit verlängernd, die in Roncourt stehenden feindlichen Truppen von Ost und Nordost zu umfassen beabsichtigte, um hierdurch den Frontangriff der Garden auf St. Privat kräftig zu unterstützen. — Bevor jedoch die Sachsen noch zum eigentlichen Angriff vorgehen konnten, brach bereits das Gardecorps in 2 Treffen, die Bataillone neben einander in langen, zu dichteren Schützenlinien auseinander=gezogenen Reihen zum Sturm auf die Hauptstellung des feindlichen rechten Flügels vor. In weitem Bogen umspannten sie St. Privat und mit vorgeschobenen Schützenketten und wirbelnden Trommeln, gefolgt von ihrer Regiments=Musik mit klingendem Spiele stürmten die herrlichen Regimenter vorwärts über die nackten Felder, ohne Deckung die sanftansteigende Höhe hinauf, den brüllenden Schlünden und knatternden Gewehren der in und vor St. Privat in gut gedeckten Stellungen liegenden Franzosen entgegen. — Anfangs, solange das dort steiler ansteigende Gelände die Stürmenden noch den feindlichen Blicken mehr entzog, sausten die Chassepotkugeln meistens über ihre Köpfe hinweg und prasselten gegen die Häuser des Dorfes, oder klatschten weit rückwärts in den Boden, zum Theil den in Reserve Verbliebenen bedeutenderen Schaden zufügend. Je weiter die Linien aber vorrückten, desto größer wurden ihre Verluste und man konnte es deutlich erkennen, wie zuerst fast nur die größten und stattlichsten Leute getroffen wurden und wie diese fast Alle den Heldentod erlitten; die Geschosse waren bei ihnen zumeist in den Kopf, oder Hals eingedrungen. — Inzwischen wurde aber auch die Art des Vorgehens völlig geändert. Waren die Regimenter bisher in gleichem Schritt und ohne einen Schuß zu thun unauf=haltsam vorgedrungen, so wurde jetzt jede sich darbietende Deckung des Terrains benutzt. Wo ein noch so kleiner Graben, eine Böschung, oder Hecke Schutz gewähren konnte, wurde Halt gemacht, die Musik verstummte, die Leute warfen sich platt auf die Erde, und wo sich dann der Kopf eines Feindes über der schützenden Mauer 2c. zeigte, schlugen auch schon die Kugeln der Garden ein. Nach kurzer Rast ertönten dann die Trommeln von Neuem und mit gebücktem Körper ging es sprungweise vor bis zur nächsten Deckung. Die ersten Male, als unsere Garden sich niedergelegt hatten, schienen die Franzosen sich das plötzliche Verschwinden der Stürmenden nicht recht erklären zu können, denn überall wagten sie sich aus ihren geschützten Stellungen hervor, um besser sehen zu können. Unsere Leute aber ließen sich diese günstige Gelegenheit zu Zielübungen nicht entgehen, die aus ihren Reihen aufsteigenden Dampfwolken zeigten uns, von wem das plötzliche Knattern der Gewehre herrührte, und gar mancher Feind hat hierbei seine Neugierde theuer genug bezahlen müssen. Bald jedoch lernten auch die Franzosen den günstigen Zeitpunkt zu benutzen, und kaum war das Signal zum Vorgehen gegeben und richteten sich die Garden auf, so knallten auch schon die Chassepots, und die Zahl der hinter ihren Zügen auf dem Schlacht= felde Liegenbleibenden bewies leider nur zu gut, daß des Feindes Hand noch sicher und ruhig genug war. —

Jetzt war der obere Rand der Höhe erreicht und hinter einer mäßigen Böschung, theilweise hinter Steinhaufen wurde ein längerer letzter Halt gemacht, bevor der entscheidende eigentliche Sturm erfolgte. Das aus Roncourt herüberschallende Gewehrfeuer zeugte von der Heftigkeit des dortigen Angriffes der Sachsen. Doch bevor dieselben nicht von jener Seite her gegen St. Privat selbst vorgingen, konnte der letzte Schlag von den Garden allein nicht geführt werden. Denn noch behaupteten die Franzosen ihre feste Stellung, kaum war die eine oder andere der vorgeschobenen Verschanzungen von ihnen geräumt, der Kampf mußte also ein besonders zäher und blutiger werden. In ununterbrochenem Schnellfeuer warfen unsere Batterien ihre Geschosse nach St. Privat um diesen Hauptstützpunkt und damit die ganze Stellung des rechten feindlichen Flügels möglichst zu erschüttern. Schon standen verschiedene Häuser in Flammen und die Spannung und Aufregung steigerte sich bei uns von Minute zu Minute, da kam der Befehl zum Vorrücken des Corps und nur mit Widerstreben bestiegen wir unsere Gäule, um der im Geschwindschritt in die Ebene und an St. Ail vorbeieilenden Truppe zu folgen.

Von etwa 5 Uhr ab erreichte das Rollen des Geschützdonners, das Knattern der Gewehre und „Krack" „Krack!" der Mitrailleusen den Höhepunkt und vereinigte sich zu einer fast sinnverwirrenden Schlachtmusik. Dabei schlugen jetzt rings um uns in nächster Nähe die feindlichen Granaten ein, und bald wankten uns auch die ersten Verwundeten entgegen. Artillerie und Munitionscolonnen rasselten vorbei, Cavallerie= und Infanterie=Regimenter kreuzten sich bald hier, bald dort, Adjutanten und Ordonnanzen jagten hin und her, kurz es steigerte sich der Lärm und Trubel bis in's Unglaub=

liche. Da sprengte im gestreckten Galopp eine Ordonnanz heran, die laut schreiend nach dem commandirenden General fragte. Kaum erblickt er den Generalstab, so stößt er athemlos die Worte hervor: „St. Privat von den Garden genommen! Schwere Verluste! Der Feind weicht! Cavallerie bringend zur Sicherung des Sieges und zur Verfolgung erforderlich!" Im Nu wendet er sein Pferd und ist wieder verschwunden! Secundenlang stockt Jedem der Athem vor freudiger Erregung, dann sprengten, ohne den Befehl abzuwarten, die Adjutanten nach allen Richtungen davon, und wie vom Sturmwind weiter getragen, fliegt es von Mund zu Mund: „Sieg!" „Cavallerie vor!" — Dröhnend erzittert der Boden unter den Hufen der von allen Seiten herantrabenden Reitermassen, und nach kurzer Zeit stehen 5 prächtige Cavallerie-Regimenter in weit ausgezogenem Treffen neben einander. Der greise General unseres Corps sprengt mit seinem Stabs-Chef v. Caprivi heran, begrüßt sie mit einigen kernigen Worten, die mit lautem, jubelndem Hurrah begrüßt werden, dann zieht er den Degen, setzt sich mit seinem Stabe an die Spitze und vorwärts rasseln und stampfen die dunklen Massen dem brennenden St. Privat entgegen. Da trifft die Nachricht ein, daß hinter St. Privat ein dichtes Waldterrain be= ginne, in das der Feind sich zurückgezogen und welches eine Ver= folgung durch Cavallerie unmöglich mache. Enttäuscht halten die Reiterschaaren; da lenkt ein leiser Knall Aller Blicke nach oben; und hoch über unsern Köpfen zeigen sich plötzlich ein, zwei und immer zahlreicher kleine, glänzende, grauweiße Punkte, die sich schnell zu breiten, kleinen Ringen umwandeln und langsam im blauen Aether westwärts ziehend, sich zu immer größeren, matteren Kreisen ausdehnen, bis sie in zarten Duft sich auflösen. Es sind dies die Pulverwölkchen der crepirenden, feindlichen Shrapnels, mit denen sie ihren Rückzug decken, und deren Kugeln und Sprengstücke jetzt klatschend vor uns ins Feld einschlagen und die Cavallerie ver= anlassen, einige hundert Schritte rückwärts neben der Infanterie unseres Corps Aufstellung zu nehmen.

Langsam senkt sich die Abenddämmerung auf das weite Schlacht= feld hernieder, doch mit ihr steigert sich noch einmal das Brüllen und Donnern der im Schnellfeuer stehenden Geschütze, das Knattern der Gewehre, Rasseln der Schlag auf Schlag erfolgenden Salven und das unheimliche „Rrack, Rrack" der Mitrailleusen zu einem

markerschütternden Schlachtenconcert, und die Aufregung und
Spannung erreicht den höchsten Grad. Ueberwältigt stehen Alle
lautlos mit verhaltenem Athem da, denn es fühlt Jeder deutlich,
daß jetzt der wichtige Augenblick gekommen ist, der über Sieg oder
Tod entscheiden muß.

Da plötzlich, wie auf Commando, verstummt der furchtbare
Höllenlärm und macht einer tiefen Stille Platz, die nur noch dann
und wann durch vereinzelte Schüsse und aus der Ferne herüber=
tönende Jubellaute unterbrochen wird. Dann aber rauscht es ahnungs=
voll heran; wie Wetterleuchten sprengen Adjutanten und Ordon=
nanzen über das Schlachtfeld: „St. Privat ist genommen; der
Sieg ist unser!" Und nun braust er daher, der gewaltige Jubelsturm,
von Truppe zu Truppe pflanzt es sich fort, das eine große, schöne
und erhebende Wort: „Sieg!" „Sieg!" Mit entblößtem Haupte
sprengt der General und wir, sein Stab mit ihm, von Bataillon zu
Bataillon und überall wird die erlösende Siegesbotschaft mit freudigem
Hurrah! und Hoch auf den Kriegsherrn und König beantwortet.
Und in diesen Jubel klingt jetzt herein der köstliche, erhebende
Choral: „Nun danket Alle Gott!" und wird sofort von allen
Regiments = Capellen aufgenommen. In Schlachtordnung, Gewehr
bei Fuß lagen die Bataillone auf den Knien, die Kavallerie stand
gesenkten Hauptes auf den Säbel gestützt neben den Pferden, und
das weite Schlachtfeld schien für kurze Augenblicke sich in einen
erhabenen Dom mit frommen Betern verwandelt zu haben. Aus
zerrissenem Gewölk blitzten die Sterne hernieder, grauer Pulver=
dampf lag weit und breit auf dem Schlachtfelde, ringsum aus den
Dörfern und Städtchen loderten mächtige Feuersäulen zum Himmel
empor und warfen flackernd ihren blutrothen Schein auf die sich
in nächtliches Dunkel hüllende Ebene.

Aus meinem andächtigen Sinnen weckte mich die Stimme des
Generalstabschefs v. Caprivi, der nach dem Generalarzte verlangte.
Als er hörte, daß dieser bereits zum nächsten Sanitäts=Detachement
geritten, zeigte er auf das brennende St. Privat und dann in das
tiefe Dunkel hinter uns, mit dem Auftrage, ich solle das dort bei
St. Ail stehende Sanitäts=Detachement so schnell wie möglich nach
St Privat führen, wo es an Arbeit sicher nicht fehlen würde.
So bestieg ich denn wieder meinen müden Braunen und trabte
hinaus in die dunkle Nacht, fand auch schnell das Detachement,

und obgleich das Personal nach mehr als 36stündiger, ununter=
brochener, aufreibender Thätigkeit im Krankendienste kaum einige
Stunden geruht hatte, begrüßten demnach Alle den Befehl zu neuer,
anstrengender Arbeit mit unverkennbarer Genugthuung. Mit voran=
schreitenden Fackelträgern ging es bald in langem Zuge ohne Weg
und Steg direct auf das brennende Dorf zu quer über das Schlacht=
feld. Während zu beiden Seiten die laut jubelnden Truppen nach
ihren Bivakplätzen vorbeizogen und die langen Reihen der aus ihren
Stellungen zurückkehrenden Artillerie und Munitionscolonnen an
uns vorüber rasselten, beleuchtete die dunkle Glut der Fackeln neben
uns das blutgetränkte Schlachtfeld selbst. Den Jubel der siegreich Heim=
kehrenden übertönend, oder mit ihm abwechselnd erschallte von dort
das Stöhnen und Aechzen der Schwerverwundeten und Sterbenden,
von allen Seiten hörte man den Ruf nach Hülfe und Wasser, und
so vorsichtig Pferde und Menschen auch über die am Boden
liegenden hinweg schritten und so sehr man auch bemüht war, den
Weg für die Fuhrwerke durch Forttragen der hier liegenden Ver=
wundeten frei zu machen, es verrieth demnach manch' gellender
Schmerzensschrei, daß trotzdem ein und der andere Unglückliche von
den Hufen der Pferde, oder den Rädern der Wagen gestreift, oder
aufs Neue verletzt worden war.

Geradezu sinnverwirrend und überwältigend war der Eindruck,
den St. Privat selbst hervorrief. Von allen Seiten her schlugen
die Feuersäulen der brennenden Häuser und Scheunen zum Himmel
und erleuchteten taghell die lange Hauptstraße. Dort standen
bereits die Fahrzeuge des 1. Sanitäts=Detachements, welches der
Herr Generalarzt schon vorher herbeigeführt hatte; aus den Wagen
heraus jammerten und schrien die auf dem Herwege aufgenommenen
Verwundeten nach Erlösung aus ihrer qualvollen Lage, da sie, so
wie sie gefunden waren, ohne Verband hatten aufgeladen werden
müssen. Durch umherliegende, zerschossene und zusammengebrochene
Kanonen, Protzen und Fuhrwerke aller Art, wie durch herab=
gestürzte Balken 2c. aus den brennenden Häusern war die Straße
so versperrt, daß die Detachements weder vor= noch rückwärts
konnten. Beiderseits längs der Häuser lagen unzählige Verwundete,
die um Hülfe baten, aus den brennenden Häusern erschallte Angst=
geschrei, Klagen und Jammern, überallher ertönte das Schreien und
Rufen der Fahrer, ein unentwirrbares Durcheinander. — Jubelnd

und singend drängten sich Abtheilungen deutscher Soldaten durch
das Chaos und schlichen kleine Trupps gefangener Franzosen mit
bleichen, verzweifelten Gesichtern einher, meist laut jammernd:
„Nous sommes perdus! Quel malheur pour nous!" etc.
Hier fielen sich ein paar Freunde in die Arme schluchzend vor
Freude über das glückliche Wiedersehen, dort fand ein Leicht=
verwundeter einen sterbenden alten Bekannten, oder rief ein Ver=
wundeter seinen vorübergehenden Kameraden Grüße für die Seinen
nach; dazwischen zischte und prasselte das Feuer und krachten die
Balken der brennenden Gebäude, dann klangen wieder laute, scharfe
Kommandorufe durch die Straße, Ordonnanzen sprengten aus den
Seitengassen heran, hier erschallte lustige Freudenmusik, dort erklang
leises Todesröcheln. Ein unbeschreibliches, betäubendes Durchein=
anderwogen der erschütterndsten, krassesten Gegensätze.

Schnell wurden einige gegen Feuersgefahr gesicherte größere
Räumlichkeiten leer gemacht und aus den gefüllten Scheunen mit
einer dicken Strohlage bedeckt, auch längs der Häuser wurden im
Freien Strohlager hergerichtet, da nur wenige Gebäude sich fanden,
in welche die Verwundeten hätten untergebracht werden können,
ohne der Gefahr des Verbrennens ausgesetzt zu sein. Jetzt erst
konnten aus den Wagen des vordersten Detachements die Ver=
wundeten herausgenommen werden, und dieses zum Herbeiholen
weiterer Verwundeter auf das Schlachtfeld hinaus fahren, so daß
die Straße wieder passirbar wurde. Welche Unsummen von Elend,
Schmerz, Jammer und Unglück zog in diesen nächsten Stunden an
uns vorüber, wie viele herzzerreißende Scenen erschütterten unser
Gemüth, aber auch wie viele Beispiele von Geduld, Standhaftigkeit,
Ergebung und Seelenstärke erregten hier unsere Bewunderung.
Unter vielen steht mir ein Erlebniß noch immer deutlich vor Augen.
In einem der geräumigeren Zimmer lag sorgfältig auf einer mit
Matratze versehenen Bettstelle gelagert, ein blutjunger Gardeoffizier
mit einer Schußwunde durch den Unterleib mit Verletzung der
Eingeweide; schon der Ausdruck seines Gesichtes verrieth mir
einen armen Todescandidaten. Als ich zu ihm trat, ihn zu unter=
suchen und zu verbinden, suchte er sich trotz heftiger Schmerzen auf=
zurichten und stellte sich mir mit derselben Ruhe und Förmlichkeit
vor, als träfen wir uns in einer Gesellschaft. Als ich die Wunde
untersucht, fragte er mich, ob seine Verletzung lebensgefährlich sei.

Da kaum anzunehmen war, daß in den nächsten Stunden ich oder ein anderer Kollege nochmals würde nach ihm sehen können, so hielt ich es für Pflicht, dem Armen, so schwer es mir wurde, offen zu erklären, daß er kaum hoffen dürfe, den nächsten Morgen zu erleben. Er dankte mir, daß ich ihm die Wahrheit nicht verheimlicht habe, legte sich still, ohne Seufzer oder Stöhnen, und ohne die geringste Todesfurcht zu zeigen, in die Kissen zurück, und bat mich nur, seinem Truppentheil ja zu melden, daß er hier in St. Privat schwer verwundet liege, damit man beim Appell sofort wisse, weshalb er nicht erscheinen könne. — Nicht seinen Eltern und Geschwistern galten die Gedanken dieses jungen tapfern Offiziers in seiner Todesstunde, sondern nur seiner Ehre, seinem Dienst beim Regimente, seinem Rufe. — Ich sorgte dafür, daß er möglichst schmerzlos hinüberschlummern konnte, und als ich dann am folgenden Morgen in aller Frühe an sein Lager trat, konnte ich dem Braven nur noch die Augen zudrücken, er hatte ausgelitten.

Während die Wagen auf das Schlachtfeld fuhren, um bei Fackelbeleuchtung noch möglichst viele Verwundete nach St. Privat hineinzuschaffen, suchten wir die in und in der Nähe des Dorfes liegenden Verwundeten, meistens Franzosen, auf, deren viele bei unserer Annäherung in Jammergeschrei ausbrachen, da sie die größte Furcht hatten, die Prussiens, die Barbaren, kämen nur zu ihnen, um sie zu quälen, zu maltraitiren, oder gar sie sofort ins Jenseits zu befördern. Sie sträubten sich daher oft gegen jede Untersuchung, und konnten es sich gar nicht denken, ja waren erstaunt und verwundert, daß sie von uns mit derselben Sorgfalt und Aufopferung gepflegt und behandelt wurden, wie unsere eigenen Verwundeten.

Ein junger französischer Offizier, der schwer verletzt in seiner ungünstigen Lage sicher bedeutende Schmerzen erleiden mußte, bat bringend, ihn ruhig liegen zu lassen und zuvor die übrigen Verwundeten zu versorgen, er fühle, daß seine letzte Stunde da sei. Bald auch war er seinen Verletzungen erlegen, und als er nun fortgetragen wurde, da zeigte es sich, weshalb er jene merkwürdige Bitte hauptsächlich ausgesprochen haben mochte. Unter ihm lag nämlich das Stück einer völlig zerschossenen deutschen Fahne, deren Eroberung ihm wohl den todtbringenden Schuß eingebracht hatte, und welche seine starre, kalte Hand noch im Tode fest umklammerte.

Die Nacht war bitterkalt und ein feiner Regen machte dieselbe noch unangenehmer, dennoch wurde ohne Rast und Ruhe weiter=gearbeitet, bis gegen Mitternacht die letzten Fackeln erloschen, Pferde und Menschen erschöpft und zu weiteren Anstrengungen unfähig waren. Jeder suchte sich ein geschütztes Plätzchen, und auch wir warfen uns auf einige Bunde Stroh in einem Hause nieder, dessen Nachbargebäude noch lustig fortbrannte. Von den Aufregungen, Wirren und Schrecken des Tages völlig benommen, umfing mich bald eine Art starrer Betäubung, die mich für wenige Stunden der Gegenwart entrückte, ohne daß sich auch jetzt ein wirklich fester und erquickender Schlaf einstellte.

19. August. Die ersten Strahlen des jungen Tages scheuchten uns denn auch wieder auf, und fröstelnd, mit steifen Gliedern und wirrem Kopfe ging es von neuem an die Arbeit. Da die Vor=räthe des Detachements recht erschöpft waren, so galt es vor allem, die nöthigen Lebensmittel für die vielen, bereits untergebrachten und für die noch weit größere Zahl der noch erwarteten Ver=wundeten herbeizuschaffen. Mit einigen Trainsoldaten begann ich nun die verlassenen Häuser zu durchsuchen und fand in den Keller=räumen nicht nur ausreichende Vorräthe an Mehl, Speck, Kartoffeln, Wein u. dgl., sondern auch eine beträchtliche Zahl unverletzter französischer Soldaten, die sich dort versteckt hatten. Es war jedesmal ein höchst erheiternder Anblick, wenn der zuerst in den Keller Herabgestiegene, meist bleich vor Schrecken, eiligst mit der Botschaft zurückkehrte, daß der Raum voller Franzosen stecke; wie dann ein Unteroffizier oder Lazarethgehülfe sich mit gezücktem Säbel oder Faschinen=(Käse=)messer vor die Oeffnung stellte, sein: Allons, allons, marche! hinunterrief und wie dann eine Rothhose nach der andern mit blassem Antlitz furchtsam in voller Rüstung aus der Kelleröffnung auftauchte und sofort in die Klagerufe ausbrach: Oh! Quel malheur! nous sommes perdus! oh! quel grand malheur! In dem Keller des Hauses, in dem wir einige Stunden geruht hatten, fanden wir aber auch das alte Mütterchen, welches uns noch soeben eine Tasse wohlschmeckenden Kaffees bereitet hatte, neben einem Weinfasse sitzend, die Hände in den Schoß gelegt und gefaltet, leblos zusammengesunken; die Auf=regungen und Schrecken des Tages und der Nacht hatten ihre Kraft gebrochen.

Unbeschreiblich schaurig war das Bild, welches St. Privat am hellen Tage darbot. Noch züngelten überall die Flammen aus den brennenden Häusern, aus den rauchenden Trümmern starrten die verkohlten schwarzen oder noch glimmenden Balken öde zum Himmel empor, in den Mauern gähnten mächtige Risse und Löcher von durchgeschlagenen Granaten, ja einzelne Wände waren mit Gewehrkugeln förmlich gespickt. Die mit Blutlachen bespritzten Straßen ließen deutlich erkennen, in wie eiliger Flucht die Franzosen das Städtchen geräumt hatten. Denn fortgeworfene Waffen, Tschakos, Tornister, Kochgeschirre, zerbrochene Fahrzeuge, todte Pferde, zerrissene Geschirre, Päckchen mit Patronen bedeckten zusammen mit Dachziegeln und Trümmern von eingestürzten Häusern überall den Boden; in den Gärten und Höfen lagen an einigen Stellen noch die Zelte, Koffer, Mäntel, Verpflegungsartikel, Kleidungsstücke aller Art, Karten, Schreibutensilien, Gläser, Flaschen, kurz Alles, was davon zeugte, daß hier die französischen Truppen mitten im fröhlichsten Bivakleben von unserem Angriff vollständig überrascht sein mußten. Nachdem in St. Privat die nöthigen Anordnungen für die erste Unterbringung der Verwundeten getroffen waren, ritten wir zur Berichterstattung nach dem Lagerplatze bei St. Ail zurück, wo bereits unsere Bagage angelangt war. Kaum war ich in unseren bequemen Actenwagen geschlüpft, um nach 3 Tagen und Nächten mich zum ersten Male der Stiefeln zu entledigen, so langte auch schon der Befehl zu einem neuen Ordonnanzritte nach St. Privat an, und zunächst mußte ich wieder in den Sattel. Beim Verlassen der Stadt traf ich den Adjutanten vom Pionierstabe (Lieutenant R.), mit dem ich gemeinsam das Schlachtfeld genauer besichtigte. — Zuerst suchten wir östlich von St. Privat die Stelle auf, wo wir am Morgen des Schlachttages unsere Granaten mit so furchtbarer Wirkung in die vordringenden feindlichen Infanteriemassen hatten einschlagen sehen. Hier lag vor und hinter einem schmalen Wassergraben ein wahrer Wall von gefallenen Franzosen, oft 3 bis 4 Mann über einander, die meisten von Granatstücken furchtbar zerrissen und verstümmelt; dazwischen jammerte hier und da unter einem todten Kameraden hervor ein Schwerverwundeter, zu dem unsere Krankenträger noch nicht vorgedrungen waren. Ihr Stöhnen und Klagen war so herzzerreißend, daß ich, obgleich ohne Verbandmaterial, vom Pferde sprang, dem Adjutanten den Zügel

reichte und die Schwerverletzten von der Last ihrer todten Kameraden
befreite, besser lagerte, namentlich ihre zerschossenen Gliedmaßen so
legte und stützte, daß sie möglichst wenig schmerzten, auch den
Schmachtenden aus meiner Flasche einen Labetrunk reichte. Als
ich wieder bei einem Verwundeten niederkniete, hörte ich neben mir
einen Knall und eine Kugel flog pfeifend an meinem Kopfe vorbei;
gleichzeitig rief mir der Adjutant zu, schleunigst zu ihm zurück zu
kommen. Und nun hörte und sah ich, daß der Franzose, den ich
soeben, etwa 10 Schritte weiter zurück, möglichst bequem gelagert
hatte, zum Dank hierfür sein Gewehr auf mich abgeschossen hatte.
Natürlich verging mir die Lust, mir noch einmal einen ähnlichen
Dank zu verdienen, rasch war ich wieder im Sattel und wir trabten
weiter, während mehrere durch den Schuß herbeigerufene Kranken=
träger und Soldaten wohl die Züchtigung des Ruchlosen über=
nommen haben werden.

Als wir auf die Straße Amanvillier—St. Privat kamen,
erblickten wir zu unserer Ueberraschung nördlich der Chaussee ein
umfangreiches Zeltlager, wie sich später zeigte, zur Division Canrobert
gehörend. Alles, was wir hier sahen, deutete gleichfalls darauf,
daß auch diese Truppe von unserem Angriff vollständig überrascht
wurde und das Bivak in größter Eile verlassen haben mußte. So
standen noch Kochgeschirre mit Essen gefüllt auf den Kohlenresten
des längst erloschenen Feuers der Kochlöcher, in den Zelten lagen
ausgepackte Tornister, Uniformröcke, Schuhwerk, Wäschestücke bunt
durcheinander. In den Offizierzelten standen geöffnete Koffer, aus
denen neue, feine Uniformen (wohl zu dem erträumten Einzug als
Sieger in Berlin), Civilkleider, Wäsche und alle möglichen
Galanterie=Gegenstände herausschauten, ja in vielen derselben fanden
sich elegante Damentoilette=Stücke, zum Theil Roben und Schmuck=
sachen, Waschutensilien, oft von einer Menge eleganter Fläschchen,
Flacons, Schächtelchen und Töpfchen umgeben, neben Schreibzeug,
Papier und zierlichen Nippsächelchen lagen Gläser und halbgefüllte
Weinflaschen, Teller und Eßbestecke auf Tischen, Feldstühlen und
Kisten oder auf dem Boden umher. Kurz, Alles gab Zeugniß
davon, daß die Bewohner sich hier bis zuletzt einer behaglichen
Ruhe und gemüthlichen Sorglosigkeit überlassen und wohl an alles
Andere mehr gedacht haben mußten, als an einen nahe bevor=
stehenden feindlichen Angriff. — Da wir einzelne Soldaten, welche

4

unter den Sachen herumkramten, aus dem Lager herausweisen mußten, so scheuten wir uns abzusitzen und genauere Umschau zu halten, sondern meldeten den Fund bei unserer Rückkehr dem Generalkommando, welches dann die Zelte leider schon zum größten Theile ausgeplündert fand. Ich nahm mir eine einfache lederne Schreibmappe zum Andenken mit, die abseits von der Straße lag und nur einige Privat=Briefe, sowie stark parfümirtes Briefpapier enthielt. Seit dieser ganzen Zeit habe ich dieselbe bis heute beständig benutzt und trotz 20 jährigen Gebrauches ist sie fast unver= ändert geblieben.

Wir ritten dann hinüber zum Sturmfelde der Garden, wo es noch traurig genug aussah, obgleich fast sämmtliche Verwundete bereits fortgeschafft waren. Hier konnte man so recht deutlich erkennen, wie geschützt die Vertheidigungsstellungen waren, welche die Franzosen sich dort hergestellt hatten. Hinter den mit Schießscharten ver= sehenen und crenelirten Mauern der Stadt, der einzelnen Gehöfte und Aecker und hinter den durch aufgeworfene Wälle vertieften Gräben und verstärkten Hecken lagen dennoch unzählige Leichen von Franzosen, die meist durch Kopfschußwunden getödtet waren; davor ruhten über das weite Angriffsfeld dicht hingesäet die schönen Gestalten der tapferen Gardisten; ein trostloser, ergreifender Anblick! Ueber 5000 Mann hatte das Gardecorps bei diesem einen Sturm= angriff auf dem Felde der Ehre todt und verwundet liegen lassen. Und unter ihnen erkannte ich wieder so manchen näheren Bekannten vom 3. Garde=Regiment, mit dem ich in der Garnison so viele heitere Stunden verbracht hatte.

Dicht neben uns schallte jetzt als krassester Gegensatz von einem mit prächtigen Baumgruppen bestandenen Platze ausgelassener, lustiger Freudenjubel zu uns herüber. Hier lagen auf dem nur oberflächlich von Leichen frei gemachten Rasenplatze unter einer mächtigen Eiche Mannschaften der verschiedensten Regimenter lachend, singend und scherzend in Gruppen zusammen. — Ringsum am Boden lagen alle möglichen, aus dem Canrobert'schen Lager hierher= geschleppten Gegenstände umher und mehrere Spaßmacher hatten sich in zum Theil prachtvolle Damenroben gesteckt und mit allerhand Frauen=Garderobenstücken komisch ausstaffirt. Hier hatte der Eine sein Haupt mit einem wallenden Damen=Federhut bedeckt, dort ein Anderer sich mit einem kostbaren Shwal umhüllt, ein Dritter war mit bunten Bändern und Seidentüchern behangen, oder mit einem Häubchen, einer Nachtmütze, einem mit feiner Stickerei besetzten Unterrock, einer Nachtjacke oder desgleichen. Alles tanzte und sprang herum und vollführte die ausgelassensten Tollheiten. Den Mittelpunkt dieses wahren Faschings = Trubels und Jubels bildete aber ein mit den Beinen nach oben an einem Baumaste hängendes altes Weib, welches mit Stöcken, Ruthen, Schirmen und Allem, was Jeder gerade vorfand, von den um dasselbe herumspringenden und tanzenden, jauchzenden Soldaten unbarmherzig bearbeitet wurde. Es war dies eine der scheußlichen Hyänen des Schlachtfeldes, welche bei ihrem schaudervollen Treiben überrascht und erst nach heftiger Gegenwehr ergriffen worden war. Sie war beim Morgengrauen von einem über das Schlachtfeld reitenden Offizier betroffen worden, als sie einem schwerverwundeten Garbeoffizier den goldgestickten Kragen abtrennte und ihn berauben wollte. Dieser hatte sich ganz still und regungslos verhalten, als ob er todt oder bewußtlos sei, nachdem er gesehen, wie das Weib kurz vorher einem daneben liegenden, noch lebenden Kameraden kaltblütig die Augen ausgestochen und den mit einem werthvollen Ringe bedeckten Finger ohne Bedenken von der Hand abgeschnitten hatte. Als der Reiter auf den Hülferuf des Garbeoffiziers heransprengte, feuerte die Megäre mehrere Revolverschüsse auf denselben, ohne ihn glücklicher Weise bedeutender zu verletzen; erst als dieser sie niedergeritten und mit seinem Säbel bearbeitet hatte, gelang es ihm, die, wie ein wildes Thier um sich beißende und kratzende Mörderin zu knebeln und dann mit Hülfe einiger herbeieilenden Soldaten nach dem Vorposten = Bivak zu schleppen, wo sie in der angedeuteten Weise der Lynch = justiz der erbitterten Mannschaften anheimgefallen war.

Als wir nach St. Ail zurückkamen, rüstete sich das General = Commando bereits zum Aufbruch; in Folge der Meldung über das aufgefundene Canrobert'sche Lager wurde jedoch zunächst dieses aufgesucht und so fand ich endlich etwas Zeit, nach 3 mal 24 Stunden wieder einmal Toilette zu machen und Kleider und Stiefel reinigen zu lassen. Mit unbeschreiblichem Behagen streckte ich mich dann noch so lange auf das weiche Polster unseres bequemen Wagens aus, bis ich dem General = Commando zu unserm neuen Nachtquartier nach Roncourt folgen mußte.

4*

Unser Marsch führte uns nochmals über einen großen Theil des Schlachtfeldes, doch war es unmöglich, auf demselben noch eine Spur von dem Schrecken und Grausen zu finden, welches 24 Stunden zuvor dort gewaltet hatte. Nirgend war noch ein Verwundeter zu sehen, kaum noch vereinzelte Gefallene; Letztere lagen in langen Reihen neben einander an einigen stillen Plätzen und harrten des Augenblickes, wo sie in den kühlen, von ihrem Blute getränkten Boden gebettet werden sollten. Gleichzeitig waren auch die noch brauchbaren Waffen und Armaturstücke fortgebracht und alle unbrauch= baren Gegenstände haufenweise zusammengeworfen worden. An Stelle der tiefen Stille klangen jetzt die fröhlichen Lieder der aus ihren Vorposten=Stellungen abziehenden Truppen des XII. Corps durch die Luft, anstatt Tod und Verzweiflung herrschte überall Leben und frisch=fröhliche Siegeslust.

Ob von den Tausenden, die damals heiteren Muthes über das weite Schlachtfeld dahinschritten, wohl ein Einziger sich vorstellen konnte, welchen Anblick dasselbe am Abend zuvor, ja noch am selbigen Morgen dargeboten hatte, und welche Unsumme von Arbeit, Aufopferung und Hingabe nothwendig gewesen war, um in so kurzer Zeit diese fast unglaublich große Veränderung des Aussehens zu bewirken? Ich glaube schwerlich; denn das ist ja eben der enorme, moralische Werth und der Stolz einer guten Sanitätstruppe, daß sie fast unbemerkt und ohne Aufsehen durch ihre stille, ununterbrochene, Körper, Geist und Gemüth aufs Höchste anspannende und aufregende Arbeit bemüht ist, den Truppen, wenn sie zu neuen Kämpfen, Gefahren und Opfern weiter ziehen müssen, jeden Blick auf das Bild des Leidens und Todes, des Blutes und der Leichen, des Grauens und Schreckens zu ersparen, welchen das Schlachtfeld namentlich für den Sieger darbietet. Denn dieser furchtbare Anblick der Jeden bis ins Tiefste der Seele erschüttern muß, würde ohne Zweifel auch des Tapfersten und Unverzagtesten Gemüth mit bangen Ahnungen und trüben Sorgen erfüllen und wenigstens vorübergehend den frohen Siegesmuth und die Kampfes= freudigkeit wesentlich beeinträchtigen und trüben. — Je schneller und je gründlicher daher dies gelingt, desto vollkommener erfüllt die Sanitätstruppe ihre schwere Aufgabe, desto höher ist ihr Werth zu schätzen und desto mehr Anerkennung verdient sie. — In wie hohem Grade dies in den letzten 4 Tagen bei den Sanitätsdetachements

des 10. Armeecorps und der Garde geschehen war, deren Thätigkeit
wir ja bis ins Einzelne verfolgt hatten, zeigen uns ihre damaligen
enormen Leistungen, die man wahrlich fast für unmöglich und
unglaublich halten möchte. — So hat z. B. das 1. Sanitäts=
Detachement unseres Corps vom 16. August Abends bis 18. Morgens
also in 36 Stunden allein über 3000 Schwerer= und Schwerver=
wundete verpflegt, untersucht, verbunden, mit Täfelchen versehen,
auf denen die Art der Verletzung und geschehenen Hülfeleistung u. s. w.
verzeichnet war, erforderlichen Falls feste Gyps=Verbände angelegt,
die dringendsten Operationen ausgeführt und Alle in das nächste
Feld=Lazareth überführt. — Nachdem dann die hierbei verbrauchten
Verpflegungs= und Verbandsgegenstände, Wäsche und sonstigen Utensilien
vom Feldblazareth ergänzt waren, brach es am 18. Morgens zum
Weitermarsch auf und begann schon am Abend wieder, ohne daß
Menschen und Pferde zur Ruhe gekommen, bei St. Privat seine
Thätigkeit. Bis zum Abend des 19. waren abermals in Gemein=
schaft mit dem 2. Detachement zwischen 5—6000 Verwundete ver=
sorgt und untergebracht, also in einer 24 stündigen Arbeitszeit von
jedem derselben 2500 bis 3000 Verwundete. Am 20. Morgens
brach es trotzdem schon wieder nach Roncourt auf, wo 4 bis 500
verwundete Franzosen hülflos von ihren Truppen zurückgelassen
waren, die verbunden, verpflegt und behandelt werden mußten.
Es ist dies wohl eine Leistung, die nur durch Anspannung aller
Kräfte und selbstlose Hingabe und Aufopferung für den Dienst
erreicht werden konnte und gewiß die höchste Anerkennung verdient.

Auf unserm Vormarsche fanden wir die Chaussee von St.
Privat nach Roncourt, auf welcher bei dem eiligen Rückzug der
Franzosen zerschossene und zusammengebrochene Fuhrwerke aller
Art, Pferdekadaver und dergleichen liegen geblieben waren und die
Straße beengten, völlig unpassirbar. Der Train der Sachsen hatte
sich dort so festgefahren, daß deren Artillerie und Kavallerie nur
ruckweise sich langsam vorbeischlängeln konnte. Bald saßen auch
wir so fest in dieser allgemeinen Verstopfung, daß wir uns nur
langsam, Schritt für Schritt einzeln und mühsam hindurchzuwinden
vermochten, die Handpferde und Bagage ja selbst die Stabswache
aber zurückbleiben mußten. So langten wir zwar bei einbrechender
Dunkelheit endlich in Roncourt an, befanden uns hier jedoch lange
Zeit in einer recht ungemüthlichen und peinlichen Lage. Denn die

wenigen Offiziere des Generalstabes bildeten ohne die geringste
Bedeckung stundenlang die äußersten Vorposten unserer Armee in
nächster Nähe der Franzosen. — Dicht hinter und seitwärts Roncourt's
begann bereits der dichte Wald, welcher sich bis ins Moselthal
und nach **Marange** hinzieht und seitwärts über **Bronveaux** fort=
läuft bis an den Fuß des Forts **Plappeville**. Und durch diesen
Wald zieht sich die breite Chaussee nach Metz, welche die Haupt=
rückzugslinie der Franzosen gewesen war. Eine kleine feindliche
Abtheilung, die sich ungesehen bis in unsere nächste Nähe hätte
heranschleichen können, würde genügt haben, den ganzen Stab ohne
Mühe aufzuheben; zudem sollte noch vor wenigen Stunden eine
französische Kavallerie=Streif=Patrouille das Dorf passirt haben.
Es war erklärlich, daß wir uns unter solchen Verhältnissen nicht
allzu sicher und gemüthlich fühlten. Es wurde daher mitten auf
der Chaussee am Anfang des Dorfes ein mächtiges Feuer ange=
zündet, um welches wir alarmbereit uns lagerten, während die
Pferde gesattelt an die nächsten Chausseebäume gebunden wurden.
Das Dorf selbst war wie ausgestorben, kein Mensch und kein Thier
ließ sich sehen, nur aus einem der letzteren Häuser schallte das
klägliche Heulen eines Hundes zu uns herüber.

Es war daher für uns alle ein freudiger Anblick, als endlich
gegen ½9 Uhr eine Compagnie Infanterie vor uns auftauchte und
den Sicherheitsdienst nach Metz übernahm. Erst um 1 Uhr
Nachts gelang es der Bagage und den Burschen sich mit unsern
Handpferden den Weg zu uns zu bahnen, so daß wir unsere Pferde,
so gut es ging, in dunkler Nacht selbst unterbringen und versorgen
mußten, ehe wir ein Unterkommen für uns suchen konnten.

Im ganzen Dorfe war auch nicht ein Lichtschimmer zu sehen,
die Häuser von ihren Bewohnern verlassen und meist verschlossen.
In einem derselben, in welches wir uns endlich durch den Stall
Eingang verschafft hatten, sah es schaurig genug aus, soweit man dies
beim Schein der Streichhölzer erkennen konnte, die unsere einzige Licht=
quelle bildeten. Der Fußboden der kleinen, niedrigen Stuben war mit
schmutzigem Stroh bedeckt, aus Schränken, Kommoden, Tischen 2c.
die Schubkasten herausgerissen und ihr Inhalt: Kleider, Wäsche,
Bücher u. dergl. lag zerstreut umher. Wir legten uns in die
mit Stroh gefüllten Bettstellen, und während der Generalarzt sehr
bald durch lautes Schnarchen verrieth, daß ein wohlthätiger Schlaf

ihn erquickte, warf ich mich wieder ruhelos herum, ohne auch nur einen Augenblick Schlaf zu finden. Durch das eine mit kleinen Scheibchen versehene, zerschossene Fenster pfiff heulend der Wind, und vor demselben lag kläglich winselnd der Haushund, der sich durch Nichts fortjagen ließ. Als ich gegen 1 Uhr unsern Troß kommen hörte, schlich ich mich hinaus in die kalte Nachtluft, um womöglich in unserem bequemen Wagen noch einige Stunden Schlaf zu finden. So viel ich aber auch umhersuchte und rief, von unserem Wagen war Nichts zu hören und zu sehen, und so kehrte ich fröstelnd in unser ungemüthliches Quartier zurück, froh, als das erste Morgenlicht mir gestattete, dem dumpfen, elenden Unterschlupf zu entfliehen.

20. August. Bald war auch unser Wagen, der mit zerbrochener Deichsel angelangt war, gefunden, und froh führte ich unsere Leute sammt dem Corpsstabsapotheker und Justizrath Brüggemann im Triumph zu unserem Quartier. Schnell war zunächst eines der Zimmer gründlich gereinigt und wohnlich hergerichtet, im Garten flackerte ein lustiges Feuer, an welchem der Stabsapotheker mit dem Schreiber einen verlockend duftenden Kaffee und kräftigen Imbiß aus unseren Vorräthen bereitete, und nach kurzer Zeit saßen wir vier gemüthlich um den großen Kaffeetisch und labten uns an den langentbehrten Genüssen und der sorglosen Sicherheit, der wir uns nach den letzten aufregenden Tagen mit einem unbeschreiblichen Wohlbehagen hingaben. — Geradezu rührend war die zärtliche Sorgfalt, mit der mein behäbiger Bursche, ein richtiger, gemüthlicher, naturalisirter Berliner aus Perleberg, meinen Braunen wieder in seine Obhut nahm. Immer wieder streichelte er das Thier liebkosend und befühlte jede Stelle seines Körpers, der in den letzten Tagen, wo der Bursche ihn nicht gepflegt, an Rundung tüchtig eingebüßt hatte. Immer wieder fragte er in möglichst zartem Tone, ob der Braune auch wirklich unverletzt geblieben sei, und ob nicht etwa doch eine der tückischen Kugeln ihn getroffen habe.

Auch in Roncourt trug fast jedes Haus die Spuren des stattgefundenen, erbitterten Kampfes, doch unterschied es sich sehr wesentlich von den andern Städtchen und Dörfern, wie z. B. St. Privat. Dem Sturm der Sachsen auf das Dorf war kein längeres Beschießen durch Artillerie voraufgegangen, so daß nur ganz vereinzelte Häuser in Brand gerathen, aber schnell gelöscht worden waren.

Dafür waren die nach S. und SW. gerichteten Mauern und Wände meistens siebartig durchlöchert, oder mit Gewehrkugeln gespickt, und unzählige Fenster zertrümmert, während die Straßen mit allerhand Kriegsmaterial förmlich besäet waren, sei dasselbe zerbrochen, zer= schossen, oder bei dem eiligen Rückzuge weggeworfen und liegen gelassen worden. Während die sächsischen Verwundeten von ihrer Sanitätstruppe gut versorgt waren, hatten die Franzosen ihre Leute nur ins nächste Haus getragen und auf Stroh gelagert, dieselben dann aber bei ihrem Rückzuge ohne Verband, Hülfe und Pflege, ohne Speise und Trank, ohne Aufsicht und Wartung hülflos im Stiche gelassen. Ich ritt daher nochmals nach St. Privat, und da ich das 1. Sanitäts=Detachement marschbereit antraf, so mußte dasselbe trotz seiner ununterbrochenen, anstrengenden Arbeit der letzten 4 Tage die Versorgung auch dieser armen verwundeten Franzosen noch über= nehmen, bis spät Abends ein Feldlazareth unseres Corps eintraf und sich in Roncourt sofort etablirte. — In einem mit Verwundeten belegten Hause wurden zwei Franzosen in Civil angetroffen, welche sich für zurückgebliebene Militärärzte ausgaben. Schnell wurden ihnen die nöthigen Instrumente ꝛc. gereicht und sie ersucht, bei ihren Landsleuten eine der dringend nöthigen Operationen auszuführen. Als sie diese Prüfung gut bestanden, somit sich als wirkliche Aerzte ausgewiesen hatten, wurden sie ihrer Bitte gemäß durch Vermittlung des General=Commandos gegen deutsche Gefangene nach Metz aus= gewechselt.

Am empfindlichsten war auch in Roncourt der Mangel an Wasser; der einzige nur wenig und nicht besonders gutes Wasser liefernde Brunnen mußte verschlossen und durch eine Wache geschützt werden, um vor Allem den Verwundeten das allernöthigste Quantum an Wasser zu sichern. Ein kleines Gläschen voll Wasser war Alles, was Jeder von uns zum persönlichen Gebrauche erhalten konnte, und wir mußten das Kunststückchen vollbringen, hiermit uns von Schmutz und Blut zu reinigen und den Mund zu spülen. Ein kaum größeres Quantum stand uns zur Bereitung unserer Erbswurstsuppe mit Hammelfleisch zur Verfügung; dafür schmeckte uns dies einfache Mahl nach der Abspannung, Ermüdung und an= gestrengten Arbeit desto köstlicher, besonders da das Mahl noch gewürzt wurde durch die Berichte unserer gegenseitigen Erlebnisse und Mittheilung sonstiger zahlreicher Neuigkeiten. — Hiermit, wie mit Anfertigung der bringendsten Bureau=Arbeiten, Briefeschreiben und Tagebuchführung vergingen schnell in äußerst behaglicher Stimmung die Stunden. Da es mit unserer Beleuchtung schlecht bestellt war, legten wir uns dann früh zur Ruhe, die wir dies= mal ungestört genießen konnten, wenn auch die Nähe des Feindes uns zwang in den Kleidern zu bleiben, und wir jeden Augenblick allarmirt zu werden fürchten mußten. In dieser Nacht erquickte mich endlich wieder ein fester, ruhiger Schlaf, so daß ich gestärkt und erfrischt am andern Morgen erwachte.

Die Belagerung von Metz. Aufenthalt in Marange.
(21. August bis 1. October 1870.)

21. August. Da kein Zweifel mehr darüber obwalten konnte, daß die französische Armee den Versuch, sich nach Chalons sur Marne zurückzuziehen, aufgegeben hatte, um sich zunächst unter dem Schutze der Kanonen der Festung Metz von den Folgen der er= littenen schweren Niederlagen zu erholen, so galt es für uns, so schnell wie möglich die starke Festung, das jungfräuliche Metz, mit seiner starken Besatzung und der unter ihre Mauern geflüchteten Feld=Armee des Maschalls Bazaine mit einem lebenden Walle, einem festen eisernen Gürtel zu umschließen, derselben jede Zufuhr an Proviant abzuschneiden und Vorsorge zu treffen, daß weder durch Ausfälle diese feste Umklammerung durchbrochen, noch durch Entsatz von Außen gesprengt werden könne. So begann denn am Morgen des 20. Augusts auch unser 10. Armeekorps in die Mosel= ebene hinabzusteigen, um sich in den Cernirungsring einzufügen, welchen hauptsächlich die Truppen der II. Armee, des Prinzen Friedrich Carl, um Metz schließen sollten.

Hinter Roncourt auf dem Hochplateau stießen wir sehr bald auf ein neues, in Eile verlassenes Zeltlager der Franzosen, aus dem jedoch alles irgend Werthvolle und Brauchbare von den Ein= wohnern der umliegenden Ortschaften längst in Sicherheit gebracht war. Dann traten wir ein in den prächtigen dichten Laubwald, der sich vom Fort Plappeville über Bronveaux und Marange bis Moyeuvre ohne Unterbrechung hinzieht, und der es wohl haupt= sächlich den Belagerten in Metz möglich machte, in fast ununter= brochener Verbindung mit der Außenwelt zu bleiben, da es absolut unmöglich war, denselben auch in dunklen Nächten so zu überwachen, daß nicht Einzelne sich doch hin und wieder durch unsere Posten= ketten hätten hindurchschleichen können. Die große Straße über Pierrevilliers ins Moselthal war bereits passirbar gemacht, doch hatten wir noch genug Gelegenheit, an jedem einmündenden Wege und Stege die Kunstfertigkeit und Geschicklichkeit zu bewundern, mit der die Franzosen trotz ihres eiligen Rückzuges durch nur mühsam und schwer zu beseitigende Verhaue sich gegen Verfolgung gesichert hatten; denn das Unterholz des Waldes war so dicht, daß sich nur Einzelne hätten mühsam hindurchdrängen können. — Von einem Zuge der 16. Dragoner begleitet trabte das General=Commando dem 10. Korps weit voraus über Marange bis auf den Höhenzug hinter den Dörfern Fèves und Semécourt, etwa 8 Kilometer von Metz entfernt, um einen genauen Ueberblick über die Gegend zu erhalten, in der wir von nun ab Monate lang liegen bleiben sollten.

Da lag sie nun zum ersten Male deutlich sichtbar vor uns die starke, gewaltige Festung, die außer ihrer starken Besatzung noch eine zahlreiche Feldarmee in ihren Mauern barg und schützte, umgeben von den drohend zu uns herüberschauenden Forts von St. Julien, St. Quentin und Plappeville. Hell und klar hob sich, von den Strahlen der Morgensonne beleuchtet, die herrliche Kathedrale von dem dunklen Häusermeer ab, und wie ein glänzendes, weißes Silberband löste sich von demselben der schöne Moselstrom los, um in weiten schlangenförmigen Windungen sich durch das breite Thal bis nahe zu unsern Füßen hinzuziehen. Zur Rechten begrenzte der schönbewaldete Höhenzug das Thal, welcher von Fort Plappeville bis Moyeuvre hinstreicht, und vor, wie hinter Marange einen Aus= läufer quer in dasselbe hineinschickt, auf deren vordersten wir standen, neben den Dörfern Fèves und Semécourt, und dessen herrliche Weinberge sich vor uns ausdehnten. Nach links schweifte der Blick über die blühenden Gefilde des $1/2$ bis $3/4$ Meilen breiten Moselthales mit reichen Dorfschaften, kleinen Waldparzellen und grünen Wiesen; und darüber hinaus auf das niedrige Hochplateau jenseits der Mosel mit seinen zahlreichen Städtchen und Dörfern und seinen gesegneten Feldern. Hinter uns durch eine schmale, sich schluchtartig verengende Thalsenkung getrennt, zog sich das Dorf Marange mit seinen schönen Obstgärten und Weinbergen, und mit dem prächtigen Laubwalde als Hintergrund malerisch am Abhange des nächsten Querhügels hin. Die breite, im Moselthale nach **Metz** führende Chaussee war mit hohen Pappelbäumen bepflanzt, diese waren aber zum Theil, oder wurden noch von den Franzosen auf etwa 3—4 Kilometer weit von **Metz** aus rasirt. Auf derselben trabte ein Zug feindlicher Kavallerie bis auf 1—2 Kilometer an uns heran, wurde jedoch von dem inzwischen angelangten Vortrabe unserer Dragoner schnell verscheucht, während wir gemüthlich im Weinberge lagernd uns am Anblick der schönen Landschaft ergötzten. Jetzt kam aber auch reges Leben in das bisher so stille, friedliche Bild, mit schnaubenden Rossen rasselte die Artillerie den Hügel herauf, gefolgt von Pionieren, und sofort begannen sie Geschützstände auszuheben und das Schußfeld durch Niederlegen so manchen schönen Obstbaumes frei zu machen. Inzwischen war auch das ganze 10. Corps in der Thalebene eingetroffen, wie ein mächtiger Lavastrom ergossen sich die langen Reihen der Truppen über das Moselthal; bald regte und bewegte es sich überall; wie emsige Ameisenhaufen wimmelte es auf den Feldern von fleißigen Soldaten, welche sich ihre Bivakplätze einrichteten, und bald flackerten allerorts die Kochfeuer auf, umlagert und umstanden von fröhlichen, singenden und lachenden Gruppen.

Als wir nach **Marange** zurückkehrten, sahen wir zu unserer Freude, daß der Corpsstabsapotheker für uns das beste und ganz städtisch aussehende Haus zum Quartier ausgesucht hatte, während selbst der kommandirende General nur in einem einstöckigen Bauernhause untergebracht war. Da das Haus aber am äußersten Ende des Dorfes lag, und neben demselben ein direct nach St. Privat durch Wald führender Fahrweg mündete, auch der Wald bis nahe an dasselbe heranreichte, so hatte man Anstand genommen, den kommandirenden General dorthin zu legen, wo er Nachts schon von einer kleinen Schaar wagehalsiger Feinde leicht hätte aufgehoben werden können. Wir hatten Nichts dergleichen für uns zu fürchten.

Die Besitzerin des Hauses, eine junge unverheirathete Dame, hatte sich nach Metz geflüchtet und die Verwaltung desselben einem alten, wie es schien treuergebenen und auf ihren Vortheil bedachten Hausmeister übergeben, mit dem wir uns sehr gut verständigten, und der sich alle Mühe gab, uns den Aufenthalt möglichst angenehm zu machen.

Zwei geräumige Zimmer wurden recht nett und gemüthlich als

Wohnzimmer hergerichtet, das eine für den Generalarzt, das andere für den Stabsapotheker und mich, außerdem ein helles Bureau, in dem auch der Schreiber schlief. Im Keller fanden sich mächtige Stückfässer guten Weines, der von uns für eine etwaige Verwendung in den Lazarethen mit Beschlag belegt und dadurch vor anderweitigen Requisitionsversuchen geschützt wurde; nächtliches Blöken verrieth uns eine in sicherm Versteck verborgene Kuh, die wir gleichfalls zu schützen versprachen und uns dadurch den Genuß täglich frischer Milch und guter Butter verschafften. Unser Major domus brachte uns ferner täglich ein junges Huhn, auch hin und wieder Kartoffeln, und so konnten wir uns mit Hülfe der gelieferten Rationen eine zwar wenig Abwechselung bietende, dafür aber schmackhafte und kräftige Kost herstellen. Den Küchendienst versah die Frau des Hausmeisters unter Aufsicht unseres Schreibers und der Beihülfe der vier Burschen, dafür erhielten die beiden alten Hausleute ihren Antheil von unserer Verpflegung, was für diese um so werthvoller wurde, je länger die Belagerung dauerte, und je schwerer und kostspieliger es den Einwohnern wurde, sich auch nur das zu ihrer Ernährung Allernothwendigste zu beschaffen. — Unser Mittagstisch wechselte in der ganzen langen Zeit unseres Dortseins zwischen Erbswurstsuppe in Hühnerbouillon mit gekochtem Hühnerfleisch, und gebratenem Beefsteak aus gehacktem Rindfleisch, mit Kartoffeln oder gerösteten Kastanien, und am folgenden Tage Erbswurstsuppe in Rindfleischbouillon, gekochtem Rindfleisch, hin und wieder mit Senf- oder Zwiebel=Sauce und Kartoffeln, einige Male auch mit Gemüse gebratenem Huhn. Sonntags versuchte ich auch wohl, wenn Eier, Mehl ꝛc. aufzutreiben waren, einen Pfannkuchen zu backen, oder bekam auch wohl etwas fertig, was ungefähr wie Mehlspeise oder Pudding schmeckte, doch blieben dies immerhin recht seltene Abwechselungen. — Die Erbswurstsuppe hat sich merkwürdiger Weise keiner von uns zuwider gegessen, sie mußte täglich auf den Tisch kommen, und wenn dies ausnahmsweise zu Mittag nicht geschehen war, baten wir sie uns sicher zum Abendessen aus.

Unsere Rindfleischportionen blieben stets 2 Tage im Keller hängen und wurden erst am 3. Tage zubereitet, vorher aber noch tüchtig weich geklopft, es war daher selten zähe. Abends tranken wir gewöhnlich Thee und Dank der vielen Liebesgaben fehlte es selten an Beilagen zum Butterbrode. — Hin und wieder hatten wir auch die Ehre, beim Kommandirenden zu Tisch geladen zu werden, wo uns ein Diner von zwar wenigen Gängen, aber dafür desto geschmackvoller zubereitet, erwartete, und feine Gerichte, Delicatessen, ausgesuchte Weine und Champagner uns an längstvergessene Genüsse der Friedenszeiten und Heimath erinnerten.

Endlich nach 6 Tagen und Nächten hatte ich wieder die Kleider vom Leibe, lag in einem reinlichen, guten Bette und konnte mich durch festen, traumlosen Schlaf erfrischen und stärken.

2. August. Als am frühen Morgen die Nachricht einlief, daß in dem Dorfe Bronveaux, welches etwa ¼ Meile aufwärts in der Thalschlucht lag, viele verwundete Franzosen ohne Hülfe und Pflege lägen, ritt ich sofort dorthin, sorgte für Evacuation der Transportfähigen nach **Marange**, wo sich inzwischen unser 9. Feldlazareth im Schulgebäude etablirt hatte, und übernahm selbst die Behandlung der wenigen nicht transportablen Schwerverwundeten. Während ein durch Unterleibs-Gewehrschuß Verwundeter nach kurzer Zeit starb, hatte ich die Freude, die übrigen verhältnißmäßig schnell bis zur Transportfähigkeit genesen zu sehen. Namentlich heilte, dank der sorgsamen Pflege, welche seine Landsleute ihm angedeihen ließen, bei einem Verletzten (Alfons Cavrez vom 100. Linien-Regiment) die Granatschußwunde in der Hüftgegend von enormer Ausdehnung in unerwartet kurzer Zeit und mit äußerst günstigem Endergebniß. — Nachmittags kehrte mein intimster Freund, Assistenzarzt Dr. Sch., der seiner Granatstreifschußwunde wegen doch noch nach Deutschland hatte evacuirt werden müssen, zu seinem 9. Dragoner-Regimente zurück und blieb den Tag über bei uns; erst spät Abends geleitete ich ihn ins Bivak seines Truppentheils.

3. August. Unser Leben in **Marange** bot uns Arbeit und Abwechselung genug und regelte sich sehr bald in etwa folgender Weise. — Nachdem wir gemeinsam (Herr Generalarzt Dr. Bertholb, Stabs-Apotheker Schultze und ich) Kaffee getrunken, begann um 8 Uhr Morgens die Arbeit im Bureau, die ich gewöhnlich gegen 10 Uhr unterbrach, um nach dem nahen **Bronveaux** zu reiten, wo ich anfangs die dort liegenden Verwundeten und eine Frau aus **Marange**, welche eine Schußverletzung am Bein erhalten hatte, zu behandeln hatte. Sehr bald übernahm ich dann auch noch die Stelle eines Hausarztes bei Sr. Königl. Hoheit dem Großherzog und dem Erbgroßherzog von Oldenburg und seinem Stabe, welche sich in **Bronveaux** einquartirt hatten. Zwischen 12 und 1 Uhr wurde gegessen, worauf Jeder bis zum Kaffeetrinken gegen 3 Uhr sich selbst überlassen blieb. Spätestens um 4 Uhr saß der General= arzt und ich zu Pferde, um die verschiedenen Lagerplätze der Truppen zu besichtigen, die für Lazarethe geeigneten Orte und Räumlichkeiten auszusuchen, und die einzelnen Feldlazarethe zu inspiciren, die nach kurzer Zeit sämmtlich in den hinter unserer Belagerungsfront gelegenen Dörfern, Schlössern, oder Gehöften sich hatten etabliren müssen, und bald genug nicht nur Verwundete, sondern hauptsächlich auch Kranke in großer Zahl aufzunehmen und zu behandeln hatten. Denn bei dem sich bald einstellenden sehr ungünstigen, regnerischen und kalten Wetter hatten die Truppen in ihren Bivaks viel zu leiden, und da die nahen Weinberge und Obstgärten die Soldaten nur zu leicht dazu verlockten, sich das noch unreife Obst und die noch ungenießbaren Weintrauben heim= lich zu requiriren und damit den Magen zu verderben, so war es nicht zu verwundern, daß die Lazarethe sich bald mit Typhus=, Ruhr= und Magen=, seltener mit Lungenkranken zu füllen begannen. — Da sehr bald auch die drei Sanitäts=Detachements zur Kranken= behandlung mit herangezogen werden mußten, so hatten wir alle Tage bis zum Einbruch der Dunkelheit genug zu thun, um jedes der 12 Lazarethe mindestens einmal wöchentlich besuchen zu können. — So blieb denn gewöhnlich nach unserer Heimkehr nur kurze Zeit bis zum Abendessen und diese wurde meistens wieder von dem Bureaudienst vollkommen in Anspruch genommen. Den Rest des Abends verbrachten wir auf unseren Zimmern mit Briefschreiben, Tagebuchführen, auch wohl mit einem abendlichen Spaziergang, oder einer Partie Sechsundsechzig, bis wir gegen 10 Uhr das Bett auf= suchten. — An den Sonntag Nachmittagen wurden gewöhnlich mit dem Stabsapotheker und Justizrath in unserem Wagen kleine Ausflüge nach einem schönen Punkte der Umgegend gemacht, oder Bekannte besucht. Eine Wirthschaft, in der man sich etwa zu einem Glase Bier zusammenfinden konnte, existirte in **Marange** nicht, dazu hätten wir zu den mit ihren Truppen im Bivak liegenden Marke= tendern gehen müssen und hierzu waren die Wege des Abends zu schlecht, zu weit und auch zu unsicher, schon wegen der Nähe des sich bis zur Festung hinziehenden dichten Waldes.

24. August. Bei der Inspection der in St. Privat etablirten beiden Lazarethe fielen uns mehrere aus einem Hause herauskommende französische Militärärzte auf; von ihnen hörten wir zu unserer Verwunderung, daß nicht weniger als 23 ihrer Kollegen in **Marange** zur Behandlung von etwa 250 französischen Verwundeten zurückgeblieben seien. Kaum hatten sie Herrn Generalarzt erkannt, so begannen sie alle zusammen und so durcheinander zu klagen, daß wir kaum ein Wort verstehen konnten. Endlich waren die übrigen zum Schweigen gebracht, und nun behauptete der Aelteste von ihnen, es fehle den Verwundeten und ihnen selbst an Allem, sie seien nahe daran zu verhungern und hätten auch keine Stärkungsmittel für ihre Schwerkranken. — Von einer zufällig vorübermarschirenden Proviantcolonne konnten wir die nöthigsten Verpflegungsgegenstände ihnen sofort überweisen lassen, während 2 dieselbe begleitende Johanniter sie reichlich mit Wein, Kaffee, Cigarren u. dgl. Genußmitteln versorgten. Da wir nicht mehr Zeit übrig hatten, versprachen wir, uns in den nächsten Tagen wieder nach ihnen umzusehen.

Als wir 2 Tage später Nachmittags vor dem Hauptlazarethgebäude der Franzosen abstiegen, ließ sich trotz unseres Rufens kein Mensch sehen, so daß wir ohne Führung unsere Besichtigung beginnen mußten. — In dem sogenannten „Operationssaal," einem wenig sauberen, dumpfen, niedrigen Zimmer, dessen schmutzige Fensterscheiben jeden Durchblick verhinderten und die Dunkelheit des Raumes trotz des hellen Sonnenscheines genugsam erklärlich machten, fanden wir einen jungen Arzt mit 2 Lazarethgehülfen beim Amputiren eines Armes beschäftigt. — Was wir hier sahen, ließ uns die Leistungen und Fähigkeiten dieses französischen Herrn Collegen gerade nicht in besonders günstigem Lichte erscheinen, immerhin war es anerkennenswerth, daß dieser junge Arzt sich mit dem vorhandenen, dürftigen und schlechten Instrumenten-Material ohne Assistenz eines Kameraden an eine so schwierige Operation gewagt hatte. Wir halfen ihm, soweit dies möglich, und ersuchten ihn dann, den Leiter des Lazarethes uns herbeiholen zu lassen. Er führte uns darauf in einen großen, hinter dem Hause liegenden Garten, wo uns sofort ein lautes, lustiges Lachen und Durcheinandersprechen resp. Schreien entgegenschallte. In einer schattigen Laube fanden wir denn auch bald die übrigen 22 französischen

Herren um einen mit Weinflaschen, Grogk, Liqueur, Cigarren und
Kaffee reichlich besetzten Tisch in der heitersten Stimmung herum=
sitzen und mit Behagen sich die für ihre Verwundeten bestimmten
Stärkungsmittel gut schmecken lassen. — So deutlich sich auch der
Schreck in ihren Mienen wiederspiegelte, welchen diese unangenehme
Ueberraschung ihnen verursacht hatte, ebenso schnell wich derselbe
einer wirklich naiven Unverfrorenheit, mit der denn auch einer
der französischen Herren einfach erklärte, sie hätten nur die einzelnen
Sachen, welche sie von den Johannitern erhalten hätten, probirt,
um sich ein Urtheil darüber zu verschaffen, welchen Kranken sie
dieselben wohl verordnen dürften. — Als wir dann die verschiedenen
Krankenzimmer besuchten, — wobei es sich übrigens herausstellte,
daß kaum 100—120 Verwundete dort waren, — erschraken wir
förmlich über den Schmutz und die Unordnung, welche sich überall
vorfand.   Da die französischen Militairärzte damals jede Wunde
mit heißen Breiumschlägen behandelten, so herrschte auch bei den
Verwundeten selbst eine erschreckende Unsauberkeit, viele Wunden
sahen entsetzlich aus, zeigten meist Entzündungserscheinungen und
hatten durchweg bei bedeutenden Verletzungen hochgradige Fieber=
zustände hervorgerufen.   Dabei erfüllte die Krankenzimmer eine
dumpfe, die Brust bedrückende Luft, die mit allerhand widerlichen,
von sauer und unbrauchbar gewordenen Breiumschlägen herrührenden
Gerüchen geschwängert war, so daß schon ein gesunder Mensch bei
längerem Aufenthalte elend und schlecht sich fühlen mußte.   Trotz=
dem waren alle Fenster und Thüren geschlossen, um ja jede Zugluft
von den durch die heißen Umschläge erhitzten Kranken und ihren
Gliedern abzuhalten.   Dazu kam eine unglaubliche Vernach=
lässigung der Verbände und mangelhafte Versorgung und Lagerung
der schwer verletzten Glieder, so daß wir ganz starr waren über
die Interesselosigkeit und Sorglosigkeit, ja absolute Gleichgültigkeit
der französischen Militairärzte gegen ihre verwundeten Landsleute.
Es war nur den ganz vorzüglich geschulten, recht tüchtigen und
eifrigen, französischen Infirmiers, einer Art Chirurgen, wie sie
früher auch bei uns existirten, zu verdanken, daß die armen Ver=
wundeten sich nicht geradezu in verwahrlostem Zustande befanden.
— Nach diesem tiefen Einblick, den wir in das Thun und Treiben,
wie in die Fähigkeiten und Leistungen der französischen Herren
Militairärzte soeben gethan hatten, hielt es Herr Generalarzt für

das Beste und Nothwendigste, eins von unseren in Marange befind=
lichen Feldlazarethen sofort mit der Uebernahme und weiteren
Sorge für die armen Verwundeten zu beauftragen und den franzö=
sischen Herren für jede weitere Unterstützung und Hülfe zu danken.
— Wie es schien, waren sie über die vom Herrn Generalarzt
getroffene Aenderung sehr erfreut und versprachen gerne, das ihnen
angewiesene Haus nicht früher zu verlassen, bis die Entscheidung
darüber eingetroffen sei, ob sie gegen Gefangene von uns würden
ausgewechselt und nach Metz hineingeschickt werden. Höchst vergnügt
verabschiedeten sie sich von uns, um, wie wir später hörten, sofort
ihr unterbrochenes Trinkgelage im Garten fortzusetzen, unbekümmert
darum, daß inzwischen ihre bisherigen Patienten von unseren
Aerzten übernommen wurden. Hierbei kam erst die unglaubliche
Unsauberkeit und der schlechte Zustand der Verwundeten, wie ihrer
Verletzungen recht ordentlich zum Vorschein, und es zeigte sich
dringend nothwendig, daß sämmtliche Kranke in andere Räumlich=
keiten untergebracht wurden, um den wahren Augias= Stall aus=
räumen und die Zimmer, Lagerstätten und das ganze Haus reinigen,
lüften und für Lazarethzwecke wieder nutzbar machen zu können. —
Schon am nächsten Morgen in aller Frühe wurden die 23 Sanitäts=
Offiziere den französischen Vorposten überliefert und nach Metz
gegen deutsche Gefangene ausgewechselt.

25. August. Sehr interessant war die von 9 Uhr Morgens bis
$2^{1}/_{2}$ Uhr Nachmittag währende Besichtigung der Lagerplätze sämmt=
licher Truppen des Corps, denn es handelte sich darum, dieselben
für einen voraussichtlich Monate langen Aufenthalt und den sanitären
Anforderungen Rechnung tragend, einzurichten. Auf dem Berg=
abhange vor Marange hatte das 78. und 91. Regiment in lang=
ausgedehnter Linie sein Bivak, daneben lag jenseits der großen
Metzer Chaussee das 9. Dragoner=Regiment. Weiter nach Metz zu
hatten die 16er und 57er die Dörfer Fèves und Semécourt
besetzt, das Jäger=Bataillon die dahinter liegende Ferme Frémé=
court. Die Vorposten, Soutiens und Feldwachen waren bis Plesnois,
Norroy, Bellevue, St. Remy, ja von den Jägern bis zum Schloß
Ladouchamps, und Villiers vorgeschoben. In Marange selbst lag
außer dem General=Commando 1 Bataillon 91er und 1 Feld=
lazareth, in Bronveaux 2 Comp. 91er und der Großherzog von
Oldenburg mit seinem Hofstaat. Die Artillerie lag hinter einem

5

kleinen Walde in **Silvange**, hatte jedoch auf der Höhe von **Fèves-Semécourt** und in der Gegend von **Amelange** ihre gedeckten Ge=schützstellungen. Die 20. Division lag in und vor **Maizières** und **Hauconcourt** mit einem kleinen Seiten=Detachement jenseits der Mosel, die Vorposten, Feldwachen ꝛc. lagen um **Amelange** und bis zu den beiden **Les Tapes (grandes und petites)**. Dicht vor **Hauconcourt** stellte eine Schiffsbrücke die Verbindung über die Mosel her. Der Train lag in den Dörfern hinter dieser Linie bis **Rombas**; dicht vor **Pierrevilliers** am Waldrande von **Silvange** bivakirten die Fuhrparkskolonnen und noch nicht in Thätigkeit getretenen Feldlazarethe. — Der Gesundheitszustand war ein recht befriedigender, wenn auch in Folge des Genusses von unreifem Obst einzelne Erkrankungen an Ruhr aufgetreten waren.

Höchst interessant war es, zu beobachten, wie die verschiedenen Truppentheile, je nach ihren Recrutirungsbezirken sich auf besondere Weise auf ein längeres Verbleiben eingerichtet und gegen die Witterungseinflüsse zu schützen versucht hatten.

So hatten die Westphalen sich mit Hülfe der Weinbergsstöcke und des reichlich vorgefundenen Strohes kleine, mehr zum Unter=kriechen geeignete Hütten, aber auch durch selbstgeflochtene Matten, Strohseile ꝛc. mehrere gemeinsame, recht bequeme, dem Regen und Wind kräftigen Widerstand leistende, größere Räume geschaffen, in denen sie aßen und am Tage sich aufhielten, und die mit Matten und Sitzplätzen gemüthlich hergerichtet waren.

Die Goslaer Jäger hatten dagegen mehr den Wald zum Bau ihrer Hütten geplündert und sich dieselben aus hohen Stangen groß, kegelförmig und geräumig aufgerichtet, indem sie die Wände durch Verflechten von Zweigen hergestellt und mit Laub und Moos dicht und regensicher gemacht hatten. Einzelne enthielten sogar Kochheerd und Rauchfang, hatten ringsherum an den Wänden bankartige Lagerstätten aus mit Laub gefüllten Säcken, oder Stroh=lager, und waren mit kleinen, durch Holzschieber verschließbaren Fensteröffnungen versehen. — Die Ostfriesen und Oldenburger hatten sich mehr viereckige, theils tief in den Boden hineingegrabene, mit Bretter und Erdwällen aufgebaute kleine Häuschen errichtet, die meist mit schrägem Strohdach oder Zelttuch bedeckt und mit Feuerstätte und Rauchfang versehen waren. Die Hannoveraner endlich hatten vielfach die erbeuteten französischen Zelte zu kleinen und größeren Unterkunftsräumen verwendet. Die meisten Zelte hatten doppelte Wandungen und Dächer, vielfach waren auch vorgefundene Torflager benutzt, um damit die Zwischenräume der durch eingerammte Pfähle gesicherten Doppeltwandungen auszufüllen und sich hierdurch recht geschützte, warme Zimmerchen herzustellen, die Wind, Regen und Kälte ganz vorzüglich abhalten konnten, ohne daß die Luft dumpf und bedrückend geworden wäre. Tische, Stühle ꝛc. aus den nahen Dörfern erhöhten noch den behaglichen, gemüthlichen Eindruck.

Ueberall waren die Hütten mit tieferen Gräben umzogen und diese mit Abzugskanälen verbunden, so daß das Innere der Räume um so leichter trocken erhalten werden konnte, als die Lagerplätze meist an Bergabhängen sich befanden, so daß das Regen= und Gebrauchswasser leicht abfließen konnte. — Alle in der Nähe befindlichen Baulichkeiten waren natürlich mit in Benutzung gezogen und namentlich zur Unterbringung der Pferde verwendet.

26 August. Bis Mittag hatte es stark geregnet, dann brach die Sonne hin und wider durch die zerrissenen Wolken und mit ihrem Erscheinen begann in allen Lagerplätzen ein ungewöhnliches Leben und Treiben. Aus der Ferne schallten vereinzelte Schüsse herüber, in die sich auch hin und wider der dumpfe Knall eines Geschützes mischte. Von dem Beobachtungsposten auf dem Gipfel des neben Fèves liegenden Horimont war der Ausmarsch langer Züge französischer Truppen aus den Thoren von Metz gemeldet, und bald ertönte von allen Seiten der Allarmruf. Unsere Sachen und der Wagen wurden rasch gepackt und. Alles marschbereit gemacht, dann ritt der Generalarzt mit mir hinauf nach dem Horimont. Es ist dies die jenseits des Thales vor Marange liegende, höchste Bergspitze der Umgegend, auf der sich eine Beobachtungsstation mit 2 Offizieren befand, die mit einem vorzüglichen, von Prinz Friedrich Karl zur Verfügung gestellten Fernrohr die feindliche Stellung Tag und Nacht zu überwachen hatte. Die Station war durch den Feldtelegraphen mit dem General=Commando und den beiden Divisionsstäben, ersteres wiederum mit dem Obercommando der II. Armee und den General=Commandos der benachbarten Armeecorps verbunden. Bei einigermaßen klarem Wetter konnte daher jeder gegen unsere Stellung, oder gegen die jenseits der Mosel auf dem Hochplateau liegenden Armeecorps gerichtete Angriff sofort

5*

bei seinem Beginn erkannt, alle dabei Betheiligten rechtzeitig hiervon
benachrichtigt, jede Bewegung des Feindes genau verfolgt, seine
Stärke annähernd sicher übersehen werden. Kaum hatten wir
endlich, bald reitend, bald kletternd, mit Mühe die Höhe erreicht
und einen kleinen Umblick gehalten, und namentlich das ameisen-
artige Herumkrabbeln der Hunderte von Arbeitern beobachtet, welche
auf dem Fort **Plappeville** an der Verstärkung der Festungswerke
beschäftigt waren, so brach auch der Regen mit voller Macht
wieder los, so daß wir schon auf dem kurzen Wege nach der
Unterkunftshütte bis auf die Haut durchnäßt wurden. Als wir
nach kurzer Rast hörten, daß die ausgerückten feindlichen Truppen
sich wieder in die Festung zurückzögen, kehrten auch wir, unsere
Pferde auf den steilen schlüpfrigen Wegen meist am Zügel führend,
ohne einen trockenen Faden am Leibe, dagegen über und über mit
Schmutz bedeckt, froh bei der einbrechenden Dunkelheit nicht Arme
und Beine gebrochen zu haben, in unser gemüthliches Quartier
zurück, die armen Truppen herzlich bedauernd, welche wahrscheinlich
in einem ähnlichen Zustande wie wir, in ihr feuchtes Bivak wieder
einziehen mußten. Der lustige Gesang indessen, der von den hell
auflodernden Lagerfeuern herüberschallte, ließ uns gar bald die
Ueberzeugung gewinnen, daß auch sie es wohl verstehen mußten
sich dort ganz gemüthlich einzurichten.

27. und 28. August. Die beiden folgenden Tage waren keineswegs
sehr angenehm, bei kalter, scharfer Luft regnete es fast ununterbrochen, dennoch hatten Beide auch ihre guten Seiten. So waren
am ersten Tage Johanniter mit Liebesgaben eingetroffen, und ich
bekam dadurch die Gelegenheit, mich aus deren reichlichen Vorräthen
zunächst mit wollenem Unterzeug und Strümpfen zu versehen, die
mir bei den rheumatischen Schmerzen, von denen ich in der letzten
Zeit vielfach und arg geplagt wurde, sehr gute Dienste leisteten.
Auch mit Thee, Kaffee, Cigarren und allerlei sonstigen Annehmlichkeiten konnten wir uns reichlich versorgen. Am 2. Tage wurden
wir bei unserer Rückkehr von einem abermaligen Besuche des
Horimout, der uns jedoch auch diesmal keine klare Aussicht gewährte,
durch einige Gläser herrlichen, echten Bieres überrascht und erquickt.
Dasselbe war von einem Gastwirth aus Hannover für die Offiziere,
die dort in Garnison gestanden hatten, gespendet, fand aber so

reißend schnellen Abgang, daß bereits am folgenden Tage kein Tröpfchen mehr zu erhalten war.

29. und 30. August. Die Nachricht, daß auf dem Bahnhofe in Courcelles eine Menge mit Liebesgaben für unsere Lazarethe beladener Eisenbahnwagen ständen, veranlaßte den Generalarzt, den Stabs= apotheker und mich mit unserem Wagen dorthin zu schicken, um für uns selbst davon neue Vorräthe zu entnehmen und für die Ueber= sendung der werthvollsten und brauchbaren Sachen an unsere Lazarethe Sorge zu tragen. Um dorthin zu gelangen, mußten wir die Festung fast im Halbkreise umfahren und konnten daher in einem Tage nicht hin und zurück kommen. Am frühen Morgen des 29. wurde bei leiblich klarem Wetter aufgebrochen, bald war die Pontonbrücke bei Hauconcourt passirt und über Ennery, Chailly, Antilly die große Metzer Heerstraße erreicht. Anstatt aber über dieselbe hinweg nach Vigy und St. Barbe zu fahren, ließ ich den Kutscher auf der Heerstraße ruhig weitertraben, bis wir in der Nähe von Charly auf unsere Feldwache stießen und kurze Zeit darauf unsere äußersten Doppelposten passirten, welche verwundert unserem schweren, einem Personenpostwagen ähnlichen Fuhrwerk nachschauten. Als wir aber von hier ab die hohen Pappeln, welche an der Chaussee standen, niedergehauen fanden, wurde uns doch recht unheimlich zu Muthe, um so mehr als der Knall der Geschütze vom Fort St. Julien, welche in längeren Zwischenräumen ihre mächtigen Zuckerhüte zu unserer Stellung hinübersandten, schon aus recht bedenklicher Nähe herüberzuschallen schien. Ich ließ unsern Wagen daher links in einen kleinen Seitenweg einbiegen, der nach den Dörfern Chieulles und Vany führte, welche etwa $1\frac{1}{2}$ Kilometer vor dem Bois de Grimont und 2—$2\frac{1}{2}$ Kilometer vor dem Fort St. Julien liegen. Da uns indessen auch diese Richtung nicht recht geheuer erschien, so folgten wir einer Wagenspur, die quer über die Stoppelfelder nach einem kleinen Gehöfte, Rupigny, sich hinzog. Bei den tiefen Furchen, welche die einzelnen Ackerstücke trennten, waren wir mehr als einmal in Gefahr die Deichsel zu brechen, denn unsere jungen Pferde waren so unruhig und übermüthig, daß der Kutscher seine Noth hatte, im Schritt weiterzufahren. Aber am Eingange des Dorfes neue Ueberraschung! Der hier mündende Weg war durch einen hohen Wall mit Graben verbarrikadirt und nur für Fuß= gänger passirbar. Nach längerem Unterhandeln mit dem comman=

birenden Offizier wurde die Barrikade soweit fortgeräumt, daß unfer Wagen mit Unterstützung einiger Soldaten hinübergebracht werden konnte, diefelbe aber fofort wieder gefchloffen. Wir fahen nun, daß fämmtliche in der Richtung nach Metz laufenden Ausgänge des Dorfes und alle Lücken zwifchen den Häufern durch ähnliche Barrikaden, Verhaue oder Erbwälle unpaffirbar gemacht, vor dem Dorfe 2 Reihen tiefer Schützengräben aufgeworfen, die Fenfter der Häufer durch Betten und Matraten dicht verfchloffen und die Wohnungen felbst zum Theil von ihren Bewohnern geräumt waren. Wir bekamen daher auch keinen kleinen Schreck, als wir hörten, daß wir im beften Zuge gewefen wären, mitten in die feindlichen Vorpoften hineinzufahren, deren Feldwache man 3—400 Meter vor uns jetzt deutlich fah, während wir die äußerften franzöfifchen Doppelpoften kaum 150 bis 200 Meter vor uns gehabt hatten. Es war nur anzunehmen, daß die Poften unfern Wagen für einen Verwundeten=Transportwagen gehalten und uns deshalb nicht beläftigt hatten. Ferner erfuhren wir, daß das Fleckchen **Rupigny**, kaum 2½—3 Kilometer vor dem Fort St. Julien gelegen, ein beftändiger Zankapfel der Vorpoften und fchon einmal von den Franzofen genommen fei. Man gab uns den Rath, möglichft fchnell mit unferem Kaften nach der Chauffee zurück zu fahren, fchon um das feindliche Feuer nicht unnöthiger Weife auf das Dorf zu lenken. Da wir die Rückfahrt über den tief durchfurchten Acker unferem Wagen nicht nochmals zumuthen durften, fo wurden wir über eine feitliche Barrikade und die Schützengräben mühfam hinübergepebirt auf einen dicht vor dem Dorfe zur Chauffee führenden, keineswegs guten und glatten Feldweg. Es waren recht ungemüthliche und aufregende 5—6 Minuten, während welcher wir längs der fo nahen feindlichen Vorpoftenkette in langfamem Schritt vorbeifahren mußten, jeden Augenblick darauf gefaßt, den franzöfifchen Chaffepots als gute Zielfcheibe zu dienen. Kaum war daher die Chauffee wieder erreicht, als auch der Kutfcher keiner Aufmunterung zur Eile bedurfte. Wie von Wölfen gehetzt, flogen wir an den erftaunt uns nachblickenden Doppelpoften und unferer Feldwache vorüber, bis wir nach etwa 10 Minuten glücklich das fichere Antilly wieder erreicht hatten und nun unfere Fahrt über **Vigy-Avancy** nach **St. Barbe** und weiter über **Colombier, Colligny, Lanquenexy** nach **Courcelles** ohne weitere Zwifchenfälle fortfetzen konnten. Dort

konnten wir aus dem Depot der Johanniter nur Opium=Tinctur,
Thee, Cigarren und andere Kleinigkeiten erhalten, fuhren daher
auf prachtvoller Chauffee weiter nach **Remilly**, wo wir erst bei der
Dunkelheit gegen 8 Uhr ankamen und nach langem Herumsuchen
Pferde und Wagen im Schlosse bei den Johannitern unterbrachten,
für uns selbst aber im **Hotel de France** zwei Matratzen im
Billardsaal für die Nacht mit Beschlag belegten. Unsere Bemühungen,
aus der Küche der Johanniter, oder im Hotel warmes Essen zu
erhalten, waren leider vergeblich, wir mußten uns daher entschließen,
unser „Diner" bei einem Juden Nathan einzunehmen, der Einzige,
welcher sich damit befaßte. Wenig einladend war schon der Eintritt
in seinen „Speisesaal", eine niedrige, düstere, stinkende Stube, in
der die wenigen Lichte wie erlöschende Fackeln den dichten Tabaks=
rauch und Dunst nur mühsam zu durchdringen vermochten. Schon
an der Thüre bewillkommnete uns der Wirth, ein durch und durch
schmieriger Jude in beschmutzten, alten, schäbigen Kleidern, in
kriechend freundlicher und schmeichelnder Art und führte uns an
einen Tisch, bedeckt mit einem schmutzigen, mehr grau wie weiß
aussehenden Tischtuch, an dem wir kaum noch ein Plätzchen fanden
zwischen schmutzigen, schmierigen Handels= und Schacherjuden und
Leuten mit wahren Galgen= und Spitzbubengesichtern, denen man im
Dunkeln und auf einsamen Wegen unbewaffnet nicht gerne begegnet.
Hier am Endpunkt der Eisenbahn, wo kein feindlicher Angriff und
Ueberfall zu fürchten war und sie nöthigenfalls sich sofort in Sicher=
heit bringen konnten, wo es weniger an Geld, wie an Lebens= und
Genußmitteln fehlte, wo sie so recht nach Herzenslust schachern und
leicht Geld verdienen konnten, da hatten sich diese schlauen gewissen=
losen Blutsauger in Schaaren angesammelt; mit hämischer Freude
tuschelten sie sich ihre gelungenen Beschummelungen zu, oder erzählten
renomistisch von ihren gefahrvollen Erlebnissen, prahlten mit ihrem
leichten Verdienst, lachten schadenfroh über die leichtsinnigen Militairs,
die ihnen ihre heimlichen Betrügereien so erleichterten, oder
erzählten von ihren Großthaten und den Gefahren „unter den
Feinden". Dabei verschlangen sie mit widerlichen Manieren und
in gieriger Hast die Speisen, mit der Hand die Reste aus den
schmutzigen, langen Bärten wischend und ließen ihrer allen Sitten
hohnsprechenden Ungeniertheit mit einer gewissen Absichtlichkeit voll
die Zügel schießen. Man durfte seinen Nachbar nur ansehen, um

auch sofort mit Ekel und Widerwillen von ihm sich wieder ab=
wenden zu müssen. Das Einzige, was anzuerkennen war, bestand
in leidlich reinen Tellern, Löffeln und Eßbesteck, nur durfte man
nicht daran denken, wer von dieser abstoßenden Tischgesellschaft
diese Sachen kurz vorher benutzt haben mochte. — Die Bouillon
mit Nudeln und das Brod schmeckten mir nach der langen Reise
recht gut, während der Stabsapotheker sie nur aus Pflichtgefühl
widerwillig heruntergewürgt haben wollte. Aber so hungrig ich
auch war, von dem als Suppenfleisch gereichten Kuhfleisch und dem
sogenannten Ragout war es selbst mir, der ich sonst eigentlich Nichts
zurückwies und so leicht nicht vor einer Speise Ekel empfand, nicht
möglich, auch nur einen Bissen herunter zu bringen, so unappetitlich
sah es aus und noch mehr einen so entsetzlich faulig stinkenden
Geruch strömte Beides aus. So blieb uns Nichts übrig, als unsern
Hunger mit trocknem Brode zu stillen, das wir mit einem Wein
herunterzuspülen uns bemühten, der zwar 1 Thaler pro Flasche
kostete, aber nach allem Andern als nach französischem Wein schmeckte.
Wir beeilten uns daher nach Erlegung von 18 Silbergroschen à
Couvert das „vielgerühmte Haus mit seinem luxuriösen Diner“
wieder zu verlassen, und athmeten tief auf, als wir aus dem
dumpfen Zimmer mit seiner unheimlich widerlichen Gesellschaft hin=
aus getreten waren in die klare, reine Abendluft und unter den
funkelnden Sternhimmel. Wiewohl der Magen vor Hunger noch
knurrte, war uns doch die Lust zu weiteren Eßversuchen gründlich
vergangen, wir suchten daher bald unser Matratzenlager auf.
Während mein Gefährte und Freund sich bereits nach wenig
Augenblicken in das laute Schnarchconcert mischte, welches auf allen
Seiten unsere zahlreiche Schlafgesellschaft anstimmte, wälzte ich mich
zwar müde und ruhebedürftig, aber schlaflos auf dem harten Lager
herum, das ich beim ersten Lichtschimmer des anbrechenden Tages
zerschlagen und steif an allen Gliedern, fröstelnd und hungrig ver=
ließ, um mich nach einer Erfrischung umzusehen. Als ich nach
unsern Pferden sah, kam mir unser Kutscher=Bursche mit so fröh=
lichem, zufriedenem Gesicht entgegen, daß ich ihn scherzhaft fragte,
ob er es hier denn so besonders gut gehabt habe. Zu meinem
Verwundern bejahte er dies vergnügt und erzählte, daß ihm die
dames in der Johanniter=Küche reichlich und gut verpflegt hätten.
Ein von dort herüberziehender, verführerischer Duft nach frischem

Kaffee lockte nun auch mich an, und es währte nicht lange, so saß ich an einem sauber gedeckten Küchentisch und die als Köchinnen fungirenden, recht niedlichen, lebhaft und lustig plaudernden Heben der freiwilligen Krankenpflege trugen, wohl als Dank für meine nach allen Regeln der Kunst in Scene gesetzte Poussage mir zum wohlschmeckenden Kaffee frisches Weißbrod und Butter, Honig und Fruchtgelée, ja sogar selbstgebackenen Kuchen auf, so daß ich beinahe meinen armen verlassenen Freund vergessen hätte. Auch für ihn hatten meine neuen Freundinnen dann noch hinreichende Mengen der verlockendsten Genüsse, so daß ich es nicht unterlassen konnte, ihm noch einmal Gesellschaft dabei zu leisten.

Nur ungern und dankbaren Herzens verließen wir den traulichen Raum, es sehr bedauernd, daß wir nicht schon am Abend vorher denselben aufgefunden hatten, und gingen an die schwere Arbeit, unter den hunderten von hochbepackten Eisenbahnwagen, die für unsere Lazarethe bestimmte Sendung herauszusuchen. Es war ein wahrer Jammer und traurig fühlte man ein tiefes Bedauern, wenn man die ungeheure Menge der wichtigsten, werthvollsten und nothwendigsten Gegenstände, welche Kranke und Gesunde dort draußen so sehr entbehrten, hier im Schmutz herumliegen, verdorben und ungenießbar geworden vorfand. Aus den Säcken wuchsen die grünen Triebe des wochenlang ohne Schutz unter freiem Himmel liegenden Gemüses, wie Erbsen, Bohnen, Kartoffeln, Getreide u. s. w. hervor. Thee, Kaffee rann aus den verfaulten, zerreißenden Um= hüllungen und wurden dumpf und unbrauchbar. Zucker, Chokolade, Kakao tropften als schmierige Syrupmassen durch den Wagenboden, Fässer mit mühsam gezupfter Charpie, Binden und sonstigem Verband= material standen und lagen ohne Deckel herum, ihr Inhalt war vom Regen durchnäßt und faulte, aus geplatzten Blechbüchsen gährte der Inhalt heraus und die sich zersetzenden Delicatessen und feinsten Eßwaaren verpesteten die Luft, Wagenladungen voll jetzt schimmlig gewordenen Brodes und dumpfen Heues blieben unbenutzt, kurz Tausende hätten mit den Massen, welche dort auf dem Bahnhofe verdarben, erquickt, verpflegt und neu mit Wäsche versorgt werden können. Es fehlte an Fuhrwerken und geeigneten Kräften, um die ununterbrochen einlaufenden Gaben und Sendungen zu sichten und an ihren Bestimmungsort zu schaffen, es fehlte an geschulten und erfahrenen Leuten, die mit Ruhe, Einsicht, dem nöthigen Eifer

und Interesse das furchtbare Chaos zu entwirren, die Empfangs=
berechtigten von dem Eintreffen der Sachen zu benachrichtigen, den
Suchenden Aufschluß und Unterstützung zum Auffinden und Ent=
laden der Eisenbahnwagen zu geben im Stande waren. — Jeder
suchte jetzt stundenlang vergeblich nach den für ihn bestimmten
Sendungen, kramte in den unbeaufsichtigt dastehenden Waggons
herum, warf beiseite, was er nicht brauchen konnte, und nahm, was
ihm paßte, ohne Rücksicht darauf, für wen dies eigentlich eingelaufen
sei. Es war ja Ueberfluß an Allem da, also nur zugegriffen.
So machten auch wir es schließlich, packten unsern Wagen so voll
von uns brauchbar erscheinenden Liebesgaben, als wir dies nur
vermochten, und brachen dann so bald wie möglich wieder auf, um
den Lazarethen den Rath zu bringen, einen zuverlässigen, verständigen
Mann mit den nöthigen Fuhrwerken nach Remilly zu senden, der
den Bedürfnissen Rechnung zu tragen und das Wünschenswertheste
und Brauchbarste auszuwählen verstände. Dann schüttelten wir
den Staub von unsern Füßen, kehrten dem wenig anziehenden
Remilly mit seinem ausnehmend bedeutenden Verkehr als Eisenbahn=
Endstation den Rücken und waren froh, als wir Mittags 1 Uhr
in der gemüthlichen Behausung in Marange ohne weitere Fährnisse
glücklich wieder eingetroffen waren.

31. August. Gegen Mittag wurde plötzlich unser Corps alarmirt,
rückte jedoch an diesem Tage nicht aus, sondern stand nur bis zum
Abend in Marschbereitschaft. Die Franzosen hatten wieder einen
Ausfall gemacht, jedoch auf die Stellung des jenseits der Mosel
liegenden 1. Corps und der Landwehr=Division Kummer in N.-
und NO.-Richtung (gegen die Dörfer Vany-Charly bis Noisseville).
Vom Boden unseres Hauses konnten wir an dem Rauch der Geschütze
und dem Pulverdampf der kämpfenden Infanterie den Verlauf des
Gefechtes deutlich verfolgen, von dem der Donner des ganz besonders
heftigen Geschützkampfes deutlich zu uns herüberrollte. Die Vor=
posten des 1. Corps mußten bald vor den vordringenden französischen
Truppen aus den vorgeschobenen Stellungen zurückweichen und die
Dörfer Noisseville, Servigny wie auch das kleine Rupigny räumen,
in dem wir 2 Tage vorher mit unseren Wagen gewesen waren.
Am Abend versuchten sie zwar die Dörfer wieder zu nehmen, doch
gelang dies nicht vollständig, obgleich der Kampf bis in die Nacht
fortgesetzt wurde. — Von unserm hochgelegenen Beobachtungsposten

war es ein herrlicher Anblick, den dies Abend- und Nachtgefecht darbot. Vor uns flammten in gluthrothem Scheine die unzähligen Lagerfeuer zum dunklen Himmel, welche unsere soeben ins Bivak zurückgekehrten Truppen angezündet hatten. In der Ferne blitzte es dagegen, wie ein herrliches Feuerwerk hüben und drüben bald in einzelnen Flämmchen, bald in langen Ketten wie Leuchtkugeln auf und gestaltete sich zu einem stundenlang ununterbrochenen lebhaften Herumtanzen unzähliger greller Lichtpunkte, welche um so leuchtender erschienen, als am bewölkten Himmel nur vereinzelte Sterne auftauchten, die Erde aber in tiefes Dunkel gehüllt war.

September. Da das Oberkommando der II. Armee durch den Feldtelegraphen, mit dem die Pioniere ganz Metz umspannt hatten, über den Verlauf des Gefechtes fortlaufend Kenntnis erhalten hatte, so konnte von demselben das in Reserve-Stellung in Roncourt und Umgegend liegende IX. Armeecorps rechtzeitig zur Unterstützung herangezogen werden, passirte noch während der Nacht Marange und die Pontonbrücke über die Mosel bei Hauconcourt und konnte bei dem Wiederbeginn des Gefechtes Morgens 4 Uhr bereits mit in dasselbe eingreifen. — Auch das 10. Corps war wieder alarmirt, blieb aber marschbereit im Lager. Nur ein Theil der Artillerie ging über die Schiffsbrücke, dem auch das General-Commando später folgte, nahm auf einem Hügel neben dem Dorfe Malroy Aufstellung und betheiligte sich von dort am Gefecht. Wir hatten unweit der Artillerie an einem etwas erhöhteren Punkte Halt gemacht, von dem aus wir das Gefecht der Division Kummer deutlich sich vor uns abspielen sahen. Es war eine freudige Aufregung als wir die Landwehrmänner ruhig, aber unaufhaltsam vordringen und ohne Furcht und Zögern die Franzosen aus einem nach dem andern von den Tags vorher genommenen Dörfern zurückdrängen sahen bis dicht unter die Kanonen des Forts St. Julien; dabei wurden sie von unserer Artillerie kräftig unterstützt. Wiederum konnte ich mit meinem guten Fernrohre die Wirkung ihrer Geschosse deutlich beobachten, und wiederum mußten wir staunen über die Sicherheit und Präcision, mit der sie ihre Granaten mitten in die feindlichen Reihen hineinwarf. Deutlich konnte ich die einzelnen französischen Infanteristen unterscheiden und sehen, wie unsere Granaten, sobald sich ein größerer Trupp, sei es zum Vorgehen, sei es beim Aufgeben eines Dorfes, auf freiem Felde zeigte, auch schon vor ihnen oder

mitten in ihre Reihen einschlugen, wie dann die Soldaten auseinander=
stoben, wie die Einen todt auf dem Platze blieben, die Andern
verwundet hinsanken und von ihren Kameraden unterstützt, oder
vom Schlachtfeld fortgetragen wurden. — Inzwischen waren die
Geschütze von St. Julien und die auf den Höhenzügen bei Mey
und Nouilly aufgefahrene, feindliche Artillerie keineswegs unthätig
geblieben, standen vielmehr ununterbrochen im lebhaftesten Feuer,
obgleich Letztere durch die vereinigte Artillerie I. und IX. Armee=
corps stark mitgenommen wurde, nicht unbedeutende Verluste erlitt
und wiederholt ihre Stellung zu wechseln gezwungen wurde. Unter
dem unheimlichen Sausen und Schwirren, welches auch dann noch
mit zunehmender Schärfe über unsern Köpfen vorüberzufliegen
schien, wenn die großen, zuckerhutförmigen Granaten bereits vor
uns den Boden aufwühlten und mit hellem Aufblitzen und lautem
Knall crepirten, sandte das Fort St. Julien uns Gruß um Gruß.
Doch richteten die Geschosse nur wenig Schaden an, die meisten
schlugen 3—700 Schritte vor, neben, oder zwischen uns und der
Artillerie, einzelne auch zwischen den Geschützen ein, so daß mehrfach
die Sprengstücke, Steine und Erdmassen uns um die Köpfe herum=
flogen, auch bei der Artillerie einige Mannschaften und Pferde
tödteten und verwundeten, sowie eine Protze total zertrümmerten.

Gegen Mittag hatten unsere Truppen ihre früheren Stellungen
sämmtlich wieder besetzt, und das Gefecht kam zum Stillstand.
Als dann etwa um zwei Uhr die Franzosen sich in die Festung
zurückzuziehen begannen, verließen auch wir unsern bisherigen
Beobachtungsplatz und kehrten zunächst nach Argancy, dann aber
der Generalarzt und ich nach Hauconcourt zurück, wo wir bei den
Collegen des dortigen Feldlazarethes ein ausgezeichnetes Mittags=
essen einnahmen. Nachdem für die Verwundeten Sorge getragen
und ein erfrischendes Bad in der Mosel genommen war, kehrten
wir gegen Abend in unser altes Quartier zurück. — Noch bis spät
in die Nacht hinein hörten wir vereinzelte Schüsse, auch wohl noch
ein Rottenfeuer aus der Gegend des Gefechtsfeldes herübertönen
und sahen am fernen Horizont die einzelnen Schüsse wie herum=
tanzende Irrlichter aus dem Dunkel aufblitzen.

2. September. Am andern Tage besuchten wir die bei dem letzten
Gefechte Verwundeten, von denen ein Theil in die Lazarethe des
1. Corps aufgenommen war.

September. Der nächste Tag war eine Art Ruhetag für mich. Denn da der Generalarzt zum Großherzog von Oldenburg zum Diner nach Bronveaux befohlen war, behielt ich den Nachmittag und Abend für mich und benutzte die Zeit, meinen alten Studienfreund, Dr. Sch., der in Marange an Ruhr krank lag, zu besuchen und hatte dort das seltene Vergnügen, nach langer Zeit wieder einen gemüthlichen Skat zu spielen, da noch ein befreundeter Offizier sich als dritter Mann einfand.

September. Am Nachmittag fuhren wir mit dem Stabsapotheker zum Armee=Generalarzt Dr. Löffler nach Malancourt, dort hörten wir, daß mein Vorgänger im Bureau des Generalarztes, der Stabsarzt Dr. Busse, damals Adjutant des Armee=Generalarztes, plötzlich schwer erkrankt sei. Er hatte am Tage vorher einen weit entfernt liegenden Freund besucht, war bei demselben noch recht heiter gewesen, dann aber gegen seine Gewohnheit den langen Weg äußerst langsam zurückgeritten und hatte sich gleich nach dem Abend= essen zu Bett begeben mit dem Bemerken, daß er sich nicht ganz wohl fühle. Am andern Morgen war er auffallend blaß und schwankte, als er zum Vortrag kam, klagte auch über allgemeines Unwohlsein und heftige Kopfschmerzen, so daß der Armee=General= arzt ihn sofort wieder ins Bett schicken mußte. Eine Stunde darauf traf ihn sein Chef bereits besinnungslos und stark fiebernd auf seinem Lager an. Um zu dem Kranken zu gelangen, mußten wir eine steile Stiege hinauf auf den Boden des Hauses klettern, der weder Thüre noch Fenstern hatte, durch dessen halboffene Luke aber der Wind pfeifend über den kahlen, leeren Bodenraum fegte. Hier lag, dicht unter dem schrägen Dach und hinter einem Schornstein in einer drückend schwülen Atmosphäre auf dünnem Strohlager, mit schnarchendem Athem, weit hervortretenden Augen in comatösem Zustande, hin und wider von krampfartigen Zuckungen erschüttert unser armer, treuer Freund, der so außergewöhnlich tüchtige und gewissenhafte, fleißige und bescheidene Arbeiter und liebenswürdige, sonst so heitere, lebensfrohe Kamerad, jetzt ein sicheres Opfer des bereits seine Hände nach ihm ausstreckenden, unerbittlichen Würge= engels. Zu seinem Haupte kniete weinend sein treuer Bursche, mit vorsichtiger Hand ihm die heiße Stirne mit kalten Umschlägen kühlend in der vergeblichen Hoffnung, ihn hierdurch zum Bewußtsein zurückrufen zu können.. Voll Trauer und Entsetzen über diesen plötzlichen, unvermittelten Uebergang aus dem frischen, blühenden Leben zu den dunklen Pforten der schwarzen Todesnacht umstanden wir sprachlos und rathlos das kümmerliche Lager. Erstaunt, voll Unwillen und traurigem Mitleid überblickten wir den elenden, geradezu unheimlich kahlen Raum, der einem an sich zarten, mit anstrengenden und aufreibenden Arbeiten so überlasteten und zu einer so ganz besonders verantwortlichen Vertrauensstellung auserwählten Collegen zum dauernden Aufenthalte für Wochen und Monate als Quartier angewiesen war. Dabei war er dem Armee-Ober-Commando zugetheilt, bei dem nicht nur der jüngste Offizier, sondern selbst jeder Schreiber ein ordentliches Zimmer bewohnte und sich über ein ähnliches schlechtes Quartier mit Recht auf's Bitterste beklagt haben würde. — Es war uns Allen keinen Augenblick zweifelhaft, daß diese fulminante Meningitis cerebralis, oder wenigstens acute Gehirnhyperämie, deren schnellen töbtlichen Ausgang man schon jetzt voraussehen konnte, die Folge seiner Pflichttreue und Bescheidenheit, einer langen Ueberarbeitung, Ueberanstrengung und mangelhafter Erholung, wie auch der geradezu gesundheitsschädlichen Einquartirung und sonstiger Entbehrungen sein müsse. Betrübt und ohne die geringste Hoffnung auf einen günstigen Verlauf mitnehmen zu können, verließen wir den traurigen Ort. Wir beabsichtigten über St. Privat und Bronveaux heimzukehren, verfehlten aber den richtigen Weg und geriethen auf einen zwar herrlich schönen, aber geradezu unheimlich einsamen Weg, der sich schon außerhalb unserer Vorposten auf dem Hochplateau nahe Norroy hinzog und erst kurz vor Fèves wieder unsere Vorpostenkette erreichte. Dafür belohnte uns aber auch auf der Höhe vor diesem Dorfe ein herrlicher Blick auf die Stadt Metz, zwischen deren dunklen Häusermassen die vielfach sich verzweigende Mosel wie ein glänzendes Silberfadennetz sich hindurchschlängelte und aus den wieder der wunderbar schöne Dom als hehres Wahrzeichen hoch emporragte. Die Festungswerke, die weithin vor denselben sich ausdehnenden, stark befestigten Lagerplätze der Feld-Armee, das umfangreiche Baracken-Krankenlager, das Fort St. Julien mit seinen steilaufstrebenden Höhen jenseits der Mosel, die nahe vor uns emporsteigenden Festungswerke des Forts St. Quentin und Plappeville mit dem das Moselthal diesseits begrenzenden, dicht bewaldeten Bergrücken, zu unseren Füßen das herrliche Thal und dahinter das weite Hochplateau mit den unzähligen Dörfern, Städten, Schlössern, Fermen, Landhäusern, kleinen Waldparzellen, den reichen Feldern und vielen mit hohen Pappeln eingefaßten Chausseen, das Ganze in schönen Windungen durchzogen von dem blinkenden Moselstrom, dies Alles lag so klar und deutlich vor uns, daß wir uns von diesem entzückenden Naturbilde nur schwer trennen konnten. — Nur mühsam gelangten wir mit Unterstützung der Soldaten durch die beiden durch Verhaue, Barrikaden, Verschanzungen, Schützengräben und befestigte Artillerie-Schießstände in guten Vertheidigungszustand gesetzten Dörfer **Fèves** und **Semécourt**, welche kleinen Festungen gleich das vor uns liegende Thal weithin beherrschten, hindurch zurück nach unserm Quartier in **Marange**.

Gegen Abend war der Generalarzt und ich zum Diner beim kommandirenden General eingeladen, dort waren soeben die ersten kurzen Nachrichten über die Schlacht bei **Sedan** und die Gefangennahme des Kaisers Napoleon eingetroffen; in Folge dessen herrschte natürlich großer Jubel und Freude bei allen Offizieren. Diese unerwartete Siegesbotschaft mit ihrem glänzenden Erfolge wurde natürlich lebhaft gefeiert und um so freudiger begrüßt, da allgemein angenommen wurde, daß hierdurch auch der Krieg beendet und wir nun voraussichtlich bald aus unserer Cernirungsstellung vor **Metz** erlöst werden würden.

5. **September.** Schon um 7 Uhr jagte ich durch den dichten Wald über **Marange** nach **Malancourt**, leider hatten unsere schlimmsten Befürchtungen sich verwirklicht. Gegen 6 Uhr Abends waren zwar noch einige lichte Augenblicke gekommen, dann aber der bewußtlose Zustand zurückgekehrt, und der arme Kollege und Freund gegen 8 Uhr Abends sanft eingeschlafen, kaum 24 Stunden nach den ersten leisen Anzeichen einer schweren Erkrankung. Da die Beerdigung bereits am Nachmittage stattfinden sollte, so ritt ich am Vormittage noch zu den verschiedenen Bivaks und Lazarethen, um die dienstfreien Kollegen zur Betheiligung daran aufzufordern. Als dann der Generalarzt und Stabsapotheker um 4 Uhr nach **Malancourt** fuhren, begleiteten ihn etwa ein Dutzend Aerzte vom 10. Armeecorps zu Pferde. — So traurig, niederdrückend und schmerzlich wie der Anblick des Sterbelagers des Collegen Dr. Busse gewesen war, gerade so wenig feierlich und erhebend war das Begräbniß selbst. Obgleich der Verstorbene dieselben, ja noch weit größere Anstrengungen,

Aufregungen und Entbehrungen ausgehalten hatte wie die Offiziere und sich oft genug im feindlichen Feuer und in gefahrvollen Lagen befunden, auch schon den Feldzug 1866 mitgemacht hatte, wurden seine sterblichen Ueberreste doch ohne Sang und Klang und ohne militairische Ehrenbezeugung auf dem dortigen Kirchhof beerdigt. Während 8 Hessische Infanteristen in ihren schlechten Arbeitskitteln, in Mütze, ohne Seitengewehr und sonstige Waffen den einfachen, schwarz angestrichenen Sarg ohne jede Verzierung trugen, gingen neben und hinter ihnen 12 ebenso gekleidete Soldaten mit Seitengewehr, das Ganze von einem Unteroffizier geführt. Es folgte dem Sarge der Militairpfarrer, der Armee=, sowie 2 Corps=General-ärzte (10. und 3. Corps) und etwa 20 Militairärzte in Helm und Waffenrock, ferner einige Offiziere des Oberkommandos in Mütze und Ueberrock, ohne Säbel, vielfach dafür mit einer Reitgerte in der Hand, meistens lachend und scherzend, den Schluß bildeten mehrere neugierige Dorfbewohner. Still und fast unheimlich bewegte sich der Zug nach dem Kirchhof, der Pfarrer hielt am offenen Grabe eine ergreifende, schöne Rede, dann wurde der Entschlafene langsam in die kühle Gruft gesenkt, welche wir mit einigen Kränzen, sein treuer Bursche aber thränenden Auges mit einem einfachen, selbst gezimmerten Holzkreuze schmückte. — Als wir am Abend nach Marange zurückkehrten, war wieder das ganze 10. Corps alarmirt und stand in seinen Gefechtsstellungen. Wieder erklang aus der Ebene der Knall einzelner Schüsse und das Knattern der Infanterie-salven herüber, wieder mischte sich darunter der Donner unserer Kanonen von den nahen Anhöhen und das dumpfe, ferne Rollen der mächtigen Festungsgeschütze aus den nahen 3 Forts (St. Julien, St. Quentin und Plappeville). Lautlos und in wehmüthiger Erinnerung des soeben Erlebten saßen wir in der lauen Abendluft, bei hellem, herrlichem Mondenschein auf der Terrasse eines frei auf dem Bergabhange liegenden Gartens und schauten auf das Auf-blitzen der Schüsse und das rege Leben und Treiben, welches sich zu unsern Füßen entwickelte, wohin unsere Truppen wieder in ihre Bivacks rückten, bis vor uns im Thal, auf den Höhen und in der Ferne auf dem Hochplateau jenseits der Mosel hunderte von Lager-feuer ihren gluthrothen Schein aufflammen ließen und einen bezaubernden Anblick boten. Erst nach 11 Uhr verstummten die letzten Schüsse.

6. September. Als wir gegen Abend auf unserm Rückritt von der Lazareth=Inspicirung die Pontonbrücke bei **Hauconcourt** gerade passirt hatten, wurden wir auf offener Straße von einem ganz außergewöhnlich heftigen Gewittersturm überrascht. In wenigen Minuten war es vollständig dunkel geworden, Blitz und Donner folgten sich Schlag auf Schlag und waren so grell und stark, daß unsere sonst so ruhigen Pferde schnaubend und zitternd bei jedem neuen Blitze scheu zur Seite sprangen; dabei wurde der Sturm zeitweise so rasend und hatte solche Gewalt, daß wir uns weit auf den Hals des Pferdes vorbiegen mußten, um nicht aus dem Sattel geworfen zu werden, und daß selbst die Gäule auf der Chaussee hin= und herschwankten und trotz aller Anstrengung kaum Schritt für Schritt vorwärts kommen konnten. Der Regen, mit Hagelkörnern vermischt, stürzte in Strömen auf uns herab, und bald waren nicht nur die Kleider gänzlich durch= näßt, sondern auch die Reitstiefeln so voll Wasser gelaufen, daß dasselbe bei jeder Bewegung als kleiner Sturzbach oben aus den Schäften wieder herausquoll. — Ebenso schnell, wie es gekommen, hatte sich das Unwetter auch wieder verzogen und als wir ½ bis ¾ Stunden später in Marange glücklich wieder eintrafen, strahlte der Mond an fast wolkenlosem Himmel auf uns hernieder, die wir keinen trockenen Faden mehr am Leibe hatten, als wollte er uns obendrein noch tüchtig auslachen.

7. u. 8. September. Die nächsten zwei Tage verliefen ruhig im gewohnten Gleis.

9. September. Zur Verstärkung der Stellung waren bei sämmt= lichen Corps der Cernirungsarmee hinter den Geschütz = Ständen für die Feld=Artillerie größere Schanzen mit Gräben, hohen, breiten, durch Faschinen geschützten Wällen und durch Schanzkörbe, Sand= säcke u. dgl. gesicherten Geschütz=Positionen, wie mit bombensicheren Räumen für Bedienungsmannschaften und Munition errichtet und mit 12=Pfünder=Kanonen armirt worden. Eine solche Verschanzung lag auch neben der Chaussee **Pierrevilliers - Metz** auf der von **Fêves-Semécourt** ins Moselthal hineinstreichenden Höhe. Nachdem schon während des ganzen Tages am 9. September ein auffallendes Leben beim General=Commando geherrscht, Adjutanten und Ordon= nanzen fortgejagt und angekommen, geheimnißvolle Gerüchte von einer bevorstehenden größeren Action umhergeschwirrt hatten, wurde

6

Abends 6 Uhr sowohl unser 10., wie die benachbarten Corps allarmirt. Jetzt erst erfuhren wir, noch immer als Geheimniß, daß mit Beginn der Dunkelheit durch die gesammte Feldartillerie der ganzen Belagerungsarmee eine Beschießung der Festung Metz statt= finden und die Truppen, vor Allem die in den Verschanzungen stehenden 12=Pfünder zur Abwehr eines etwa von den Franzosen daraufhin unternommenen Ausfallsversuches bereit stehen sollten. Vom Generalstabs=Chef v. Caprivi wurden wir eingeladen, mit auf die vorerwähnte Verschanzung zu reiten, wo sich bald der ganze Stab des General=Commandos und des Großherzogs von Olden= burg, sowie Se. Kgl. Hoheit der Großherzog und der 16jährige Erbgroßherzog mit seinem Erzieher Herrn v. Toll (Flügeladjutant v. Heimburg) einfanden.

Kaum waren die Befestigungsanlagen in Augenschein genommen, als sich dunkle Regenwolken rings umher am Himmel aufthürmten und mit orkanartigem Sturm ein schweres Ungewitter sich über uns ergoß, das mit wechselnder Heftigkeit während der ganzen Zeit unseres Aufenthaltes bei der 12=Pfünder=Batterie anhielt. Geräusch= los hatten die Regimenter des Corps sich zu den beiden Seiten der Chaussee, durch die vorliegende Anhöhe bei Semécourt gedeckt, aufgestellt, hinter den langen Linien der Infanterie hielt die Kavallerie abgesessen. Alle waren noch unbekannt mit dem eigent= lichen Zweck des Ausmarsches, eine spannende Erregung über das, was bevorstand, hatte sich Aller bemächtigt; die Adjutanten flogen mit den Wolken um die Wette hierhin und dorthin, bis gegen 7½ Uhr die Artillerie im Trabe auf der Chaussee vorging und vor uns in der Dunkelheit verschwand, selbst das Rasseln der Geschütze wurde gleich darauf durch das Brausen des Sturmes übertönt. — Jetzt erst erfuhren die Truppen, was beabsichtigt war, sofort hörte man auch die Witzbolde und Spaßmacher überall ihr Spiel treiben und trotz Unwetters und Dunkelheit herrschte bald überall die heiterste Stimmung.

Endlich war es 8 Uhr, um diese Zeit sollte bei allen Armee= corps gleichzeitig der erste Schuß fallen; wir hatten die Pferde wieder bestiegen und spähten und horchten lautlos und gespannt hinaus in das nach Metz zu gelegene Vorterrain. Doch Dunkel= heit, Regen und Sturm waren so stark, daß von dem erhofften schönen Schauspiel so gut wie Nichts zu sehen und zu hören war.

Kaum daß ein fahler gelber Schimmer, der vor uns hier und dort aus der Dunkelheit sich momentan abhob, und ein dumpfer, schwacher Knall verrieth, daß die etwa 1000 Schritte vor uns in Stellung stehende Feld = Artillerie ihre Thätigkeit begonnen hatte. Desto ärger klatschte der Regen auf uns hernieder und brauste der Sturm stoßweise an unsern Ohren vorbei, so daß die Pferde immer unruhiger wurden und sich schüttelnd und aufgeregt hin und her= trippelten. Weder vom Feinde, noch von einem die Beschießung etwa erwidernden, feindlichen Geschütze war etwas zu sehen oder zu hören. Ebensowenig konnte die Wirkung beobachtet werden, welche unsere Geschosse etwa hervorbrachten; bei dem regnerischen Wetter, dem nassen, durchweichten Boden dürften überhaupt wohl die wenigsten von unsern Granaten wirklich crepirt sein, aber auch die kleine Flamme, welche andern Falles hiervon Zeugniß gegeben haben würde, hätte bei der tiefen Finsterniß nicht zu uns bringen und von uns gesehen werden können. — Uebrigens erzählten die Franzosen uns später nach der Kapitulation von Metz, daß sie an jenem Abend gleichfalls nichts von der Beschießung gehört und gesehen hätten, ja nicht einmal allarmirt worden seien, so daß unsere Artillerie, der bei der Stockrabenfinsterniß jedes Ziel und jeder sichere Anhalt für ihre Schüsse fehlte, die feindlichen Truppen= lager überhaupt kaum getroffen zu haben scheint. Endlich gegen 9 Uhr Abends hatte unsere Feld=Artillerie die vorher bestimmte Anzahl von Schüssen abgegeben und rasselte bald darauf unter lebhaften Freudenrufen der Truppen zwischen deren langen Reihen wieder in ihr Lager zurück. — Noch eine halbe Stunde hielten wir auf der 12=Pfünder=Batterie und horchten gespannt hinaus in die Dunkelheit, ob irgend ein Anzeichen den Beginn einer feind= lichen Action gegen uns ankündige. Es blieb indessen alles still, kein Schuß, kein Lichtschimmer, nicht das geringste Geräusch ließ auf irgend eine besondere Bewegung beim Feinde schließen, von Horimont traf das Telegramm ein: „Nichts vom Feinde zu sehen." So ritten wir denn, sehr enttäuscht in unseren Erwartungen und über den gänzlichen Mißerfolg des vielen verpufften Pulvers und der nutzlos verschossenen Granaten lächelnd, durch die Reihen der vom Regen triefenden Truppen in unsere Quartiere zurück. Jetzt ließ auch der Regen langsam nach, und als wir die Anhöhe vor **Marange** wieder hinaufritten, da zertheilten sich die dunklen Wolken und als wolle der Himmel selbst über unsere unnöthige Aufregung und das resultatlose Unternehmen sich weidlich belustigen, lächelte der klare Mond auf unsere kleine Schaar freundlich herab, die trotz doppelten Rockes, Mantels und Regenpaletots bis auf die Haut durchnäßt, vergnüglich heimzog, und sein helles, mildes Silberlicht erhellte jetzt weithin die Gegend. Hell glänzte aus dem dunklen Häusermeer die schlanke Kathedrale von Metz zu uns herüber, und vom Fort St. Julien blitzte soeben wieder ein Feuerstrahl auf, mit dem die Belagerten uns wieder eines ihrer zuckerhutförmigen Geschosse zusandten. — Aber wie unheimlich schön und magisch fesselnd war das Bild, welches sich jetzt plötzlich vor uns enthüllte. Zu beiden Seiten der Chaussee hatten sich die tieferen Stellen der mäßig breiten Thalsenkung zwischen Semécourt und **Marange** in einen weiten See verwandelt, auf dem, das Mondlicht mattglänzend sich wiederspiegelte; an einigen Stellen ragten nur noch die Zelte und Hütten der Lagerplätze, die Wagen und Holzstöße wie Inseln aus demselben hervor, und soweit das Auge reichte, flimmerte und glitzerte die ganze Hochebene von den Strahlen des Mondes, die auf den mattsilbergrau erglänzenden Wasserlachen der vom Regen übersättigten, weiten Gefilde, zitternd vor Lust herumtanzten und hüpften. Und auf diese Lagerplätze mußten die völlig durchnäßten Soldaten zur Nachtruhe zurück, wo das feuchte Stroh und Holz, Stühle, Tische u. dgl. auf der trüben Wasserfläche herumschwammen. Doch fröhlich singend und lustig scherzend hörte man die tapfern Schaaren aus ihren Stellungen heimkehren, und es währte nicht lange, so flammten und flackerten überall die mächtigen Wachtfeuer zum klaren Himmel empor, und in ihrem rothglühenden Scheine lagen bald die Heimgekehrten auf frischem Stroh, in ihre bisher gerollt und dadurch vollständig trocken gebliebenen Mäntel gehüllt, an den hoch emporschlagenden Flammen des mächtigen Holzstoßes sich selbst erwärmend, und ihre Kleider trocknend. Während die Einen durch heitere Lieder und allerlei Possen den Verdruß und die überstandenen Leiden und Widerwärtigkeiten zu verscheuchen suchten, dabei ihre Wehr und Waffen trockneten und reinigten, standen die Andern um die brodelnden und dampfenden Kochgeschirre, um sich und die Kameraden durch Speise und Trank zu erfrischen und wieder in behagliche Stimmung zu versetzen. Wir aber freuten uns neidlos dieser unverwüstlichen Fröhlichkeit und genügsamen Zufriedenheit unserer Truppen, waren indessen doch sehr froh und dankbar, daß wir in unser geschütztes, gemüthliches Quartier zurückkehren durften, wo uns bereits eine Tasse heißen, duftenden Thees und ein lustig flackerndes Kaminfeuer erwartete, an dem wir uns bald in trockenen Kleidern innerlich und äußerlich wieder erwärmen und erquicken konnten.

10. September. Beim General = Commando war die Nachricht ein= getroffen, daß der Sohn eines unserer ältesten Oberstabsärzte, welcher als Offizier am 16. August beim Sturm der 37. Brigade seine tapfern Sechzehner bis hinein in die französischen Verschanzungen geführt hatte und verwundet als Gefangener nach Metz gebracht worden war, dort seinen Wunden erlegen sei. Mir wurde nun der schwere Auftrag, den armen Vater auf möglichst schonende Weise von diesem seinem schweren Verluste in Kenntniß zu setzen. Als ich dicht vor seinem Lazarethe bei der Ferme Jérusalem nahe vor St. Privat war, kam mir der alte Herr zufällig entgegen, in einen langen weißen Mantel der französischen Küraffiere gehüllt, eine französische Feldkappe schief nach hinten auf dem grauen Kopfe, seine lange Pfeife gemüthlich schmauchend, winkte er mir schon aus der Ferne freundlich lächelnd zu. Schnell sprang ich vom Pferde, er= griff tiefbewegt seine Hand und versuchte mit theilnehmenden, freund= lichen Worten ihn auf den schweren Schicksalsschlag vorzubereiten. Zu meinem Erstaunen gewahrte ich, daß der Bedauernswerthe be= reits vollständig unterrichtet war, und mein Erstaunen wuchs, als er ziemlich kalt und gleichgültig, ohne einen tieferen Schmerz zu verrathen, über dies traurige Ereigniß fortging und mich nöthigte, ihn in sein Zimmer zu begleiten, wo der Divisionspfarrer bereits saß. All mein Sträuben half nichts, ich mußte seinen Bitten nach= geben und ein Trauerglas Weines mit ihm trinken, dem er sofort ein zweites und drittes folgen ließ. Während des Trinkens waren zwar einige Thränen über seinen grauen Bart gerollt, bald aber begann er unter Lachen und Scherzen zu erzählen, wie er für seine Kranken sich genügend Fleisch verschafft habe. Er habe, als ein Viehtransport beim Lazareth vorbeigetrieben wurde, die Thore mehrerer Scheunen, in welchen er duftendes, frisches Heu habe aus= breiten lassen, weit geöffnet, und als etwa 15—20 Ochsen und Kühe hineingekommen seien, um sich an dem langentbehrten Futter

satt zu fressen, habe er die Thore schnell schließen, das erbeutete
Vieh in Ställe führen und für seine Kranken schlachten lassen.

Die auf dem Tische herumstehende Menge theils leerer, theils
mit Wein und sonstigen Spirituosen gefüllter Flaschen und Gläser
gab eine traurige, mehr als ausreichende Erklärung für diesen
Anfangs unbegreiflich erscheinenden, unnatürlichen Gemüthszustand
und diese scheinbare Gefühllosigkeit. Mit innigem Mitleid mußte
ich mir sagen, daß ich hier nicht mehr zu trösten brauche, daß ein
anderer, wenn auch nicht so aufrichtiger, so doch scheinbar viel
wirksamerer Tröster mir in dieser Flaschen=Batterie bereits zuvor=
gekommen sei. Schnell richtete ich daher meine dienstlichen Befehle
aus, stieg wieder in den Sattel und trabte in wehmüthig trübem
Nachsinnen über das harte Schicksal von Vater und Sohn durch
den einsamen, unheimlichen Wald nach Marange zurück.

11. September. Es war ein herrliches, sommerlich heißes Sonntags=
wetter, als wir in Folge der Nachricht, daß auf directen Befehl
des Armee=Ober=Commandos die beiden in St. Privat befindlichen
Feldlazarethe des 10. Corps ihre sämmtlichen Verwundeten noch
im Laufe des Vormittags nach Doncourt evacuiren sollten, schleunigst
die Pferde bestiegen, um womöglich noch eine Zurücknahme dieses
für unsere Schwerverwundeten verhängnißvollen Befehles zu er=
wirken. Es hieß, man wolle den Franzosen in St. Privat eine
Falle legen, sie zum Ausfall nach dieser Seite und gleichzeitig in
einen hier vorgesehenen Hinterhalt locken; in Wirklichkeit handelte
es sich indessen darum, für das 3. Armeecorps Cantonnements=
Quartiere frei zu bekommen, da die Mannschaften desselben
bei dem schlechten Wetter in ihren Bivaks auf der schutzlosen
Hochebene außerordentlich zahlreich und schwer an Ruhr und
Typhus erkrankt waren. — Obgleich wir bereits gegen 7 Uhr
Morgens in St. Privat eintrafen, war doch schon der größte Theil
der Schwerverwundeten, — Amputirte, Resecirte, mit schweren
Knochenverletzungen conservativ Behandelte, Leute mit perforirenden
Gelenk= und Lungenschüssen, selbst Pyaemische, — auf einfache mit
Strohschüttung versehene Bauerwagen geladen worden, obgleich
hierzu von jedem der drei Sanitäts=Detachements des 10., 3. und
9. Corps je acht zweispännige Transportwagen für je zwei Schwer=
verwundete, in Summa also 72 solcher Fuhrwerke zur Verfügung
gestanden haben würden, welche schnell und ohne jedes dienstliche

Bedenken für die Evacuation der Lazarethe hätten herangezogen werden können. In langen Reihen standen diese federlosen Wagen auf der Chaussee nach Amanvilliers, auf denen die armen Kranken vielfach ganz ohne Schutzdach, oder unter dicht über den Wagen gespannten Planen liegend, der glühenden Sonnenhitze ausgesetzt waren. Schon jetzt klagten viele über unbequeme, schlechte Lagerung, über heftige Schmerzen oder brennenden Durst, ja zwei von diesen Unglücklichen waren schon vor der Abfahrt gestorben und mußten als Leichen wieder aus dem Wagen gehoben werden. Und doch dauerte es noch längere Zeit, bis die Wagen sämmtlich beladen sein konnten, und dann erst sollte ja ihre Hauptqual beginnen, wenn sie auf dem langen, beschwerlichen Wege hin= und hergeschüttelt wurden, und jeder Stoß des schwerfälligen, nicht im Geringsten federnden Wagens die Verbände verschob, oder eine ungünstige Lagerung des verletzten Gliedes und damit Schmerzen, Entzündungen und fieber= hafte Zustände hervorrufen würde. — So schnell wir konnten, eilten wir über Amanvilliers, welches nur geringe Spuren des Kampfes zeigte, während das nächste Dorf Champenoir völlig zerschossen und ausgebrannt war (wir zählten über 60 Stellen, an denen crepirende Granaten Wände und Dächer zertrümmert hatten), so daß es im wahren Sinne des Wortes eine schwarze stille, öde, leergebrannte Landschaft genannt werden mußte, deren Grundmauern fast nur allein noch eine Spur von der Stattlichkeit vieler der dortigen Baulichkeiten erkennen ließen, nach Verneville dem Stabsquartier des 3. Armeecorps. Wir trafen dort den Corps= Generalarzt Dr. Abel mit seinem Adjutanten Dr. Wichmann und dem Divisionsarzt Dr. Neuber, welcher im Kriege 1866 mein Chef= arzt beim Lazarethe zu Nettingen in Baiern gewesen war, und unter dem ich damals über sieben Wochen lang Hülfsarzt=Dienste versehen hatte. Bei einem Glase guten Weines wurde sehr lebhaft über die Nothwendigkeit, die Gefahren 2c. der Evacuation discutirt, und endlich beschlossen, die noch nicht auf Wagen gebrachten Schwer= verwundeten zunächst noch in St. Privat zu belassen. Als wir jedoch dorthin zurückkamen, waren leider schon Alle auf Wagen untergebracht, auch wie erwähnt, zwei bereits gestorben. Auf dem weiteren Wege starben noch vier, und in den ersten Tagen nach dem Transporte in Doncourt weitere acht Verwundete, deren Heilung, so lange sie in St. Privat behandelt wurden, so günstig vorgeschritten war, daß die Hoffnung auf ihre Erhaltung und Genesung durchaus berechtigt zu sein schien.

Abends hatte ich noch das zweifelhafte Glück, eine kleine Maus, die schon während unserer Nachmittagsausfahrt mit dem Stabsapotheker zwischen Reitunterhose und Beinkleid bei mir herumgekrabbelt hatte, ohne daß ich wußte, was es war, auf meinem Oberschenkel todtschlagen zu können.

12. September. Bei unserem abermaligen dritten Besuche der Beobachtungsstation auf dem Horimont trafen wir endlich gutes Wetter hatten eine herrliche Aussicht auf Metz und seine Umgebung und konnten namentlich die noch immer durch Hunderte von Arbeitern fortgesetzte Befestigung des Forts Plappeville genau beobachten. Dabei zeigte sich das vom Prinzen Friedrich Carl zur Verfügung gestellte Fernrohr so scharf und klar, daß man jeden einzelnen Mann, jedes Geschütz, ja selbst den auf dem Observatorium befindlichen Offizier unterscheiden konnte.

13., 14., 15. September. Die nächsten drei Tage verliefen ohne bemerkenswerthen Zwischenfall.

16., 17. September. Da einerseits von den Lazarethen vielfach Anträge auf Beschaffung der verschiedensten Lazarethbedürfnisse einliefen, andrerseits die Anzeige, daß eine bedeutende Menge werthvoller Liebesgaben für das Corps nach Remilly gesandt, dort aber nicht zu finden sei, mußte ich wiederum mit dem Wagen dorthin fahren. Die Fahrt ging ohne Störung von Statten trotz entsetzlichen Wetters und der durch die Proviantcolonnen stark ausgefahrenen Wege. Da ich endlich gute Nachricht von meinem Bruder erhalten hatte, welcher bei Verny liegen sollte, so nahm ich mein Reitpferd und den Burschen mit, um nach Regelung der Dienstangelegenheiten ihn dort zu besuchen, während der Wagen später nachkommen sollte; denn Verny lag nahe unserer Reiseroute. Unterwegs begegnete ich mehreren Kriegsgefangenen = Transporten, welche von Sedan zum Interniren nach Deutschland von kleinen Infanterie= und Cavallerie=Abtheilungen geführt wurden, unter ihnen befanden sich viele Turcos und Zuaven, meist wild, roh und kriegerisch aussehende Burschen in zwar nachlässig getragener, aber sauberer Uniform, mit wildfunkelnden, rachgierigen und habsüchtigen Blicken. Die große Masse der übrigen Franzosen sah in ihren zerrissenen, beschmutzten, abgeschabten und höchst unvollständigen, zum Theil durch irgend ein

Stück Civilzeug vervollständigten Uniformen, ihrer schlaffen, unmili=
tärischen Haltung, fast sämmtlich mit den Händen in ihren weiten,
rothen Beinkleidertaschen und die kurze Pfeife im Munde, einer
Räuberbande oft ähnlicher, wie einem Theile der stolzen Armee der
siegesbewußten **grande nation**. Auch der größte Theil der
französischen Offiziere, welche ihre Mannschaften begleiteten, machte
keineswegs einen angenehmen und günstigen Eindruck, sie hatten
weder etwas Nobles und Feines in ihrem Auftreten, noch verrieth
ihr Ausdruck und Wesen Intelligenz, Selbstbewußtsein und männliche
Ergebung in ihr Schicksal, ihre Haltung war weder stramm und
militairisch, noch ihre Kleidung sauber und accurat, ebenso wenig
unterschieden sie sich von ihren Leuten durch ihre Aussprache, ihre
Manieren, ihre Ausdrucksweise und ihr Benehmen. Es lag etwas
Plumpes, Bäurisches in ihrer Erscheinung, ihr Wesen und Auftreten
war ebenso roh und ungebildet, wie das ihrer Soldaten, ja, als
sie schriftlich sich auf Ehrenwort verpflichten sollten, keinen Flucht=
versuch auf dem Transport zu unternehmen, um dafür mehr Freiheit
genießen zu können, stellte es sich sogar heraus, daß ein großer
Theil von ihnen des Schreibens unkundig war. — Allerdings
stachen auch einige von ihnen sowohl durch ihre stattliche, männliche
Erscheinung und straffe Haltung, wie durch Feinheit und Gewandt=
heit ihrer Umgangsformen sehr wohlthuend gegen ihre Kameraden
ab und standen in keiner Weise unsern Offizieren irgendwie nach,
ja man mußte sogar gestehen, daß sie mit ihrem geschmeidigen,
den Franzosen eigenen distinguirten und doch wieder einnehmenden
Wesen unsern mehr soldatischen und militairisch geschulten Offizieren
theilweise den Vorrang abzugewinnen verstanden. Aber solche an=
genehmen Erscheinungen bildeten doch immer nur große Ausnahmen.

Als ich Abends Pferd und Wagen untergebracht hatte, machte
ich mir meine früheren Erfahrungen zu Nutzen, wendete mich sofort
nach den Wirthschaftsräumen der Johanniter und fand auch richtig
in der Küche zwei ebenso freundliche und liebenswürdige, wie
hübsche und wohlgebaute Kochdamen der freiwilligen Krankenpflege.
Meinen Scherzen, Tändeln und humoristischen Anspielungen gelang
es denn auch schließlich, von den fast ausgelassen heiteren und
vergnügt lachenden jungen Damen (Frl. Emilie L. aus Berlin
und Frau Magdalene St. aus Cöln) nicht nur einen kräftigen,
wohlschmeckenden Imbiß, sondern auch ein Schlafgelaß zu erlangen.

Mit Letzterem hatte ich indessen schließlich doch noch, wie man sagt, scheußliches Pech. Denn als ich nach einiger Zeit mich zur Ruhe legen wollte, berichteten mir meine neuen Freundinnen, daß zu ihrem Bedauern soeben noch Besuch bei den Johannitern eingetroffen sei, den sie in das mir in Aussicht gestellte Zimmer hätten einquartiren müssen. Es war mir dies um so unangenehmer, als die Nacht recht kalt und es schon zu spät war, noch anderweitig mich nach Unterkunft umzusehen. Ich stieg daher in unsern Wagen, hüllte mich in meinen Mantel und lag auf dem breiten, gut federnden Sitze viel bequemer und angenehmer, wie dies auf der Matratze des Hôtel de France letzthin der Fall gewesen war.

Am folgenden Morgen suchte ich zwar vergeblich nach der für unsere Lazarethe bestimmten Sendung, die einen Werth von 3—4000 Thalern repräsentiren sollte, und von deren wirklichem Eingetroffensein drei richtig adressirte, aber schon geleerte Güterwagen Zeugniß ablegten, ließ aber dafür einige andere Wagenladungen, welche ähnliche Gegenstände enthielten, wie die von uns gesuchten, und keine bestimmte Adresse erkennen ließen, für das 10. Corps mit Beschlag belegen, auf Wagen unseres Verpflegungs-Fuhrwerk-Parkes laden und dirigirte sie nach **Marange**. — Als ich dann aber mein Pferd bestiegen hatte, lahmte das brave Thier so stark, daß ich nicht nur den Gedanken, meinen Bruder aufzusuchen, aufgeben, sondern auch meinen Braunen unter der Pflege des Burschen auf Anordnung des Roßarztes einige Zeit in Remilly zurücklassen mußte. (Erst sechs Tage später trafen Beide wieder wohlbehalten in **Marange** ein.) Unmuthig hierüber ins Schloß zurückgekehrt, wurde ich durch ein ausgezeichnet gutes Diner entschädigt und umgestimmt, welches die beiden Damen mir in einem kleinen Zimmerchen auftrugen, leider ohne mir dabei Gesellschaft zu leisten. Dafür nahm ich sie bei dem inzwischen eingetretenen herrlichen Wetter Nachmittags in unserem Wagen bis **Courcelles** mit, eine Spazierfahrt, die ihnen viele Freude zu machen schien. Aus dem dortigen Depôt wurden noch schnell allerhand nützliche Sachen requirirt, und Abends spät traf ich wohlbehalten wieder in **Marange** ein.

18. u. 19. September. Am folgenden Abend waren wir wieder beim commandirenden General zum Diner; einige Fäßchen herrlichen Münchener Bieres waren wieder eingetroffen und gaben den Anlaß zu einer bis spät in die Nacht sich ausdehnenden äußerst gemüthlichen

und heiteren Kneiperei mit Rundgesang und Schunkelwalzer, an
der selbst der kommandirende General und sein Stabs = Chef den
lebhaftesten Antheil nahmen. Eine kleine Nachfeier bildete der am
folgenden Tage mit dem Generalcommando = Stabe unternommene
Inspicirungsritt durch die Lagerplätze, in denen überall große,
luftige und wasserdichte Holz = Baracken für die Mannschaften errichtet waren. Hieran schloß sich ein heiterer, gemüthlicher Frühschoppen zur Vertilgung des ziemlich ansehnlichen, noch übrig gebliebenen Liebesgaben=Hofbräu=Restes.

20. September. Der herrlich klare, nicht zu warme Nachmittag verlockte uns zu einem weiteren Ausfluge. So ritten wir zunächst das
Moselthal abwärts an Pierrevilliers vorbei zwischen prächtigen,
dichten Laubwäldern auf der Rechten und den vom Hochplateau in
das Moselthal hineinstreichenden Bergrücken zur Linken bis Rombas.
Durch schmale, schluchtenartige Thaleinschnitte getrennt, enden diese
Ausläufer in Zuckerhut=, Halbkugel= oder Sargdeckel = ähnlichen
Höhen, welche theils sanft und mit grünenden Wäldern bedeckt,
theils aber auch steil, zerrissene Felsparthien zeigend, in die Ebene
sich hinabsenken. Am Fuße eines dieser Höhenzüge, welche sich
mäßig steil zu dem hier breiten, mit fruchtbaren Aeckern und
Wiesen, Städten, Städtchen und Dörfern reich bedeckten Moselthal
hinabsenken, liegt das schmucke Städtchen Rombas, dessen weiße
Häuser mit ihren grünen Fensterläden terrassenförmig sich weit den
Abhang hinaufziehen. Ein altes stattliches Schloß mit großem
Parke thront gleichsam hoch oben auf der Höhe über der Stadt
und gewährt einen herrlichen Ueberblick über das weite Moselthal
von Metz bis Thionville. Ein steiler Pfad führt von dort
nördlich hinunter in das enge Orne-Thal direct auf eine in einem
kleinen Kessel hinter grünen Büschen versteckt liegende, einsame
Mahl= und Sägemühle. Ununterbrochen arbeitet das Räderwerk
im eifrigen Geklapper, über die Wasserräder rauscht und braust
das klare Waldwasser und alles athmet hier so tiefe Ruhe und
liegt in so traulicher Stille da, als herrsche überall der schönste,
sichere Friede. Eine lange, zierliche Brücke führt uns über die
Orne. Die gegenüberliegenden Bergabhänge sind hier, wo das
Flußthal in die breite Moselniederung einmündet, reich bedeckt mit
hübschen Villen, romantisch aus dem Waldesgrün hervorschauenden
Schlössern, Fabriken und Gehöften, an welche sich thalaufwärts das

reinliche Dörfchen **Rosselange** mit seinen Epheu= und Wein=
umrankten Häusern anschließt. — Dicht hinter demselben biegt die
Straße in das eigentliche Ornethal ein, welches zwischen dem
Hochplateau von Roncourt und den mächtigen Waldungen von
Moyeuvre in zahlreichen Schlängelungen herabsteigt und sehr viel
Aehnlichkeit mit dem Selkethal im Harz zeigt. Anfangs treten die
mit dichten Laubwäldern, aus welchen kleinere Schläge mit tief
dunkeln Tannen= und Kieferbeständen wie Inseln hervorlugen,
bedeckten Berghöhen ganz nahe aneinander und fallen steil, nur für
Fluß und Straße genügenden Raum gewährend, hier und dort
schöne zerklüftete Felsparthieen vorschiebend, zum Flußbett ab. Dann
wieder strömt die Orne durch breitere Wiesenthäler und Ackerfelder,
oder breitet sich, wie bei **Moyeuvre** zu einem weiten Thalkessel
aus, in den schluchtenreiche Thäler ihre klaren Bergwässer dem
Flusse zuführen, und Städtchen und Dörfer bis zu den Abhängen
hinauf sich einzwängen. Hier windet sich der Weg um einen
niedrigen, mitten im Thale sich erhebenden Hügel, von dem Hoch=
öfen mit niedlichen Wohnhäusern umgeben, oder Burgreste mit
Wall und Graben auf uns herabschauen, dort pocht zu unsern
Füßen ein einsamer Eisenhammer, weiter abwärts in einer schlucht=
artigen Ausbiegung blickt ein Gasthaus im Schweizerstiel einladend
herüber, in einem andern Winkel kreischt die thätige Säge und
spaltet Baumstamm auf Baumstamm. Dicht vor Moyeuvre zeigt
sich ein großes Eisenwerk, auf welchem reiches Leben waltet, und
an das sich ein wundervoller Park anschließt mit schattigen Gängen
und grünen Rasenflächen, niedlichen Pavillons und einem kleinen
See mit Gondeln und Schwänen. Kurz, die Abwechselung und
Lieblichkeit dieses friedlich stillen Thales war so anziehend und
fesselnd, daß wir gar nicht daran dachten, daß uns zu unserer
Rechten der berüchtigte Forêt de Moyeuvre begleitete, der durch
die zahlreich in ihm hausenden Franctireurs und sonst gefährliches
Gesindel weit und breit gefürchtet wurde. In Moyeuvre trafen
wir ein hessisches Feldlazareth, dessen Collegen uns sehr liebens=
würdig empfingen und durch den so seltenen Genuß eines Glases
frischen, schäumenden Bieres aus der Heimath erfreuten und
erquickten. Hier fanden wir auch zuerst wieder einen offenen Laden,
doch als wir uns nach den Preisen erkundigten, z. B. für ½ Dtzb.
einfacher Briefcouverts 8 Silbergroschen (80 Pf.), oder 1 Franken,

verging uns bald die Lust die Gelegenheit zum Geldloswerden weiter zu benutzen. Durch das jetzt mehr den Character eines breiteren Wiesenthales annehmende Ornethal und über die Höhen von Auboe gelangten wir dann nach St. Marie aux Chênes. Hier trafen wir in dem von unserem Lazareth-Reserve-Personal errichteten Lazareth den Armee-Generalarzt, Herrn Geheimrath von Langenbeck, welcher sich sehr über seine Mißerfolge bei den schwierigen Operationen, namentlich den Gelenkresectionen beklagte. Auch sah ich hier mit Schmerzen, in wie kurzer Zeit sich das Aussehen eines Menschen völlig verändern kann. Dort lag nämlich als Candidatus mortis in Folge einer Oberschenkelschußverletzung ein mir befreundeter Hauptmann vom 3. Garde-Regiment, einst einer der stattlichsten und allgemein bewunderten Offiziere der Garnison; wer hätte ihn in dem abgemagerten und zusammengefallenen Kranken mit knochigem Antlitz und tiefliegenden Augen, der hier mit starrem Blick theilnahmlos lag, wohl ohne weiteres wiedererkennen können?! — Sehr ermüdet und angegriffen trafen wir nach mehr als 5stündigem Ritte mit nur kurzen Unterbrechungen erst am späten Abend in unserem Quartier wieder ein.

. **September**. Da auch am nächsten Tage herrliches Wetter war, so benutzten wir dies zu einem weiteren Ritt in's Moselthal. Auf glatter Chaussee ging es über **Talange, Hagondange, Richemont** nach **Ukange**, wo ein Landwehr-Kavallerie-Regiment von den die Festung **Thionville** lose cernirenden Truppen lag. Die Offiziere führten uns bis zu einer Brücke, die nahe vor dem kleinen Dörfchen **Ebange** ein größeres Bergwasser überspannte. Von dort konnten wir deutlich jedes Haus, die Wälle mit ihren Geschützen, die Thürme der Stadt und die Festungswerke von **Thionville** mit bloßen Augen erkennen. Während wir dort noch standen, blitzte es an einer Stelle der Befestigung auf, laut und immer näher hörten wir das unheimliche Sausen und Zischen, dann erfolgte hinter uns ein scharfer Knall, und von einer kleinen Dampf- und Feuersäule begleitet flogen Granatstücke, Steine und Erde vom nahen Ackerstück in einer kegelförmigen Säule hoch in die Luft, schwirrten um uns herum und klatschten ganz in unserer Nähe auf die Chaussee nieder. Wir konnten daher als Augenzeugen die kurz vorher von den begleitenden Offizieren gethane Bemerkung, daß die Geschosse der Festung **Thionville** oft bis dicht vor **Ukange** geflogen seien, vollauf bekräftigen. Auf dem Rückritt wurden noch einige Lazarethe besucht, so daß es bereits vollkommen dunkel war, als wir den dichten Wald von Silvange, zwischen Talange und Pierrevilliers auf schmalem, chaussirtem Wege durchritten. Es war ein herrlich milder Abend, die Sterne strahlten am wolkenlosen, blauen Himmel und die schmale Sichel des Mondes sandte ein schwaches Dämmer= licht über die Landschaft. Lautlos lag der Wald neben uns, und der Hufschlag unserer Pferde war das Einzige, was zu hören war. Im langsamen Schritt verfolgten wir unsern Weg, ohne auf das leise, wie es schien ferne Rauschen trockener Blätter im Walde zu achten. Ich hatte dem Generalarzt gerade von meiner angenehmen Jugendzeit erzählt, — übrigens war es das einzige Mal, wo wir über andere, als solche Dinge, die mit dienstlichen und militairischen Angelegenheiten in Verbindung standen, mit einander gesprochen haben, — als er plötzlich mit den Worten das Gespräch abbrach: „Sie können glücklich sein, solch schöne Jugenderinnerungen zu be= sitzen, ich habe sie leider nicht, und dies ist wohl Schuld daran, daß ich so selten recht heiter sein kann." Fast gleichzeitig mit diesen Worten knackten in unserer Nähe trockene Zweige, so daß unsere Pferde erschreckt zusammenfuhren und selbstständig zu traben be= gannen, was uns um so angenehmer war, da das Ende des Waldes nahe vor uns lag. Wir athmeten doch auf, als wir den unheim= lichen, dunklen Wald hinter uns hatten, und als wir nun plötzlich rings um uns die vielen Bivakfeuer der 19. Division hell auf= leuchten sahen. — Am andern Morgen waren wir nicht wenig erstaunt, als wir hörten, daß kurze Zeit nach unserer Heimkehr eine Kavalleriepatrouille auf dem von uns benutzten Wege durch den Wald aus dem Dickicht beschossen und ein Mann schwer ver= wundet worden sei. Es war darauf in aller Frühe der Wald von Silvange durch Militair abgesucht und verschiedene Franctireurs und französische Marodeure mit geladenen Gewehren in denselben abgefaßt worden.

22. Bis 26. September. Die nächsten Tage verliefen ohne besondere Erlebnisse. Am 23. wurde allarmirt, weil bei der jenseits der Mosel liegenden Landwehr=Division Kummer die Vorposten beun= ruhigt worden waren. Unser Corps überschritt auch mit der 20. Division die Schiffsbrücke, blieb einige Zeit hinter Argancy in Reservestellung und ging dann wieder in's Quartier zurück. — Am

24. war der Generalarzt bei Sr. Königl. Hoheit dem Großherzog
v. Oldenburg zum Diner befohlen. Vom 25. ab wurde ich als
Hausarzt zum Großherzoglichen Stabe und Hofstaat commandirt,
während ich bisher nur einen der Adjutanten behandelt hatte, und
mußte nun täglich zu bestimmter Stunde nach Bronvaux resp.
später nach Olgy reiten und hatte dort auch ziemlich viel zu thun.

September. Durch einen neuen Ausfall der Franzosen wurden
die Vorposten der 20. Division aus ihren vorgeschobenen Stellungen
zurückgeworfen; sie nahmen dieselben zwar bald wieder zurück, doch
kostete der Division das kleine Gefecht gegen 100 Mann an Todten
und Verwundeten. Das Corps war natürlich dabei wieder alarmirt
worden. — Diese häufigen Zusammenstöße der beiderseitigen Vorposten fanden gewöhnlich in den nahe bei einander gelegenen
Dörfern Les grandes Tapes und Les petites Tapes statt,
deren Besitz beständig zwischen Freund und Feind wechselte. — Um
diese fast täglichen Reibereien der Vorposten möglichst zu beseitigen,
wurden um Mitternacht vom 27. zum 28. September beide Dörfer,
nachdem 1 Stunde vorher sämmtliche Einwohner geweckt, mit den
diesseitigen Absichten bekannt gemacht und zum Räumen ihrer
Wohnungen gezwungen waren, von unseren Soldaten niedergebrannt
und dadurch der beabsichtigte Zweck auch vollständig erreicht. Im
Lager herrschte natürlich während dieser Zeit große Aufregung und
Bewegung, da sämmtliche Truppen sich in Allarm- und Marschbereitschaft befanden, um jedem etwaigen Ausfallversuche der
Franzosen sofort entgegentreten zu können. Es blieb indessen Alles
ruhig. Wir konnten von unserm Garten, der sich hinter dem Hause
terrassenförmig am Bergabhange hinaufzog, den ganzen Vorgang sehr
gut beobachten. Es war ein trauriges, aber auch imposantes Schauspiel, als mit dem Glockenschlag 12 Uhr erst an einer, gleich darauf
an mehr als einem Dutzend Stellen zunächst nur ein helles Licht
aufflammte und langsam größer und größer wurde, wie dann die
verschiedenen Brände sich gegeneinander heranwälzten und bald ein
einziges Flammenmeer bildeten, das seine rothe Gluth zum Nachthimmel mit seinem Sternenheer heraufzüngeln ließ und die ganze
Gegend taghell erleuchtete; wie der mächtige, rothgelbe Schein
flackernd von dem dunklen Blau des Himmels zurückleuchtete,
während gewaltige, dicke, schwarze Rauchwolken neben den Flammen
aufstiegen, langsam über das Thal und die weite Ebene hinzogen

und den ganzen Hintergrund des Bildes mit einem undurchdring= lichen, schwarzgrauen Schleier bedeckten.

28. und 29. September. Bei unseren Besichtigungen der Lazarethe wurde namentlich dort, wo Sanitäts=Detachements dieselben hatten errichten müssen, wieder vielfach über Mangel an dem nöthigen Material, an Wäsche, wie an kräftigen Nahrungs= und Stärkungs= mitteln geklagt, so daß ich am 30. September zum 3. Male nach Remilly fahren mußte.

30. September. 1. Oktober. Auch diesmal nahm ich ein Reit= pferd mit und benachrichtigte meinen Bruder vorher von meinem voraussichtlichen Eintreffen in Courcelles, in dessen Nähe er im Bivak liegen sollte. Da ich eine erkrankte Pflegeschwester, Frl. v. H., die im Feldlazarethe zu **Marange** Hülfe geleistet hatte, mit nach **Remilly** nehmen und von dort in die Heimath senden mußte, so brachte ich dieselbe dort zunächst zu den Johannitern, wurde zugleich mit ihr zum Mittagessen eingeladen und erhielt auch noch einestheils durch deren Empfehlung, anderntheils durch Hervor= suchen meiner liebenswürdigsten Seiten bei den beiden Rothekreuz= Küchen=Pflege=Damen ein kleines, sauberes Zimmerchen mit gutem Bett. Wenngleich dasselbe neben dem Speisesaal lag, in dem die Johanniter=Ritter=Herren bis spät in die Nacht hinein fröhlich poculirten, lustig jubilirten und plauderten, ich somit erst spät einschlafen konnte, auch nichts zum Lesen oder sonstigen Vertreiben der Langenweile in meinem kleinen, aber ganz gemüthlichen Ge= fängnisse finden konnte, so war der Fortschritt in der Besserung meines Unterkommens und meiner Verpflegung doch auch diesmal unverkennbar.

Mein Versuch zum Auffinden meines Bruders mißglückte da= gegen zum 3. Male, denn in Courcelles traf ich anstatt seiner eine allgemeine Allarmirung des nächsten Armeecorps, stieß überall auf gefechtbereit stehende, oder in ihre Stellungen rückende Truppen und da, je weiter wir kamen, um so deutlicher von der Mosel her Kanonen=, bald auch Gewehrschüsse sich hören ließen, eilte ich mög= lichst schnell nach **Marange** zurück. Als ich in Folge Stürzens eines unserer Wagenpferde erst spät Abends dort eintraf, herrschte daselbst eine auffallende Unruhe und Unordnung. Wagen und Fuhrwerke aller Art hielten in der Straße, schimpfend und schreiend suchten die Führer sich durch alle möglichen Hindernisse hindurch=

zuwinden, dabei liefen überall Mannschaften mit Landwehr=Kopf=
bedeckungen, nur hier und da ein Liniensoldat herum. Unser
Quartier fand ich anderweitig besetzt, und erfuhr nun, daß das
10. Corps die Stellung mit der Landwehr=Division Kummer ver=
tauscht und unser Generalkommando jenseits der Mosel Quartier
genommen habe. Endlich fand ich noch ein leibliches Unterkommen,
doch war an Ruhe und Schlaf nicht recht zu denken. Nicht nur
dauerte das Schießen und der Straßenlärm die ganze Nacht hin=
durch fort, sondern um 2 Uhr Nachts wurde auch wieder alarmirt,
das Schießen nahm an Heftigkeit zu und als ich am Sonntag
(2. Octob.) Morgens 3 Uhr **Marange** verließ, stand die Division
Kummer gefechtbereit längs der Chaussee **Pierrevilliers—Metz**.

2. October (Sonntag). Gegen 5 Uhr ließ der Kanonendonner
indessen nach, so daß ich die Pontonbrücke passieren durfte und
nachdem ich mit den ermüdeten Pferden die Dörfer **Ennery,
Chailly, Arganzy, Charly** und **Malroy** weit über die neuen
Bivakplätze unserer Truppen hinaus vergeblich nach unserem General=
kommando abgesucht hatte, langte ich endlich selbst todtmüde in
unserm neuen Quartier im Dörfchen **Rugy** an, wo wir in einem
kleinen, aber leiblich sauberen Bauernhause ein weit mäßigeres
Unterkommen gefunden hatten, wie bisher in **Marange**.

Cernirung von Metz.
(Aufenthalt in Rugy 2.—26. October 1870.)

Unsere Wirthe zeigten sich zuerst sehr ungefällig und widerspenstig,
behaupteten Nichts zur Bereitung eines Mittagsessens zu besitzen,
als wir daraufhin Speisekammer und Keller durchsucht und Mehl,
Gries, Eier, Milch, Butter u. dgl. gefunden hatten, gaben sie vor,
da es Sonntag sei, dürften und wollten sie nicht kochen. So blieb
uns nichts weiter übrig, als selbst den Koch zu spielen; ich über=
nahm die Oberleitung, der Stabsapotheker und Schreiber das
Kochgeschäft, die Burschen mußten helfen. Zunächst wurde die
Erbswurstsuppe gekocht, ferner Rindfleisch geklopft, gehackt und
davon Beefsteak gebraten, auch ein kleiner Hammelbraten brudelte
bald mit Unterstützung unserer neugierig gemachten und belustigten
Wirthin in der Bratpfanne. Vorgefundene Backpflaumen brachten
mich schließlich zu der verwegenen Idee unser Sonntagsessen noch

7

durch ein weiteres, seltenes Gericht zu vermehren, nämlich durch Gries-Mehl-Eier-Klöße und gekochte Pflaumen. Mit dem größten Eifer und unter allseitiger Assistenz wurden 1 Dutzend Eier mit Milch, Zucker, zerlassener Butter zusammen geschlagen und durch langsames Zusetzen von Mehl und Gries ein dickbreiiger Teig hergestellt. Jetzt wurde Einer nach dem Andern herangerufen um den Teig ordentlich zu verrühren, was immer mehr anstrengte, da derselbe immer steifer und zusammenhängender wurde. Schnell wurden noch ¹/₂ Dutzend Eier hinzugeschlagen und etwas Milch, Zucker, Salz ꝛc. angemengt und das Rühren fortgesetzt. Doch wollte er sich zu keiner ordentlich kloßgerechten Masse umwandeln, trotzdem selbst unser neugierig gewordener Generalarzt, mit einer Küchen- schürze versehen, vor die Küchenschüssel gesetzt und zum Rühren mit herangezogen wurde.

Endlich gelang es denn doch etliche 15 bis 20 kleinfaustgroße Klöße mit den in Mehl getauchten Händen zu formen und in das kochende Wasser zu bringen. Nach etwa ¹/₄ stundenlangem Kochen wurde ein Probekloß herausgenommen, trotzdem noch keiner auf dem Wasser schwamm, wie dies doch gut gerathene Klöße thun sollen, er war aber noch so hart, daß wir ihn noch nicht für gar halten konnten. So lange sie indessen auch kochten, weicher und lockerer wollte keiner werden, nach ¹/₂ Stunde endlich gaben wir auch jeden weiteren Versuch hierzu auf und nahmen sie aus dem Wasser. — Wenn ich auch ehrlicher Weise gestehen muß, daß die mit solchem Eifer und Fleiß hergestellten Klöße etwas sehr fest und zähe, schwer zu kauen, aber mit Hülfe der gekochten Backpflaumen ganz gut zu essen waren, so kann ich doch andrerseits auch hinzu- fügen, daß sie uns doch gut geschmeckt haben, wenn sie auch schließlich längere Zeit etwas schwer im Magen lagen.

Wie gut und schnell übrigens die Belagerten in Metz von allen Veränderungen in den Stellungen unserer Truppen unter- richtet sein mußten, zeigte recht deutlich der Umstand, daß sie bisher ihre Hauptausfälle in der Richtung auf Thionville von Anfang an auf dem rechten Moselufer unternommen hatten, und zwar dort, wo die Landwehr-Division Kummer lag, daß sie dann aber noch an demselben Tage, wo die Division mit dem 10. Corps ihre Stellung gewechselt hatte, einen Ausfall auf dem linken Ufer, also gegen den Theil des Cernirungsringes unternahmen, an dem das

10. Corps etwa 1½ Monate gelegen hatte, ohne auch nur einmal ernstlicher angegriffen zu sein.

Die Herren Franzosen glaubten unbedingt, mit unserer Land= wehr leichter fertig werden zu können, sie für weniger kriegstüchtige und für weniger wachsame und geschulte Soldaten halten zu dürfen Aber auch diesmal hatten sich die Herren am 1. October wieder sehr geirrt, unsere braven Landwehrleute hatten auch diesen hitzigen neuen Ausfallsversuch mit ihrer alten Energie und Widerstands= fähigkeit blutig zurückgewiesen. Freilich waren die hierbei erlittenen Verluste auch schwer genug, denn circa 100 Todte und Verwundete waren auf der Wahlstatt liegen geblieben. — Um die Division wenn möglich noch mehr vor Beunruhigung zu schützen, wurde in der folgenden Nacht auch das Dorf St. Remy, gleichfalls ein steter Streitapfel zwischen den Vorposten hüben und drüben, in gleicher Weise in Brand gesteckt wie die beiden Les Tapes, und bot auch ein ähnlich wehmüthig stimmendes, aber schauerlich schönes Schauspiel dar.

3. **October.** Mit dem Umzuge nach **Rugy** hatten wir uns wesentlich verschlechtert, und wir vermißten Anfangs unser geräumiges Haus in **Marange** mit seiner freien Lage und hübschen Aussicht, mit seinen geräumigen, luftigen, hübsch und bequem eingerichteten Zimmern und dem ziemlich großen Garten ebenso sehr, wie die mancherlei Zuschüsse, die unsere Küche dort erhalten und die uns doch manche Abwechselung in der Verpflegung gestattet hatten. **Rugy** war ein kleines, schmutziges Dorf, unser Quartier befand sich in einem alten, aber saubern Bauernhause, umgeben von ähnlichen Baulichkeiten. Unten auf einer Art Flur mit offener Feuerstätte wurde das Bureau eingerichtet, das zugleich Schreiberstube war. Auf einer steilen, schmalen Treppe, sogenannten Hühnerstiege, ge= langte man in unsere Wohnräume. Ein kleines, niedriges, aber leidlich helles Zimmerchen, in dem der Generalarzt wohnte, bildete zugleich den Durchgang zu dem zweiten, recht einfach ausgestatteten Raum, der dem Stabsapotheker und mir als Wohn= und Schlaf= stube, ferner als unser gemeinsames Speise= und Empfangszimmer diente, und in dem die Lagerstätte für mich Abends durch eine auf die Erde gelegte Matratze mit Kopfkissen und Decken hergestellt und Morgens wieder fortgeräumt werden mußte. — Unsere Lebensweise blieb die gleiche, nur fesselten die langen Abende uns mehr an das

7*

Haus, denn auch in **Rugy** gab es kein Lokal, wo man in Gesell=
schaft hätte ein Glas Bier trinken können. Hatten wir dann um
7 Uhr unsern Thee getrunken und unser Butterbrob mit Schinken,
den ich schließlich nicht mehr zu essen vermochte, verzehrt, so saßen
wir drei, theils Briefe oder unser Tagebuch schreibend, oder die
Zeitungen lesend, stumm und geräuschlos um den großen Tisch her=
um, bis gegen 8½ Uhr der Generalarzt sich in sein Zimmer zu=
rückzog, von wo wir meistens schon nach kurzer Zeit sein leises
Schnarchen hören konnten. Dann rückten wir Beide, der Stabs=
apotheker und ich, näher aneinander, und heimlich flüsternd wurde
ein Spiel Karten zu einer Parthie 66 hervorgeholt, bis mein Freund,
namentlich wenn er, wie gewöhnlich, verlor, mit einem Fluch auf
die **grande nation** die Karten zusammenwarf, mit dem Wunsche:
„Ach, wäre ich doch nur erst wieder zu Hause in unserm gemüth=
lichen Heim bei meiner lieben Frau!" sich in sein hohes Bett „hin=
einwölzerte" und sich gewöhnlich bald als zweite Stimme an dem
Schnarchduett zu betheiligen begann. Das während der ganzen
3½ Wochen unseres dortigen Aufenthaltes fast ununterbrochen an=
haltende, scheußliche Regenwetter und der um das Haus herum=
heulende und durch Fenster und Thüren pfeifende Sturm waren
nicht gerade geeignet, uns diesen einförmigen Aufenthalt angenehmer
zu gestalten.

Eins ließ in beiden Quartieren gleich viel zu wünschen übrig,
nämlich die Abortsfrage; in **Marange** fehlte derselbe vollständig,
und schien zu solchen Zwecken einfach ein Theil des Gartens
reservirt zu sein, in **Rugy** war er von rührender Einfachheit und
Unschuld, frei und übersichtlich. Wir ließen uns daher an beiden
Orten in einer Ecke der Gartenmauer, die durch einige Bäume ge=
schützt war, eine tiefe Grube graben, darüber einen alten, festen
Stuhl mit rund ausgeschnittenem und mit Zeug übernähtem Rohr=
sitz sicher befestigen; eine schräg von der Mauerhöhe nach den seitlich
stehenden Bäumen herüber gelegte, an letzteren befestigte Stubenthür
bildete das Dach, gestattete aber zwischen Mauer und Thürrand
noch einen freien Ausblick auf die vorüberführende Straße, und
schließlich wurde des Regenwetters wegen die Seitenwand noch durch
einige alte ausgespannte Säcke gedichtet resp. abgeschlossen.

4. u. 5. October. Als wir am 4. October bei Tisch saßen, trat
plötzlich eine junge, hübsche Dame in unser Zimmer und bat sehr

bescheiden um Auskunft über ihren angeblichen Bruder, der ver=
wundet im Lazareth zu Ay liegen sollte, und ob ihr wohl gestattet
würde, denselben zu pflegen. Das Anerbieten des Herrn General=
arztes, an unserm frugalen Mittagstisch Theil zu nehmen, lehnte
sie mit schüchterner Miene ab, willigte aber ein, so lange bei uns
zu warten, bis ich Nachrichten eingezogen haben würde. Als dann
aber der Generalarzt nach Chailly gefahren war, wohin er zur
Großherzoglichen Tafel befohlen war, und ich eine Flasche feurigen
süßen Ungarweines und Madeira hervorlangte, da schlug die immer
mehr aufthauende Dame das ihr gereichte Glas nicht mehr ab und
wurde bald fast ausgelassen heiter. Dem generalärztlichen Befehle
folgend, setzte ich mich aufs Pferd und jagte nach Ay, wo natürlich
kein Verwundeter des angegebenen Namens aufzufinden war. Noch
vor Dunkelwerden war ich zurück, traf einen unserer Adjutanten,
Lieutenant v. P., der die junge Dame inzwischen in Be=
gleitung des Stabsapothekers gesehen und in ihr eine der beliebtesten
Tänzerinnen aus M.'s Salon in Berlin wiedererkannt haben wollte.
Da ich nicht wußte, wie und wo die Fremde für die Nacht unter=
zubringen sei, nahm ich dessen Anerbieten gerne an, ihr ein Zimmer
in dem vom Generalkommando belegten großen Hause eines Pacht=
hofes einzuräumen. Meine Nachricht, daß ich den Gesuchten nicht
gefunden habe, nahm das junge Fräulein ohne sonderliches Bedauern
recht gleichgültig auf, schlug das v. P.'sche Anerbieten jedoch
kurz ab, bat mich dagegen so liebenswürdig, sie doch einmal bis zu
unsern Vorposten zu führen, daß ich ihr schon zu Willen sein
mußte.

Der Regen hatte aufgehört und aus den sich zertheilenden
Wolken sandte der Mond sein Silberlicht über die weite Ebene,
von der hier und dort feine, weiße Nebel aufstiegen und langsam
dicht über dem Boden dahinschwammen. Von einem zwischen
Malroy und Antilly liegenden Hügel zeigte ich der jetzt doch schon
etwas ängstlichen Dame die Wachtfeuer unserer und der feindlichen
Vorposten, sowie die hellaufflackernden Lagerfeuer der unter den
Mauern von Metz liegenden Franzosen und die Festung selbst mit
ihren drohenden Forts St. Julien und St. Quentin. Als nun
aber eine der mächtigen Granaten des Ersteren, das regelmäßig
alle 10 Minuten mit unserer 12=Pfünder=Batterie einen Schuß
wechselte, so nahe an uns vorbeisauste, daß wir ihr unheimliches

Schwirren über unsern Köpfen gleichsam zu fühlen glaubten, als dann mit einem scharfen Knall dieselbe irgendwo in der Nähe crepirte und die Granatstücke und Steine vor und neben uns auf den Boden klatschten, da kroch die vorher noch so muthige Jung= frau in aller Hast unter einen Haufen zusammengestellter Getreide= garben und fing vor Schreck und Angst so zu zittern an, daß ich sie nur mit Mühe nach Rugy zurückführen konnte, wo ich sie unserer Wirthin für die Nacht übergab. — Am andern Morgen war sie ohne Abschied verschwunden. Als ich aber Nachmittags an dem Speisezimmer des Generalstabes vorbeikam und ein lautes, lustiges Stimmengewirr aus demselben herausschallen hörte, obgleich die Essenszeit längst vorüber sein mußte, fand ich beim Versuche ein= zutreten, die Thür verschlossen. Auf mein wiederholtes Anpochen wurde endlich geöffnet, und da sah ich denn zu meiner Ueberraschung die gestern über ihren angeblich verwundeten Bruder so besorgte und traurige Dame mitten unter den heiter scherzenden und lachenden Offizieren des Stabes thronen und denselben in animirter, aus= gelassen fröhlicher Stimmung und unter tausend witzigen und launigen Tollheiten aus einer duftenden Bowle die Gläser füllen, sich selbst natürlich dabei keineswegs vergessend. Nolens volens mußte ich mich ihrem Bowlenlöffel=Szepter fügen und an dem lustigen Gelage Theil nehmen, bis ein Wagen vorfuhr, mit dem der Lieutenant v. P. die echte, ungeschminkte Berlinerin nach Saarlouis bringen sollte.

6. October. Bei der Besichtigung des im Schlosse Logne bei Ay eingerichteten Lazarethes genossen wir von einer reizend am Mosel= ufer gelegenen Anhöhe des wohlgepflegten Parkes eine herrliche Aussicht über das ganze Moselthal bis Metz und andererseits fast bis Thionville. Die Großartigkeit und Fülle an abwechslungs= reichen Parthien, bald grünende Wiesenflächen mit wundervollen Bousquet=Anlagen, bald kleine Waldparzellen mit mächtigen, himmel= anstrebenden Baumriesen, bald ein kleiner Weiher mit Nachen, Schwänen und reizenden Badehäuschen, bald Gartenanlagen mit Statuen und in den wunderbarsten Formen plätschernden Fontänen, bald reizende Tempelchen, lauschige Lauben und bizarre Kioske, bald rauschende Wasserfälle, kurz die fast bei jeder Biegung des Weges sich zeigenden Ueberraschungen und Schönheiten des Parkes wetteiferten hier mit dem reichen Schmuck der Facade des Schlosses,

und mit den geräumigen, reich ausgestatteten Sälen und elegant
und geschmackvoll eingerichteten hohen Zimmern. Eins derselben
bot für uns noch eine ganz besondere Ueberraschung; auf dem
sauber gedeckten, mächtigen Eichentische des Speisesaales dampften
nach echt deutscher Weise gekochte Kartoffeln und ein gut deutsch
zubereitetes Fischgericht, dem dann noch allerlei Leckerbissen folgten,
während der Wein und Champagner, welchen der Schloßkeller uns
spendete, zu den feinsten Getränken gehörten, die wir je in Frankreich
getrunken haben. In Gesellschaft der Sanitäts-Offiziere und Beamten
des Lazarethes mundete uns das leckere, schön bereitete Mahl ganz
vorzüglich; in heiterer Stimmung und unter fröhlichem Geplauder
saßen wir bis zur späten Abendstunde gemüthlich zusammen und
waren zufrieden und dankbar für den guten Einfall eines Collegen,
der inzwischen unsere Reitpferde nach **Rugy** zurückgeschickt und
dafür einen äußerst eleganten und bequemen Wagen zu unserer
Rückkehr ins Quartier zur Verfügung gestellt, resp. aus der Wagen=
halle des Schlosses requirirt hatte.

7. October. An das regelmäßige Feuern unser 12=Pfünder und
der Festungsgeschütze von St. Julien gewöhnt, welche alle zehn
Minuten einen Schuß wechselten, hatten wir uns weder durch das
sich einmischende vereinzelte Gewehrgeknatter, noch durch das Alarm=
blasen in unserer Büreau=Arbeit stören lassen, als eiligst eine
Ordonnanz mit dem Befehl erschien, die Bagage solle in 15 Minuten
marschbereit am Ausgange des Dorfes stehen. Es hieß daher schnell
die Koffer und Bureau=Sachen zu packen und auf den Wagen zu
laden. Auch unsere Pferde wurden gesattelt und bald begleiteten
wir den Generalstab über **Malroy** hinaus auf eine dicht hinter
dessen letzten Häusern liegende Anhöhe, die einen wundervollen
freien Blick auf **Metz** mit seinen Forts und die Moselebene
gestattete. Wieder war es die Landwehr=Division **Kummer**, gegen
welche der Ausfall, und zwar diesmal mit bedeutenden Kräften und
ausdauernder Energie unternommen wurde. Schon auf dem Marsche
war eine Artillerie=Abtheilung im Trabe an uns vorbeigerasselt,
sie hatte dann auf der gleichen Anhöhe wie wir dicht neben uns
Stellung genommen und stand bereits bei unserer Ankunft in leb=
haftem Feuer gegen französische Geschütze, die wieder auf den Höhen
von **May** aufgefahren waren. Da unsere Artillerie soweit hinter
der Höhe des Hügelrückens zurück stand, daß sie zwar gerade noch

über dieselbe hinweg schießen konnte, gegen die tiefer stehende feindliche
Artillerie aber ziemlich gedeckt war, so wurden wir durch jene nur
wenig, hauptsächlich aber durch die Geschütze von St. Julien
belästigt. Diese sandten mit vorzüglich innegehaltener Direction
Granate auf Granate zu uns herüber bis hart vor unsere Füße.
Obgleich sie fast in senkrechtem Winkel niedersausten, so erreichten
sie zum Theil doch nur die letzten Häuser des vor uns liegenden
kleinen Dorfes **Rupigny**, oder schlugen in den dicht dahinter
liegenden Hügel, oder zwischen diesen und unserer Stellung ein,
zum Theil flogen sie indessen auch bis zur Artillerie=Aufstellung
selbst, wo mehrere von ihnen zwischen den Geschützen, einige sogar
hinter ihnen in das dort stehende Sanitäts=Detachement einfielen,
jedoch nur geringen Schaden anrichteten. Ein paar Male jagten
die mächtigen Zuckerhüte auch beim General=Commando einen heil=
samen Schrecken ein, als sie zwischen uns und der Batterie crepirten,
ihre Sprengstücke uns um die Ohren sausten und einzelne sogar in
unserer Mitte in den Boden schlugen. Schon diese von St. Julien
herübergeschleuderten Granaten zu beobachten, war höchst interessant.
Zuerst blitzte auf dem Fort das Feuer des Geschützes auf, dem
eine mächtige Rauchwolke folgte, erst 25—30 Sekunden später traf
der Knall bei uns ein, demselben folgte das immer lauter werdende
und näher herankommende, eigentümlich aufregende Schwirren und
Sausen der Granate, so daß man schließlich unwillkürlich nach oben
schaute, weil es sich anhörte, als fliege das Ungethüm
dicht über dem Kopfe fort. Ja ich habe es oft genug gesehen, daß
in solchem Augenblicke nicht nur junge, sondern auch ältere Offiziere,
die bereits manche Schlacht mitgemacht hatten, sich wider Willen
niederduckten; man glaubt, daß man das Geschoß dann über sich
fortfliegen sehen müsse, bis ein dumpfer Knall uns von der
Spannung befreit und das trichterförmige Emporfliegen schwarzer
Erd=, Stein=, Eisen= ꝛc. Massen, und ein kleines, graues Dampf=
wölkchen die Stelle verräth, wo das Geschoß niedergegangen und
crepirt ist. Bisweilen dauert das Schwirren sogar trotzdem noch
eine kurze Zeit länger fort.

Auch Chassepotkugeln flogen in reichlicher Menge mit ihrem schwach=
metallischen Zischen — „Pitsch!“ „Pitsch“ um uns her und klatschten
dann in die hinter uns befindliche Mauer oder die Wände der Häuser.
Dazu gellte der scharfe, hellklingende Knall unserer Geschütze aus

nächster Nähe uns in die Ohren, da das erste derselben kaum 50 Schritte von uns aufgefahren stand. Dazwischen klang laut und hell das ruhige Kommando der Artillerie=Offiziere: „Rechts, auf die vorgehende Infanterie=Kolonne, so und so viel Schritte!" Und wenn, wie das gewöhnlich schon nach dem ersten kurzen Ein= schießen der Fall war, die erste Granate mit staunenswerther Präzision und Sicherheit mitten in die dunklen Massen hineinflog, oder kurz vor denselben aufschlagend, ihre Verderben bringenden Sprengstücke in die Reihen der vorstürmenden Franzosen warf, dann hörte man wohl den leiseren Freudenruf: „Famos! brillant! Sitzt vorzüglich!" 2c. und gleich darauf wieder das sichere Commando: „Zweites Geschütz! Feuer! Drittes Geschütz u. s. w.!" Und es begann dann für kurze Zeit ein fast betäubender und sinnver= wirrender Lärm, den wir so recht in seiner vollen Stärke zu genießen Gelegenheit hatten.

Inzwischen waren die französischen Infanterie = Massen mit anerkennenswerther Bravour und wuchtigem Ansturm aus den Dörfern Woippy, Grande et Petite Maxe, und dem Schloß Ladonchamps hervorgebrochen, hatten die äußerste Vorposten=Kette der Landwehr nach heftigem, zähem Widerstande theils zurück gedrängt, oder überrannt, nahmen auch die erste Vertheidigungs= stellung, und lange wogte nun der Kampf zwischen unserer stand= haft und tapfer ausharrenden Landwehr, und den immer von Neuem angreifenden französischen Linien, um die alten Zankäpfel St. Remis, Les grandes und Les petites Tapes hin und her. Unsere Feld = Artillerie und die bei Sémécourt verschanzt stehende 12=Pfünder=Batterie ließen es nicht an Ausdauer und Anstrengung fehlen, das Vordringen der Franzosen zu verhindern. Kaum war ein feindliches Bataillon aus den schützenden Trümmerhaufen der niedergebrannten Dörfer aufs freie Feld zum Angriff heraus= getreten, so saußten auch schon von beiden Artilleriestellungen die ersten Granaten in ihre Linien, und kaum hatten unsere Artilleristen den Erfolg ihres ersten Probeschusses beobachtet, so begann auch sofort von ihrer Seite das mörderische Schnellfeuer, und Granate auf Granate schlug in die tapferen Schaaren ein und riß Lücke neben Lücke, bis die gelichteten Reihen ihr weiteres Vordringen auf= geben mußten und nun wie eine Heerde, in die der Blitz eingeschlagen hat, auseinander stoben, um in die schützenden Dorfruinen zurück zu eilen. Aber immer von Neuem sammelten sich die tapfern Krieger und von immer neuen Stellen brachen französische Massen vor, bis es ihrer Uebermacht gelang, unsere wackeren Landwehrleute auch aus der 2. Vorposten-Vertheidigungs-Linie zurück zu drängen und sich in die genommenen Schützengräben und befestigten Stellungen fest zu setzen. Kaum aber hatten die Franzosen eine neue deckende Stellung erreicht, so begannen sie auch emsig wie ein Ameisenhaufen mit Spaten, Hacke und Beil zu arbeiten und ihre Stellung in meist staunenswerth kurzer Zeit in einen vorzüglichen Vertheidigungs-zustand zu bringen. Erst wenn sie sich so gesichert hatten, gingen sie zum Sturm auf die nächste Linie vor. — Während dieser Zeit hatte ein Theil der 19. Division die Pontonbrücke bei Hauconcourt überschritten, und voran das Bataillon Wehren des 16. Regiments, welches an der Schlacht vom 16. August nicht Theil genommen hatte, weil es zum Schutze der 1. Trainstaffel zurückbleiben mußte, ging es fröhlich singend, theilweise im Laufschritt vor. Das Bataillon Wehren war ja das einzige bei der 19. Division, welches noch nicht im Feuer gestanden hatte, und Jeder von ihnen war daher zufrieden und stolz, als ihm endlich die Gelegenheit geboten wurde, jetzt gleichfalls mit den Franzosen handgemein zu werden. Wollten die Westphalen doch so gerne mit den Franzosen noch Abrechnung halten wegen des 16. Augustes; hier bot sich ihnen endlich dazu die so lange ersehnte Aussicht. Mit unwiderstehlicher Gewalt stürmten sie ihren Kameraden des 16. und 57. Regiments weit voraus. Wie Windhunde jagten sie, ohne einen Schuß zu thun, über das freie Feld, und wie Wiesel waren sie im nächsten Schützengraben verschwunden.

Auf der Erde lang ausgestreckt und gut gedeckt, lagen sie, die sichere Hand am Drücker, mit scharfem Auge umherspähend, im Anschlage, und wo nur ein Stückchen von einem Franzosen sich zeigte, da putzten sie ihn auch schon vom nächsten Graben fort; die Granaten unserer Artillerie leisteten ihnen hierbei den wirksamsten Beistand. Sobald die nachfolgende Schützenkette die hinter ihnen liegende Deckung erreicht hatte, sprangen unsere kampfesmuthigen Sechszehner wieder auf, und wehe den Rothhosen, welche sie in der nächstvorliegenden Schützenlinie noch antrafen, oder die noch keine andere Deckung erreicht hatten, denn ehe man es sich versah, lagen sie wieder hinter der nächsten Deckung und sandten den mit immer geringerem Widerstande vor ihnen zurückweichenden Feinden ihre sicher treffenden Kugeln nach. Es war ein erhebendes Gefühl von Spannung, Aufregung und Bewunderung, mit dem wir dieses unaufhaltsame Vordringen der Westphalen verfolgten.

Wohl zitterte uns das Herz, wenn wir jedesmal, sobald sie weiter vorstürmten, vor ihnen eine breite Zone gefährlichster Art entstehen sahen, wo der aufwirbelnde feine Staub die Stelle bezeichnete, an der in langer, dichter Linie die feindlichen Chassepot= kugeln in den Boden einschlugen. Doch im Nu war dieser breite Todesgürtel von ihnen übersprungen, und ehe wir es recht inne wurden, schlugen die feindlichen Kugeln bereits hinter ihnen in den Boden, während die vom nächsten Graben aufsteigenden Pulver= wölkchen und die vor diesem auf der freien Fläche hinter den ab= ziehenden Franzosen zurückbleibenden Verwundeten uns die Gewiß= heit gaben, daß die soeben überstandene Gefahr ihnen weder ihre Ruhe, noch die Sicherheit von Hand und Auge zu rauben vermocht hatte. Aber ebenso ungestüm, wie das Vordringen der Westphalen, ebenso zäh und hartnäckig war auch der Widerstand der Franzosen, die ihnen bis zum letzten Augenblicke den Boden Schritt für Schritt streitig machten, und unseren braven Sechzehnern manch' schmerzlichen Verlust beibrachten.

Mit dem Sinken des Tages hatten unsere Truppen die ver= loren gegangenen Dörfer unserer Vorposten wieder erreicht. Damit mußte aber auch die Unterstützung, welche unsere Kanoniere den Vorstürmenden bis jetzt in so wirksamer Weise hatten gewähren können, aufhören; sowohl bei den 12=Pfündern=, wie bei der neben uns stehenden Feldartillerie schwiegen die Geschütze, die Trümmer der Dörfer aber entzogen die weiteren Einzelheiten des Schlußactes unserer Beobachtung.

Dafür zeugte das von den viel umstrittenen Ortschaften zu uns herüberschallende, ununterbrochene Knattern der Gewehre und Krachen der Infanteriesalven, die schließlich in ein vollständiges Peleton= und Massen=Schnellfeuer übergingen, wie hartnäckig und zähe auch im Dorfe noch um jeden Fuß breit gekämpft werden mußte, bis endlich bei einbrechender Dunkelheit das mark= erschütternde, jubelnde „Hurrah!" unserer Westphalen uns den sichern Beweis gab, daß die Dörfer dauernd wieder in ihren Besitz gelangt seien; noch immer aber dauerte das Schießen an vereinzelten

Stellen fort, denn die am weitesten vorgeschobene Vorpostenstellung von uns im Chateau Ladonchamps hatte den Franzosen noch nicht wieder entrissen werden können und wurde auch später nicht mehr von ihnen geräumt.

Mit dem Hurrahrufen der Unsern blitzte es noch einmal eine kurze Zeit aus der tiefen Finsterniß an unzähligen Stellen wie herumschwärmende Irrlichter von den Gewehrschüssen der abziehen= Franzosen auf, und hätten wir noch an dem Siege der Westphalen zweifeln wollen, so würde uns das plötzlich am dunkeln Himmel aufblitzende Feuerwerk hierüber Gewißheit verschafft haben, welches, wie schon früher, so auch jetzt, die Franzosen uns zur Sicherung ihres Rückzuges zum Besten gaben. Leuchtkugeln gleich glühten die unzähligen Shrapnels = Kugeln in den schwarzgrauen Regenwolken auf und hinterließen kleine, glänzendweiße Wölkchen, die dann als mehr und mehr sich erweiternde lichte Ringe über den Häuptern unserer Truppen dahin schwammen, bis sie in zarten Nebelduft zerrannen. Waren diese Geschosse auch keineswegs so harmlos, wie sie aus der Ferne aussahen, so zersprangen die französischen Shrapnels doch so hoch in der Luft und so weit vor ihrem Ziele, daß ihre unzähligen kleinen Kugeln und Sprengstücke unsern Soldaten nur sehr selten Schaden, oder gar tödtliche Verletzungen zugefügt haben.

Während die Herren unseres Stabes sich mit beginnender Dunkelheit in ein am Ende des Dorfes gelegenes Haus, von welchem das Schlachtfeld gleichfalls gut zu übersehen war, zurückzogen und den errungenen Sieg mit einem improvisirten Dîner und Sect feierten, ritt der Generalarzt und ich mit dem Gendarmerie=Kapitain über die Moselbrücke nach der Ferme Amelange. Dieses Gehöft lag am Anfang eines kleinen Gehölzes, welches sich bis in die Nähe von Les Petites Tapes hinzog und diente unserm halben 1. Sanitäts=Detachement als Stütze.

Da die Verluste unserer Westphalen und Landwehrleute doch recht bedeutend und bei der herrschenden Dunkelheit somit noch weitere Hülfe zum schnellen Hereinschaffen der Verwundeten dringend erforderlich erschien, so ritten wir zum General=Commando zurück, um noch 1½ Sanitäts = Detachements nach Amelange beordern zu lassen. Bei dem schlechten Wege und beginnenden Regen veranlaßte ich den bereits recht ermüdeten Generalarzt ins

Quartier zurückzugehen, suchte möglichst schnell die Detachements
auf und konnte auch schon nach ganz kurzer Zeit mit ihnen in
Amelange wieder eintreffen. — Uebrigens hatten schon während
des Gefechtes selbst die Truppenärzte, namentlich muß dies von
denjenigen der Landwehr = Division besonders anerkennend hervor=
gehoben werden, durch Errichtung mehrerer kleiner Truppen=Ver=
bandplätze ausgezeichnet für ihre Verwundeten gesorgt. Unter
Benutzung der Verband=Tornister und Medizinwagen mit ihren
zusammenlegbaren Krankentragen, hatten sie die Reserve=Kranken=
träger der Truppe (4 bei jeder Compagnie) unter Führung der Lazareth=
gehülfen die Verwundeten vom Schlachtfelde aufsuchen, mit Noth=
verbänden versehen und an einen geschützten Platz zusammentragen
lassen. Dort waren bereits die meisten untersucht, verbunden ja
selbst einige bringende Operationen sofort ausgeführt worden. Mit
Hülfe der 16 Krankentransportwagen des Sanitäts=Detachements
waren denn auch bald nach Mitternacht sämmtliche Verwundete in
Amelange gesammelt und versorgt. Um unbelästigt für die
Gefallenen und Verletzten Sorge tragen zu können, sollte mit den
Franzosen eine bis zum nächsten Mittag dauernde Waffenruhe ver=
einbart werden, und da kein abkömmlicher Offizier da war, dem
ich diesen Auftrag des kommandirenden Generals überlassen konnte,
so übernahm ich selbst diese Aufgabe. In Begleitung eines vom
nächsten Feldlazareth zur Unterstützung des Sanitäts=Detachements
herübergekommenen Braunschweigischen Collegen (Assistenzarzt Dr.
L.) und eines Train = Gefreiten, ritt ich über das weite
Gefechtsfeld und suchte zunächst die durch ihre Laternen weithin
erkennbaren Truppen = Verbandplätze auf, damit sich dieselben mit
den Sanitäts=Detachements in Verbindung setzen und ihre Ver=
wundeten nach **Amelange** bringen konnten. Endlich, nachdem
unsere Pferde in der Dunkelheit über manchen Graben und manche
Hecke hatten setzen müssen, gelangten wir an die französischen Vor=
posten bei **Ladonchamps.** Ohne daß ein Mißverständniß ent=
stand, und in zuvorkommender Weise sagte der Commandant der
dortigen Truppen die Einhaltung der vereinbarten Waffenruhe
zunächst auf eigene Verantwortung und nur für die Vorposten zu
und versprach, sofort die weitere Genehmigung des Höchst=Comman=
direnden einzuholen, die denn auch noch Nachts an unsere Vor=
posten übermittelt wurde. — Auf unserem Rückritte fanden wir

das gesammte Gefechtsfeld bereits frei von Verwundeten, nur Todte lagen noch überall umher. Gegen 1 Uhr Nachts trafen wir wohl= behalten wieder in Amelange ein, wo inzwischen circa 300 schwere Verwundete untergebracht und verpflegt waren. Nachdem auch die Evacuation derselben in die Feldlazarethe für den nächsten Tag geregelt war, ritt ich dann in stockfinsterer Nacht, bei gelindem, gleichmäßig herabströmendem Regen auf durchweichten, geradezu lebensgefährlichen und unwegsamen Wegen heimwärts und traf gegen 2 Uhr ohne Unfall wieder in Rugy ein, wo ich zunächst noch auf dem General=Commando eingehenden Bericht zu erstatten hatte. In dem zu einer Art Offizier=Casino benutzten Speisesaal fand ich noch mehrere Adjutanten bei Punsch, Grogk und Karten= spiel sitzen, der Generalstabs=Chef v. Caprivi hatte sich bereits zur Ruhe begeben. Als ich jedoch daraufhin wieder fortgehen wollte, sagte mir einer der Adjutanten, der Chef habe befohlen, ihn sofort zu wecken, wenn irgend eine wichtigere Meldung einträfe und nöthigte mich zum Bleiben; er selbst ging den Chef von meiner Rückkehr zu benachrichtigen. Wenige Minuten später stand Herr Oberstlieutenant v. Caprivi vor mir und nahm meine Meldung über die Zahl, Versorgung 2c. der Verwundeten dankend und befriedigt entgegen. Auch mein militairärztlicher Chef ließ sich, als ich gegen 3 Uhr Nachts ins Quartier kam, noch einen sehr detaillirten Bericht geben und machte sich die erforderlichen Notizen, um am nächsten Morgen persönlich dem commandirenden General Vortrag halten zu können. Endlich durfte auch ich mich zur Ruhe legen, wenn auch mit recht leerem Magen, so doch andererseits todtmüde und völlig erschöpft.

8. bis 18. October. Das Leben in Rugy wurde von jetzt an mit jedem Tage ungemüthlicher, trauriger und langweiliger. Volle drei Wochen strömte Tag und Nacht der Regen vom aschgrauen Himmel mit der einzigen Abwechselung, daß bald nur ein feiner, nebel= artiger Sprühregen herniederschwebte, bald heftiges Unwetter mit Platzregen, Hagel, Sturm, Donner und Blitz über die Hochebene brauste und in unserem Hause Fenster und Thüren klappern und klirren machte. Das an sich schon enge, schmutzige Dorf, in dem vor fast jedem Hause und auf jedem freieren Platze Düngerhaufen der verschiedensten Form und Größe lagen, war bald in einen kaum passirbaren Sumpf verwandelt, namentlich wenn nach heftigeren Regenschauern die Jauche aus den Mistgruben auf die Straßen

überfloß und diese mit gelbdickem, dickflüssigem Schmutz bedeckte, in
den man alle Paar Schritte bis über die Knöchel hineinsank.
Unsere Inspicirungsritte wurden deshalb freilich nicht aufgegeben,
aber doch die Ausdehnung derselben wesentlich eingeschränkt; Aus=
fahrten mit dem Wagen waren fast unmöglich. Im Offizier=Casino
verkehrte ich selten, da der Generalarzt und Stabsapotheker sich
nicht anschließen wollten und ich beim Heimkehren jedesmal durch
das Schlafzimmer des Generalarztes gehen mußte, der sich selten
später als 9½ Uhr zur Ruhe legte. — Auch mit dem Generalarzt
selbst blieb unser Verkehr ein durchaus nur dienstlicher; nach dem
einen fehlgeschlagenen Versuch von mir, einen wärmeren Ton in
unsere Unterhaltung zu bringen, wurde nur noch über Gegenstände,
welche mit unserer militairärztlichen Stellung und dem Dienst zu=
sammenhingen, gesprochen; oft ritten wir, er rechts, ich links neben
der harten Chaussee stundenlang zusammen, ohne eine Wort mit=
einander zu sprechen, höchstens einmal über die Schönheit der uns
umgebenden Natur.

Eine angenehme Stunde war für mich meist mein Aufenthalt
beim Stabe des Großherzogs von Oldenburg, welcher im nahen
Dorfe Chailly lag; sobald ich meine dortigen Kranken besucht hatte,
mußte ich mich mit dem Erbgroßherzog und seinem Erzieher, Herrn
v. Toll, oder mit diesem allein zu einem kleinen, stets besondere
Leckerbissen bietenden Imbiß setzen, und ein Gläschen schweren Süd=
weines löste meist schnell die Zungen; dann sprudelte namentlich
Herr v. Toll über von einem feinen, scharfen Witze und lebhaften
Humor, der auch dem Niedergeschlagensten und Verdrossensten seine
heitere Laune zurückzaubern mußte.

Auch übernahm ich in dieser Zeit die Behandlung einer jungen
französischen Bäuerin, die von einem Familienfeste spät Abends
heimkehrend von dem Vorposten am Dorfe angerufen wurde, aus
Angst und Schrecken darüber, daß der Posten sein Gewehr in An=
schlag nahm, die Flucht ergriffen und dann einen, die Weichtheile
beider Oberschenkel durchbohrenden Schuß erhalten hatte. Ein
französischer Arzt war weder am Orte, noch in der Nähe wohn=
haft, und so übernahm ich nicht nur die Behandlung, sondern ent=
nahm auch die nöthigen Medicamente und Verbandgegenstände hierzu
aus unserm großen Medizinkasten, da in der Nähe keine Apotheke
existirte.

19. October. Der Adjutant der Pionier = Inspection unseres Corps, Lieutenant R., hatte im Gefecht am 1. October beim Paſſiren einer vom feindlichen Feuer ſtark beſtrichenen Chauſſee, ſei es durch einen Prellſchuß, ſei es durch einen Sturz mit dem Pferde allein eine Quetſchung am Kniegelenke erlitten, welche ihm viel Unbequemlichkeit und Störung im Dienſt verurſachte und zur vollen Beſeitigung einer längeren, abſoluten Ruhe bedurfte. Er ſollte daher in die Heimath evacuirt werden, und ich benutzte die Gelegenheit, ihn mit unſerem Wagen bis zur Bahnſtation Remilly zu bringen und gleichzeitig zum dritten Male den Verſuch zu machen, mit meinem Bruder endlich einmal zuſammenzutreffen.

Trotz des unaufhörlichen Regenwetters verabſchiedete ich mich in Colligny vom Adjutanten, beſtieg meinen Braunen und ritt zunächſt zum Quartier der Diviſion nach Ogy, und von dort durch die Quartiere des 73. Füſilier=Regiments in Retonfey, Noisseville, Nouilly, bis ich endlich in Montoy das Bataillon antraf, bei welchem mein Bruder ſtand. Aber er ſelbſt war nicht dort, ſondern befand ſich bei ſeiner auf dem Vorwerke La Planchette im Alarmhauſe liegenden Compagnie. Daſſelbe lag an der großen Heerſtraße Saarbrücken=Metz, wurde von den Geſchützen der Forts Bellecroix und St. Julien vollſtändig beſtrichen und war zur Hälfte vollſtändig zerſchoſſen und ausgebrannt. Nur die nackten, ſchwarzen Mauerreſte ragten an dieſer Seite der Chauſſee aus den zuſammengeſtürzten Trümmern einſam und troſtlos empor. Die andere Hälfte, welche aus Wohnhaus und ſich daranſchließenden Stallungen und Scheunen beſtand und an der anderen Seite der Chauſſee lag, war dagegen faſt ganz unverſehrt geblieben. Nicht eine Granate ſchien hier eingeſchlagen zu ſein, während jenſeits der Straße noch immer dann und wann eines der mächtigen Geſchoſſe den Boden aufwühlte. Der Grund dieſer merkwürdigen Verſchiedenheit ſollte darin liegen, daß der Commandant des Forts Bellecroix zugleich der Beſitzer des Gehöftes wäre, jenſeits der Chauſſee aber nur die Beamten= und Arbeiterwohnungen geſtanden hätten. In einem geräumigen leeren Saal des Erdgeſchoſſes, deſſen Fenſter auf der nach Metz hin ſehenden Seite mit Betten, Matratzen ꝛc. feſt verſtopft waren, und deſſen ganzes Meublement in zwei alten Holzſtühlen, einem Schemel und einem Küchentiſche beſtand, lagen auf Stroh, welches Dank der ſtets voller Schmutz ſitzenden Stiefel ſeine Naturfarbe kaum noch erkennen ließ, völlig angekleidet und mit ihren Mänteln zugedeckt die wenigen Offiziere der Compagnie und suchten durch Schlaf, Kartenspiel oder Lesen sich die Zeit zu vertreiben. Die beiden sehr großen Scheunen waren bis auf das nöthige Lagerstroh ausgeräumt und hier lagen in einer langen Reihe, wie eingepökelte Heringe, die Mannschaften der Compagnie theils schlafend, theils schwatzend, theils ihre kalte Ration verzehrend, denn in dieser nächsten Nähe des Feindes durften weder Lager-, noch Kochfeuer angezündet werden, um dem-selben weder die genaue Stellung, noch auch die ungefähre Stärke unserer Vorposten zu verrathen. Einer der Soldaten übernahm mein Pferd und stellte es in einer Ecke derselben Scheune unter, in der er selbst sein Lager hatte.

Vergeblich durchsuchte ich beide Scheunen, vergeblich blickte ich draußen umher und vergeblich musterte ich jedes einzelne Gesicht in dem Kreise, der sich in einer Art Schuppen um die Marketenderin versammelt hatte und fröhlich kneipte und futterte, von meinem Bruder war Nichts zu sehen, Niemand wußte, wo er sich aufhielt. Und doch schlug mein Herz fast hörbar laut vor freudiger Erregung und höchster Spannung auf das endlich, endlich doch noch hier vor Metz ermöglichte Zusammentreffen mit ihm; wie würde ich ihn finden? wie würde er aussehen? Schon begann ich zu fürchten, daß mein Bruder auf einem Commando abwesend sein und ich ihn vielleicht doch nicht mehr sehen möchte, so nahe ich ihm auch war, da wies mich endlich ein Füsilier nach dem breiten Eingang in die mächtigen gewölbten Kellerräume, in die er vor Kurzem meinen Bruder hatte hineingehen sehen. — Dieser hatte keine Ahnung von meinem Kommen. Ich trat in den nur schwach erhellten Raum, und da endlich stand er vor mir, mein so sehnlich gesuchter Bruder in seinem halb zugeknöpften, weiten Soldatenmantel, die kurze Pfeife im Munde, die schirmlose Feldmütze schief auf dem Kopfe, er hatte mir den Rücken zugekehrt, musterte suchend in einer Ecke des Kellers den Erdboden und grub dabei mit seinem Seiten-gewehre bald hier, bald dort in demselben, als suche er nach ver-grabenen Schätzen, nach Nahrungsmitteln oder nach verborgenem Wein. Ich mußte erst einen Augenblick stehen bleiben, um mich zu vergewissern, daß der im fahlen Dämmerlicht des Kellers vor mir stehende, breitschultrige, kräftige Mann auch wirklich mein früher so schmächtiger, schmaler Bruder sein könne, dann trat ich mit dem

Rufe: „Ernst" einige Schritte näher. Bei dem Klange der brüder=
lichen Stimme fuhr seine Gestalt zusammen, und blaß vor freudigem
Schreck und vor Ueberraschung warf er sich mit dem Freudenschrei
„Karl" in meine Arme. Tiefbewegt lagen wir beiden Brüder uns
an den hochschlagenden Bruderherzen, ohne längere Zeit eines
anderen Wortes mächtig zu sein, als: „Ernst, lieber Ernst," und
„Karl, lieber Bruder Karl!" Immer wieder mußte ich ihn anschauen,
immer wieder erstaunen über sein Aussehen, und immer wieder
schlossen wir uns thränenfeuchten Auges in die Arme mit den
Worten: „Ernst, Junge, bist Du es wirklich?" und „Karl, Bruder,
halte ich Dich wirklich umschlungen?" um uns zu vergewissern, daß
nicht etwa nur ein schöner Traum uns necke. — Nach dem Beginn
der Mobilmachung hatte ich den Bruder nur noch einige Male
flüchtig gesehen, und als er wenige Tage später zu seinem Truppen=
theil abreiste, hatten wir im Trubel der Arbeit und in der all=
gemeinen Aufregung nur einen kurzen, tief ergreifenden Abschied
von einander nehmen können, und jetzt, nach langem vergeblichen
Abmühen standen wir hier wieder beisammen, von Kampf und
Entbehrung, von Gefahr und Tod rings umgeben. Mit stolzem,
freudigem Gefühl sah ich auf die stramme, kräftige Gestalt des
großen, lieben Jungen mit seinen treuen Augen, dem braungebrannten
Gesichte und seinen männlich ernsten und zugleich von inniger Freude
und brüderlicher Liebe strahlenden Zügen. Ja, die kurze Zeit hatte
genügt, aus dem heiter und sorglos in die Welt schauenden Jüng=
ling einen ganzen Mann herauszubilden, dem der stattliche, blonde
Schnurrbart ein hübsches, kriegerisches, und doch auch etwas keckes
Aussehen verlieh. Eng an mich geschmiegt führte er mich in die
Nähe der Replies, zeigte mir genau die Stellungen unserer eigenen
und der französischen Vorposten, wie sie sich vorsichtig umschauend
und in möglichst gedeckter Stellung hin und her patrouillirten, zeigte
mir die kaum 2—2½ Kilometer vor uns aufgestellte, durch Schanzen
gedeckte Mitrailleusen=Batterie des Feindes bei **Moulin rouge** zwischen
den beiden Forts, während wir von **Bellecroix** nur die auf=
steigenden Pulverdampfwolken der Geschütze sehen konnten. Nur
schwer erlangte ich vom Compagnie=Chef eine Stunde Urlaub für
meinen Bruder, und bald saßen wir in einem kleinen Vorbau der
Dorfschenke von **Montoy** bei einer Flasche theuren, aber dafür desto
schlechteren Weines gemüthlich neben einander, erzählten uns unsere

Erlebnisse, und sahen uns immer wieder an voll Staunen über
die Veränderungen, die das Kriegsleben bei uns bewirkt hatte, und
tauschten dann wieder unsere Hoffnungen und Befürchtungen für
die Zukunft aus. Mit freudigem Behagen konnte ich dem Bruder
Mittheilung machen von so manchen für uns günstigen Anzeichen,
namentlich von den zahlreichen, aus Metz stattfindenden Desertionen
und der hierdurch erhaltenen Kenntniß von dem aufs Höchste ge=
stiegenen Mangel an Nahrungsmitteln, sowohl bei der Besatzung
und Feld=Armee, wie bei der Bevölkerung der Stadt. Wie ferner
schon verschiedene Male im Kriegsrathe die baldige Capitulation
der Festung als nicht mehr lange hinauszuschiebende Nothwendigkeit
bezeichnet sei, wie man bereits einen großen Theil der Pferde der
Cavallerie und Artillerie habe schlachten müssen, theils aus be=
ginnendem Futtermangel, theils um frische Fleischnahrung zu er=
halten, wie dennoch täglich Thiere aller Art vor Hunger zusammen=
brächen. Wie ferner durch schwere Erkrankungen aller Art und
durch die großen Verluste bei den erfolglosen Ausfällen die feindlichen
Truppen decimirt und bei den schon längere Zeit herabgesetzten
Rationen körperlich schwach, muthlos und niedergedrückt seien, so
daß schwerlich noch bedeutendere und energische Ausfälle ausführ=
bar sein dürften. Und da jede Hoffnung auf Ersatz durch die Be=
lagerung von Paris von Militair und Civil aufgegeben sei, beginne
in Metz sich Aller eine täglich sich steigernde Muthlosigkeit und Sorge
zu bemächtigen, ja allseitig verlange man, daß diesem unerträglichen
Zustande ein Ende gemacht werde, und daß das nutzlose weitere
Hinausziehen der unabweisbaren Kapitulation möglichst bald auf=
hören müsse. Andrerseits konnte ich dem Bruder auch positivere
Anzeichen für das nahe bevorstehende Ende der Belagerung mit=
theilen, daß nämlich mit einer unverkennbaren Hast große Mengen
Nahrungsmittel im Rücken der Cernirungs=Armee von den Inten=
danturen angehäuft würden, daß den Einwohnern der im weiteren
Umkreise der Festung gelegenen Ortschaften der Rath ertheilt sei,
sich darauf vorzubereiten, sehr bald größere Mengen von Getreide,
Vieh und allen möglichen Nahrungsmitteln nach Metz hineinschaffen
zu können.

Mit Schrecken und Betrübniß sahen wir plötzlich, daß bei
unserm traulichen Geplauder die uns gewährten kurzen Stunden
des Zusammenseins längst zu Ende waren, schnell kaufte ich für

8*

unverschämt hohe Preise meinem Brüderchen, das gerade seine letzten
Groschen ausgegeben hatte, und so lange die Compagnie im Allarm=
hause lag, keine von den erhofften Postsendungen ausgehändigt er=
hielt, ein halbes 50 Pfennig = Graubrod für 1 Thaler, ½ Pfd.
Butter für 1⅓ Thaler und etwas Käse für ¼ Thaler; also die
gewöhnlichsten Sachen, die man bei gutem Appetit ohne Noth in
einem Tage, womöglich noch früher verzehren konnte, mußte ich
mit 2⅝ Thaler, also mit 8½ Mark bezahlen und war doch noch
froh, dem armen Jungen dies und noch einige Franken = Thaler
zurücklassen zu können. Das Wetter war uns in diesen Stunden
trauten Zusammenseins außerordentlich günstig gewesen, der Regen
hatte aufgehört, und als wir beiden Brüder nun festumschlungen
an der Brüstung der Verschanzungen und Barricaden standen, und
als wir beim Untergange der noch einmal mit fahlgelbem Schein
die Wolken durchbrechenden Sonne auf das vor uns liegende Metz
mit seinen drohenden Forts und wiederum auf das liebliche Mosel=
thal mit seinen unzähligen Städten, Städtchen und Dörfern, seinen
grünenden Wiesen und fruchtbaren Gefilden blickten, da mischten
sich wunderbar die Gedanken an den uns umgebenden furchtbaren
Krieg mit seinen blutgetränkten Schlachtfeldern, mit denjenigen an
den in der Ferne vor uns liegenden schönen Frieden mit seinem
Glück und seinen Freuden. Was würde der Erstere für uns
Brüder noch in seinem dunklen Schoße bergen? würde es uns
Beiden vergönnt sein, den Letzteren gesund zu erleben und froh zu
genießen? Das wußte Gott allein, und zu Ihm flogen auch unsere
stillen, aus der Tiefe des Herzens kommenden Bitten und Gebete,
als wir uns mit schwerem Herzen, von Furcht und Hoffen tief
bewegt, die Hand zum Abschied drückten und mit Bruderkuß uns
trennten. Langsam und oft zurückschauend auf meinen Bruder, der
über die Brustwehr gelehnt wehmüthig mir nachschaute und meine
Abschiedsgrüße erwiderte, schlug ich den directen Weg über Coincy
und Ogy nach Colligny ein, bis der wiederbeginnende leise Regen
einen Schleier über das theure Bild zu weben begann und eine
Biegung des Weges es mir vollständig verdeckte.

Nicht weit vom Vorwerke kam ich an der für eine 12=Pfünder=
Batterie erbauten Verschanzung vorüber, an welcher jetzt beim Ein=
tritt der Dämmerung viele fleißige Hände beschäftigt waren, die
Schäden und Zerstörungen wieder auszubessern, welche fast täglich

die mit anerkennenswerther Präcision von dem Fort **Bellecroix** in dieselben hineingeschleuderten mächtigen Granaten der Festungs= geschütze angerichtet hatten. Während mit zunehmender Dunkelheit auch Regen und Sturm wieder zunahmen, und ich mein Pferd in schlanken Trab setzte, sauste in kurzen Intervallen Granate auf Granate heran und schlug bald in die Schanze, bald rechts und links von der Chaussee, bald näher, bald ferner in den Boden, von Zeit zu Zeit mit lautem Knall crepirend. Die im Westen sich auf= thürmenden, zerrissenen dunklen Regenwolken erglühten im feurig= rothen Schein der untergehenden Sonne und übergossen das herrlich kriegerische Bild mit den ringsum auflodernden Lagerfeuern mit einem rosigen Duft, der bei dem niederrieselnden sanften Regen der ganzen Athmosphäre einen zauberhaften Glanz und Schimmer verlieh.

Bald nach meiner Ankunft in **Colligny**, traf auch unser Wagen dort ein und bei entsetzlichem Wetter kehrten wir endlich spät Abends in unser Quartier zu **Rugy** wohlbehalten zurück, wo bereits die beiden Herren zur Ruhe gegangen waren.

Heulend raste während der Nacht der Sturm durch die Straßen, rüttelte und klapperte an Fenstern und Thüren und peitschte mit unheimlicher Wucht die schweren, dicken Regentropfen vor sich her, daß sie klatschend an die Häuser schlugen und wie ein Sturzbach von den Dächern in die Rinnen niederrauschten. Schlaflos lag ich auf meiner Matratze und horchte hinaus auf das Brausen des Windes und das Rauschen des Regens; unaufhörlich und unwill= kürlich mußte ich meines armen Bruders gedenken, der während dieser Nacht wohl zum letzten Male sich durch Nässe und Schmutz gegen Mitternacht hinausschleichen mußte zu der äußersten, soge= nannten Unteroffiziers=Vorpostenstellung, welche so nahe bei den feindlichen Vorposten lag, daß die dorthin commandirten, unter den tüchtigsten und erprobtesten ausgewählten Unteroffiziere nur Nachts mit größter Vorsicht abgelöst werden und daß sie bei ruhigem Wetter die Gespräche der feindlichen Posten deutlich hören, ja zeit= weise selbst verstehen konnten. Wiederholt hatten die Unsern von dort aus Nachts die feindlichen Vorposten umgangen und das Terrain bis weit hinter deren Rücken durchstreift. Konnte ihnen für diese dunkle Nacht nicht ein ähnlicher Auftrag gegeben werden? Und wie leicht drohte ihnen bei solchem gefahrvollen Unternehmen

Verwundung oder Tod! Solche Gedanken waren es, die in dieser Nacht mein Gehirn quälten, mich mit Sorge, Grauen und Schrecken erfüllten und jede Spur von Schlaf aus meinem müden Körper verscheuchten. Erleichtert sah ich daher den Tag anbrechen, der mich endlich von den schrecklichen Vorstellungen meiner überreizten und erregten Phantasie erlöste.

20. bis **26. October.** Ohne Unterbrechung regnete und stürmte es Tag für Tag, immer unpassirbarer wurden die Wege, immer ungemüthlicher und langweiliger die Lage und immer ungeduldiger Jedermann, da die täglich erhoffte Nachricht von der Kapitulation von **Metz** sich weiter und weiter hinausschob. Nur eins freute mich in dieser Zeit! Es war die Mittheilung meines Bruders, daß er am 19. Nachts nicht auf den gefährlichen Posten hinaus gebraucht habe, daß er Tags darauf aus dem Alarmhause abgelöst sei und in einem ganz angenehmen Quartier liege.

Die Kapitulation von Metz.
(27. October bis 1. November 1870.)

Ueber das, was wir durch die zahlreichen Ueberläufer von den in der Festung **Metz** herrschenden Zustände in Erfahrung brachten, berichtet einer meiner Briefe (vom 18. October) Folgendes:

Allem Anscheine nach dürfte der Ausfallsversuch der Franzosen vom 7. d. Mts. der letzte gewesen sein, denn wie wir hören, soll es in **Metz** jetzt factisch an Allem mangeln. Salz, Fleisch, Brod sind nur noch schwer zu erhalten. Von den berittenen Truppen besitzt nur noch die Garde=Cavallerie und Artillerie einen leidlich ausreichenden Pferdebestand, bei der übrigen Artillerie können mit Mühe noch je 2 Geschütze von jeder Batterie (sonst 8) bespannt werden; aber auch von diesen gehen täglich so viele Pferde an Futter=mangel zu Grunde, daß die Artillerie sich wohl bald überhaupt nicht mehr an den Ausfällen wird betheiligen können.

Die Nationalgarden, Gardes mobiles und ein Theil der Linien=truppen sollen sich, verleitet durch unruhige Einwohner in eine Art Revolte eingelassen haben, sie rückten vor des Marschall **Bazaine's** Wohnung und sollen von diesem verlangt haben, entweder solle er unverzüglich möglichst günstige Capitulationsverhandlungen mit den Feinden abschließen und den Soldaten größere Rationen verabreichen

laſſen, oder ſonſt wollten ſie ſofort zu einem allgemeinen Maſſen=
Ausfall gegen den Feind geführt werden, ſo lange noch die Artillerie
und Cavallerie hinreichend Pferde beſäßen, um ſich daran betheiligen
zu können.

Bazaine ſoll in Folge deſſen einen höheren Offizier (on dit
Canrobert) in das Hauptquartier des Königs entſendet haben, um
die Bedingungen für eine baldige Capitulation der Feſtung kennen
zu lernen. Bis zum 17. October hätten die Revoltirenden eine
Entſcheidung von Bazaine abwarten, dann aber ſelbſtſtändig handeln
wollen. Es wurde und wird daher noch jetzt beſonders ſorgfältige
Ausſchau von Horimont gehalten, und Alles vorgeſehen, um einen
etwaigen allerletzten Verzweiflungs = Durchbruchsverſuch energiſch
abweiſen zu können. Der ununterbrochen niederrieſelnde Regen und
die unergründlichen Wege werden aber wohl den Herren Franzoſen,
welche es durchaus nicht lieben, bei ſolchem Wetter zu kämpfen, die
Luſt hierzu ſchon benehmen. Bazaine ſoll übrigens vor ſeiner
Wohnung Mitrailleuſen haben auffahren laſſen und nur noch die
Garden, auf die er ſich nur allein noch feſt und ſicher verlaſſen
kann, mit der Bewachung ſeines theuren Hauptes betrauen, auch die=
ſelben in ſeiner Umgebung einquartirt haben. Man ſpricht ſogar
davon, die revoltirenden Truppen hätten Bazaine mitgetheilt, daß
ſie ihn nicht mehr als oberſten Befehlshaber in Metz anerkennen
wollten, ſondern einen andern jüngeren General hierzu erwählen
würden. Am 7. October ſollen übrigens die Garden, durch Frei=
willige von den Linientruppen verſtärkt, die feſte Abſicht und den
kühnen Gedanken gehabt haben, ſich unter perſönlicher Führung des
Marſchalls Bazaine bei dem Ausfall nach der belgiſchen Grenze
durchzuſchlagen und deshalb mit ſo beſonderer Hartnäckigkeit und
Todesverachtung vorgegangen ſein.

Jeden Morgen ſchauen wir ſehnſüchtig nach der Kathedrale von
Metz herüber in der Hoffnung vom Thurme derſelben die weiße
Fahne der Kapitulation herabwehen zu ſehen, leider bis heute ſtets
vergeblich, denn von Tag zu Tage wird der Aufenthalt in dem
ſchmutzigen, faulen Dorfe Rugy unerträglicher. Auch unſere
Truppen leiden ſehr, trotzdem faſt auf allen Lagerplätzen dichte Holz=
baracken errichtet worden ſind. Der von Regen durchweichte, fette
Tonboden verwandelt Wege und Plätze zu faſt undurchdringlichen
Moräſten und der tiefe Koth heftet ſich in großen, ſchweren Klumpen

an die Füße, so daß jedes rasche Vorwärtskommen unmöglich ist. Gott sei Dank, sind die Leute gut verpflegt und mit wollenen Zeugen, Decken, Hemden, Unterzeug, Strümpfen, Leibbinden u. dgl. reichlich versorgt.

27. October. Der Generalarzt war mit dem Stabsapotheker aus= gefahren, seit langer Zeit saß ich einmal wieder allein und unge= stört im Zimmer und ließ meinen Gedanken freien Lauf; doch schon nach kurzer Ruhe wurde ich — und zwar in der freudigsten Weise gestört, indem uns von Oberstlieutenant v. Caprivi ein Zettel übersandt wurde mit den Worten: „Die Capitulationsverhandlungen mit Metz sind soeben abgeschlossen!" Wie durch ein Zauberwort verwandelte sich die bisherige Gleichgültigkeit in eitle Freude und Frohlocken, ein neues Leben schien mit einem Male nicht nur in all meine Glieder und mein Gehirn gezogen zu sein, sondern auch in das ganze 10. Armeecorps. Bald hörte man von allen Seiten das Jubeln und Jauchzen der Truppen, die Dankeschoräle und Siegesfreude = Jubelklänge der Militairkapellen herüberbrausen und an Stelle der lautlosen Stille und Leere der Straßen war ein fröhliches Leben und Treiben, ein allgemeiner Freudentaumel getreten, dem weder die fußtief durchweichten Wege und Stege, noch der unaufhörlich vom Himmel strömende Regen Abbruch zu thun vermochten. War doch wirklich endlich die jungfräuliche Feste, die bisher noch jedem Sturm und Angriff trotzig Stand gehalten, war das starke und feste Metz also wirklich durch Hunger gezwungen und waren unsere Anstrengungen, Kämpfe, Gefahren, Entbehrungen und Leiden also doch nicht vergeblich gewesen?! Es war doch ein merkwürdiges und erhebendes Gefühl von Stolz, Befriedigung und Freude, welches wohl bei dieser Freudenbotschaft aller derer Herzen sich bemächtigte, welche mit zu der Cernirungs= armee gehörten, welche mit an den blutigen Kämpfen vor und während der Belagerung und Einschließung von Metz Theil genommen hatten.

28. October. Wohin wir auch bei unsern Inspicirungsritten kamen, überall herrschte derselbe Jubel, dieselbe Freude unter den Truppen, daß nun endlich die Erlösungsstunde geschlagen hatte, daß sie aus dem Schmutz und Elend des Bivaklebens und von den Entbehrungen, Anstrengungen und Krankheiten, welche das entsetzliche Regenwetter der letzten Wochen im Gefolge gehabt hatte, endlich sicher befreit werden würden. Ueberall wurden zugleich Vorbereitungen getroffen, um die in Kriegsgefangenschaft gerathenen Franzosen weiter in die Heimat zu transportiren und für die hungernden und darbenden Metzer, für die Garnison, wie für die Bevölkerung die nöthigen Nahrungsmittel herbei und nach **Metz** hinein zu schaffen.

29. October. So war denn endlich der sehnlichst erwartete Tag, der 29. October angebrochen, an welchem die deutsche Cernirungs= Armee von **Metz** die Früchte ihrer Tapferkeit und monatelangen Ausdauer ernten, an welchem die französischen Truppen, die Be= satzung der Festung und die Feld=Armee Bazaine's ihre so tapfer und standhaft vertheidigte Feste **Metz** den verhaßten deutschen Feinden ausliefern und selbst in die Kriegsgefangenschaft nach Deutschland ohne ihre Waffen fortziehen sollten. Ein Tag stolzer Freude, der wohl jedem Theilnehmer an dieser traurigen Schluß= scene des blutigen Drama's unauslöschlich in Erinnerung geblieben sein wird. Wenig stimmte freilich zu der wichtigen Bedeutung des Tages das trübe, neblige Wetter mit seinem feinen Sprühregen überein, schien es doch fast, als wolle selbst der Himmel sein Mit= gefühl und seine Trauer den Bedauernswerthen bethätigen, welche trotz tapferer Gegenwehr und zähen Standhaltens, trotz aller Ent= behrungen und Leiden der langen Belagerung sich jetzt doch hatten unterwerfen müssen, wenn auch nicht der Gewalt der Waffen, so doch der Alles bezwingenden Macht des Hungers. — Aber auch bei unsern siegreichen Truppen war es wahrlich kein übermüthiger Jubel, keine geringschätzende Schadenfreude, was ihre Herzen erfüllte. Denn so laut und jubelnd auch die stolze Freude war, mit der die erste Nachricht vom Fall der Festung von Mund zu Munde flog, so still und ernst, so wehmüthig mitempfindend und voll achtungsvoller Theilnahme an dem herben Schicksal und harten Loose ihrer tapfern Gegner rückten unsere Truppen heute hinaus in die mit dem Blute von Freund und Feind getränkte Ebene, Nichts in ihrer Haltung und in ihrer Miene, kein scherzhaftes, oder gar spöttisches Wort ließ die Vorüberziehenden ihre peinliche Lage empfinden, mit würdevollem Anstand und Anerkennung zollender Achtung ehrten sie ihre feindlichen Kameraden, wie es im tapferen Ringen ruhmvoll unterlegenen, ehrlichen Gegnern geziemt. Gleich nach Tisch verließen wir mit dem Stabe des General=Kommandos **Rugy**, ritten über die Pontonbrücke bei **Hauconcourt** und quer durch die vielumstrittenen Vorpostenstellungen bei Les Petites Tapes und St. Remy nach dem Schlosse Ladonchamps. Mit Erstaunen und Bewunderung betrachteten wir dort die Befestigungsarbeiten, durch welche die Franzosen in kurzer Zeit, aber mit der größten Sorgfalt und Umsicht dieses Schloß zu einem wirklichen kleinen Fort umgewandelt hatten. Das von unserer 12=Pfünder=Batterie furchtbar mitgenommene und fast in Trümmer gelegte, ehemals schöne Schloß war rings von breiten, mächtigen Wällen und Schanzen mit vor= liegendem Graben umgeben, in denen sich cachirte, gut gedeckte Geschützstände und bombenfeste Räume für die Munition und Be= dienung befanden. Hinter ihnen verliefen circa 5 Fuß tiefe Lauf= gräben von oft 8—10 Fuß Breite, welche trancheenartig im Zickzack sich rückwärts bis Maison rouge und Woippy fortsetzten und seitwärts noch durch breite, etwa 2½ Fuß über den Erdboden emporragende Wälle geschützt wurden, die ihrerseits mit einem schmalen Umgang für Schützenlinien versehen waren. Außerdem war jeder Graben, jede Mauer und Hecke in der Umgebung in oft höchst ingenieuser Weise zur Deckung für Vorposten, oder für Schützen= ketten benutzt worden.

Gegen 3 Uhr verkündeten heransprengende Adjutanten die An= kunft der Spitze des Kriegsgefangenen=Zuges, welcher auf dieser Seite die Festung verlassen sollte. Wir stiegen wieder zu Pferde und ritten auf der Chaussee, längs welcher etwa 50 Schritte seitwärts von derselben unsere Truppen in langen Reihen mit nur geringer Tiefe der Glieder parademäßig, Gewehr bei Fuß aufgestellt waren, auf der rechten Seite nach den bewaldeten Berghöhen zu die In= fanterie, auf der linken nach der Mosel zu die Cavallerie und Artillerie, bis in die Gegend von Woippy—Maison rouge. Hier kamen uns 2 französische Divisions=Generäle salutirend entgegen= gesprengt, meldeten den Anmarsch des Corps, überreichten dem kommandirenden General v. Voigts=Rheetz den Rapport und wurden von diesem mit warmem Händedruck begrüßt. Der General Canrobert, dessen Corps hier vorbeimarschieren sollte, hatte sich schon am Morgen als krank entschuldigen lassen. Nach flüchtiger Vorstellung der beiderseitigen Stäbe nahm der General, zu dessen beiden Seiten die französischen Generäle hielten, mit seinem Stabe seitwärts der Chaussee auf einem freien Platze Stellung; die französischen Offiziere mischten sich zum Theil unter uns und begannen lebhafte Gespräche anzuknüpfen, zum Theil hielten sie in der Nähe ihrer Commandeure stumm und ernst, traurig und niedergeschlagen vor sich hinstarrend, oder finster den vorbeieilenden Kameraden nachschauend. Ein leiser, ununterbrochen herabrieselnder Regen erhöhte die trübe Färbung des jetzt sich entrollenden, an sich schon traurig und wehmüthig anzuschauenden und tiefes Mitgefühl erregenden Bildes. Auf der mit tiefem, grauem Schlamme bedeckten, feucht glänzenden Chaussee schlichen und schlürften die langen Züge der französischen Kriegsgefangenen vorbei in ihren theils abge= schabten, völlig durchnäßten und über und über mit Chausseeschmutz bespritzten, aber zum Theil auch ziemlich neuen Uniformen; die Infanterie marschirte in ihren langen, vorne unten zurückgeschlagenen Mänteln mit rothem Unterfutter, ohne Waffen, die Käppi=artigen Feldmützen meist schief auf dem Kopfe. Mühsam schleppten sie ihre schweren Ranzen, Mantelsäcke, Zelttheile, Decken und sonstiges Privateigenthum auf dem Rücken, oder in den Armen tragend mit sich, was namentlich für die beritten gewesenen Soldaten in ihren schweren Reitstiefeln, oder mit den weiten lederbesetzten Reitbein= kleidern äußerst beschwerlich und anstrengend zu sein schien. An= fangs hatte das Defiliren der Kriegsgefangenen noch eine geringe Spur von militairischem Aussehen und Disciplin. Entsprechend ihrer Zugehörigkeit zu den höheren Verbänden rückten die einzelnen Truppentheile an uns vorbei, jede Abtheilung von ihrem Commandeur geführt und von ihren Offizieren begleitet, von denen jedoch ein Theil sich bereits vor dem Vorbeimarsche von ihren Mannschaften verab= schiedete. Soweit dieselben sich auf Ehrenwort verpflichtet hatten, während dieses Krieges nicht mehr gegen Deutschland zu kämpfen, wurden sie mit ihren Waffen entlassen und waren hieran somit auch genau von den übrigen zu unterscheiden. Nur die höheren Offiziere und deren Adjutanten waren beritten; aber wie entsetzlich abgemagert und heruntergekommen sahen diese Pferde aus! Mit ihren spitz hervortretenden Knochen und langen dünnen Beinen, mit langen Winterhaaren und rauhem, glanzlosem Fell, die Schwänze meist abgenagt und mit unsicherem Gang sahen die Thiere oft mageren Ziegen ähnlicher als Pferden. Die Kommandeure der höheren Verbände und Regimenter ritten ihren betr. Abtheilungen voran, sobald sie nahe dem Standpunkte des Generals v. Voigts= Rheetz kamen, sprengten sie zu ihm in kurzem Galopp heran, überreichten den Special=Rapport und blieben dann neben dem General halten, bis ihre Abtheilung defilirt war, worauf sie salutirend ihren Säbel in die Scheide stießen und theils mit still trauriger Miene ihrer Truppe nachschauend ruhig und würdevoll nach Metz zurückritten, theils aber auch ihren Grimm und ihre verbissene Wuth kaum unterdrücken konnten. So tactvoll und voll ruhiger Würde das Benehmen der Offiziere durchgängig erschien, so unan= genehm fiel ein Einziger von ihnen auf, der selbst diese Allen gleich peinliche Gelegenheit des Zusammenseins nicht vorübergehen lassen konnte, ohne seiner Eitelkeit zu fröhnen und sich bemerkbar zu machen. Es war dies ein älterer Stabsoffizier von einem der höheren Kommando = Stäben mit bereits grau durchschimmerndem Kopfhaar, einem untadelig gewichsten Henry IV., welcher die Mütze keck auf ein Ohr gedrückt, einen leichten dunkeln Mantel malerisch, doch so kokett umgeworfen, daß seine reich mit Gold gestickte und mit Tressen und Ketten geschmückte Uniform deutlich genug sichtbar blieb, mit nagelneuem Sattel= und Zaumzeug auf seinem noch verhältnißmäßig gut im Stande gebliebenen Pferdchen sich wahrlich wie ein eitler Geck benahm. — Schon lange Zeit hatte er mit neidischem Blick einen der persönlichen Adjutanten unseres Generals, den Lieutenant v. P. beobachtet, wenn dieser, ein ausgezeichnet gut reitender Dragoner=Offizier auf seinem wundervollen, bildschönen Falben mit elegantem Sprunge über den breiten, mit Wasser gefüllten Chausseegraben vor unserer Stellung setzte, um dem heransprengenden französischen Truppen=Commandeur den Rapport abzunehmen und ihren trostlosen Pferden diesen gewagten Sprung zu ersparen. Beim jedesmaligen Anreiten des Adjutanten ließ nun auch unser eitler Freund sein armes Pferdchen allerlei Sprünge und Capriolen machen und unruhig hin und her trippeln. Endlich schien er seinen Entschluß gefaßt zu haben, er beugte sich vor, sprach einige Worte mit seinem Divisionär und als dieser bejahend nickte, richtete er sich stolz auf und wartete freude= strahlend und lächelnd auf das Herannahen der nächsten größeren Truppen = Abtheilung, um dann schnell Herrn v. P. zuvor= zukommen und dessen Reiterstücklein nachzumachen. Sobald daher der nächste Truppenführer vorzureiten begann, setzte auch unser eitler Franzose mit Aufbietung all seiner Grandezza und Eleganz sein Pferd in kurzen Galopp, nahm es an den Grabenrand heran, jetzt drückte er dem armen Thiere die Sporen in die Weichen, beugte sich nach vorne, das Pferd setzte zum Sprunge an, doch, oh! quel malheur, quel grand malheur, seine Kräfte versagten, das Kunststück mißlang und der alte Geck lag mit seiner glänzenden Uniform der Länge lang im schönsten Schmutze des breiten Grabens. Nur ein unterdrücktes Kichern, oder mitleidiges Lächeln verrieth auf kurze Augenblicke den hervorgerufenen Eindruck und die Gedanken der Officiers Prussiens, des Barbares, was indessen dem Gestürzten durchaus gleichgültig zu sein schien. Leicht beweglich und behende wie ein junger Galant war er aufgesprungen, schwang sich mit selbstbewußter Ruhe wieder in den Sattel und ritt stolz zu seinem früheren Standpunkt zurück. Dann hielt er dort in seiner schmutzbedeckten, glänzenden Uniform, als sei er als Sieger zurückgekehrt und sah sich so ungenirt und selbstbefriedigt, naiv lächelnd um, als sähe er es als selbstverständlich an, daß ihm die allgemeine Bewunderung zu Theil werden müsse.

Inzwischen hatte sich die zuerst noch erkennbare, geschlossene Ordnung im Zuge völlig aufgelöst, in einzelnen kleinen Trupps, die verschiedenen Abtheilungen durcheinander gerathen, ohne Gliederung, in größeren Lücken, oder in gänzlich aus einandergerissener Reihenfolge und ohne jede militairische Haltung schlenderten die Mannschaften an uns vorüber, die Einen schwatzend und lebhaft gestikulirend, die Andern rauchend, bald stehen bleibend, bald durch Laufen die entstandenen Lücken zu schließen versuchend. Die meisten Soldaten sahen gut genährt und wohl aus, seltener sah man an ihnen ein bleiches, kränkliches Aussehen, oder eingefallene Backen und abgemagerte Glieder; höchstens ihrem müden, schlürfenden Schritte merkte man die Entbehrungen an, die sie erduldet hatten. Trotz ihrer demüthigenden Lage leuchtete aber aus ihrer aller Augen eine geheime, stille Freude über ihre Erlösung von den Leiden der Belagerung und über die Aussicht auf bessere Zeiten. Ein Theil von ihnen, namentlich die Artilleristen, richteten sich beim Vorbeimarsch stramm in die Höhe, suchten die Richtung wieder herzustellen und marschirten mit ihren meist martialischen, gut gepflegten Henry IV. stolz und straff an uns vorbei, als wollten sie uns zurufen: „Nous voilà! des soldats Français braves et inflexibles, nous ne sommes pas vaincus, nous sommes trahis, nous sommes vendus! Und mit stolzer Verachtung und

Geringschätzung zu uns Barbaren hinüberschauend, oder grimmige, wüthende Blicke uns zuschießend, eilten sie selbstbewußt an uns vorbei. — Mit Recht darf man übrigens den Franzosen nach= sagen, daß keine Unordnung, keine Ausschreitung, keine lauten Zornesausbrüche, oder unpassenden Reden während des ganzen Vorbeimarsches stattgefunden haben, wenn auch von militairischer Ordnung, Haltung und Disciplin wenig genug zu bemerken war. Nur ein Soldat schien recht stark betrunken zu sein, und schrie, als er beim Stabe vorbeikam: „Vive la France! Nous sommes trahis etc. etc."; sofort sprengten jedoch die in der Nähe befind= lichen Stabsoffiziere zu ihm heran, und es währte nicht lange, so hatten seine Kameraden ihn auch schon beruhigt und schweigend setzte er den Weg fort. — Geradezu rührend war vielfach der Abschied, den die Offiziere von ihren Mannschaften nahmen, und wiederum zeichnete sich hierbei die Artillerie von den anderen Truppen besonders aus; es zeigte dies wohl am Besten, welch' gutes Einvernehmen durchgängig zwischen den Soldaten und ihren Vorgesetzten geherrscht haben mußte. Vielfach fielen die Leute ihren Offizieren beim Abschied um den Hals, küßten ihnen Hände und Kleider, und drängten sich ungestüm heran, um wenigstens beim Abschied noch einen Händedruck zu erhalten. Diese Abschieds= scenen dauerten mehrfach so lange und brachten so bedeutende Lücken in die einzelnen Züge', daß die Stabsoffiziere dieselben gewaltsam abkürzen mußten. Mit feuchten Augen und wehmüthig mit ihren Käppis zurückwinkend, schauten sich die Leute wieder und wieder um, und „A Dieu! mon lieutenant! A revoir mon colonel!" „Soyez heureux mes amis! nous ne nous oublierous jamais, mes braves!" so und ähnlich klang es noch lange und immer von Neuem hinüber und herüber.

Die einzelnen Scenen waren oft so innig und aufrichtig herz= lich, daß uns selbst die Augen feucht wurden, wenn wir solche Offiziere noch lange stehen, ihren scheidenden Mannschaften Lebewohl zuwinken und rufen sahen, und wenn sie sich endlich tiefbetrübt und traurig, mit gesenktem Blick zur Stadt zurückwandten. Man sah es ihnen deutlich an, wie schwer es ihnen wurde, sich von ihren treuen Kriegsgefährten zu trennen und wie schmerzlich es ihnen war, dieselben allein in die Kriegsgefangenschaft ziehen zu lassen.

Es dunkelte bereits, als die Letzten des langen, traurigen

Zuges an uns vorbeimarschirt waren und wir uns von den
französischen Offizieren verabschiedeten, um selbst tief bewegt von
diesem, für uns zwar erhebenden, aber doch wieder recht wehmüthig
stimmenden Anblick in unser Quartier zurück zu reiten. Bei
Amelange passirten wir ein Bivak der Kriegsgefangenen, welches
sich schon von weitem als solches verrieth durch das fast schreiende,
lebhafte Durcheinanderklingen vieler Stimmen; und je näher wir
herankamen, um so größer und lauter wurde dieser wirre Lärm und
dieses Geplapper und schwoll schließlich fast zu einem wahren
zankenden Schreien und Schelten an. Durch die vielen kleinen
Zelte, welche die Franzosen mit sich geschleppt, und um den großen
Platz aufgerichtet hatten, auf welchem die Lagerfeuer mächtig zum
Himmel auffloderten, hatte das Bivak einen freundlichen und impo-
santen Ausdruck erhalten, und die vielen kleinen Heerdfeuer, die
hinter den Zeltreihen lustig aufflackerten, konnten diesen angenehmen
Eindruck nur noch erhöhen. Dampfend brodelten und summten
hier die gefüllten Kochgeschirre und Speisekessel, um welche die aus-
gehungerten Franzosen herumlagen und standen. Behaglich lächelnd
und sichtlich befriedigt betrachteten sie die großen Portionen,
welche sie von den deutschen Barbaren soeben empfangen hatten,
dabei wohl an die schmalen Rationen der letzten Belagerungszeit
denkend; geschäftig und eilig waren die Einen mit der Zubereitung
der von ihren Kameraden sehnlichst erwarteten Speisen beschäftigt,
während die Andern mit lüsternen Augen und begehrlichen Blicken
zu den Kochtöpfen schauten, und als Vorgeschmack schon gierig den
daraus aufsteigenden Duft einsogen, oder durch Scherzen und Lachen
die unvermeidliche Wartezeit zu verkürzen suchten. Romantisch, ja
fast unheimlich traten die Gruppen hervor, welche laut schwatzend um
die großen Lagerfeuer herum lagen, saßen oder standen. Von dem
gelbrothen Schein der flackernden Flammen grell beleuchtet, oder
gegen die dunkelrothe Gluth sich wie schwarze Schattenbilder scharf
abhebend, machten diese, in lange Mäntel gehüllten Gestalten mit
den schiefsitzenden Käppis, der kurzen Pfeife im Munde, die Hände
meist in den Hosentaschen, einen seltsamen, ein wenig an die Lager
der Wilden erinnernden Eindruck, wenn sie sich im lebhaften
Gespräch schnell und geschmeidig hin und her bewegten und dabei
beständig mit den Händen in der Luft herumfuchtelten, als wollten
sie sich im nächsten Augenblick auf einander stürzen. — Ueberall

aber herrschte bei den Franzosen Lust und Heiterkeit, Lachen und Scherzen und ein fröhliches, bunt bewegtes Leben und Treiben, so daß man weit eher vermuthen konnte, es sei dies ein Bivak von siegreich heimkehrenden französischen Truppen, als ein Lager von Kriegsgefangenen.

Im Gegensatze hierzu saßen die zur Bewachung des Trans= portes commandirten deutschen Soldaten, meist Landwehrleute, still und ernst gesondert bei einander, und schienen sich der Verantwort= lichkeit ihres Thuns und Treibens und der Eigenart ihrer Stellung völlig bewußt zu sein.

Endlich war ja auch dieser große Tag zu Ende, auf den die Belagerungsarmee schon so lange und sehnsüchtig gewartet hatte; und wahrlich, der Erfolg und der Lohn des monatelangen, durch die Ungunst der Witterung so erschwerten und wenig begünstigten Ausharrens war kein geringer. Einmalhundertdreiundsiebzig Tausend (173 000) Kombattanten waren in Kriegsgefangenschaft gerathen, die Masse der Waffen, Kanonen und des sonstigen Kriegsmaterials war kaum zu übersehen, es mußte enorm sein, denn Metz war wohl einer der bedeutendsten Waffenplätze Frankreichs. Daß eine so ungeheure Heeresmacht von uns zugleich mit der eigentlichen Besatzung in der Festung eingeschlossen war, ohne daß sie den eisernen Ring der Belagerer zu durchbrechen vermochte, hatte wohl Keiner von uns für möglich gehalten; man hatte dieselbe auf höchstens 80 bis 100,000 Mann geschätzt, und jetzt zeigte es sich, daß fast die doppelte Anzahl durch unsere Cernirung in den Mauern der Festung zurückgehalten und unschädlich gemacht worden war.

Ein Umstand setzte uns noch besonders in Erstaunen und Ver= wunderung, das war der auffallend günstige Gesundheitszustand der französischen Truppen in Metz trotz des monatelangen Zu= sammengedrängtseins dieser enormen Massen, die zum größten Theil vor den Mauern der Stadt hatten im Bivak liegen müssen, und obgleich die Stadt selbst durch die vielen Dorfbewohner aus der ganzen nächsten Umgegend, welche mit Weib und Kind bei unserem Vorrücken sich in die Festung geflüchtet hatten, enorm überfüllt gewesen sein mußte. — Bei Uebergabe der Festung fanden sich in den Lazarethen außer den 15 000 Verwundeten nur gegen 10 000 Kranke, d. h. 5 bis 6 % der Kopfstärke; keine Krankheit hatte einen epide= mischen Character angenommen, und die Menge der an Typhus,

Dysenterie, Cholera oder Skorbut Erkrankten war verschwindend klein, nur die Pocken zeigten eine, namentlich uns Norddeutschen auffallende, größere Menge Erkrankter.

Sehr naiv war übrigens die Zumuthung, welche der Leiter des Sanitätsdienstes in der Festung Metz an uns stellte. Als wir nämlich bei Woippy hielten, kam an den defilirenden Kriegs= gefangenen vorbei trabend, ein junger französischer Militairarzt zu uns herangeritten und fragte nach dem Generalarzte. Er theilte uns nun mit, wie viel Verwundete und Kranke in den Militär= Spitälern sich befänden und ersuchte den Generalarzt, er möge doch sofort die erforderliche Anzahl deutscher Militairärzte zur Ueber= nahme und weiteren Behandlung dieser 25 Tausend Kranken und Verwundeten nach Metz hineinschicken; die französischen Militair= ärzte würden noch am selben Abend von ihrem Dienst zurücktreten, da sie sich ja auch in Kriegsgefangenschaft befänden. Es war schwer, bei dieser naiven, unverfrorenen, geradezu unverschämten Forderung und Unkenntniß ihrer Pflichten ruhig zu bleiben und unbefangen zu antworten. Ich begleitete den Herrn Collegen zum Chef des Stabes v. Caprivi, welcher ihn mit der Weisung an seinen Sanitäts=Chef zurücksandte, derselbe möge sich zunächst die Bestimmungen der Genfer Convention genauer ansehen und dementsprechend sein Ver= halten einrichten und seine weiteren Anordnungen treffen. Er erwarte indessen bestimmt, daß keiner der dienstlich beschäftigten Militairärzte seine Stelle verließe, oder seinen Pflichten nicht genau nachkäme, und daß bei der demnächstigen Besichtigung der Lazarethe die Kranken und Verwundeten gut versorgt und gepflegt vorgefunden würden. — Gleichzeitig wurde dem Obercommando der Armee des Prinzen Friedrich Karl Meldung von dem Ansinnen der französischen Aerzte gemacht und gebeten, dieselben auf Ehrenwort zur vorläufig weiteren Behandlung ihrer Kranken zu verpflichten, diejenigen aber, die sich weigern sollten, dies zu thun, wie kriegsgefangene Offiziere zu interniren.

0. October. Fast schien es, als habe mit dem Ende der Belagerung auch das entsetzliche Regenwetter sein Ende erreicht, denn zum ersten Male seit Wochen zeigte uns die liebe Sonne wieder ihr strahlendes Angesicht, wenn dasselbe auch noch durch rasch dahineilende Wolken von Zeit zu Zeit wieder verdeckt wurde. Aber auch noch ein anderer Freuden=Lichtstrahl erwärmte unser Gemüth, als während

unseres frugalen Diners ein betreßter Livrée=Diener zum Dessert
dem Generalarzt ein Kistchen und einen Brief mit mächtigem Siegel
überreichte. Es war das Ritterkreuz 1. Klasse mit Schwertern des
Haus= und Verdienstordens, welches der Großherzog von Olden=
burg dem Generalarzt verliehen hatte. Außerdem enthielt das
Päckchen noch ein Etuis mit einer werthvollen Tuchnadel, welche
in Diamanten, Rubinen und anderen Edelsteinen den verschlungenen
Namenszug Peter=Paul mit darüber schwebender Krone trug.
Seine Königliche Hoheit war mit dem Erb=Großherzog und seinem
Stabe gleich nach der Capitulation von Metz nach Versailles
aufgebrochen, wo sich ein Kreis deutscher Fürsten um unsern Helden=
könig versammelt hatte. Das Begleitschreiben enthielt die Ver=
leihungsurkunde für den Orden. Ferner übersandte der Großherzog
als Anerkennung und Dank für die Sr. Königlichen Hoheit und
Seinem Sohne, wie Seiner Umgebung während Seiner Anwesen=
heit vor Metz geleisteten Dienste, oder für die in diesem Dienste
bewiesene Sorgfalt und Aufopferung die beiliegende Busennadel.
Da ich das Schreiben nur flüchtig zu sehen bekam, habe ich den
Wortlaut nicht genau behalten; jedenfalls wurde derselbe aber so
gedeutet, daß beides für Herrn Generalarzt bestimmt gewesen sei,
obgleich derselbe mich nur als Hausarzt vorgeschlagen hatte, und
dann einige Male zum Diner befohlen gewesen war. Ich hatte
dagegen über 2 Monate lang jeden Tag in das Quartier des
Großherzogs zu reiten und sowohl Se. Hoheit den Erbgroßherzog
und sämmtliche Adjutanten, wie die meisten Offiziere, Beamte und
Diener seines Stabes zum Theil an recht schweren Erkrankungen
zu behandeln gehabt. Erst nach Monaten erhielt auch ich, Dank
des Interesses, welches ein besonders geschätzter Adjutant unseres
Generalstabes für mich hatte, das Ritterkreuz 2. Klasse mit
Schwertern des Oldenburgischen Haus= und Verdienstordens ver=
liehen. Die Abreise Seiner Königlichen Hoheit war so schnell und
unerwartet erfolgt, daß weder Herr Generalarzt sich persönlich
bedanken, noch ich mich von meinem Kommando beim Großherzog
abmelden konnte.

Da es ein sonnig=milder Sonntags=Nachmittag war, so
beschlossen wir, uns Metz einmal in der Nähe anzusehen. Die
durchweichten Wege nöthigten uns, auf der Chaussee zu bleiben,
wir fanden dieselbe jedoch so voller Fuhrwerke aller Art, daß wir

kaum vorwärts kommen konnten. Aus den Thoren der Festung ergoß sich ein schwarzer Strom von Bauern und Einwohnern der um Metz liegenden Städtchen und Dörfer, welche mit ihrem nach der Stadt geflüchteten Hab und Gut, mit Weib und Kind wieder in ihr Heim zurückeilten, das wohl für die Wenigsten einen erfreulichen Anblick geboten haben wird. Denn was nicht durch die Geschosse zerstört und verbrannt war, hatten sicher die durch= marschirenden, oder in den Häusern untergebrachten Soldaten bei der Abwesenheit der Bewohner erbrochen, durchsucht, und was irgend brauchbar war, für sich und ihre Bedürfnisse verwandt und ver= braucht. Auf dem mit Meubles, Betten und allerhand Geräth schwerbepackten Wagen saßen zusammengekauert die meist blaß und elend aussehenden Frauen und Kinder, während die männlichen Glieder neben dem Wagen hergingen, um den abgemagerten, kraft= losen Pferden bei kleinen Steigungen des Weges helfend beispringen zu können. Viele der Wagen hatten nur noch ein Pferd an= gespannt, während das Geschirr des zweiten, bereits in der Stadt verendeten mit auf dem Wagen lag. Zum Theil mühten sich die Eigenthümer selbst ab, ihren bepackten Wagen heimzufahren, nach= dem ihnen alle Zugthiere zu Grunde gegangen waren. Andere hatten ihre Habe auf kleine Handwagen und Karren gepackt, auch dort verrieth das mitgeschleppte Geschirr vielfach, daß sie meist mit Pferd und Wagen nach der Festung geflüchtet waren. Wieder Andere schleppten schwere Kiepen, Säcke und dergl. auf den Schultern oder dem Kopfe mit sich fort. Auf fast allen Gesichtern lag tiefer Ernst und stille Trauer, selten nur hörte man laute Unterhaltung und sah das den Franzosen eigenthümliche, lebhafte Gesticuliren, nirgend aber klang ein fröhlicher Sang, oder heiterer Scherz an unser Ohr. Viele schlichen matt und elend, auf Stöcke gestützt einher, und ihre blasse Farbe und hohlen Backen erzählten genug von den überstandenen Entbehrungen, Sorgen, Angst und Schrecken.

Ihnen entgegen zogen lange Reihen von Fuhrwerken den Thoren der Festung zu, die mit Getreide, Kartoffeln und allen möglichen Verpflegungs=Gegenständen, Stroh und Futter hochbeladen und mit kräftigen, gut genährten Pferden bespannt waren. Mit der Peitsche knallend, laut rufend und schimpfend, sobald die geringste Stockung eintrat, und bald hier, bald dort einen ihnen begegnenden

9*

Bekannten begrüßend und bemitleidend, suchten diese Leute so rasch
wie möglich vorwärts zu kommen, um ihre Waaren noch recht
vortheilhaft verkaufen zu können. Dazwischen wurden fette Ochsen
und allerlei sonstiges Vieh unter vielem Zetern und Fluchen vorwärts getrieben. Kurz, es war ein ununterbrochenes Hin- und
Herwogen und ein wechselvolles Bild der crassesten Gegensätze, die
hier unaufhaltsam an einander vorbeizogen.

Wir ritten über Olgy, Malroy, an Chieulles vorbei bis auf
die Höhe des Fort St. Julien nahe dem Bois de Grimont, von
wo wir einen herrlichen Ueberblick über die unter uns liegende
Stadt mit ihren Befestigungen, Forts und Lagerplätzen vor ihren
Mauern hatten, und vor uns das ganze Hochplateau nach Norden
und Osten mit den Schlachtfeldern dieser Moselseite überblicken
konnten.

Auf dem Rückwege begegneten wir einem von der andern
Moselseite herübergekommenen Kriegsgefangenen-Transport. Voran
ritten einige Dragoner mit aufgenommenem Karabiner, von denen
Andere in größeren Abständen seitswärts den langen Zug be-
begleiteten, während Ulanen denselben schlossen; dann folgte ein 5—6
Mann starkes Glied unserer braven Landwehr-Infanterie, die
ihr Gewehr unter dem Arm, die Pfeife im Munde, heiter plaudernd,
aber wachsamen Auges die Führung des Tansportes in Händen
hatte. Ebenso schlossen in kleinen Abständen mit scharfgeladenen
Gewehren versehene Landwehrleute beiderseits den Zug der Kriegsgefangenen ein. Nun folgten bunt durcheinander, ohne bestimmte
Ordnung über Tausend kriegsgefangener Franzosen aller Waffengattungen, die ohne Waffen, in Mantel und Mütze, ihr Privateigenthum mit sich schleppend, der Mehrzahl nach ziemlich dicht
aufgeschlossen, laut schwatzend, schreiend, gesticulirend, oder fröhlich
lachend und scherzend dahinmarschirten, als seien sie mit Ruhm
bedeckte, siegreich in ihre Heimath zurückkehrende Vaterlandsvertheidiger. Je mehr der traurige Zug an uns vorbeizog, um so
mehr verlor sich diese Lebhaftigkeit und zufriedene, lebenslustige
Stimmung; mit ernsten, verbissenen Mienen zogen die stramm und
martialisch aussehenden Soldaten an uns vorbei, zum Theil drohende
und wüthende Blicke uns zuwerfend, schimpften sie über ihre höhern
Offiziere, über traîtres, schrieen über les misèrables comman-
dants, sie seien vendus, trahis, jammerten über ihr grand

malheur und la pauvre France, schalten auf les maudits Prussiens, les barbares, dann wieder fluchten sie über die schlechten Wege, über den erlittenen Hunger und Durst, oder trösteten sich damit, daß sie eine cruelle revanche nehmen würden, kurz es brach erst jetzt der Zorn und Grimm über die erlittene Schmach der Kriegsgefangenschaft mit ganzer Gewalt sich Bahn, den sie während des Ausmarsches aus Metz so verständig und tactvoll zu unterdrücken vermocht hatten. Dann aber wurden die Leute immer stiller, schleppten immer mühsamer sich und ihre Sachen vorwärts, die Reihen lockerten sich immer mehr, zwischen den einzelnen Gliedern wurden die Lücken und Intervalle immer größer, bis sich die Letzten hohläugig, mit krankem, elendem und verhungertem Aussehen, matt und kraftlos, wahre Jammergestalten, kaum noch fortschleppen konnten und von den schließenden Landwehrmännern auf alle mögliche Weise aufgemuntert und angetrieben werden mußten. Von Zeit zu Zeit brach einer dieser Elenden und Maroden kraftlos zusammen und mußte von Lazarethgehülfen und Hülfskrankenträgern der Begleit=Truppe gestärkt und in irgend ein benachbartes Haus gebracht werden, um später durch Wagen nachgefahren zu werden; einige freilich nur noch als Leichen. Es war ein trauriger, schrecklicher Anblick, und doch freute sich Jeder von denen, die wir ansprachen darüber, daß sie endlich aus Metz heraus waren, daß diese entsetzliche letzte Zeit der Belagerung hinter ihnen läge. Und trotzdem begannen ihre Kameraden schon jetzt ihr trauriges Schicksal nicht dem Wechselspiel des Krieges zuzuschreiben, sondern der Verrätherei und Bestechung ihrer Vorgesetzten. Da konnte man wohl wahrlich mit Recht in den Klageruf mit einstimmen: Oh, pauvre France!

31. October bis **1. November**. Die Hoffnung auf dauernde Besserung des Wetters schien sich doch noch nicht erfüllen zu wollen, denn wie seit vielen Wochen, so klatschte auch jetzt wieder der Regen mit wechselnder Heftigkeit und Stärke gegen unsere Fenstern, aber ebenso hatte ich mich auch in der Hoffnung getäuscht, daß das General=Commando und ein Theil des 10. Corps einige Tage der Erholung in Metz selbst verbringen würde. Schon am folgenden Tage kam die Nachricht, daß wir am 2. November ohne Aufenthalt in der Festung in Eilmärschen nach dem Südwesten Frankreichs, man flüsterte sich den Namen Lyon zu, abrücken sollten. —

So blieb mir denn nur noch ein Tag, um mich in Metz und nächster Umgebung genauer umzusehen. Der Tag war zwar trübe, aber doch regenfrei, und so begann ich gleich nach Tisch meinen Recognoscirungsritt in Begleitung unseres Schreibers. Ueber die Pontonbrücke bei Hauconcourt ging es zunächst an Amelange vorbei längs der Mosel nach den niedergebrannten Dörfern Les grandes und Les petites Tapes. Es war ein trauriger Anblick diese grausamen Opfer der wilden Kriegsfurie! Leer und öde lagen die langen, engen Dorfstraßen da, welche aus je zwanzig bis dreißig Häusern an jeder Seite bestanden haben mochten. Von diesen starrten uns nur noch die ausgebrannten, schwarzen, kahlen Umfassungsmauern entgegen, an denen hier ein halbeingestürzter Kamin, dort verbogene Eisenstangen, Gitterwerk und halb verkohlte Balken herabhingen, und ließen das Innere der ehemaligen Wohnungen frei zum Himmel schauen mit ihrem schaurigen Durcheinander von Mauerresten, Steinen, Schutt und traurigen Trümmern aller Art. Kein einziges Haus, keine Scheune, noch Stallung war zu sehen, die nicht vollständig ausgebrannt wäre; unsere Westphalen hatten es furchtbar gut verstanden, beide Ortschaften durch Feuer bis auf den Grund zu zerstören. Nur die Kirche ragte unversehrt aus dem schwarzen Trümmerfelde hervor, einsam und ehrfurchtgebietend, als schaue sie in stiller Trauer herab auf diesen schaurigen Ort der Verwüstung und Vernichtung. Todtenstille herrschte über der menschenleeren Brandstätte, wo höchstens eine treue Hauskatze zwischen den Trümmern herumhuschte. Doch nein, dort regt sich doch noch etwas in dieser öden Todtenstadt, dort hockt ein altes Mütterchen und wühlt mit einem Stocke im Schutte; sie mochte wohl nach einem theuren Andenken, oder nach schwer vermißten, geliebten Gegenständen suchen, oder hatte sie dort vielleicht werthvolle Schätze vergraben? Ihr Abmühen dürfte wohl vergebens gewesen sein, denn das Feuer hatte Alles bis auf die kahlen Grundmauern zerstört und vernichtet. — Mit innerem Schaudern durchtrabten wir möglichst schnell die durch den Einsturz der brennenden Häuser fast unpassirbar gewordenen Straßen, und ein kurzer Ritt brachte uns an die erste feste Vertheidigungs=Linie der Franzosen. Nach vorn wurde dieselbe zunächst durch einen breiten Wassergraben mit hohen Wällen und Brustwehren abgeschlossen, der sich in ununterbrochener Linie von der Mosel bis nach Woippy hinzog.

Dahinter lagen in mehrfachen Reihen hintereinander tiefe Schützen=
gräben, welche durch schräg nach vorne verlaufende, beiderseits durch
Erdwälle geschützte Gräben untereinander, namentlich aber mit dem
vordersten Grenzgraben in Verbindung standen. Zwischen diesen
waren Schanzen mit bombenfesten Räumen und vorliegendem Wasser=
graben aufgebaut, die gleichfalls durch breite, theilweise für Geschütze
befahrbare Laufgräben communicirten; jede Mauer war crenelirt,
jedes alleinstehende Haus — die mehrstöckigen waren bis auf den
untersten Stock abgetragen — war durchbrochen, mit Schießscharten
versehen und durch Gräben und Wälle zu einem Stützpunkt für
die Vertheidigung umgeschaffen. In bestimmten Abständen, so
namentlich bei Thury, St. Eloy und Maison rouge erhoben
sich umfangreiche Erdwerke und die beiden letzteren Punkte waren
zu vollständigen kleinen Forts mit Bastionen, ringsum laufenden
breiten Wassergräben mit Zugbrücken und breiten Erdwällen um=
gewandelt, in denen gedeckte, feste Geschützstände, durch Sandsäcke
und Faschinen verstärkte Brustwehren, große bombensichere Zufluchts=
und Munitionsräume und gedeckte Verbindungs=Laufgräben angelegt
waren. Geschütze fanden sich nicht in Stellung, doch sah man an
den umherliegenden Kartouchen und den sonstigen Munitionsresten,
daß solche hier in Thätigkeit gestanden haben mußten; auch be=
wiesen die umherliegenden Trümmer von Laffetten und Geschütz=
theilen, sowie frische Ausbesserungen der Wälle und Gräben, daß
auch unsere Artillerie hier hinein manch verderbenbringendes Geschoß
geschleudert hatte. War schon die Sauberkeit und Accuratesse auf=
gefallen, mit welcher die kleineren Verschanzungen ausgeführt waren,
so fielen doch die größeren Vertheidigungswerke ganz besonders an=
genehm ins Auge, sowohl durch die Regelmäßigkeit und Genauig=
keit ihrer äußeren Form, wie die Mächtigkeit und Festigkeit ihres
Baues und durch die practische und gediegene Einrichtung im Innern.
So bedeutend auch an einzelnen Stellen die Zerstörungen gewesen
sein mußten, die unsere 12=Pfünder=Geschosse an Gräben, Wällen
und Geschützständen angerichtet hatten, wie dies vielfache frische
Ausbesserungen deutlich erkennen ließen, so waren diese Letzteren
doch überall so sorgfältig und peinlich genau ausgeführt, daß sie
nur an den frischeren Farben als solche zu erkennen waren.

Bei Woippy—Maison rouge erreichten wir die große Chaussee
nach Metz, hier begann bereits das Rasirtsein des Vorterrains der

Festung; die schönen Alleen schlanker Pappeln waren bis hierher
auf Mannshöhe niedergehauen, die Häuser ganz oder bis auf das
unterste Stockwerk abgerissen, Bäume, Zäune, Sträucher, Schuppen
und was irgend das Schußfeld der auf den Wällen und in den
vorliegenden Forts befindlichen Kanonen beeinträchtigte, war beseitigt,
und Alles, was sich nur irgend dazu verwenden ließ, zur Verstärkung der Vertheidigungslinie in der vielfältigsten Weise benutzt. Die
Chaussee selbst war an mehreren Stellen und ebenso die einmündenden
Wege mit mächtigen Verbarricadirungen versehen, die nur jedesmal
von einem Fuhrwerk mit größter Vorsicht im Zickzack passirt werden
konnten; zu beiden Seiten der engen Durchfahrt waren Geschütz-
emplacements vorgesehen. Arbeiter waren beschäftigt, diese Verkehrs-
hindernisse zu beseitigen. Vor dem Fort Moselle und der eigentlichen Stadtbefestigung, namentlich auf den größeren Inseln, deren
hier eine ziemliche Anzahl in der Mosel vorhanden ist, lagen die
großen, befestigten Lagerplätze der Feldarmee=Truppentheile. Auch
die in zierlichen Winkeln rings um die Stadt verlaufenden Wälle
und Gräben mit ihren Bastionen und den blinkenden, drohend herüberschauenden Geschützrohren, dem glatten unteren Mauerwerk und
den noch saftig grünen Rasendeckungen, das feste starke Eingangsthor
mit seinen gewundenen Zugängen und Zugbrücken machte einen
Vertrauen erweckenden Eindruck. Durch die Werke des Forts
Moselle hindurch, das mit seinem am Moselufer sich hinziehenden
großen Place des armes, mit den weitausgedehnten Kasernen-
bauten, seinem mächtigen Arsenal, seinem Wagen= und Artillerie-
park, seinen Eisenbahn-Krankenzügen, voller Baracken, Zelte, Waffen
und sonstigem Kriegsmaterial einen großartigen Eindruck machte,
gelangten wir über die schöne Moselbrücke in die Stadt selbst.
Unser Eintritt war nicht sehr erfreulich, denn gleich das erste Thor
war von einem in den letzten Zügen liegenden, zum Skelet abgemagerten Gaule fast versperrt, an dem jedoch Jeder als an einem
längst gewohnten Anblick gleichgültig vorüberschritt. Unser weiterer
Ritt durch die Stadt ließ uns dies bald erklärlicher finden, denn
oft genug sahen wir auch hier auf den Plätzen und Straßen, in
den Thorwegen und auf den Höfen der Häuser an Hunger ver-
endete oder verendende Thiere liegen. Die Straßen waren eng,
gut gepflastert, aber bergig, die Häuser dicht zusammengedrängt und
hoch, die Läden fast sämmtlich geschlossen, und in den Gassen und

Straßen trafen wir nur wenige Civilisten, die Damen tiefschwarz verschleiert, die Gesichter wohl etwas abgehärmt und elend, aber ernst und still. Dagegen wimmelte es überall von französischen Offizieren, die laut und heiter plauderten, und wie jeder dortige Franzose mit der naiven Behauptung, **Metz** sei nur durch Verrath und Bestechung gefallen, mit der Miene und Haltung von Unbesiegten, die sich ihres Werthes und ihrer Größe voll bewußt sind, in der Stadt herumbummelten.

Daß das Salz zu den größesten Delicatessen gehörte, daß nur noch Pferdefleisch, und dies nur für schweres Geld zu haben war, dabei diese armen Thiere mager, hinfällig und dem Verhungern nahe waren, daß ein Ei 1 Franc kostete, Butter, Gemüse, Milch, Obst 2c. kaum von den Reichsten zu erschwingen waren, daß selbst für Brod und Kartoffeln und alle sonstigen Lebensmittel ganz unglaubliche Preise gefordert wurden, das Alles war ja für diese Herren auch ohne große Bedeutung, hatten sie doch ihre Rationen, wenn auch wohl etwas beschnitten, durch ihre Verwaltung regelmäßig erhalten und somit wenig von dem allgemeinen Mangel erfahren. Nein, das änderte nichts an der Thatsache, **Metz** konnte nur verkauft, sie konnten nur verrathen sein, dies war und blieb für sie und auffallender Weise auch für so viele Franzosen der einzige und der wahre Grund der Kapitulation.

Die herrliche Kathedrale, welche wir so oft aus der Ferne zu uns herüberblicken sahen, verliert in der Nähe sehr durch ihre nächste Umgebung, wenn andrerseits auch die feinen Stuckarbeiten und saubern Verzierungen an den hohen, reichgegliederten, mit kunstvoller Ornamentirung, Figuren und zierlichen Schnitzereien geschmückten Portalen, Fenstern, Thürmen und Thürmchen schöner hervortreten und der Bau selbst unendlich gewinnt. Aber diese Feinheit und Schönheit der einzelnen Theile machte die Verunstaltungen um so auffallender und häßlicher, welche die kleinen, verfallenen, unschönen Häuschen und Baracken, die Läden und Kaffeehäuser hervorrufen, welche vielfach wie Nester an die Kirche angeklext sind, während die hohen, meist kasernenartigen, oder schmal emporragenden Privathäuser, welche den mäßig großen Domplatz umgeben und ganz nahe an diesen selbst herantreten, keinen freien, genußreichen Ueberblick über das herrliche Kunstbauwerk gestatten. Leider gebrach es mir sowohl jetzt, wie auch später beim Durch=

marsch an Zeit, das Innere des Domes eingehender zu besichtigen, oder auch nur vom Aeußeren mehr als einen flüchtigen Eindruck zu gewinnen. Durch weitere enge Straßen und die mächtigen Befestigungswerke und Thore der Stadt verließen wir diese auf der nordöstlichen Seite und gelangten unter den mächtigen Werken des Fort Bellecroix hinreitend zur Vorstadt St. Julien, wo jenseits des Moselarmes auf der umfangreichen Insel Chambière sich weithin die befestigten Barackenlager für die Feldarmee ausdehnten. Die Chaussee steigt nun in einem engen Thal, welches durch einen mäßig hohen Bergrücken vom Moselthal getrennt ist, langsam an und endet in einem weiteren Thalkessel, in welchem die Hauptmasse der Vorstadt St. Julien liegt.

Im Hintergrunde windet sich die breite Landstraße mit ihrer prächtigen Pappelallee in großem Bogen den sanft ansteigenden Bergabhang hinauf, um südlich, am Bois de Grimont vorbei auf dem Hochplateau weiterzuziehen. Oestlich daneben fällt der breite Bergrücken, auf welchem das Fort St. Julien sich ausdehnt, steil und schroff aus einer Höhe von mehreren hundert Fuß herab in den Thalkessel, während die befestigte Bergkette selbst in weitem Bogen nach Osten weiter verläuft. Drohend schauen von dort oben die mächtigen Wälle und Mauern mit ihren Geschützrohren auf uns herab, eine steile, mehrere Fuß breite, mit glatten Holzbohlen belegte und mit Seitenwänden versehene Gleitbahn lief vom Fort direct ins Thal herunter, auf welcher schlittenartige große Behälter an mächtigen Seilen oder Ketten einen directen Waarentransport zwischen der Vorstadt und dem Fort St. Julien vermittelten. Ferner rollten auf einer fliegenden Drahtseilbahn ohne Ende mächtige Eimer resp. Kasten vom Fort über das Thal und den gegenüberliegenden Bergzug hin und zurück, und stellten eine directe Verbindung zwischen Fort und Moselthal her, wahrscheinlich um ersteres hinreichend mit Moselwasser zu versorgen. Auf steilem Wege ging nun unser Ritt in dem engen Seitenthale längs des Bergabhanges und dann in Windungen auf diesem selbst aufwärts zu den Befestigungswerken von St. Julien. Der Blick von dort herab auf die hart zu unsern Füßen liegende Stadt Metz mit dem unendlichen Gewirr von engen Straßen und dem dunklen Häusermeer, durchzogen von dem silberglänzenden Netze der unzähligen Festungsgräben und Wasserarme der Mosel und Selle, die wieder von zahlreichen Brücken überspannt sind, mit ihrer schönen Kathedrale, umkränzt von dem im Zickzack gebrochenen Ringe der wasserumspülten Wälle, unterbrochen von scharfeckig vorspringenden Bastionen und Redouten, und garnirt mit den mächtigen Festungswerken der an allen Seiten in die Ebene vorspringenden, umfangreichen Forts, namentlich Moselle, Bellecroix und Queulen, dieser Blick ist bezaubernd schön. Und im Hintergrunde wird dieses Bild abgeschlossen durch die gegenüberliegenden Berghöhen, die schön bewaldet sich längs des Thales nach beiden Seiten ausdehnen, und von denen die Metz flankirenden starken Außenforts St. Quentin und Plappeville finster herüberschauen. Vor und hinter der Stadt schweift aber das Auge in das schöne Moselthal, weit hinauf bis zu dem von den Uferbergen eng umschlossenen Städtchen Ars-sur Moselle und Jouy aux arches und hinab auf die fruchtbare Ebene und das daranstoßende weite Hochplateau mit den zahllosen Dörfern und Schlössern, den Städten und Städtchen, den grün schimmernden Saatfeldern und Wiesen und kleinen Waldungen. Dies Alles wird belebt und verschönt durch die als breites Silberband in schlangenförmigen Windungen dahinströmende Mosel mit zahlreichen kleinen Flüßchen und Bächen, sowie durch kleine in grünem Rahmen daliegenden, glitzernden Seen und Wasserflächen, bis endlich der Blick sich verliert an den fernen, bläulich duftigen Bergketten, welche rings den Horizont begrenzen.

Weniger schön war freilich der Platz selbst, von dem wir dies großartige Panorama bewunderten. Man kann ihn am besten bezeichnen als eine enorm starke, die Stadt und ihre Umgebung weithin beherrschende Bergfestung, die zwar in der Anlage klar und übersichtlich dalag, deren Vollendung aber vorzeitig abgebrochen und deren einzelne Abschnitte noch unfertig daliegen, mit all der Unordnung und dem Schmutze, welche so große Befestigungsarbeiten mit sich bringen. Hat man die provisorische Brücke über den noch unvollendeten, nur mit etwas Regenwasser gefüllten Außengraben überschritten, so sinken die Pferde sofort bis über die Fesseln in den zähklebenden, durchweichten, lehmigen Boden ein, so daß man nur mit großer Vorsicht langsam zu den einzelnen Festungsanlagen gelangen kann, und daß trotzdem der Schmutz uns um die Ohren spritzt. St. Julien hat eine bedeutende Ausdehnung, ist an der

Stabtseite fast ganz offen, sonst aber rings von einer doppelten Reihe breiter und hoher armirter Wälle umgeben.

Hier sind aber die mächtigen Stützmauern erst theilweise voll=endet, der vor denselben vorgesehene Graben ist erst· an wenigen Stellen in Angriff genommen, die Erdwälle sind von enormer Dicke und beträchtlicher Höhe, zum Theil bombensicher casemattirt, aber ihre Wandungen und Seitenflächen noch nicht geglättet, und an mehreren Stellen war die begonnene Erhöhung und Verstärkung der ursprünglichen niedrigen Wälle erst vor Kurzem unterbrochen, denn noch lagen auf den angefahrenen Sandhügeln die benutzten Karren, Spaten u. s. w. Ueberall standen in den fertigen Werken auf mächtigen Festungs=Laffetten die gewaltigen Ringkanonen in gedeckten Stellungen, umgeben von bombenfesten Unterkunftsräumen für die Bedienungsmannschaft und für die Munition, die theilweise noch in der Nähe der Stände zurückgelassen war. Sämmtliche Erdwälle hatten sichere Wallgänge für Schützen und ihre obersten Säume waren mit Sandsäcken belegt, die Schußöffnungen für die Kanonenrohre mit Faschinen geschützt.

Auch die übrigen Schanzarbeiten, Casematten 2c. warteten noch auf ihre Vollendung, geradezu unbegreiflich aber war es, daß die Wege, die Zugänge zu den Geschütz=Positionen, die Verbindungen zwischen den einzelnen Abschnitten der Verschanzungen in einem ganz unpassirbarem Zustande sich befanden, so daß selbst Dutzende von Pferden nicht im Stande gewesen wären, schwer beladene Fuhrwerke durch diesen unergründlichen Schmutz vorwärts zu bringen. Dabei lagen alle Plätze und Straßen voll von allen möglichen Waffen und Equipirungsgegenständen, schutzlos unter freiem Himmel sah man mitten im Schlamm und in den Wasserlachen hunderte von Chassepotgewehren, Säbeln, Degen, Faschinenmessern, Haubajonetten, Tschakos, Tornistern, Patronentaschen, Munitionspäckchen, Granaten, kurz, alle möglichen Sachen in buntem Gewirr unter und neben einander liegen, theils zerbrochen und zerrissen, theils durch Nässe und Schmutz völlig verrostet und unbrauchbar geworden. Eine heillose Arbeit für unsere Truppen. Aus dem ganzen Zustande dieser Befestigungsbauten ging deutlich hervor, daß jedenfalls dieses Hauptwerk so gut wie gar keine stehende Besatzung gehabt haben konnte, wenigstens waren an keiner Stelle hier Unterkunftsräume zu entdecken, so daß ich den Gedanken nicht los werden konnte, daß es, wenn unsere Cernirungsarmee diesen unfertigen und schlecht besetzten Zustand genauer gekannt hätte, recht gut durch einen kühnen, energischen nächtlichen Ueberfall möglich gewesen sein dürfte, dieser die Stadt und Festung vollständig beherrschenden Stellung ohne große Opfer sich zu bemächtigen. Ob freilich das Fort gegen die Angriffe von den übrigen Außenforts, namentlich St. Quentin und Plappeville zu halten gewesen sein würde, ist eine Frage, deren Entscheidung ich mir nicht anmaßen würde.

Rechts vor diesem Hauptwerke lag ein kleineres, wie es schien, besser und vollständiger ausgerüstetes und befestigtes Vorwerk, das aber gleichfalls keine Unterkunftsräume für eine zahlreiche Besatzung erkennen ließ. Nach links erhob sich ferner nahe der Chaussee die Ferme Grimont mit mehreren ansehnlichen Gebäuden, die mit Schießscharten versehen, mit einem Gürtel besonders stark befestigter Schützengräben umschlossen und durch mächtige Wälle und Verschanzungen gedeckt, zu einem kleinen Fort um= gewandelt waren, das namentlich der Artillerie einen äußerst günstigen Standpunkt gewährte und auch mit Geschützständen reichlich versehen war.

Es war ein wohlthuendes Gefühl, als wir so sorglos und gemüthlich langsamen Schrittes direct nach der großen Heerstraße reiten konnten, ohne nach feindlichen Vorposten auszuschauen zu brauchen, und ohne daß St. Julien ihre schwirrenden und sausen= den Granaten über uns warf, wie noch vor wenigen Tagen. Wenn auch von dem, was wir im Innern des Forts gesehen hatten, wenig befriedigt, so doch noch voll Entzücken über die dort und während des Heimrittes auf der nach Antilly führenden Chaussee genossene, herrliche Aussicht trafen wir mit beginnender Abend= dämmerung wieder in Rugy ein, wo wir mit einem leicht ver= ständlichen Behagen unsere Koffer zum Weitermarsch packten.

2. November. Es war sicher kein Gefühl von Trauer oder Be= dauern, mit dem wir am 2. November Morgens 9 Uhr das kleine Zimmer verließen, in dem wir 3½ Wochen unter so ungünstigen Verhältnissen verlebt hatten; es kam uns mehr wie eine Erlösung aus trostloser Gefangenschaft vor, als wir unserm Wirth „Lebe= wohl" sagten und aus dem schmutzigen Dorf hinausritten einer unbekannten Gegend und Zukunft entgegen. Zwar waren die Straßen noch recht aufgeweicht und schmutzig, indessen lächelte doch die Sonne nach langer Zeit einmal wieder vom blauen Himmel freundlich auf uns nieder, als sich unser Corps bei **Ladonchamps** zum feierlichen Einzug in die Festung versammelte. Den Zug eröffnete die Corps=Stabs=Wache, in der Uniform der Armee= Gendarmen, hinter ihnen ritt der kommandirende General mit gezogenem Säbel mit dem Generalstabs=Chef und seinem persönlichen Adjutanten, an die sich der Stab selbst, der Anciennetät nach geordnet, schloß (ich ritt neben dem Lieutenant O. vom 10. Feld=Artillerie= Regiment). Dann folgte der Divisionsstab der 19. Division und der Brigadestab der 37. Brigade, hierauf die einzelnen Infanterie=Regimenter geführt von ihrem Kommandeur resp. den höheren Stäben, dann die Kavallerie, Artillerie, die Sanitäts=Detachements und der Train. So ging es in festem, strammem Marsche den Thoren von **Metz** entgegen, mit flatternden Fahnen, die meistentheils so zerschossen und durchlöchert waren, daß man sie kaum wieder erkennen konnte, und unter den Klängen unserer herrlichen Vaterlandslieder: „Heil Dir im Siegerkranz," „Ich bin ein Preuße," der „Wacht am Rhein" u. s. w. Wie freudig strahlte jedes Auge, wie stolz hob sich jede Brust, als wir uns den Mauern der Festung näherten, vor der wir 2½ Monate im Schmutze und Unwetter gelegen hatten, die wir mit unermüdlicher Ausdauer, unter beständiger Beunruhigung und Aufregung, unter schweren, blutigen Gefechten, unter Gefahren, Anstrengungen und Entbehrungen aller Art so lange mit dem eisernen Waffenringe fest umschlossen gehalten hatten, bis sie durch Hunger gezwungen, uns freiwillig ihre Thore öffnen, bis ihre tapferen Vertheidiger, nicht nur die starke Besatzung, sondern auch eine gewaltige Feldarmee, eine Streitmacht von mehr als einhundert= undsiebenzig Tausend (173 000) Soldaten ihre Waffen strecken und sich in Kriegsgefangenschaft hatte abführen lassen müssen. Und wahrlich! dieses erhebende Gefühl stolzer Befriedigung war unsern tapfern Truppen wohl von Herzen zu gönnen; bildete es doch so ziemlich den einzigen und gleichzeitig schönsten Lohn ihrer Pflicht= treue und Aufopferung für König und Vaterland. — Als dann unter dem dröhnenden Tritt der Soldaten und den stampfenden Hufen unserer Rosse die schwere Zugbrücke rasselnd erzitterte, als das Wirbeln der Trommeln an den mächtigen Thorwölbungen sich donnernd brach und von den Mauern der drohenden Festungswerke der jungfräulichen Veste **Metz** die jubelnden Klänge der „Wacht am

Rhein" widerhallten, da schlug allen lauter das Herz im Busen und aller Glieder durchzuckte leise ein wundersames Zittern und ein eigenartig schöner Schauer der reinsten Freude und stolzer Befriedigung, der Schaar derjenigen mit anzugehören, denen so glänzende Erfolge zu erringen vergönnt gewesen war.

Klirrend erzitterten die Fenster der Häuser, als das 10. Corps mit klingendem Spiel und festem, gleichmäßigem Tritt durch die engen Straßen marschirte und lockte eine dichte Schaar Neugieriger herbei. Oft genug hatten wir die Genugthuung, daß selbst Stock-Franzosen, die mit ihrem schön gepflegten Henry IV., das Käppi schief auf dem Kopfe, die kurze Pfeife im Munde und beide Hände in den Hosentaschen, gleichgültig, geringschätzend oder feindselig und mit verbissener Wuth uns beim Ankommen entgegensahen, sehr bald und sicher gegen ihre Absicht zu lauter Ver- und Bewunderung hingerissen wurden über das gute Aussehen, die Sauberkeit und gute Beschaffenheit der Kleidung, Ausrüstung und Waffen, aber auch nicht weniger über die straffe, kriegerische Haltung, die gute Disciplin, kurz über den parademäßigen Zustand und Marsch unserer Truppen, denen man kaum eine Spur der überstandenen Kriegs- und Belagerungs-Strapazen ansehen könne.

Auf dem Platze vor dem Arsenal schwenkte das General-Commando ab, die Truppen machten Halt und schlossen dicht auf, dann nahm der commandirende General den Parademarsch in Compagnie- resp. Escadron-Front mit angefaßtem Gewehr ab, und während die Truppen ohne Aufenthalt sofort die Festung auf der Straße nach Pont-à-Mousson wieder verließen, versuchten wir vergeblich, das Arsenal zu besichtigen. Es wurde noch ein kleiner Imbiß in einem Hotel eingenommen, und da es inzwischen schon zu spät geworden war, noch das Innere des Domes zu besehen, eilten auch wir weiter zu unserm nächsten Quartier nach Jouy aux arches.

Hiermit schloß für das 10. Armeecorps der erste, ereigniß- und erfolgreiche Abschnitt des Feldzuges. Mit der Capitulation von Metz war die erste bedeutsame Aufgabe glänzend gelöst, welche der II. Armee unter dem Obercommando des Prinzen Friedrich Karl zugefallen war, und deren Zweck es war, die französische Armee-Abtheilung des Marschalls Bazaine zu vernichten, resp. unter den Mauern vor Metz festzuhalten, und gleichzeitig mit der

erzwungenen Capitulation dieser gewaltigen Festung auch die Feld=
Armee Bazaines unschädlich zu machen.

Unter harten Kämpfen und schweren Verlusten, unter monate=
langen Strapazen, Entbehrungen und geduldigem Ausharren vor
Metz in der unangenehmsten Situation, bei den ungünstigsten
Witterungsverhältnissen und trotz zahlreicher, zeitweise epidemisch
auftretender Erkrankungen war diese schwere Aufgabe glänzend zu
Ende geführt worden. Und mit ungebrochener Kraft und siegeß=
frohem Muthe eilten wir jetzt zur Theilnahme an einer neuen
Thätigkeit weiter, die zwar interessanter und abwechselungsvoller,
aber nicht minder anstrengend, gefahrvoll und schwer werden sollte,
nämlich zur Vernichtung der wie aus dem Boden gestampft, mächtig
herangewachsenen Loire=Armee, welche sich anschickte, dem belagerten
Paris von Süden her Entsatz zu bringen.

II. Von Metz nach Orleans.
Der Vormarsch auf Orleans.
(2. bis 27. November 1870.)

2. November (Mittwoch). Metz, die starke, jungfräuliche Veste war gefallen; hinter uns lagen die 2½ Monate der Cernirung mit ihren Schreckens- und Freuden-Tagen, mit ihren Gefahren und Entbehrungen, Anstrengungen und Kämpfen, und mit ihnen das schöne Moselthal. Ein neuer Abschnitt des blutigen Krieges begann jetzt für unser Corps, der uns durch mehrere der schönsten Departements von Frankreich in raschem Fluge führen, der gleichfalls reich sein sollte an blutigen Kämpfen, Gefahren und Strapazen, reich an Erfolgen und Siegen, aber auch reich an Abwechselung und Annehmlichkeiten.

Noch einmal schauten die gewaltigen Vertheidigungswerke der Citadelle auf uns herab, noch einmal passirten wir den ausgedehnten, breiten und festen Stadtvertheidigungsgürtel, von dessen mächtigen Thorwölbungen der Hufschlag unserer Pferde dröhnend wiederhallte, dann ging es über die letzte Zugbrücke durch die südliche Vorstadt Montigny und — Metz lag für immer hinter uns. — Auf dieser Seite der Festung sah man viel weniger von den Leiden und Folgen des Krieges und der langen Belagerung, wie Mosel abwärts; auch fehlten hier die vielen improvisirten Vertheidigungsanlagen, welche wir nach unserer Seite hin gefunden hatten. Nur der hohe Bahndamm, der in etwa ⅚ Kreisbogen um die Süd-, West- und Nordwestseite von Metz herumläuft und im Süden sich nach rechts und links theilt, um einerseits in SW.-Richtung über Ars ins obere Moselthal, andererseits in OSO.-Richtung über Courcelles weiterzulaufen, während die Hauptlinie dem Flusse abwärts über Thionville hin folgt, nur dieser Damm war gleichsam zu einer vorgeschobenen neuen Doppelumwallung in der vortheilhaftesten Weise umgewandelt worden. Die ganze Länge dieser beiden, nur im mittleren Theile zusammenstoßenden, dann aber in einem nach **N.** und nach **S.** concavem Bogen getrennt weiter verlaufenden Bahn= dammzüge war mit einem tiefen, breiten Wassergraben versehen worden und durch Wälle mit Wallgängen für Schützenketten, gedeckten Geschützständen, bombensichern Unterkunfts= und Munitions= räumen, erhöhten Beobachtungsplätzen und dergl. zu einer werth= vollen neuen Vertheidigungslinie hergerichtet worden. Zudem lagen ja diese neuen Befestigungsanlagen dicht unter den Kanonen der starken Citadelle und dem Schutze der Forts St. **Quentin** und **Queulen**, deren schwere Festungsgeschütze das ganze Vorterrain beherrschten, ja ihre mächtigen Geschosse bis **Ars sur Moselle** warfen. Diese fast unangreifbare Stellung auf der Südseite der Festung hatte aber nicht nur die Anlage weiterer kleinerer Ver= theidigungsbauten entbehrlich gemacht, sondern mußte auch die Belagerten um so mehr von kräftigeren Ausfällen nach dieser Seite hin abgehalten haben, als ein weiteres Ausnutzen selbst siegreicher Ausfallgefechte durch die ungünstigen Terrainverhältnisse, welche sich weiter aufwärts im Moselthal vorfinden, schwerlich möglich gewesen, sein würde. — Denn in demselben Maße, wie die Befestigungs= werke des Eisenbahndammes den Belagerern eine Annäherung an die Stadtumwallung selbst fast unmöglich machten, hinderten sie auch die Belagerten an einer schnellen Entwickelung bedeutender Truppen= massen für einen aussichtsvollen Durchbruchsversuch, zumal der Eisenbahndamm mit seinen wenigen Durchgängen schon von unserer Feldartillerie aus den gut geschützten Stellungen, welche für dieselbe auf den bewaldeten Berghöhen vor Ars und **Jouy** hergerichtet worden waren, in das wirksamste Feuer genommen werden konnte. Zudem ist das Anfangs noch breite und flache Thal durch die mannigfachen Verzweigungen, in welche die Mosel sich hier spaltet und zahlreiche kleine und größere Inseln bildet, schon bedeutend beengt und wird sehr bald durch hohe, ziemlich steilabfallende Berge so verschmälert, daß es für die etwa siegreich vordringenden Truppen der Belagerten ein langgezogenes, unpassirbares Defilée bilden würde, welches beiderseits von feindlichen Truppen besetzt war. Dementsprechend verrieth auf unserm Weitermarsche auf dem rechten

Moseluser nach Jouy Nichts, daß nach dieser Seite hin ein
irgendwie bedeutenderes Gefecht stattgefunden hatte.

Als wir beim Einbruche der Dunkelheit um einen bewaldeten
Bergvorsprung biegend, plötzlich die ersten Häuser des hart am
Fuße der hohen Bergkette und andrerseits längs eines breiten
Armes der Mosel sich schmal und lang hinziehenden Städtchens
Jouy aux Arches erreicht hatten, wurde das Auge zunächst von
den massigen, breiten und dicken Pfeilern und Bogenwölbungen des
uralten, römischen Aquaeductes gefesselt, welchem Jouy den Bei=
namen aux Arches verdankt. Einer mächtigen Raupe gleich,
welche über einen steinigen Steg kriecht, windet sich diese imposante
Wasserleitung hoch über die Dächer der Häuser, über Straßen und
den Moselarm hinweg und überspannt auf schlanken Füßen in
weitem Bogen das ganze Moselthal mit seinen verschiedenen, ziemlich
breiten Flußarmen. Zwar hat der Zahn der Zeit auch an diesem
gewaltigen Riesen=Bauwerke, welches für die Ewigkeit aufgethürmt
zu sein scheint, seine zerstörende Macht bewiesen; hat manche Lücke
in dasselbe gerissen, hier und da Stücke des Mauerwerkes heraus=
genagt und einzelne Pfeiler und Bogentheile zerstört, aber trotzdem
ruht der Blick mit Bewunderung und Staunen auf diesem groß=
artigen Kunstbau, welcher Jahrhunderte lang der Besatzung des
alten Römer=Kastelles, der jetzigen Festung Metz, das kühle, klare
Quellwasser der jenseits der Mosel liegenden bewaldeten Berge
zuführte. — Es ist eine herrliche, romantische Gegend, welcher diese
altersgraue Ruine noch einen besonderen Reiz verleiht; in schönen
Windungen ziehen die 3 bis 4 breiteren Arme der Mosel durch
das fruchtbare Gelände und über die grünen Wiesen der mit einzelnen
schönen Baumgruppen bestandenen Inseln spannt sich in elegantem
Bogen die hübsche, zierliche, lange Brücke, welche in schräger Richtung
die Städtchen Jouy und Ars verbindet. Beiderseits begrenzen
hohe, steilabfallende, meist schön bewaldete Berge das Thal, von
dem sich ein schluchtenartiges Seitenthal hinter Ars abzweigt, um
einen brausenden Gebirgsbach in die Mosel zu leiten, während die
Häuser sich tief in diese Thalschlucht hinein und an den Abhängen
beiderseits weit hinauf ziehen. Eine kurze Strecke weiter flußauf=
wärts lugen aus dem Grün des Waldes und von den Bergabhängen
herab 5 kleine Dörfer hervor, die sich dicht aneinanderschließend ein
einziges Städtchen zu bilden scheinen, und deren schlanker, weißer

Kirchthurm weithin sichtbar zwischen den rothen Dächern hervor=
leuchtet. Wohin das Auge sieht, überall begrenzen bewaldete Berg=
züge das Thal, hinter deren herbstlich gefärbtem Blätterschmuck höhere
Bergkuppen emporstreben, nur nach Nordost erweitert sich die
Niederung trichterförmig und gestattet einen letzten Blick auf die
Festung Metz.

Da schon das General=Commando 3. Armeecorps Tags vorher
die besten Quartiere belegt hatte und eigentlich dort nicht, wie dies
geschehen war, einen Ruhetag halten sollte, so waren wir froh, daß
unser Chef, der Generalarzt, noch ein gutes Quartier erhielt,
während der Stabsapotheker und ich es vorzogen, von den uns
angebotenen, kleinen dumpfen Bodenräumen keinen Gebrauch zu
machen, sondern lieber im dortigen Lazareth ein Zimmer zu benutzen,
aus welchem zwar soeben erst einige Ruhr=Kranke entlassen, das
aber frisch gescheuert, mit Chlor desinficirt und gründlich gelüftet
worden war. Nachdem wir bis spät Abends mit Kameraden vom
3. Corps das langentbehrte Vergnügen genossen hatten, endlich
wieder in einem Gasthause frisches, gutes Bier trinken und einen
gemüthlichen Scat spielen zu können, schliefen wir denn auch in
diesem äußerst sauberen Zimmerchen fest und ungestört.

3. November (Donnerstag). Durch das Moselthal aufwärts, welches
reich an Abwechselung und Naturschönheit mit den lieblichsten
Thälern Thüringens und des Harzes wetteifern konnte, und unsern
Marsch zu einem reizenden und interessanten Spazierritt gestaltete,
ging es zunächst noch einmal zurück nach Pont-à-Mousson.
Es war doch ein angenehmeres Gefühl, mit dem wir diesmal von
der alten Burg Mousson nach dem fernen Metz mit seiner stolzen
Kathedrale zurückschauten und dann über die hohe, breite Mosel=
brücke in die Stadt und auf den schönen großen Marktplatz ein=
rückten. Statt der bei unserem ersten Dortsein unter den weiten
Säulenhallen, welche um einen Theil des Platzes längs der Häuser
entlang laufen, auf Strohlager bivakirenden Soldaten, wogte jetzt eine
lebhafte Schaar von Einwohnern an den Schaufenstern der wieder
geöffneten Läden hin und her, die Straßen waren sauber und belebt,
keine militairischen Fuhrwerke aller Art und Geschütze beengten mehr
die Plätze, und die Einwohner zeigten sich weder furchtsam, noch
tief erregt, wie damals, noch wichen sie unsern Soldaten scheu aus.
Natürlich suchten wir auch unsern früheren Gastgeber Monsieur

d'Avoût wieder auf und waren ordentlich gerührt von der offen gezeigten Freude und der herzlichen, natürlichen Liebenswürdigkeit, mit welcher das Ehepaar uns empfing. Sie ließen nicht nach mit Bitten, bis der Stabsapotheker und ich zugesagt hatten, bei und mit ihnen das Souper einzunehmen. Und wir hatten dies nicht zu bereuen, denn mit größerer Herzlichkeit und ungekünstelterer Zuvorkommenheit hätten wir selbst von näheren Bekannten kaum aufgenommen werden können, und unser ausgesucht feines Essen mit seinen altehrwürdigen Weinen bester Qualität wurde durch die angeregte, ungezwungene Unterhaltung, die Aufmerksamkeit und das herzliche Wesen unserer freundlichen Gastgeber in der angenehmsten Weise gewürzt und endete erst spät Nachts nach einem gemüthlichen, echt familiären Plauderstündchen bei einer duftenden Cigarre.

4. und 5. **November** (Freitag und Sonnabend). Nur ungern und mit Bedauern verließen wir am folgenden Morgen 8 Uhr die für uns so gastliche Stadt, folgten noch eine Strecke der Mosel auf= wärts, um dann über die Berghöhen nach der Festung Toul hinabzusteigen. Unser Quartier in dieser durch die Beschießung arg zugerichteten Stadt war nicht besonders gemüthlich. — Da es von jetzt ab immer schwerer wurde, für Jeden von unserm Stabe ein gutes Quartier zu beschaffen, weil die Quartiermacher nicht wie sonst einen Tag vorher dieselben auswählen konnten, sondern stets erst 1 bis 2 Stunden vor dem Einrücken des Stabes ihr mühsames und undankbares Geschäft beginnen konnten, und dazu oft mit den Quartiermachern der am selben Orte gleichfalls unterzubringenden Truppentheile einen heftigen Wettstreit durchzumachen hatten, so nahm ich dankbar das Anerbieten unseres General = Stabs = Chefs, Oberstlieutenants v. Caprivi an, mich den mit diesem Commando betrauten Offizieren des Stabes jedesmal anzuschließen und das Belegen der Quartiere für unser generalärztliches Personal und unsern Corps=Auditeur selbst zu übernehmen. Seitdem gelang es mir mit sehr seltenen Ausnahmen, bis zum Tage unserer Heimkehr stets so gutes Unterkommen für uns zu finden, daß ich nie die geringste Klage darüber zu hören brauchte. Bereits nach kurzer Zeit hatte ich durch Uebung meinen Blick so geschärft, daß mir schon der äußere Anblick eines Hauses verrieth, ob ich in demselben ein für uns passendes Quartier finden würde, und dieser erste Ein= druck hat mich dann später auch nicht ein einziges Mal getäuscht.

Uebrigens darf ich nicht verhehlen, daß mein Bursche, der mich stets begleitete und für das Unterbringen von Pferden und Wagen zu sorgen hatte, mich ganz vorzüglich bei meiner Aufgabe unterstützte. Obgleich er weder schreiben, noch lesen konnte, besaß er doch eine so große instinctive Schlauheit, daß ich beim Aufstoßen des geringsten Zweifels mich auf das Urtheil dieser treu ergebenen Seele völlig verlassen konnte; freilich das Wohl meines Braunen ging ihm doch noch über die Sorge für mein leibliches Wohl. „Denn", sagte er, „Sie können nöthigen Falls auch für sich allein sorgen, aber was würde aus unserem Braunen werden, wenn ich ihm nicht Alles besorgte?"

Wir waren zwar in einem ziemlich großen Hôtel (d'Angleterre) einquartirt, doch hatte dasselbe, wie die meisten Häuser, arg durch unsere Granaten gelitten. Mehr als ein Dutzend Geschosse waren durch das Haus geflogen, die meisten hatten nur beim Ein= und Austritt mächtige, rundliche Oeffnungen in die Wände gerissen, einige Zimmer waren aber auch durch crepirende Granaten voll= ständig unbewohnbar gemacht und nur wenige Räume des ausge= dehnten Hauses waren ganz unbeschädigt geblieben. Auch durch unser Quartier war eine Kugel gegangen, hatte das Fensterkreuz herausgerissen und durch eine mächtige Oeffnung in der Wand das Zimmer wieder verlassen. Beide Stellen waren nur ober= flächlich verstopft und verklebt worden, so daß Wind und Regen freien Eintritt fanden. Da die Tage, und namentlich die Nächte bereits bitter kalt waren und am Morgen weißer Reif auf Dächern und Bäumen lag, so war der Aufenthalt in unserem luftigen Bau, der weder mit Ofen, noch Kamin versehen war, gerade nicht ange= nehm, und Nachts waren die dünnen, kurzen **Plumeaux** gerade auch nicht recht genügend für solche Vogelbauer=Wohnungsverhält= nisse. Wir mußten uns damit trösten, daß es überall in der Stadt ähnlich aussah, dabei schien es an Arbeitskräften zu fehlen, um die durch das Bombardement verursachten Schäden auszubessern; vielfach forderten die Besitzer auch Schadenersatz und warteten auf das Eintreffen der Abschätzungs=Commissionen, die trotz genügender Anzahl nur mühsam vorwärts kamen.

Die kleine, in der Ebene liegende Festung Toul mag in früheren Zeiten mit ihren umfangreichen Stadtbefestigungswerken, ihren starken, breiten Wällen, die auf Granitmauern oder Unter=

mauerungen gestützt, mit gewölbten Casematten, guten Geschütz=
ständen und allen zur Vertheidigung nothwendigen Anlagen und
Bauten reichlich versehen, in doppeltem Gürtel die Stadt umschließen
und noch durch vorliegende breite Wassergräben verstärkt werden,
Toul mag mit diesen Werken wohl einem feindlichen Angriff längere
Zeit haben widerstehen können. Da indessen die Festung von den
in ihrer Nähe gelegenen hohen Bergen aus bequem eingesehen, d. h.
mit unsern jetzigen Geschützen erfolgreich beschossen werden kann, so
hatte sie in ihrem damaligen Zustande keinen bedeutenden Werth
mehr. In diesem Kriege hatte immerhin die Besatzung sich mit
großer Tapferkeit gegen unsere Truppen zu halten versucht, bis die
schrecklichen Folgen des Bombardements sie von der Nutzlosigkeit
eines längeren Widerstandes überzeugt hatten. Ein Gang durch die
breiten, eleganten Straßen und Plätze des neuen, nahe des Glacis
gelegenen Stadttheiles ließ uns noch jetzt die furchtbare Wirkung
der nur kurze Zeit hindurch fortgesetzten Beschießung wahrnehmen.
Hier war kaum ein Haus, eine Wand oder ein Dach, welche nicht
noch die Spuren der eingedrungenen Geschosse erkennen ließen;
namentlich waren die größeren und freier stehenden, öffentlichen
und Militair=Bauten arg mitgenommen worden; so waren z. B.
die Wände einer Kaserne buchstäblich von Granaten durchlöchert
worden und hatten das Aussehen mächtiger Siebe, und das Dach
war vollständig zusammengeschossen. Unheimlich sahen die Gebäude,
wie z. B. die Commandantur aus, wo die Granaten beim Durch=
bringen der Mauer crepirt waren; denn dort sah man durch die
halb niedergerissenen Wände hinein auf die schaurigen Zerstörungen,
welche Zimmereinrichtung und das ganze Innere erlitten hatten.
Leider war auch der schöne Dom nicht von unseren Geschossen
unberührt geblieben, namentlich hatte die Hauptfaçade mit ihren
schönen Verzierungen bedeutender gelitten, und leider hatten die
Kugeln auch mehrere der schönen, alten, gemalten Fenster zertrümmert,
zum Glück indessen das Innere des herrlichen Gotteshauses so gut
wie vollständig verschont. Weniger schwer war die innere, alte
Stadt von dem Bombardement betroffen, welche dafür ein kaum
entwirrbares Netz enger, winkliger, schmutziger Straßen und kleiner
Plätze bildet, mit hohen, dicht aneinander gebauten alten Häusern und
einem Durcheinander von schmalen Gäßchen und Durchgängen, dabei
besitzt sie nur wenig sehenswerthe Bauten, aber ein entsetzliches Straßen=

pflaster. — Interessant war auch die Besichtigung der Festungswerke, an denen man deutlich erkennen konnte, mit wie zäher Hartnäckig= keit die Besatzung sich zu halten und zu vertheidigen versucht hatte. Auf den Wällen standen die schweren Festungsgeschütze noch völlig schußbereit in den Positionen, die Schußöffnungen und die deckenden Verschanzungen waren noch durch Schanzkörbe, Sandsäcke, Faschinen 2c. geschützt; an einzelnen Stellen freilich ließ sich noch deutlich genug erkennen, wie diese Geschützbettungen noch bis zuletzt das Hauptziel für die Belagerungsgeschütze gewesen waren. Hier lag ein mächtiges Kanonenrohr unter den Trümmern der zerschossenen Lafette fast begraben, oder zeigte durch tiefe runde Beulen und abgesprengte Theile, daß ein feindliches Geschoß dasselbe unbrauchbar gemacht hatte; dort waren Brustwehr und Deckung fortgerissen, dort die kleine Schießöffnung in ein weites Thor umgewandelt und das schwere Geschütz vollständig demolirt; an anderen Stellen konnte man die mächtigen Baumstämme, Balkenlagen, Sandsäcke=Anhäufungen, die frischen Erdarbeiten u. dergl. noch erkennen, durch welche die tagsüber erfolgten Zerstörungen Nachts wieder in Eile nothdürftig ausgebessert, die entstandenen Lücken ausgefüllt waren. Kurz, überall die Zeichen tapferen Widerstandes. — An anderen Stellen wieder hatten die Geschosse tiefe Löcher in die Wälle gewühlt oder das Mauerwerk arg zertrümmert, auch schien an einigen Punkten der Versuch zum Breschelegen bereits deutlichen Erfolg gehabt zu haben, hier hatten die vielen gegen eine schmale Stelle des Walles ge= schleuderten Geschosse bereits einen großen Theil der Erdwerke gleichsam abgetragen, und auch das starke Mauerwerk zeigte bereits zwei breite, tiefe Rinnen, welche dazu bestimmt schienen, senkrecht den betreffenden Theil aus der steinernen Stützmauer gleichsam herauszuschneiden, denselben schließlich nach vornüber umzulegen und ihn hierdurch zugleich zur Ausfüllung des breiten Wallgrabens zu verwenden. Wir mußten staunen, mit welcher Genauigkeit und Sicherheit Geschoß neben Geschoß dort nur an diesen beiden schmalen, senkrechten Streifen ins Mauerwerk eingedrungen waren. Dann wieder wurden uns die Minengänge gezeigt, welche unsere Pioniere nach Uebergabe der Festung angelegt hatten, um jederzeit die Wälle schleifen zu können, dieselben waren so eingerichtet, daß sie an den Hauptstützpunkten zunächst einen bedeutenden Theil des Mauerwerkes herausreißen mußten, in Folge dessen dann die Erdwerke über und

neben diesen Stellen nachstürzen und die Trümmer zugleich auf
weitere Strecken den Umwallungsgraben ausfüllen mußten.

Da unsere Truppen in **Toul** den ersten Ruhetag halten sollten,
so herrschte in den Hauptstraßen, in den Läden, Restaurationen und
Cafés ein reges, lustiges und lautes Leben und Treiben. Fast
Jeder hatte nach dem monatelangen Herumliegen vor **Metz** an seinen
Kleidern und Habseligkeiten dies und jenes zu ändern, zu ersetzen,
oder neu zu beschaffen, besonders da der Winter sich bereits ab und
an unangenehm ankündigte. So waren denn die Läden bald mit
Käufern angefüllt, die ihr während der Belagerung erspartes Geld
noch in der Tasche hatten und nicht lange feilschten, so daß die
jungen Touloisen, als sie dies merkten, auch bald freundlicher und
aufmerksamer gegen ihre deutschen Käufer wurden, und letzteren
gelang es später so gut die anfängliche, tiefe Trauer über Frank=
reichs **grand malheur** vom Antlitz mancher Schönen zu ver=
scheuchen, daß sie sich Abends von ihren Feinden, den Barbaren, lustig
im Tanzsaal herumschwenken ließ. Weit mehr noch als in den
Läden war es in den Cafés zum Erdrücken voll; nach so langem
Entbehren aller Lebensgenüsse wollte sich Jeder an dem hier über=
all vorhandenen, vorzüglich guten Bier erquicken, und aus jedem
Local ertönte es fast ununterbrochen: „**Garçon, un bok!**"

Selbst unser Stabsapotheker konnte sich diesem allgemeinen Drange
nicht entziehen, und so saßen auch wir Beide bald im Kreise von Be=
kannten bis spät Abends im gemüthlichen Geplauder am Biertische.
Als wir dann gegen 10 Uhr mit einem Freunde heimwandern
wollten, verfehlten wir den rechten Weg und befanden uns bald in
einer uns ganz unbekannten Gegend. Plötzlich kamen uns, aus
einer Querstraße einbiegend, zwei tief verschleierte, schwarz gekleidete
Damen entgegen, so daß wir dicht an ihnen vorbei mußten. Trotz
des scheinbar dichten Schleiers glänzten uns jedoch vier feurige,
dunkle Augen entgegen, als sie an uns vorbeischritten, auch sprachen
ihr Gang und ihre Bewegungen dafür, daß sie noch jung waren.
So überwand ich denn schnell meine Schüchternheit, trat zu ihnen heran
und fragte höflich nach dem nächsten Wege zum Hotel. Natürlich
bemühte ich mich in möglichst liebenswürdiger, aber etwas confuser
Weise die Auskunft der beiden Damen beständig falsch zu verstehen,
besonders nachdem sie im Eifer des Gespräches ihren Schleier zu=
rückgeschlagen hatten, und nicht nur zwei jugendliche, sondern auch)

zwei recht hübsche Mädchengesichter darunter zum Vorschein kamen. Schließlich blieb ihnen Nichts übrig, als das zu thun, worauf ich gehofft hatte, sich zu erbieten, uns den rechten Weg selbst zu zeigen. So wanderten wir denn, ich neben den beiden Französinnen voraus, die beiden Freunde dahinter, durch die um diese Zeit gerade recht leeren Straßen; alle meine Bemühungen aber, eine Unterhaltung zu Stande zu bringen, scheiterten an der stolzen, abweisenden Kälte unserer Führerinnen. In der Nähe unseres Quartiers verabschiedete sich unser Freund, und schon wollten wir dasselbe thun, als mich die feurigen Augen der hübschen Mädchen noch zu einem letzten Versuche reizten. Unter dem Vorgeben, daß sie auf ihrem Heimwege wahrscheinlich vielen angeheiterten deutschen Soldaten begegnen würden — es war kurz vorher die Retraite geblasen, resp. „gelockt" worden — und wir es doch nicht verantworten könnten, daß sie womöglich zum Dank für ihre Gefälligkeit auf ihrem Rückwege irgendwie belästigt würden, bot ich ihnen schnell unsere Begleitung an. Diese Aufmerksamkeit von uns Barbaren schien Beide endlich gerührt zu haben, und so spazierten wir bald im gemüthlichen Geplauder herum, wobei indessen mein Stuben-Kamerad, der sich wenig an der französisch geführten Unterhaltung betheiligen konnte, die erste Gelegenheit ins Quartier zurückzukehren wahrnahm und mich allein dem Kreuzfeuer der beiden blitzenden Augenpaare ausgesetzt ließ. Der helle Mondschein war zu verlockend, um die Promenade auf dem schönen Glacis nicht noch länger auszudehnen und so war es bereits recht spät, als die Damen plötzlich vor einem Hause stehen blieben, welches meiner Meinung nach auf der entgegengesetzten Seite der Stadt etwa sich befinden mußte. Als ich beim Abschied um Angabe nach dem Wege zu meinem Hotelquartier fragte, sagten Beide: „Sie können nicht fehlen, allez tout droit!" Gleich darauf waren sie nach flüchtigem Abieusagen in der Hausthür verschwunden, mir nochmals zurufend: „Allons, tout droit, monsieur!" Nachdem ich vergeblich nach der Nummer des Hauses und dem Namen der Straße gesucht, trat ich ermüdet den Heimweg an. Hatte ich nun nicht genau zugehört, oder hielt die Erinnerung an das soeben Erlebte mich noch zu sehr gefangen, kurz ich faßte das tout droit meiner neuen Freundinnen als Weisung auf, mich nur hübsch rechts zu halten. Als daher sich nach einiger Zeit eine Straße schräg rechts abzweigte, folgte ich dieser, und auch weiterhin mich stets rechts haltend, stand ich plötzlich auf einem mäßig großen Platze, der durch ein hohes, altes, weit vorspringendes Gebäude in zwei Theile zerschnitten wurde und der von gleichfalls sehr alten, in unregelmäßiger Flucht stehenden Häusern umgeben war. Es waren meist Fachwerkbauten mit hohen Giebeln, zahlreichen kleinen Fenstern und vielfach mit weiten Einfahrtsthoren, die auf weite Hofräume oder enge Straßendurchgänge führten. Ich mußte mich im ältesten und zugleich in einem ärmeren Theile der inneren Stadt befinden, hatte aber keine Ahnung davon, wo ich war und welche Richtung ich jetzt einzuschlagen hatte. Mitternacht war bereits vor= über, der durch Wolken verhüllte Mond verbreitete nur ein mattes Dämmerlicht über den Platz, und kein Mensch war zu sehen, kein Licht zu erblicken. So irrte ich denn aufs Geradewohl weiter, ohne einen Menschen zu treffen, der mir Auskunft ertheilen konnte; zwar begegneten mir noch einige Soldaten, doch kannten sie mein Hotel nicht, und das einzige weibliche Wesen, welches ich an einem Brunnen stehen sah, riß schleunigst aus, als ich auf sie zuging. Etwa nach einer Stunde kam ich plötzlich wieder in dieselbe Straße, und so ziemlich an dieselbe Stelle, wo mich die beiden Touloisen verlassen hatten. Was nun thun? Zunächst wollte ich sehen, wo die Straße endete, sie mußte mich doch zu den Glacis zurückbringen, und von dort hoffte ich mich weiter zu finden. Also nur immer gerade aus! — Kaum war ich mehrere hundert Schritte über die sich schräg rechts ab= zweigende Straße hinweggegangen, als zu meinem größten Erstaunen mein Hotel=Quartier gerade vor mir lag. Plötzlich fiel es mir nun auch wie Schuppen von den Augen, „tout droit" hatten ja meine Freundinnen gesagt, und tout droit war ich jetzt ja auch endlich gegangen. Wie schadenfroh würden die beiden Schönen wohl über den barbar prussien gelacht haben, hätten sie geahnt, nach welchen Irrfahrten ich erst den geraden Weg, das tout droit zufällig ge= funden hatte. Nicht gerade sehr stolzen Gefühles schlich ich in unser Stübchen und hatte hier noch das zweifelhafte Vergnügen, von dem in seinen süßesten Träumen gestörten Stabsapotheker, dem ich mein Leid klagte, recht tüchtig ausgelacht und verspottet zu werden.

Auch der nächste Tag, ein Ruhetag, lockte uns sehr bald hin= aus, um uns an dem regen Leben und Treiben in den Straßen zu erfreuen und die langentbehrten Annehmlichkeiten und Freuden des Stadtlebens in aller Gemüthlichkeit zu genießen. Vor Allem wurde zunächst die Kathedrale von Toul eingehender besichtigt. Die herrliche Façade hatte leider, wie bereits bemerkt, ziemlich stark bei dem Bombardement gelitten; von den zierlichen, reichen Ornamenten, den Säulchen und Thürmchen, den Figuren und übrigen wundervollen Verzierungen des breiten, tiefen Portales, von den Rosetten der Hauptfaçade, den verschlungenen Bogen der hohen gewölbten Fenstereinfassungen und dem Schmuck der beiden Thürme war an vielen Stellen Einzelnes arg beschädigt und herausgebrochen, auch mehrere der uralten, buntgemalten Fenster vollständig herausgerissen, zerbrochen, oder doch theilweise zerstört worden.

Das ganze herrliche, alte Kunst=Bauwerk hat ja viel Aehnlichkeit mit dem Dom in Metz, doch ist der Gesammteindruck der Touler Kathedrale ein viel schönerer, imponirenderer und großartigerer, da er nicht, wie dort durch verunstaltende Anbauten und durch hohe Häuser, welche nahe um ihn herum stehen, ja sich bis in seine nächste Nähe herandrängen, entstellt, verdeckt und erdrückt wird. — Einen erhebenden, fast überwältigenden Eindruck übt das Innere der Kathedrale schon beim ersten Eintritte auf jedes empfängliche Gemüth aus, ähnlich dem beim Betreten des Kölner Domes. Die feinen, schlanken, himmelanstrebenden Säulen mit ihren reichen Kapitälen und den wunderbar leichten, auf diesen ruhenden Bogenwölbungen, die nach allen Richtungen hin gegen einander strebend, sich in schwindelnder Höhe an den Rosetten zu mächtigen Kuppeln vereinigen, erheben das Gemüth und die Gedanken zum Himmelsthron, und tragen sie empor über die Leiden und Sorgen dieses unvollkommenen Daseins zu den ewigen, überirdischen Gefilden; andererseits empfindet man wohl an keiner Stelle so wie hier, seine eigene Nichtigkeit, Kleinheit und Ohnmacht gegenüber der Erhabenheit und Allmacht der ewigen Gottheit. Die kunstvollen, feinen Schnitz=Arbeiten und die Schönheit und Pracht des Hochaltares und der Kanzel, das herrliche Altargemälde, die Kreuzgänge und Seitenschiffe müssen Jeden unwillkürlich zur Andacht stimmen. Jeder fühlt beim Anblick der Mächtigkeit und Größe dieses weiten, ausgedehnten Säulentempels, daß es dem kühnen Baumeister dieses Kunst=Denkmals gelungen ist, dem gewaltigen Bau den characteristischen Stempel seiner Bestimmung aufzudrücken, man fühlt es: Dies ist das Haus des Herrn!

Als am Nachmittag bei Sonnenschein und milder Witterung

an verschiedenen Stellen der Hauptpromenade an den Glacis mehrere unserer Deutschen Militär = Kapellen ihre rauschenden und fröhlichen, heiteren Weisen erklingen ließen, da strömten von allen Seiten die Einwohner Touls, zuerst die männliche Hälfte, all= mählich aber auch Dame auf Dame herbei, um nach dem Tacte deutscher Militairmusik auf und ab zu spazieren, und noch ehe die Abenddämmerung heraufzog, hatten die meist in Schwarz gekleideten, zum Theil sehr hübschen Touloisen ihren Schmerz und ihre Trauer, wie ihren Zorn und ihre Verachtung gegen die Soldaten des Erz= feindes bei Seite geschoben, wie ihre Schleier, und plauderten, lachten und scherzten heiter und vertraulich mit ihren gerngesehenen Begleitern, den Prussiens, als seien es ihre Landsleute. Auch meine gestrigen Freundinnen waren erschienen, doch lag mir das nächt= liche tout-droit-Herumirren noch zu sehr in den Gliedern und Gedanken, so daß ich es vorzog, mich rechtzeitig zu verziehen und mit alten Bekannten und Freunden zu einem gemüthlichen Scat und einigen Gläschen schäumenden, frischen Bieres in eines der beliebtesten Cafés abzuziehen. Viel früher freilich, aber doch ohne weitere Irrfahrten, kam ich vom Scattisch auch nicht heim, wie am Tage vorher, dafür aber umfing mich bald ein desto festerer erquickender Schlaf.

6. **November** (Sonntag). Der nächste Marsch brachte uns an einem herrlich schönen Sonntagsmorgen durch Wald und Wiese, über Berg und Thal nach Colombey im Departement Meurthe, wo wir bei einem zuvorkommenden, freundlichen Rechtsgelehrten ein eben so ausgezeichnetes, wie gemüthliches Unterkommen, und eine nicht minder gute Verpflegung fanden, welche Vorzüge noch durch das gesellige, launig=heitere Wesen des Gastgebers angenehm erhöht und vermehrt wurden.

7. **November** (Montag). Statt Sonnenschein umfing uns dichter, kalter Nebel, als wir am nächsten Morgen weitermarschirten und bald in das Departement Les Vogues eintraten. Bis gegen Mittag blieb der Nebel so dicht, daß wir nur hin und wieder ahnen konnten, daß die Gegend, welche wir durchritten, ein von hohen Bergzügen begrenztes, schönes Hochplateau sein müsse; dann aber senkte er sich schnell und enthüllte nun das vor uns liegende Thal der Vraine, welches wir quer überschreiten mußten, in seiner vollen, romantischen Schönheit. Im hellsten Sonnenschein lagen

die hohen, schroff und steil abfallenden Bergwände vor uns, welche wie eine Cyklopen-Mauer und wie Riesenwälle das ziemlich breite Thal einschlossen und mit ihren bewaldeten Häuptern in der mannigfaltigen, wunderbaren Pracht und reichen, wechselvollen Farbenschönheit ihres herrlichen, herbstlichen Blätterschmuckes auf das rasch vorüberrauschende, klare Bergwasser hinabschauten. Als wir auf der hochgewölbten, massiven Holzbrücke das tief unter uns von Fels zu Fels schäumende und hochaufspritzende mit Plätschern und Rauschen dahinhüpfende Flüßchen überschritten, welches die beiden schmalen, sauberen Dörfer St. Elope und Fruze von einander trennt, schien sich die westliche Thalwand langsam zu spalten und weiter und weiter auseinander zu weichen, bis das erstaunte Auge schließlich in zwei gleich schöne, schluchtenartige Flußthäler hineinschaute, die sich zu einander verhielten wie Mutter und Tochter. Einer Landzunge vergleichbar drängte sich mit zackigem Felsengrath ein wie eine senkrechte Mauer aus dem Thalgrunde emporsteigender Bergzug in das Vraine-Thal keilartig hinein, so daß er dasselbe in ein schmäleres Seiten- und ein breiteres Hauptthal zerschnitt. Kurze Zeit darauf rückten wir in die Stadt Neufchateau en Vogues zum zweitägigen Aufenthalte ein.

Hier lagen wir bei Madame la veuve Pinot (Rue grande 23) im Quartier, und zwar war dies wohl eins der besten und schönsten Quartiere in Frankreich während des ganzen Feldzuges. Wir befanden uns hier schon in einer Gegend, in welche bis dahin noch keine deutschen Truppen vorgedrungen waren. Bis kurz vor unserem Anmarsch war die Stadt noch von Gardes nationales und mobiles besetzt gewesen, nach ihrem Ausmarsch hatten sich dann sofort Franctireur-Corps gebildet. Diese recrutirten sich hauptsächlich aus fanatisch erregten, oder unruhigen, jugendlichen Abenteurern, welche ein freies, ungebundenes und unabhängiges, sorgloses Kriegsleben dem ernsten, strengen und anstrengenden Militärdienste vorzogen und unter der Fahne der Vaterlandsliebe und freiwilligen Aufopferung für Ehre und Freiheit desselben ihren Gelüsten, Wünschen und Hoffnungen ungestörter nachgehen, ihren Stolz, ihre Eitelkeit und ihren Ehrgeiz schneller und besser befriedigen, oder auch ihren Lastern und Neigungen ungestrafter und uneingeschränkter fröhnen zu können hofften. Es hatten daher schon die wenigen Tage ihrer Alleinherrschaft in der Stadt und Umgegend genügt,

das Vertrauen in ihren Werth und in die Aufrichtigkeit ihrer
Absichten zu erschüttern, und lieber wurden die regulären, feindlichen
Truppen von den Einwohnern in ihre Behausungen aufgenommen,
als daß sie sich unter den Schutz der undisciplinirten Franctireur=
Banden stellten.

In den Reihen der Gardes nationales stand auch der
einzige Sohn unserer liebenswürdigen Quartiergeberin als Offizier
und war kaum einen Tag vor uns seiner sich beim Anmarsche
unseres Corps zurückziehenden Abtheilung gefolgt. Wie fast ab=
göttisch die arme Mutter ihren Sohn liebte und verehrte, konnten
wir am besten daraus ersehen, daß sie die Zimmer desselben genau
in dem Zustande erhielt, wie er dieselbe verlassen hatte, und daß
sie dort sich am liebsten Stunden lang aufhielt. Wir mußten es
daher auch als ein besonderes Zutrauen von ihrer Seite aufnehmen,
daß sie uns diese geheiligten Räume zeigte, die sie sonst immer
unter strengem Verschluß hielt und welche Niemand vom Haus=
personal betreten durfte. — Natürlich drehte sich die Unterhaltung
meist um ihren Liebling, der ja ihr größter Stolz und kostbarster
Schatz war. Dann aber mußten wir ihr wieder erzählen, wie es
uns im Kriege ergangen sei, und wie es draußen während desselben
zugehe. Andrerseits aber war sie mit rührendem Eifer bemüht,
dem Generalarzt und mir nicht nur, sondern auch unsern Leuten
den Aufenthalt in ihrem Hause so angenehm wie möglich zu
machen; denn ihr Sohn befände sich ja in ähnlicher Lage, sagte
sie, und sie hoffe immer, daß dieser von seinen Landsleuten gleich=
falls gut aufgenommen und versorgt werde, wenn sie selbst die in
ihr Haus einquartirten Soldaten, ob Freund, ob Feind, so freund=
lich empfange und so gut bewirthe, wie dies irgend in ihren
Kräften stände. Und schon das Dejeuner, zu welchem Madame
Pinot gleichfalls erschien, bewies, daß sie Nichts geschent, sondern
hergegeben hatte, was Küche und Keller an schmackhaften Speisen
und ausgesuchten Weinen zu bieten vermochte. Ebenso vorzüglich
waren die Wohnungsverhältnisse; ein fürstlicher Besuch hätte wahr=
lich nicht zu zögern brauchen, die uns zur Verfügung gestellten
Räume zu benutzen. Von dem stattlichen, großen Hause wurde
uns die ganze obere Etage, mit Ausnahme der Zimmer ihres
Sohnes, eingeräumt. Es waren dies zunächst 2 große, sehr elegant
eingerichtete Wohnzimmer mit werthvollen, alten Gemälden, Pen=

bulen, kunstvoll gearbeiteten Gold=, Silber= und Porzellansachen
u. dergl. geschmückt. Der Fußboden war mit wundervollen, finger=
dicken Teppichen bedeckt, in welche der Fuß geräuschlos einsank.
Wie in den meisten französischen Fremden=Zimmern, stand auch
bei uns in einer Art Nische ein mit Seidenvorhängen, über welche
zarte, weiße, gestickte Tüllgardinen lagen, elegant umschlossenes
Himmelbett, dessen weiche Matrazen und leichte, mit gestickten Be=
zügen versehene Daunenpfühle und Plumeaux selbst der verwöhntesten
Prinzessin genügt haben dürften. Auf dem zierlichen Toiletten=
tischchen stand eine Unmenge feingeschliffener Flacons, gemalter
Porzellan=Döschen und niedlicher Schächtelchen mit allen möglichen
Ingredienzen zur Pflege und Abonisirung des Körpers, wie solche
wohl kaum reichlicher das elegante Boudoir einer eitlen Französin
hätten anfüllen können, die indessen wir deutsche Barbaren nicht
recht zu würdigen verstanden. Hohe Holzpanäle mit abschließendem
breitem Gesimse aus getäfeltem und feingeschnitztem dunklem Eichen=
holz liefen rings an den Wänden herum und schlossen in ihrer
Mitte einen reich mit Schnitzwerk und glänzenden Metall=Beschlägen
geschmückten Kamin ein, auf dessen etagenförmigen Galerien und
Simsen außer einer hervorragend schönen, alten Pendule eine reiche
Auswahl alter, werthvoller Trink= und sonstiger Gefäße und kostbarer
Kunstgegenstände aufgestellt waren. Davor stand ein wahres
Prachtexemplar von Ofenschirm aus feinster Holzmosaikarbeit mit
eingelegten Perlmutterverzierungen künstlerisch schön hergestellt,
während der Ofenvorsatz und die Feuerungswerkzeuge, Schüreisen,
Ofenzangen, Schaufeln u. dergl. in ihrer reich verzierten, schönen
Arbeit mehr zur Zierde, wie zum Gebrauch eingerichtet zu sein
schienen. Kurz, die ganze Ausstattung des Zimmers, der auch die
übrigen Meubles entsprachen, war so elegant und gediegen, dabei
aber doch so wohnlich und bequem, wie dies nur in einem außer=
ordentlich wohlhabenden, soliden Hause einer altansässigen Patrizier=
familie möglich ist. — Durch eine Kammer von unseren Wohn=
räumen getrennt, hatte man uns das Bureau mit allem möglichen
Comfort eingerichtet, welches auch in einer Art Alcoven den
Schlafraum für den Schreiber enthielt. — Pferde und Burschen
waren entsprechend vorzüglich untergebracht und gut verpflegt.

Die Stadt **Neufchateau** besteht eigentlich aus zwei ganz von
einander verschiedenen Stadttheilen, dem stillen, aristokratischen

Viertel, in welchem die altehrwürdigen Stammsitze und schloß=
artigen Gebäude der Aristocratie weitläufig neben einander sich
erhoben und mehr durch ihre Masse und solide, originelle Einfach=
heit und Gediegenheit, wie durch die Schönheit und den Luxus
ihrer Façaden wirkten. Viele lagen in parkähnlichen Gärten, oder
gewaltige, mit Wappen und Thiergestalten gekrönte Einfahrtsthore
führten neben der Hausfront in den weiten Hofraum, der durch
hohe Mauern die Nebengebäude nach der Straße hin fast ver=
deckte, oder von den prächtigen Kronen alter Linden= oder Nuß=
bäume weit überragt wurde.

Nur selten sah man in den breiten Straßen, die theilweise
Baum=Alleen in ihrer Mitte führten, wirkliche Prachtbauten mit
hervorstechenden, oder kunstvoll verzierten Façaden, die meisten
Straßen hatten zwar ziemlich geräumige, aber nur zweistöckige glatt
verputzte Häuser mit grünen Holz = Fensterladen und kleinen, von
vergoldeten Eisengittern umgebenen Balcons, so daß solche Straßen
mit ihrer tiefen Stille und dem kaum sichtbaren Verkehr einen sehr
einförmigen und langweiligen Eindruck machten, immerhin aber
ihren aristokratischen Charakter nicht verleugneten. Ganz das
Gegentheil hiervon war das eigentliche Geschäftsviertel mit dem
enormen Straßenverkehr, dem lebhaften Treiben und Wogen, mit
seinen eleganten Läden und den hell erleuchteten, geschmackvoll und
verführerisch ausgestatteten, mächtigen Schaufenstern.

Auf dem etwas höher gelegenen, größeren Marktplatze stand
mit dem ausgedehnten Stadthause — der Mairie — als vorzüg=
lichen Hintergrund das meiner Ansicht nach geschmackvollste und
schönste, wenn auch keinenfalls das größte Standbild der Jeanne
d'Arc. Auf einem viereckigen, einfachen Sockel aus Bronce oder
Gußeisen steht in etwas über Lebensgröße die fein ausgearbeitete
Figur der Jungfrau mit echt weiblich zarten, weichen Formen und
Zügen, in denen sich dennoch ebenso, wie in ihrer ganzen Haltung
Begeisterung, männliche Entschlossenheit und kühner Siegesmuth
ausspricht; in der linken Hand das heilige Banner Frankreichs
stolz und siegesbewußt hochhaltend, in der rechten das entblößte
Schwert schwingend, die Brust mit dem Harnisch, das Haupt mit
dem Helme bedeckt, scheint das in schlichtem, hochgeschürztem Frauen=
gewande einherschreitende Heldenweib durch die Kraft des göttlichen

11

Willens begeistert die Heerschaaren Frankreichs zum Vernichtungskampf dem gehaßten Feinde des Vaterlandes entgegen zu führen.

Zum Lobe des gemeinsam mit Madame Pinot eingenommenen Diners kann ich wohl nichts Bezeichnenderes anführen, als daß die während desselben uns gebotenen Genüsse an ausgewählten Gerichten und Weinen so vielseitig und wohlschmeckend waren, daß mein in der langen Zeit der Belagerung hiervon entwöhnter Magen Nachts durch arges Alpdrücken mich belehrte, wie zwar Variatis delectat (Abwechselung zwar ergötzt), aber man des Guten auch leicht zu viel thun kann.

8. November (Dienstag.) Den uns gewährten Ruhetag benutzten wir, um das etwa 2 Meilen von Neufchateau entfernte Domrémy la Pucelle, den Geburtsort der Jeanne d'Arc zu besuchen. Dem Laufe der Maas (Meuse) abwärts folgend, ging der Weg bald durch weite, saftige Wiesengründe hin, welche der Fluß in mäandrischen Windungen wie ein Silberband durchzog, und sanft ansteigende Bergabhänge einschlossen, die mit fruchtbaren Saatfeldern bedeckt waren, bald längs steil und schroff abfallenden Bergzügen mit dichtem Laubwald im herbstlichen Blätterschmuck, bald vorbei an lieblichen, mühevoll angelegten Weinpflanzungen, welche auf altem, verwitterten Mauerwerk sich terrassenförmig die Hügel hinaufzogen. Kleine, ärmlich, aber sauber aussehende Dörfer wurden durchritten, im weiten Bogen ging es an dem romantisch, von leicht bewaldeter Berghöhe weit in das friedliche Thal hinabschauendem Schlosse de Courlemont vorbei und durch die Straßen des wohlhabenden Städtchens Coussy, überall von den neugierig herbeiströmenden Einwohnern mit Verwunderung angestarrt. Denn in dies friedliche Thal mit seinen genügsamen Bewohnern, deren Stolz vor Allem ihr Reichthum an wohlgenährten, zahlreichen Viehheerden ist, war kaum mehr als das Gerücht des Krieges, noch viel weniger aber die feindlichen Barbaren, die verhaßten Prussiens selbst gedrungen und noch konnten und wollten sie ihren Ohren und Augen nicht recht trauen, welche die traurige Botschaft von dem wirklich erfolgten Fall der unüberwindlichen Veste Metz hören und sehen mußten, daß die Deutschen es wirklich gewagt hatten, den geheiligten Boden des mächtigen, stolzen Frankreichs zu betreten. In Coussy verwandelte sich das anfänglich stumme Staunen bald in Grimm und Haß gegen unsere Uniformen; an einzelnen Stellen rotteten sich die Bewohner sogar zusammen und die verbissene Wuth und der Ingrimm in ihren Mienen und Blicken, mit denen sie uns nachsahen, war keineswegs besonders Vertrauen erweckend, so daß wir es vorzogen, den Rest der Stadt in etwas rascherer Gangart zu passiren und bei unserer Rückkehr am Abend den Weg durch die Stadt zu vermeiden, indem wir am anderen Ufer der Maas blieben. Eine breite, feste und elegante Steinbrücke brachte uns über die Maas nach dem seitwärts von der Hauptstraße Domrémy's gelegenen kleinen Geburtshäuschen der Jeanne d'Arc, auf deren Wiedererscheinen noch in diesem Jahre übrigens noch viele Franzosen, namentlich in der Nähe von Neufchateau und Vaucouleurs, zwischen welchen das Geburtsdorf der Pucelle liegt, fest und bestimmt hofften und glaubten.

Das kleine Geburtshaus der Jungfrau von Orléans liegt an einem mit weißem Sand bedeckten, viereckigen Platze abseits der kleinen Straße und ist von nieblichen Gartenanlagen umgeben, welche wie der Platz selbst von den frommen Schwestern des nebenliegenden Kinder = Hospizes sorgsam gepflegt und sauber erhalten wurden. Ueber der niedrigen Eingangsthüre prangt das alte steinerne Wappen und unter diesem die Figur der knieenden Pucelle d'Orléans Jeanne d'Arc. Man tritt durch dieselbe direct in das Geburtszimmer selbst ein, in welchem jedoch nur ein einfacher Kamin, oder vielmehr ein offener Heerd, eine sehr schöne, wie uns gesagt wurde, von einer Fürstin entworfene und modellirte, feine Broncestatue, sowie das älteste, aus Stein gehauene Denkmal der Jungfrau in knieender Stellung und die Wappen derselben sich befinden. Von dort tritt man in einen zweiten kleinen Raum, dessen mächtige Deckenbalken, sowie ein in die Wand eingelassener, nur roh geschnitzter Schrank, in welchem Johanna ihre Waffen und Rüstung aufbewahrt haben soll, noch nachgewiesenermaßen aus der damaligen Zeit stammen sollen; auch steht hier eine rohe, hölzerne Bettstelle und ein paar andere alte Meubles theils in diesem, theils in einem dritten noch kleineren Stübchen. — Alle diese angeblich von Jeanne d'Arc benutzten Gegenstände aus Holz, namentlich die des mittleren Zimmers, in welchem Jeanne zum letzten Male vor ihrer Abreise zum Heer gebetet haben soll, zeigen so bedeutende Defecte und Spuren der Messer, welche Stückchen aus denselben zum Andenken herausgeschnitten haben, daß man fast

11*

berechnen könnte, in wieviel Jahren das letzte Stückchen von ihnen verschwunden sein müßte, falls sie {nicht von Zeit zu Zeit ersetzt würden. Trotz dieser Ueberzeugung zog auch jetzt jeder der zahlreichen Besucher, welche sich inzwischen von allen Richtungen und den verschiedensten Regimentern und Corps eingefunden hatten, sein Messer hervor, um sich gleichfalls ein Stückchen vom Balken ꝛc. abzuschneiden und als Erinnerung mitzunehmen; freilich die meisten werden diese kleinen Andenken, wohl ebenso wie ich, im Trubel des Krieges bald wieder verloren haben. — Von dem Geburtshause wurden wir dann in einen großen Saal des Schwesternhauses geführt, wo Banner, Schwert, Kleider, Rüstung und solche Gegenstände aufbewahrt und gezeigt wurden, welche die Pucelle getragen haben soll; besonders interessant ist aber noch eine Sammlung der Modelle von sämmtlichen in Frankreich vorhandenen Denkmälern der **Jeanne d'Arc** und auch von solchen Entwürfen für dieselben, welche nicht zur Ausführung gekommen sind, unter Angabe des Ortes und der Stadt, in welcher und der Künstler, von welchen sie errichtet worden sind. Für die Bereitwilligkeit und Freundlichkeit, mit der die Schwestern die Führung und Erklärung bei unserem Rundgange übernommen hatten, konnten wir unsern Dank nur durch den Kauf einiger Photographien darthun, deren Erlös zu Gunsten der Stiftung verwendet wurde.

Tritt man aus dem Geburtshause heraus, so schließt den länglichen Platz vor demselben eine dichte dunkelgrüne Mauer von einer halbkreisförmig sich am Ufer erhebenden Tannengruppe ab, aus deren Mitte sich auf einem einfachen, säulenartigen Piedestal die bronzene Büste der **Jeanne d'Arc** recht ausdrucksvoll abhebt, und welche mit ihrem dunklen Hintergrunde und ihrer tiefen Stille dem kleinen Platze einen erhebenden, zur Andacht stimmenden Ausdruck verleiht.

Auf unserm Heimritte blieben wir auf dem linken Ufer der Maas und besuchten zunächst den Platz, wo die Hütte und der alte Baum gestanden haben soll, unter welchem die Pucelle die göttliche Erscheinung gehabt, und wo ihr die Offenbarung kam, daß sie zur Rettung des bedrängten Frankreichs auserwählt sei. In der Nähe werden auch noch die Grundmauern der kleinen Kapelle gezeigt, in welcher die Jungfrau zu beten pflegte, als sie dort noch ihre Lämmer weidete. Der Blick, welcher sich von dieser Stelle aus auf das stille, friedliche Thal der Meuse, auf das links im Hintergrunde liegende Dorf Domrémy, auf die weiten, saftigen Wiesen, von der Maas in unzähligen Krümmungen und Windungen durchzogen, auf die grünenden Felder und lieblichen Dorfschaften mit den waldigen Bergen eröffnet, ist entzückend, und wir konnten uns wohl denken, daß es der einfachen Jungfrau nicht leicht gewesen sein mag, aus dieser schönen Heimath zu scheiden und die friedliche Stille des Thales mit dem Lärm und Getümmel des Krieges und der Schlachten zu vertauschen. Mußten wir doch auch wieder von dort zurück in das rauhe Kriegsleben und die Gefahren der Schlachten; unwillkürlich drängten sich die schönen Schiller'schen Abschiedsworte der Jeanne d'Arc uns mit unwiderstehlicher Gewalt in's Gedächtniß:

„Lebt wohl ihr Berge, ihr geliebten Triften,
Du traulich tiefe Stille dieses Thal's, leb' wohl" 2c.

Schwer nur hatten auch wir uns von diesem traulichen Friedens= bilde getrennt, als wir dann aber von unserm Ausflug völlig befriedigt, heimkehrten und von unserer freundlichen Wittwe recht herzlich empfangen wurden, welche für unsere Erholung und Erfrischung nach dem etwas anstrengenden Ritte wieder durch ein ganz vorzügliches Diner und nicht minder hervorstechende Weine auf's Beste gesorgt hatte, da mußten wir doch gestehen, daß auch das Kriegsleben bisweilen beneidenswerth schöne Stunden und Genüsse zu gewähren vermag. — Leider sind solche Quartiere, wie das bei unserer gastlichen Madame la veuve Pinot, nur zu seltene und zu große Ausnahmen.

9. **November** (Mittwoch). Ein 33 Kilometer weiter Ritt führte uns durch bergiges Terrain aus dem Meuse= ins Rognon=Thal, eines Nebenflusses der Marne nach der Stadt Andelot (Depart. Haute-Marne), wo der zwischen Rimancourt und der Stadt liegende Theil der Heerstraße, welche hier durch eine Art von lang= gestrecktem Engpaß zwischen hohen, ziemlich steilen Bergen hindurch führt, durch frisch aufgeworfene, stark und gut befestigte Ver= schanzungen in der wirksamsten Weise zur Vertheidigung hergerichtet war. Wie wir hörten, war dies durch die Franctireure aus= geführt worden, welche indessen auf dringende Bitte der durch solch nutzloses Beginnen im hohen Grade bedrohten Stadt davon Abstand

genommen hatten, unserem Vormarsche hindernd in den Weg zu treten.

10. November (Donnerstag). Der folgende Tag brachte uns ins Marnethal und nach der Hauptstadt des Departements, nach **Chaumont sur Marne**, welches auf dem äußersten Ende des Hochplateaus liegt, das hier zwischen der Marne und dem unterhalb der Stadt einmündenden Nebenflusse **La Suize** ziemlich steil ansteigt und sich schmal zwischen beiden Flüssen bis zum Plateau von **Langres** mit der gleichnamigen Festung hinzieht. Chaumont mit seiner aus alter Zeit stammenden Burg würde sich durch seine Lage, da es von 3 Seiten her durch die tiefen Flußthäler geschützt war, sehr gut zur Vertheidigung geeignet haben, wenn nicht die ringsum auf den gegenüber liegenden Ufern sich erhebenden, hohen Bergzüge unserer Artillerie gestattet hätten, die Stadt von eben diesen 3 Seiten her in der wirksamsten Weise unter Kreuzfeuer zu nehmen. Mit Rücksicht hierauf hatten denn auch die verständigen Bürger der Stadt sich gegen eine Vertheidigung derselben durch die **Gardes mobiles** und die **Franctireurs** energisch gewehrt und auch schließlich kurz vor unserer Ankunft den Abzug dieser Vaterlandsvertheidiger durchgesetzt. Die bereits auf unserem Marsche angetroffenen Vertheidigungsanlagen, das Coupiren der Chaussee durch Gräben und Wälle mit seitlichen Schützengräben, das Versetzen und Falschanbringen von Wegweisern, das Zerschlagen der Meilensteine u. dergl. hatten uns bereits Zeichen von der regen Thätigkeit dieser freiwilligen Streiter gegeben, noch deutlicher traten uns aber ihre Absichten beim Einrücken in die Stadt selbst vor Augen. Eine große Barricade mit hohen Schutzwällen und breitem Graben sperrte zunächst den Eingang in die Thore und mußte erst beseitigt werden, ehe wir an derselben vorüber konnten; an verschiedenen Stellen waren nicht nur Schützengräben, sondern auch Geschützstellungen errichtet, die Gartenmauern für die Schützen crenelirt und selbst die äußeren Häuser durch Anbringen von Schießscharten, Verbarrikadiren der Thüren und Fenster mit Matrazen, Betten und dergl. in Vertheidigungszustand versetzt. Zum Glücke für die Stadt fehlten die Vertheidiger dieser Schutzbauten, so daß wir unbehindert und unbehelligt einziehen konnten, doch hielt es der commandirende General für geboten, die Einwohner zur sofortigen Ablieferung aller Waffen und Gewehre unter Androhung schwerer Strafen aufzufordern. Diese Vorsichtsmaßregel wurde von jetzt ab in jeder Stadt beobachtet, in der sich das geringste Zeichen eines beabsichtigten oder beabsichtigt gewesenen Widerstandes vorfand, oder wo sonst dies nothwendig erschien. Da wir nach unserem Abrücken keine Etappe zurückließen, mithin es wahrscheinlich war, daß die von uns verlassenen Orte sofort wieder von Mobil= oder National= Garden, resp. Franctireur=Corps besetzt wurden, und andererseits die abgelieferten Waffen auch nicht mitgeschleppt werden konnten, so wurden dieselben kurz vor unserem Wiederabrücken öffentlich zerschlagen, ins Wasser geworfen oder verbrannt. Wie manche prächtigen, oft nagelneuen und kunstvoll verzierten Gewehre, Jagd= flinten und Schußwaffen neuester Construction mußten hierbei unserer Sicherheit wegen schonungslos vernichtet werden, und wie gern hätte ich die eine oder andere dieser der Vernichtung geweihten Jagdgewehre für mich gerettet, aber es wurde nicht die geringste Ausnahme gestattet; mit Bedauern mußten wir diesem grausamen, aber unvermeidlichen Zerstörungswerke zusehen, und uns trösten mit dem: „C'est à la guerre comme à la guerre!" welches wir oft genug von den Franzosen zu hören bekamen.

Meinem Quartier merkte ich es sofort an, daß ich nicht zum Quartiermachen hatte mitreiten können, doch, wenn es auch mit dem letzten brillanten Unterkommen, bei Madame Pinot nicht annähernd zu vergleichen war, so lag ich doch wenigstens bei gefälligen, freundlichen Leuten, die mir bereitwilligst das Wenige vorsetzten, was sie mir zu bieten vermochten. — Ich bitte im Vor= aus um Entschuldigung, wenn ich hier einer Eigenthümlichkeit erwähne, die ich später noch verschiedentlich in französischen kleinen Häusern wiedergefunden habe, nämlich die wunderbare Beschaffenheit der Aborte. Derselbe bestand dort aus einem im ersten Stock gelegenen, etwa 2 bis 2½ Meter im Quadrat großen, viereckigen, absolut leeren Raum, der nur durch Oberlicht, oder Gasflamme erleuchtet war; der Asphaltfußboden senkte sich trichterförmig nach der Mitte zu, wo ein etwa Klein=Apfel großes, rundes Loch als Mündung eines Abflußrohres, und vor demselben zwei in den Asphalt hineingearbeitete Fußabdrücke von etwas übernatürlicher Größe sichtbar waren: „Voilà tous!" und „une autre commodité n'existe pas!" antwortete mir die Wirthin, die ihrerseits wieder erstaunt zu sein schien über mein Erstaunen, und daß ein solches Cabinet nicht meinen Beifall gefunden hatte.

Chaumont muß im Ganzen eine schöne Stadt genannt werden, die Straßen sind großentheils breit, sauber und enthalten viele große, schöne Häuser, geräumige, helle, gut ausgestattete Läden mit geschmackvoll decorirten, reich besetzten Schaufenstern und elegante, nur theilweise gemüthliche Cafees, wo man auch ein leibliches Bier, „un bok" erhielt. Um den größten Theil der Stadt liefen in mächtiger Breite mit Kies bestreute, oder chaussirte Promenaden= wege, in deren Mitte schöne einfache, oder doppelte Baum=Alleen sich hinzogen und welchen nur die entsprechenden Häuserreihen fehlten, um sie zu herrlichen Boulevards umzustempeln. Auch ist die Stadt reich an alten, wie neuen, schönen und bedeutenden Bau= werken, unter ihnen zeichnet sich durch Mächtigkeit und Umfang das Gebäude der Präfektur aus, welches an einem großen, von Baum= Alleen umgrenzten, mit Kies sauber bestreuten Platze liegend, vom Rande des Hochplateau's aus gut gehaltenen Park= und Garten= Anlagen heraus auf das breite Thal der Suize und weiterhin in das der Marne, welche dort zusammentreffen, stolz und imponirend herabschaut.

Auch die Mairie mit ihrer reichen, fein ausgeführten Façade im Renaissance=Stil, wie das herrliche Portal der Kathedrale und die romantisch gelegene, alte Burg mit ihren altersgrauen, gezackten Mauern, runden Wallthürmen und dem mit Thürmen und Thürmchen, Erkern und Balcons verzierten, kleinfenstrigen Schloßbau, mit seinen Thoren und Zugbrücken gewährten einen eigenartigen, schönen An= blick, und trugen wesentlich mit bei zum Schmucke der ganzen Stadt.

11. November (Freitag). Als mich die Musik des weitermarschirenden 57. Regimentes am nächsten Morgen auf den Balcon lockte, glaubte ich meinen Augen nicht trauen zu dürfen, denn vor mir lag die Stadt und Umgegend im reinen, weißen Winterkleide, und immer noch tummelten sich leichte Schneeflocken in der Luft herum. Unser Stab hatte hier heute wieder Ruhetag, und wir benutzten ihn, um uns zunächst die großen, weltberühmten Handschuhfabriken anzu= sehen und direkt an der Quelle einige Einkäufe zu machen. Ob= gleich es wieder stärker zu schneien begann, machte ich mich doch mit dem Stabsapotheker auf, um dem nahe der Stadt über das Suize=Thal führenden, großartigen Eisenbahn=Viaducte einen Besuch

abzustatten, doch mußten wir unverrichteter Sache heimkehren, ob=
gleich wir uns bereits auf dem gewaltigen Bauwerke befanden,
da der Nebel und das Schneegestöber derart dicht und heftig waren,
daß wir kaum die Augen offen behalten, viel weniger einen weiteren
Umblick genießen konnten. Auf dem Rückwege gelang es uns da=
für wenigstens den ganz eigenartigen Verlauf der Eisenbahn=Anlage
durch die Stadt genauer zu verfolgen. Nachdem die breite, doppel=
leisige Trace auf dem uns unsichtbar gebliebenen, gewaltigen
Viaducte das Thal überschritten hat, läuft sie nur noch eine kleine
Strecke auf der Ebene des Hochplateaus weiter, sehr bald erhebt
sich das Terrain dicht neben dem Damm höher und höher, die
Böschungswinkel werden immer steiler, und schon nach wenigen
hundert Metern steigen neben den Geleisen die Wände bis zu 100
und 150 Fuß senkrecht empor, so daß nur ein schmaler Strich vom
Himmel darüber sichtbar bleibt. Dann erweitert sich dieser schmale
Einschnitt zu einem geräumigen Kessel, die Geleise vermehren sich
und bald treten der Bahnsteig und die umfangreichen Bahnhofs=
Baulichkeiten seitwärts deutlich hervor; in einer ähnlich tiefen, kanal=
artigen Rinne weiterlaufend, durchschneidet die Bahn dann den
ganzen breiten Bergrücken zwischen Suize= und Marnethal, um
schließlich, sich allmählich senkend dem Letzteren aufwärts zu folgen.

12. November (Sonnabend). Als am folgenden Morgen die Sonne
hell und freundlich ins Zimmer blickte, eilte ich sofort nochmals
zum Eisenbahn=Uebergang über das Suize=Thal, und bald stand
ich in fast schwindelnder Höhe, hoch über dem Thal auf der Mitte
des Viaductes und schaute starr vor staunender Bewunderung bald
auf das großartige Bauwerk, bald auf das wunderbar schöne und
ganz eigenthümliche Bild, das sich, wie aus der Vogelperspective
unter mir nach allen Richtungen hin entrollte. In drei übereinander
laufenden Bogenreihen kriecht der für zwei Eisenbahn=Geleise und
zwei breite Fußpfade bequem eingerichtete Eisenbahn=Viaduct auf
53 in Absätzen sich schlank und graziös aus dem Thalgrunde er=
hebenden Pfeilern, die an den tiefsten Stellen sich mehr als 50 Meter,
etwa 160 bis 175 Fuß über den Boden erheben, und zieht in
einer Länge von beinahe 500 Fuß (150 Meter) über das herrliche
Suize=Thal hinweg. Jeder dieser 53 Pfeiler bildet wieder in sich
einen Aufbau von drei sich übereinander aufthürmenden, thorartigen
Bogenbauten, so daß jede der drei über einander laufenden Bogen=

reihen eine Art von offenem Kreuzgang darstellt, wie solche noch vielfach sich in alten Klosterhöfen finden. — Durch diese Anordnung werden durch den einen Viaduct drei über einander liegende Ueber= gänge über das Flußthal in verschiedener Höhe hergestellt; der oberste trägt die zwischen zwei steinernen Seiten=Schutzmauern frei auf der Höhe des ganzen Baues hinlaufende, doppelgeleisige Eisen= bahntrace, die nächsttiefere läuft unter den 53 thorartigen Bogen= wölbungen der obersten Viaductbogenreihe, der dritte unter den etwa noch 45 Pfeilerdurchlässe der mittleren Bogenreihe hin, während die unterste Abtheilung ja auf der Thalsohle ruht. Der ganze luftige, durchsichtige Wunder= und Prachtbau ist aus mächtigen, quadratischen, oder länglich=viereckigen Sandsteinquadern aufgebaut und macht trotz seiner eleganten Zartheit doch den Eindruck eines Jahrhunderte überdauernden Kunstbaues. Zu beiden Seiten des Thales fallen die Bergabhänge ziemlich steil ab und tragen die sich in weiten Schlangenlinien ins Thal hinab und zur entgegengesetzten Berghöhe hinaufwindende Chaussee, welche zwischen der sie einfassenden präch= tigen Baumallee in ihrem hellleuchtenden Grau sich weithin scharf vom dunklen Berghange abhebt, dreimal beiderseits durch die äußersten Brückenjoche hindurchkriecht und unten im Thal ihrerseits sich auf eleganter, hochgewölbter Steinbrücke über die zur Marne eilend herabströmende Suize hinwegschwingt. Zu beiden Seiten des Viaductes ziehen sich tief unter unseren Füßen grüne Wiesen hin, durch welche sich das Flüßchen in zahllosen Windungen hin= schlängelt. Die dort unten im Grunde mit ihren rauchenden Schorn= steinen zerstreut am Fuße des Berges aus dem Grün hervorlugenden Häuser sahen so zierlich aus, als seien sie eben erst aus einem Spielkasten herausgenommen, und die zwischen ihnen sich bewegenden Menschen erschienen nur wie kleine dunkle Käferchen, welche über ein farbiges Oelgemälde hinwegkriechen. Sowohl der Suize auf=, wie abwärts engen theils schön bewaldete, theils kahle, oder mit alten Schlössern oder Burgen gekrönte Bergzüge mehr und mehr das Thal ein. Während aufwärts sich ein dichtbewaldeter Bergvor= sprung wie eine Landzunge weit ins Thal vorschiebt und von dem Hauptthal ein enges, schluchtenreiches Nebenthal abzweigt, windet sich abwärts die Suize schleifenartig, zunächst nach O. und dann mit kurzem Bogen wieder nach W. um den weniger steilen und hohen Bergvorsprung, welcher die alte Burg trägt, herum. Weiter=

hin schweift dann der Blick hinüber nach der sich auf dem Plateau
ausbreitenden Stadt Chaumont und die dahinter liegenden Saat=
und Ackerfelder, auf die mit Landhäusern und Villen besäeten Berg=
abhänge, welche die verschiedenen Thäler begrenzen, bis derselbe
über die bewaldete Hochebene hinweg sich in den fernen bläulich
herüberschimmernden Bergzügen des Aube = Thales verliert, deren
Kuppen und sich scharf abhebende Häupter bereits mit blendend
weißem Schnee bedeckt waren. So schön auch der Blick gerade in
dieser Beleuchtung durch die soeben erst ungetrübt am Himmel
emporsteigende Morgensonne war, welchen die herrliche, im reinsten
frischen Weiß des ersten Winterkleides darliegende Landschaft dar=
bot, es mußte leider von diesem fesselnden Bilde allzu schnell Ab=
schied genommen werden. — ½ Stunde später trugen uns unsere
treuen Rosse bereits die Schlangenwindungen der Chaussee hinab
und durch die Viaduct=Bogen hindurch in das Suize=Thal, so daß
ich nun auch von unten und von beiden Seiten das gewaltige Bau=
werk, die zierlich und luftig sich über das tiefe Thal ausspannende
Riesenarbeit mit Muße betrachten und seine colossale Höhe jetzt erst
in seiner ganzen Größe bewundern konnte.

Als wir dann von den jenseitigen Höhen noch einen letzten
bewundernden Blick auf das Thal mit seinem Riesen=Viaduct und
die schöne Stadt mit ihrer wundervollen Umgebung warfen, ahnte
freilich Niemand von uns, daß wir das Glück haben sollten, im
herrlichsten Frühlingsschmuck die hinter uns zurückbleibenden
Naturschönheiten noch einmal und für längere Zeit genießen zu
können. — Längs hübscher, dicht bewaldeter Bergketten ging es nun
rasch nach Château-Villain, wo wir so überraschend und völlig
unerwartet eintrafen, daß die Quartiermacher noch mit den letzten
abrückenden Franctireurs und Gardes mobiles in Collision kamen
und fast durch dieselben abgeschnitten worden wären.

Auch hier fanden wir bei einer sehr netten, zuvorkommenden
Familie freundliche Aufnahme und gute Verpflegung, und sahen
hier die ganze 19. Division an uns vorüberrücken. Unter den Be=
wohnern der Stadt herrschte Furcht, Aufregung und Schrecken, denn
noch waren die letzten französischen Soldaten kaum zum Thore
hinaus, als auch schon der ganze Marktplatz von unseren Truppen
angefüllt war, so daß die Franzosen sowohl für sich, wie für die

in der Nähe befindlichen Franctireurbanden in Furcht und Sorge waren.

13. November (Sonntag). Es war gerade kein besonderes Sonntags-Vergnügen, welches uns der heutige Tag auferlegte, denn der Marsch von Château-Villain nach Chatillon sur Seine im Departement Côte-d'or war so ziemlich die weiteste Strecke, welche wir bisher an einem Tage zurückgelegt hatten. Und dabei wurde noch, je weiter wir ins Innere von Frankreich vordrangen, mit desto größerer Vorsicht und um so langsamer vorgerückt. Jedes Dorf und jede Stadt, welche wir passirten, oder wo Halt gemacht wurde, mußte zuvor genau durchsucht werden, denn überall wimmelte es von Franctireurs, welche sich nicht scheuten, jetzt unsere Soldaten in der Bauerntracht freundlich und gefällig zu empfangen und auf-zunehmen, und vielleicht eine Stunde später die Bauernblouse ab-zuwerfen, das Gewehr aus dem Versteck hervorzuholen und feig und hinterlistig einen vertrauensvollen, aber auch unvorsichtigen Soldaten, der sich vielleicht allein etwas weiter fortbewegt hatte, rücklings und meuchlings niederzuschießen. Ueberall fanden wir die Spuren von erst kurz vor uns abgezogenen Horden Bewaffneter und Zeichen, daß sie unsern Marsch aufzuhalten, oder gar mit uns anzubinden beabsichtigt hatten; wir mußten daher jeden Augenblick darauf gefaßt sein, in irgend einer Ortschaft bewaffneten Widerstand zu finden, oder an für uns ungünstigen Stellen überfallen und in einen Hinterhalt gelockt zu werden, so daß die größten Vorsichts-maßregeln und die äußerste Wachsamkeit dringend nothwendig waren. Wir befanden uns überhaupt keineswegs in einer angenehmen und einigermaßen sichern Lage. Eine der vier Brigaden des Corps hatte nach der Festung Langres zu deren Ueberwachung detachirt werden müssen, so daß wir nur über drei durch die blutigen Schlachten und großen Verluste bedeutend geschwächte Brigade ver-fügen konnten. Dabei hatten wir nur ein einziges Cavallerie-Regiment bei uns, welches sowohl den Aufklärungs-Dienst, wie die seitliche Deckung und die Bedeckung der Bagage, sowie der ver-schiedenen Stäbe des ganzen Corps zu versehen und gleichzeitig als Nachtrab das Corps nach rückwärts zu sichern hatte. Außerdem marschirten wir am meisten südlich und hatten mit dem 4—6 Meilen nördlich von uns vorrückenden III. Armeecorps nur selten lockere Fühlung; unser Marsch führte durch bisher von unsern Truppen noch nicht berührtes Terrain, wo überall Abtheilungen der Gardes mobiles und nationales an Stelle der im Felde stehenden regulären Truppen den militärischen Schutz übernommen, oder sich Franctireur = Banden gebildet hatten.

Wohin wir kamen, räumten diese irregulären Truppen die Ortschaften und umschwärmten unsere marschirenden Colonnen; verließen die letzten unserer Soldaten einen Ort wieder, so zogen hinter uns sofort die Franzosen von Neuem ein, da wir keine Etappen zurücklassen konnten. Da uns nur eine, noch dazu nicht besonders breite Heerstraße auf unserem Vormarsche zur Verfügung stand, so rückten wir in einer langen, dünnen, auf drei Tagemärsche auseinander gezogenen Linie vorwärts, die Bagage in der Mitte. Die voranziehenden Truppentheile mußten die an der Straße liegenden Orte stets so lange besetzt halten, bis die nächstfolgende Colonne eingerückt war. Daß ein solcher Vormarsch keineswegs sehr sicher und gemüthlich sein konnte, ist leicht begreiflich, aber noch kritischer hätte unsere Lage werden müssen, wenn wir in dieser Marschformation von Uebermacht überfallen worden wären, da die einzelnen Colonnen sich nur schwer schnell genug wirksam hätten unterstützen können. Wurden wir hierbei geschlagen, so mußten wir auch vollständig aufgerieben werden, denn ehe das 3. Armeecorps benachrichtigt und zur Unterstützung herbeigeeilt sein konnte, würde wohl die Entscheidung für uns bereits gefallen sein. — Je gefährlicher indessen unsere Lage wurde, um so größer wurde das Selbstbewußtsein und die Entschlossenheit, und um so entschiedener Aller Auftreten; ich wüßte mich nicht zu entsinnen, daß ich von irgend einer Seite gerade in dieser kritischen Zeit auch nur die geringste Besorgniß, oder den geringsten Zweifel an dem Gelingen und günstigen Ausgang unseres Vormarsches hätte äußern hören, Jedermann war vielmehr heiter und frohen Muthes.

In Chatillon gelang es mir auch, schon um unsern mit der Bagage marschirenden Burschen eine brauchbare Vertheidigungswaffe für den Fall eines unerwarteten Ueberfalles zu verschaffen, einige gute, der Vernichtung bereits geweihte Lefaucheux = Jagdflinten zu retten, von denen ich später eine Doppelflinte für mich behielt.

14. November (Montag). In der Frühe des Tages machte ich mit dem unserem Stabe zugetheilten Johanniter = Ritter Herrn v. Pf. einen Gang durch die Stadt nach den Ruinen des alten Schlosses

St. Vorles, von dem außer den Resten der Umfassungsmauern, welche eine so enorme Ausdehnung besaßen, daß sie damals einen großen Kirchhof in sich einschlossen, nur noch eine kleine, uralte, wahrscheinlich aus dem 13. oder 14. Jahrhundert stammende Kapelle erhalten geblieben war, deren Inneres aber einen Reichthum an alten schönen und kunstvoll ausgeführten Holzschnitzarbeiten barg. Diese Schloßruine ist Eigenthum eines Grafen von Bourgogne, welcher sich in deren Nähe mitten in einem herrlichen, ausgedehnten Parke ein ganz einfaches, neueres Schloß hatte bauen lassen, welches mit dem alten château durch eine uralte, wunderbar schöne Doppel= Allee verbunden war, die den größten Theil des Parkes durchzog.

Wir blieben mit dem letzten Bataillon der vordersten Brigade bis Mittag in Chatillon, um erst das Eintreffen der Spitze der nachfolgenden Brigade zu erwarten, bevor wir weiter vorrückten. Die übrigen Truppen hatten bereits am Morgen die Stadt ver= lassen, das Bataillon lagerte marschbereit um ein mächtig loderndes Bivakfeuer auf dem geräumigen Platze vor der Präfektur, wo gleichzeitig die zusammengeforderten Waffen vernichtet wurden; in der übrigen Stadt befand sich kein deutscher Soldat mehr. — Von allen Seiten waren die neugierigen Einwohner herbeigeströmt und mit jeder Viertelstunde wurde die Menge, welche das schwache Bataillon umringte, zahlreicher, bis es von einer dichten, lebenden Mauer von allen Seiten eingeschlossen war. Anfangs wurden unsere Soldaten ruhig und mit einer unverkennbaren Scheu einfach begafft, bald aber hörte man hier und dort Bemerkungen über das Vernichten der confiscirten Waffen, es tauchten an verschiedenen Stellen einzelne kecker und anmaßender sich zwischen unsere Leute drängende Kerle auf, welche laut zu schimpfen begannen, als sie ruhig und mit einem gewissen Grade von Höflichkeit aus dem Kreise der Soldaten gewiesen wurden. Das fortgesetzte Zerbrechen und Verbrennen der Gewehre, welche die meisten Bürger wohl nur in dem Glauben eingeliefert haben mochten, daß dieselben ihnen nach unserm Abrücken wieder ausgehändigt werden würden, erregte natürlich den Unmuth manches Eigenthümers und verbissene, von Haß und Rachsucht gegen die Deutschen erfüllte Leute bemühten sich unbedingt, diese Unzufriedenheit immer mehr zu schüren. Es begann bereits so in der Menge zu gähren, leidenschaftlich zu kochen und aufzubrausen, daß die Kaufleute rings herum am Platze ihre Läden,

Schaufenster und Hausthüren verschlossen, und sich eine unheimliche, drückende Stille über die Stadt zu lagern begann, während unsere Leute, unbekümmert um die Aufregung in ihrer Umgebung, sorglos, lachend und plaudernd um das Feuer herumlagen. Da hatte plötzlich der Bataillons = Commandeur den glücklichen Einfall, die mit seinem Bataillon marschirende Regimentsmusik antreten und spielen zu lassen. Kaum erklangen die ersten Töne einer heiteren Weise oder eines rauschenden Marsches, so begannen auch schon die Gesichter der meisten murrenden Franzosen und besonders der schönen Französinnen sich aufzuheitern, die Stimmen der schimpfenden und hetzenden Preußenfresser schwiegen und bald öffneten sich überall in den umliegenden Häusern die Fenster und Thüren wieder, aus welchen Jung und Alt, Männlein und Fräulein zuerst nur ängstlich herausschauten, bald aber auf die Straße heraustraten, um sich an den Klängen der ihnen nicht nur ganz unbekannten, sondern auch von ihnen für absolut unmöglich gehaltenen, schönen und wohl= klingenden Barbaren=Musik zu erfreuen.

Als dann nach einiger Zeit an die umherstehenden Zuhörer die Aufforderung erging, den hier schon so lange wartenden Soldaten warme Kost zu bereiten und zu verabreichen, war der frühere Grimm und Unmuth längst verweht und einer forderte den andern auf, schnell für Verpflegung zu sorgen. Es hätte wohl kaum noch der Drohung bedurft, daß die nachfolgenden Truppen veranlaßt werden würden, Repressalien zu üben, falls nicht ungehend für eine ausreichende Verpflegung des jetzt hier lagernden Bataillons gesorgt werde, um der Aufforderung nachzukommen. Es dauerte auch nicht lange, so wurden aus allen Häusern große Kessel, oder sonstige Kochgeschirre mit dampfender Bouillon, oder Suppe, mit Gemüsen, Fleisch, Kartoffeln und anderern schnell zu beschaffenden Gerichten, sowie Brod, Butter, Wein u. dergl. in Unmasse herbei= geschleppt, und Teller, Schüsseln und Eßbestecke überall ausgetheilt. Bald saßen denn auch die freundlichen Spender und Spenderinnen mitten zwischen unsern Leuten, die sich die Speisen und Getränke gut schmecken ließen. Und die Franzosen schauten nicht nur voll Befriedigung zu, wie unsere Soldaten speisten, sondern folgten auch bald der Aufforderung, halfen beim Essen und Trinken wacker mit und waren bald lustig und mit den Unsern in heiterem Gespräch voll Lachens und Scherzens. Da ertönte mitten in diesem Jubel

und das fröhliche Banquettiren hinein das laut schallende Allarm=
signal und der Ruf: „An die Gewehre!" Sofort begann neues
Leben in die Gruppen zu kommen, die Soldaten sprangen auf und
die Franzosen waren ihnen eifrig behülflich beim Umhängen der
Mäntel und Anschnallen der Tornister, hier hielt eine hübsche
Französin ihrem Gaste den Helm, dort zog ein noch vor Kurzem
grimmig dreinschauender französischer Jüngling den Uniformrock
glatt, oder hielt stolz dem Preussen das Gewehr. Dann noch ein
freundliches „Merci!" und erwidertes „Bon voyage!" und
Alle standen in Reih und Glied. Der heranreitende commandirende
General mit seinem Stabe wurde mit lautem, kräftigem „Hurrah"
begrüßt, mit klingendem Spiel zog das Bataillon an seinem greisen
Führer vorbei und verließ unter dem jubelnden Nachruf der Ein=
wohner die Stadt, während von der entgegengesetzten Seite das
sehnlichst erwartete neue Bataillon auf dem Marktplatz erschien, um
nach strammem Vorbeimarsch vor dem General in der Stadt sich
einzuquartieren.

Auf unserem Weitermarsche nach **Laignes** wurde von unsern
Truppen auch ein Agent Gambetta's abgefaßt mit einem Stoß
von Proklamationen zur Aufhetzung und Aufforderung der Stadt=
und namentlich der Landbevölkerung, dem anrückenden deutschen
Heere überall möglichst heftigen Widerstand zu leisten und die
barbares Prussiens, welche den geheiligten Boden der **belle
France** durch ihr Vordringen entweihten, auf jede Weise zu ver=
nichten. Der gute Mann hatte keine Ahnung davon gehabt, daß
wir bereits in seiner Nähe uns befänden, er hatte daher auch die
ihm entgegen kommenden Truppen für Franzosen gehalten und war
nun sehr besorgt und niedergeschlagen, als er in Mitten unserer
fröhlich singenden Soldaten wieder nach **Laignes** zurückgebracht
wurde. — Erst bei völliger Dunkelheit trafen wir in unserem
Quartier ein, welches wir beide, der Stabsapotheker und ich,
mit zwei uns näher bekannten Artillerie=Offizieren theilten, und bei
einer wohlhabenden Wittwe gut untergebracht waren.

15. November (Dienstag). Der nächste Tag, ein Ruhetag, brachte
eine solche Masse von Bureauarbeiten, daß ich hierdurch völlig in
Anspruch genommen wurde.

16. November (Mittwoch). Unser Vormarsch ging ganz besonders
langsam, da sich wiederholt Franctireur=Schaaren zeigten, welche

namentlich bie Uebergänge über ben **Canal de Bourgogne**, ben wir mehrmals zu kreuzen hatten, besetzt hielten, jeboch nach ber erften Granate, bie ihnen zugesanbt wurbe, schleunigst sich zurück= zogen, meist ohne auch nur einen Schuß abzugeben. Als wir bas niebliche Stäbtchen **Cruzy le Châtel** passirt hatten, wurbe jenseits bes Kanales unb bes Eisenbahnbammes in einer flachen Thalmulbe, bie, von 2 Seiten burch niebrigen Walb geschützt, einen hübschen Blick auf bie bergige Umgebung unb bas Stäbtchen gewährte, wieber einmal Renbez=vous gemacht, bamit bie Kavallerie vor unb seitwärts bas wenig übersichtliche Terrain absuchen unb bie Dörfer von ben überall auftauchenben Franctireur = Banben säubern konnte. Die lustigen 16er hatten ihre Regimentsmusik wieber zum Spielen ver= anlaßt, unb balb sammelten sich bie Bewohner bes nahen Stäbtchens unb ber umliegenben Ortschaften, um staunenb ben schönen Klängen ber Barbaren=Musik zu lauschen. Ganz besonbers schien auch ihnen bie bamals allbeliebte Tanzmelobie: „O Hannes, wat 'nen Haut" zu gefallen, unb kichernb brängte sich bas junge Volk immer mehr an unsere Westphalen heran. Diese hatten gerabe kurz zuvor bie Bagage einer Franctireur=Abtheilung abgefangen unb amüsirten sich mit ben barunter vorgefunbenen Damentoilettengegenstänben unb bunten Bänbern in ber lustigsten Weise. Jetzt trat ein bieberer 16er mit einem rothen Seibenbänbchen in ber Hanb auf bie zunächst= stehenbe, junge Dirne zu, schob seine kurze Pfeife fest in einen Munb= winkel, machte mit einem Kratzfuß eine Verbeugung, unb ehe Jemanb seine Absicht ahnte, hatte er bie anfangs wiberstrebenbe, schmucke Französin fest um bie Taille gefaßt unb schwenkte sie nach bem Tacte ber soeben wieber beginnenben Tanzmusik in fröhlichem Drehen im Kreise herum. Dann lüftete er seine Felbmütze, machte wieber einen Kratzfuß unb reichte ber halb verschämt, halb geschmeichelt breinschauenben Schönen galant bas rothe Banb zum Anbenken. Natürlich fanb sein muthiges Beispiel balb Nachahmung, unb es währte nicht lange, so strahlten bie bunklen, lebhaften Augen ber in ben Armen ihrer Feinbe herum hüpfenben, kleinen Französinnen vor Freube unb sichtbarer Lust, währenb ihre Brüber, Schätze unb Männer halb ärgerlich, halb belustigt im Kreise herum= stanben unb mit neibischen, unzufriebenen Blicken unb Mienen auf bas fröhliche Treiben, bas Lachen unb Scherzen ihrer treulosen Schönen schauten. Unb gar manche Dirne war nicht wenig stolz

und entzückt über die Bänder, Strümpfe, Tücher, Hauben, Kleider
u. bergl., welche die dankbaren Westphalen aus ihrer Beute an ihre
Tänzerinnen als Andenken vertheilten. Wieder erscholl hinein in
diese heitere Lust das unwillkommene Kommando: „An die
Gewehre!" Die Musik verstummte, noch einmal wurde die leicht=
füßige Tänzerin hoch durch die Luft geschwenkt, dann ließen die
dienststeifrigen Jungen schnell ihre Schönen los und eilten zu ihren
Waffen. Doch, halt! war es nicht zu grob und unartig, so ohne
Dank und Abschied davon zu laufen! Schnell besann sich einer der
Tänzer eines Bessern, mitten im Laufe blieb er plötzlich stehen,
nahm die Pfeife aus dem Munde und während er sich mit der
Hand seinen stattlichen Schnurrbart zur Seite wischte, stand er nach
einigen mächtigen Sätzen plötzlich wieder vor seiner Partnerin, und
ehe sie's noch wehren konnte, hatte er sie in echt deutscher Art in
die Arme genommen und drückte einen schmatzenden Kuß auf ihr
unter Staunen und Erröthen lächelndes Mündchen, zum lauten
Jubel der Kameraden und stillen Aerger der jungen Franzosen.
Mit einem letzten „Merschie Mamschelchen" eilte er seinen Kameraden
nach, von denen mehr wie Einer schnell entschlossen seinem Beispiele
folgte. — Eine Stunde später stand dasselbe Bataillon in lebhaftem
Scharmützel mit Franctireurs, die diesmal etwas zäher aushielten
und doch auch dem Einen oder Andern unserer 16er ein kleines
Andenken zusandten, ohne glücklicher Weise ernstere Verwundungen
oder gar Verluste ihnen zuzufügen, bis wieder einige Geschütze ab=
protzten und die Kerle aus den Chausseegräben, den Coupuren, die
durch die ganze Breite der Straße liefen, oder den dichten Verhauen
vertrieben. Von Zeit zu Zeit indeß wiederholte sich dies Festsetzen
und Austreiben, bis wir den dichten Wald und die verschiedenen
schluchtenartigen, engen Stellen passirt hatten, an welchen die bewal=
deten Höhen beiderseits näher an die Straße herantraten und mit
ihren felsigen Vorsprüngen steil emporstiegen. Kurz vor Tonnerre
mehrten sich wieder die durchstochenen und mit Erdwällen versehenen
Schützenstellungen auf der Chaussee und die neben derselben an=
gebrachten Gräben und Wälle, so daß wir bereits uns auf ernsteren
Widerstand gefaßt machten, auch die Artillerie an einer günstigen
Stelle abprotzte, von der aus die Stadt, welche jetzt plötzlich bei
einer Biegung des Weges sich in überraschend schönem Bilde vor
unseren Augen ausbreitete, bequem beschossen werden konnte.

Hier kamen uns indessen Abgesandte der Stadt Tonnerre mit
weißen, an erhobenen Stöcken flatternden Tüchern entgegen, um
uns die Versicherung zu überbringen, daß in der Stadt sowohl,
wie in deren nächster Umgebung sich keine bewaffneten Abtheilungen
mehr befänden und daß sie sich für die Sicherheit unseres Corps
während des Verbleibens im Gebiete der Stadt verbürgen könnten.
So wurden denn die Truppen wieder zusammengezogen und mit
fröhlichem Gesang, Trommelwirbel und klingendem Spiel zogen
wir nunmehr in Begleitung der in Frack und weißer Binde
erschienenen Abgeordneten der Bürgerschaft in die Stadt ein. Der
Anblick, welcher sich uns darbot, als wir aus dem bergigen Terrain,
das rings mit Wäldern bedeckt war, heraustraten, und über das
vor uns liegende liebliche Thal hinweg auf die hochgelegene Stadt
Tonnerre hinüberschauten, war geradezu bezaubernd schön. Durch
eine sanft abfallende Berghöhe, welche in weitem Halbkreise sich in
das breite Yonne-Thal hinein erstreckt, wird von demselben ein
reizend romantisches Thal abgetrennt, welches wiederum, als ob es
seine langen Fühlhörner ausstreckte, mehrere kleinere Ausläufer in
die dichtbewaldete Bergkette hineinsendet, die nach uns hin das
Thal begrenzte. Ein munterer, klarer Bach, welcher die zahlreichen,
in hübschen Cascaden und schäumenden Wasserstürzen über ihr
steiniges Bett herabrauschenden Bergwässer aufnimmt, schlängelt sich
um den Fuß des jenseitigen Hügels zur Yonne. Der ganze mit
Weinbergen und Gärten bedeckte Abhang war mit unzähligen
Villen und weißglänzenden Häusern besät, während auf der Höhe
sich weithin die Stadt mit ihrem dichten Häusermeer hinzog, aus
dem die Thürme mehrerer alten Kirchen ehrwürdig hervorschauten,
und das nach rechts in dem langen, weißglänzenden Stadthospital
seinen Abschluß fand. Linkerseits erhoben sich hinter der Stadt,
von dieser durch einen schluchtartigen Einschnitt getrennt, auf einem
isolirten Bergkegel, die altersgrauen Mauern und Thürme des
alten Schlosses, welche mit einem Theile des schönen Schloßbaues
selbst über die Kronen des mächtigen Eichen- und Buchenwaldes
hervorschauten, wie ein Märchen aus alten Zeiten. — Die Stadt
als solche kann gleichfalls schön genannt werden mit ihren vielen,
gut erhaltenen, alterthümlichen Gebäuden, großartigen Hotels und
Cafés. Im Hotel Bourgogne fanden wir ein eben so elegantes

Unterkommen, wie brillantes Diner und die feinen Bourgogner
Weine mit ihrem zarten, würzigen Bouquet mundeten uns so
herrlich, daß ich keine Lust mehr hatte, die Herren des Stabes zu
einem Schlummerpunsch ins Café Français zu begleiten, welches
wohl weniger seines guten Bieres und Grog's, als der beiden
bildschönen Töchter des Wirthes wegen berühmt und gesucht war,
die noch an diesem selbigen Abend in Augenschein zu nehmen, selbst
der commandirende General nicht unterlassen konnte.

17. November. Da wir erst beim Beginn der Dämmerung am
vorhergehenden Abend in unsere Quartiere gekommen waren, so
benutzten wir die frühen Morgenstunden, um zwei der sehens=
werthesten Bauten der Stadt noch genauer in Augenschein zu
nehmen. Es war dies das umfangreiche Hospital mit seinen
eleganten, bequemen und zweckmäßigen Einrichtungen, den äußerst
praktischen Badezimmern und Küchen=Anlagen und gleichzeitig mit
einem geradezu bezaubernden Blick auf Stadt und Umgegend.

Das Sehenswürdigste indessen blieb doch die enorm geräumige
Kirche, eigentlich ein ungeheuer langer, breiter und hoher Saal von
etwa 400 Fuß Länge, 150 bis 180 Fuß Breite und von circa
200 Fuß Höhe. Von wunderbarer Construction war das Dach,
welches einer durchschnittenen Tonne glich; ohne jede stützende
Säule, ohne irgend eine Balkenconstruction oder Eisengerippe, wölbte
sich das über halb kreisförmige Dach im byzantinischen Style von
einer Seitenwandmauer bis zur andern, 150 Fuß breit von Wand
zu Wand und 180 Fuß an seiner breitesten Stelle messend. Die
Innenseite der Wölbung war vollständig mit schmalen Holzziegeln
verschält, die fast sämmtlich noch aus der Zeit der Erbauung her=
stammten und von so enormer Festigkeit und Dauerhaftigkeit waren,
daß erst eine kaum nennenswerthe Anzahl von ihnen in den letzten
hundert Jahren hatten erneuert werden brauchen. Die Kirche ist
erst im Jahre 1773 durch **Marguerite, Duchesse de Bourgogne,**
Gemahlin von **Charles duc d'Anjou** als Krankenhaus erbaut und
erst später als Kirche benutzt worden. Von dem liebenswürdigen
Pater, der uns im Kloster herumführte, wurden uns auch die alten
Stiftungs=Urkunden gezeigt, sowie eine von der Fürstin eigenhändig
gestickte Altardecke, alte auf Pergament geschriebene Testamente mit
künstlerisch schönen Initialen und allerhand andere aus dem Mittel=

alter stammende Sachen. — Vor dem Altar befand sich eine äußerst
fein und sinnig gearbeitete Marmorgruppe, die sterbende Margarethe
von Bourgogne von Engeln beweint; von letzteren ist der zu Füßen
der Sterbenden sitzende Engel mit der verlöschenden Lebensfackel
ein Kunstwerk ersten Ranges. Links daneben ist das gleichfalls
wundervolle Marmor=Denkmal, das Grabmal Louvois. In der
unter der Hauptkirche liegenden Crypta sahen wir noch ein besonders
eigenartiges Kunstwerk: Die Grablegung Christi, deren einzelne
Figuren in Lebensgröße aus Holz geschnitzt und bemalt waren,
beides in so meisterhafter und vollkommener Weise, daß man wirk=
liche Menschen vor sich zu sehen glaubte. Besonders schön und
ihrem verschiedenen Wesen nach characterisch aufgefaßt, waren die
Figuren sowohl, wie die sprechend natürlich hergestellten Gesichts=
züge der 3 Maria's und des Apostels St. Johannes, ebenso aber
auch die des Nicodemus und Joseph's von Arimatias.

Als wir gegen 9 Uhr in's Hotel zurückkamen, war das General=
Commando gerade im Begriff aufzubrechen, ich hatte indessen noch
einige Photographien mir bestellt, blieb daher mit dem berittenen
Burschen (Güldner) zurück, mußte über Gebühr beim Photographen
warten und als ich endlich wieder heimkam, war kein Mensch von
unsern Truppen mehr in der Stadt. Wir wußten nicht genau den
einzuschlagenden Weg, geriethen in eine falsche Richtung, kamen in
ganz einsame, fast menschenleere Gegenden außerhalb der Stadt,
wo uns die wenigen Franzosen, die wir antrafen, mit grimmigen
Blicken und haßerfüllten Mienen nachschauten und uns keine Aus=
kunft geben konnten oder wollten über die von unsern Regimentern
benutzte Heerstraße, bis wir endlich nach ½stündigem Herumirren
in der Ferne die letzten Colonnen unserer Division erblickten und
nun querfeldein, ohne Weg und Steg, über Hecken und Gräben zu
ihnen eilten, wobei der Bursche und sein Pferd verschiedentlich
uneins wurden, er aber dem Sprüchwort folgend: „Der Vernünftige
giebt nach!" meist freiwillig sich von seinem hohen Braunen trennte
und ihn lieber auf Umwegen über den Graben führte, statt zu
riskiren, daß er ohne sein Pferd kopfüber das andere Ufer, oder
gar den Grund des Grabens erreichte.

Der Vormarsch, größten Theils längs des Canals de Bour=
gogne, durch eine üppige, reiche Gegend des Departements Yonne
war voller Abwechselung und ging ziemlich glatt und ohne längeren

enthalt, wenn auch nur langsam, von Statten; bald nach 12 Uhr rückten wir denn auch bereits in St. Florentin ein, wo ich ein vorzügliches Quartier ausfindig gemacht hatte.

Auch hier befand sich eine uralte Kirche, ein imposanter Säulenbau mit reicher Ornamentirung; besonders schön an derselben waren die gleichfalls sehr alten bunten Fenster, vor Allem traten darunter diejenigen hervor, welche die Schöpfungsgeschichte wiedergaben.

18. November. Um 9 Uhr, nachdem der größte Theil der Brigade voraufmarschirt war, verließen auch wir die Stadt und kamen ohne weiteren Aufenthalt bis Brienon, wo wir wieder auf den längs des Amançon und später der Yonne verlaufenden Canal de Bourgogne stießen und einen kleineren Transportdampfer überraschten, indessen nicht fortbringen konnten, da der Canal an vielen Stellen unpassirbar gemacht war. Dagegen machte uns der Transport von 4= bis 5000 Francs, welche sich in den Staatskassen von Brienon vorgefunden hatten, nicht die geringste Schwierigkeit. Gleich darauf ertönte vor uns wieder seit längerer Zeit ein lebhafteres Knallen der Gewehre; die Franctireure hatten sich in einem kleinen Walde neben der Straße festgesetzt und zogen sich erst zurück, als unsere Granaten die schützenden Verhaue und Befestigungen auf der Chaussee niedergerissen hatten und in den Wald selbst hineingeworfen waren. Hierbei wurden etwa 20 bis 30 Franctireure von den jenseits des Canals längs der Waldlisière aufklärenden Dragonern niedergeritten, oder durch die Infanterie getödtet. Durch mächtige, längs des Canales aufgestapelte Bretterlager gegen die Kugeln der Franzosen ziemlich gedeckt, konnten wir längere Zeit hindurch den dicht vor uns sich abwickelnden Nahekampf genau beobachten.

Besonders heftig war der Kampf um das Dorf Esnon von den Franctireurs geführt worden; unsere Artillerie hatte erst manche Granate hineinwerfen müssen, ehe die Hauptmasse der Gardes mobiles und Franctireurs dasselbe räumte. Als dann aber unsere Leute beim Verfolgen das Dorf durchschritten, wurden sie verschiedentlich aus den Häusern selbst beschossen; die betreffenden Häuser wurden gestürmt, in denselben aber keine uniformirten Soldaten, sondern nur Bauern in blauen Blousen vorgefunden, welche unsern Soldaten mit zuvorkommender Miene entgegen traten und sie freundlich begrüßten; als dieselben aber unter den Blousen

farbiges Tuch und blaue Knöpfe hervorblicken und beim Herunter=
reißen derselben gar in Mobilgarden= und Franctireur=Uniformen
steckende Leute vor sich sahen, auch in und neben den Häusern
versteckt gleiche Uniformstücke und frisch abgeschossene Gewehre auf=
fanden, da geriethen unsere tapfern Westphalen in eine furchtbare
Wuth und fielen unbarmherzig über diese gemeinen, verrätherischen
Seelen her.   Wo nur ein Franzose und Waffen, oder Uniform=
stücke zugleich in demselben Hause gefunden wurden, da schossen sie
diese Schufte nieder, schlugen sie mit dem Kolben zu Boden, oder
nagelten sie mit ihren Seitengewehren und Bajonetten ohne Gnade
und Barmherzigkeit an die Wand ihres eigenen Hauses fest und
kamen so den Urtheilen des Kriegsgerichtes in ihrem gerechten Zorne
zuvor.

Es ist dies das erste und einzige Mal, daß ich Soldaten
unseres Corps fast so grausam, so blutdürstig und gefühllos habe
handeln sehen, wie dies die Franzosen ehedem in unserm geliebten,
damals so unglücklichen deutschen Vaterlande ja an so vielen Orten
mit kaltem Blute und weit größerer Grausamkeit gethan haben
sollen, und wie sie jetzt wiederholt solches unseren Truppen in ver=
läumberischer Weise nachgesagt hatten.   Es war ein Anblick, der
uns das Blut in den Adern erstarren machte, als wir an mehreren
Stellen sahen, wie in den Häusern die Fenster, Thüren, Spiegel,
Meubles, kurz alles Zerbrechbare zertrümmert umher lag, wie an
den Wänden das Blut klebte und Blutlachen den Fußboden
bedeckten, wie in den Thüren, auf den Treppen und Gängen, in
den Stuben und auf der Straße blutüberströmte Leichen in
Franctireur=Uniformen, mit darüber geworfenen, zerrissenen blauen
Blousen, oder halb in Civil, halb in Uniform lagen, ja, wie an
der Wand eines Hauses nahe der Thüre, in sich zusammengefallen,
den Leib mit einem Seitengewehr durchbohrt, ein solch' verkappter
Franctireur im wahren Sinne des Wortes festgenagelt war, neben
ihm, an seinen Körper angelehnt, eine zerbrochene, frisch abgeschossene
Flinte, eine große Blutlache am Boden und um ihn herum die
Wand, sowie die Kleider des Gerichteten mit Blut bespritzt. Nirgend
habe ich aber gesehen, oder davon gehört, daß sich einer der
Soldaten an einem weiblichen Wesen, oder gar an Kinder ver=
griffen hätte, nur diejenigen hatte das Lynchgericht der aufs Höchste
erbitterten und in die größte Wuth versetzten Soldaten getroffen, deren

Theilnahme an den hinterlistigen, verrätherischen Mordversuchen an unseren ahnungslos durch das Dorf ziehenden Soldaten kaum noch zweifelhaft sein konnte.

Natürlich wurde diesem wüsten, grausamen Treiben sofort ein Ende gemacht, und die noch aufgegriffenen etwa 20 Franctireurs, welche meist verwundet waren und durch übergezogene Bauern-Blousen sich unkenntlich zu machen versucht hatten, unter Bewachung beim Gros gesammelt. Unter denselben befanden sich auch ein Offizier, ein Geistlicher und ein Arzt, doch sahen dieselben schon mehr wie Straßenräuber aus mit ihren vor verbissener Wuth entstellten Mienen, — wahre Galgenvögel-Physiognomien. Eigentlich hätten ja Alle, die ohne Uniform und ohne staatliche Legitimation als Soldat gegen unser Heer die Waffen ergriffen und gebraucht hatten, nach kriegsgerichtlicher Verurtheilung erschossen werden müssen, doch sah wohl Jeder es lieber, daß diese gemeinen Seelen, da ihnen nicht ohne Weiteres eine directe Betheiligung an einem Mordversuch oder hinterlistigen Angriff auf einen der Unsern nachgewiesen werden konnte, von den wieder ruhiger gewordenen Soldaten einen tüchtigen, tagelang sicht- und fühlbaren Denkzettel auf ihren Rücken eingebläut erhielten und dann laufen gelassen wurden.

Auch auf dem Weitermarsche mußte jedes an der Straße liegende Dorf, jedes Gehöft von den zurückweichenden irregulären französischen Truppen gesäubert, resp. dieselben durch hineingeworfene Granaten verjagt werden. Erst als wir bei Laroche, wo ein beim Telegraphiren überraschter Beamter bei der Weigerung sich zu ergeben, auf der Flucht erschossen wurde, in das Yonne-Thal einbogen, während die Franzosen in der Richtung nach Auxerre sich zurückzogen, nahmen die kleinen Scharmützel ein Ende. Als wir indessen bei einbrechender Dämmerung vor Joigny eintrafen, fanden die aufklärenden Dragoner die Stadt noch von Mobilgarden stark besetzt. — Schleunigst fuhr die Artillerie vor, protzte an einem der Stadt gegenüber liegenden Waldrande ab, und gleich darauf donnerte ein blinder Schuß über die Stadt hin. Es währte auch nicht lange, so flatterte vom Kirchthurme herab eine weiße Fahne; unter dem Schutze eines Zuges Dragoner und gefolgt von der Avantgarde der Infanterie, ritt ich mit den Quartier machenden Offizieren zur Stadt; auf dem halben Wege kam uns der Maire mit einer Bürger-Abordnung entgegen und versicherte, die Mobilgarben 2c. hätten die Stadt bereits verlassen, resp. zögen ab. Während die Herren zum General weitergesandt wurden, ritten wir in lustigem Trabe in die Stadt ein. Kaum hatten wir jedoch die ersten Häuser passirt, so blitzten aus einem nahen Hause plötzlich hintereinander zwei Schüsse auf, und als wir unsere erschreckt auf= bäumenden Gäule beruhigt hatten, wälzte sich einige Schritte vor uns ein Dragonerpferd auf der Straße und der Reiter kroch soeben mühsam unter demselben hervor. Zum Glück war jedoch weder Pferd noch Mann verwundet, sondern Beide nur gestürzt in Folge Ausgleitens des gleich darauf wieder auf den Beinen stehenden, vor Aufregung zitternden Thieres. Die Häuser, aus welchen geschossen war, wurden durch die nachfolgende Infanterie durchsucht und dann auf Befehl des Commandirenden durch hineingeworfene Pechkränze in Brand gesteckt.

Die Hauptstraße von Joigny zieht sich längs der Yonne mit einer herrlichen doppelten Baum=Allee und breitem Promenadenwege in weiter Ausdehnung hin und macht mit ihren sauberen, vielfach mit grünen Fensterläden versehenen, weißen Häusern einen sehr an= genehmen und erfrischenden Eindruck. Hier fand ich auch bald in dem stattlichen Café des IV. siécles ein gutes Unterkommen, doch nur mäßige Verpflegung, fand dafür aber dort im Zimmer des patriotischen Clubs einen neu herausgegebenen Atlas de la défense nationale, den ich mit großer Freude annectirte, da bisher alle meine Versuche, mir Specialkarten zu kaufen, vergeblich gewesen waren. Leider hatte es der Herausgeber der Karten für unmöglich gehalten, daß wir bis so tief und so weit südlich in Frankreich eindringen würden, und fast alle diejenigen Departements fortgelassen, welche wir jetzt und später durchzogen.

19. November (Sonnabend). Der Ruhetag in Joigny that uns nach den Anstrengungen und Aufregungen der letzten Märsche sehr wohl und wir genossen denselben auch in einer behaglichen Ruhe. Allein schon der Blick aus unserm Fenster lud uns dazu ein; die breite, saubere Straße, die baumbegrenzte Promenade, dahinter die Yonne, wie sie klar und ruhig in leichten Windungen und von bedeutender Breite sich zu unsern Füßen hinzog, und am jenseitigen Ufer die ebenfalls mit Baum=Allee, breiter Promenade und Straße, sowie mit saubern, niedlichen Gebäuden sich am Ufer des Flusses hinziehende Vorstadt, deren sehr zweckmäßig und bequem eingerichtetes

Hospital, wie die Mairie und das elegante Bahnhofsgebäude sich recht vortheilhaft abhoben. Dies liebliche Friedensbild, von dem die breiten, nur leise bewegten Fluthen der Yonne den jenseitigen Theil klar und ungetrübt wiederspiegelten, während eine elegante Steinbrücke mit hohen, graziösen Bogen beide Ufer verband, erhielt noch einen besonderen Reiz, als die 38. Brigade, welche mit der 37. und 40. von Ruhetag zu Ruhetag in der Führung beim Marsche wechselte, mit klingendem Spiel in unabsehbarem, an Abwechselung reichem Zuge diese sonst so stille, vornehme Straße in anziehender Weise belebte, und die Sonne sich in den blitzenden Helmen und blinkenden Waffen tausendfach wiederspiegelte.

Die Stadt selbst war eng und zog sich am Abhange eines mäßig hohen Bergrückens hinauf, welcher das Thal begrenzte und hauptsächlich mit Weinbergen bedeckt war; ein alterthümliches Gebäude, früher ein Château, thronte am unteren Ende hoch über der Stadt und gewährte einen weiten Umblick auf das friedliche Thal. Von der andern Seite blickte die gleichfalls alte Kirche St. Thibault auf die Stadt hinab; sie barg schöne Stuckarbeiten und sehr alte Bilder berühmter Kirchenmaler, namentlich eine trauernde Maria unter dem Stamm des Kreuzes, ein durch ihren tiefen, stummen Schmerz höchst ergreifendes Gemälde.

Auf dem Bahnhofe hatte ich noch ein kleines, interessantes Abenteuer. Mitten unter unsern heiter und etwas ausgelassen auf dem Bahnsteige sich belustigenden Mannschaften standen einsam und verlassen zwei in Trauer gekleidete, tief verschleierte Damen, die Frau eines französischen Collegen mit ihrer auffallend schönen Tochter, deren feurige Augen selbst durch das dichte Schwarz des Schleiers hindurchblitzten. Sie hofften einen zur Fahrt nach Chatillon bereit stehenden, kleinen Zug zur Abfahrt benutzen zu können, doch zogen sich die deswegen zwischen den französischen Beamten und einem höheren Offizier stattfindenden Unterhandlungen sehr in die Länge, und die scheu in einer Ecke stehenden Damen waren bald die Zielscheibe der Witze und lauten Bemerkungen unserer Leute geworden. Als nun aber einige, scheinbar etwas angeheiterte junge Soldaten näher an die Damen herantraten und sie in unangenehmer Weise zu belästigen begannen, nahm ich mich ihrer an, wies die Leute ernst und bestimmt in ihre Schranken zurück und sorgte schließlich, nachdem wir die Zeit bis zur Abfahrt in angenehmem Geplauder verbracht hatten, dafür, daß Beide ein bequemes Unterkommen im Zuge fanden. Als das junge Mädchen mir noch einen dankbaren Blick aus dem Fenster des abfahrenden Zuges zuwarf, ahnte ich nicht, daß wir uns wiedersehen würden, hätte sie auch schwerlich später sofort wiedererkannt. Indessen mußte das hübsche junge Mädchen doch wohl sich meine Züge fester ins Gedächtniß geprägt haben, denn fast ½ Jahr später wurde ich in Troyes im Quartier meines Chefs, wo sich auch mein Bureau befand, nachdem wir schon einige Zeit dort gelegen hatten, eines Tages auf der Treppe von einer Dame schüchtern angeredet, in welcher ich bald meinen jungen Schützling aus Joigny wiedererkannte, und die sich über dies unerwartete Zusammentreffen ganz besonders zu freuen schien. Leider sah ich sie dann aber nicht wieder, denn während wir auf einige Tage nach Paris, resp. St. Denis vor Paris gefahren waren, hatte die junge Dame wieder in ihr Vater- haus zurückkehren müssen.

Während wir in Joigny Ruhetag hielten, mußte ein aus allen Waffengattungen gemischtes Detachement südlich nach dem be- rühmten Weinorte Chablis marschiren, um demselben eine Strafe dafür aufzuerlegen, daß in seinen Straßen Tags zuvor ein Offizier von den Fenstern eines Hauses aus getödtet war, der mit einem Zuge Dragoner auf seinem Seitenpatrouillen-Ritte in die Stadt hineingekommen war. — Wie man erzählte, hatte der junge Reserve- Kavallerie-Offizier, welcher erst kürzlich zur Dienstleistung zum 9. Dragoner-Regiment commandirt worden war, während eines guten Diners, wo ihm der weiße Chablis mousseaux, ein aus- gezeichneter selbstmoussirender Wein, besonders gut geschmeckt hatte, gehört, daß Chablis nicht allzuweit abseits der Marschroute liege. Er soll schon dort davon gesprochen haben, er müsse unter allen Umständen den Wein an Ort und Stelle trinken, wenn der Ort auch noch so stark von Franzosen besetzt sei. Und zu seinem Unglück lagen in Chablis gerade mehrere Mobilgarden-Bataillone und ein stärkeres Franctireurcorps. Als der Lieutenant nun auf einem Patrouillenritte mit 10 Dragonern in die Nähe der Stadt kam, fand er an der Chaussee einen Doppelposten und dahinter eine Feldwache der Mobilgarden. — Ohne sich einen Augenblick zu besinnen, zieht er den Säbel, setzt sich an die Spitze seiner Leute, „zur Attaque, Marsch! Marsch!" ruft er, und ehe noch Posten oder Wache einen

Schuß thun können, sind sie überritten und niedergehauen. Im Galopp sprengt die kleine Schaar durch die Straßen nach dem Marktplatz und hält vor der Mairie. Der Maire wird herbeigerufen, und in der ersten Bestürzung reichen die aus den umliegenden Häusern herbeigeströmten, furchtsamen Bewohner dem Offizier und seinen Leuten den verlangten weißen Chablis. Vom Maire fordert der Lieutenant eine bedeutende Contributionssumme und bemerkt drohend, als dieser zögert und im ersten Schreck rathlos dasteht, es folge ihm sein Regiment auf dem Fuße. Zum Glück für seine Leute wurden die Verhandlungen vom Pferde herunter geführt. Inzwischen ertönten aus allen Richtungen der Stadt Alarmsignale, die Mobilgarden stürzten marschbereit · aus allen Straßen zum Sammelplatz. Drohende Gesichter zeigten sich von allen Seiten, und das kleine Häuflein wurde schnell von Soldaten, zum Glück auch von Bürgern umzingelt, so daß die Mobilgarden nicht von ihren Gewehren Gebrauch machen konnten. „Kehrt! Zurück! Folgt mir!" rief jetzt der Lieutenant, als er seine gefahrvolle Lage erkannte; wie der Sturmwind sausten seine Leute ihm nach durch den schnell hier und da sich öffnenden Kreis, und rechts und links um sich hauend erreichten die Dragoner die Thore der Stadt. Hier ließ ihr Führer sie sich sammeln, aber siehe da, drei seiner Leute fehlten. Schnell entschlossen kehrte er mit drei von den sich freiwillig meldenden Dragonern im rasenden Galopp in die Stadt zurück, um die Fehlenden zu suchen, resp. herauszuhauen, obgleich aus allen Thüren heraus bewaffnete Mobilgarden zum Alarmplatz stürzen. Da fiel aus einem der Häuser ein Schuß, der Offizier griff nach der Brust, schwankte im Sattel und eine zweite Kugel streckte ihn vollends zu Boden. Die drei Dragoner wurden von Bewaffneten umzingelt, hauten sich jedoch bis zu der Stelle, wo ihr Führer gefallen war, durch; als sie ihn jedoch regungslos in seinem Blute liegen sahen, warfen sie ihre Pferde herum, das reiterlose Pferd schloß sich ihnen an, und zum dritten Male gelang es ihnen, sich durchzuhauen und unverletzt zu ihren Kameraden zurück zu jagen. Zu ihrer freudigen Ueberraschung trafen sie hier auch die drei vermißten Dragoner wieder an, welche in eine andere Straße gedrängt, auf einer andern Stelle die Stadt hatten verlassen können. —

Daß ihr Führer gefallen war hatten die Freiwilligen selbst gesehen, eine vorsichtige Recognoscirung zeigte ihnen, daß mindestens

zwei Bataillone gut bewaffneter Mobilgarden auf dem Sammel=
platze standen, größere Trupps derselben eilten an die verschiedenen
Eingänge der Stadt, an das Bergen der Leiche des Offiziers war
daher nicht zu denken, und so eilte denn der Unteroffizier mit seinen
neun Leuten zum Regimente zurück, das ledige Pferd betrübt am
Zügel mit sich führend.

Am folgenden Morgen brach ein Straf = Detachement unter
Führung eines Stabsoffiziers vom General=Commando nach Chablis
auf, erreichte es ohne aufgehalten zu werden, fand die Stadt frei
von Soldaten und erhielt die Leiche des Offiziers ausgeliefert,
freilich von zahlreichen Bajonnetstichen durchbohrt, welche ihm nach
dem Tode versetzt sein mußten, und ohne Kleider, da die Uniform=
stücke von den wüthenden Franzosen zerrissen und in Fetzen als
Trophäen vertheilt worden waren. Die Mörder sollten der Garde
mobile angehören und konnten daher von dem Maire nicht aus=
geliefert, auch ihre Bestrafung nicht zugesichert werden. — Es wurde
daher der Stadt eine Contribution von 40,000 Francs auferlegt,
die beiden Häuser, aus welchen auf den Offizier geschossen war, in
Gegenwart des Detachements in Brand gesteckt, und der Stadt auf=
gegeben, für sämmtliche Mannschaften und ebenso für die Offiziere
warme Verpflegung mit einer bestimmt vorgeschriebenen Zahl von
Gerichten, resp. Gängen und einer Flasche Vin du pays für die
Leute, resp. Chablis blanc mousseaux für die Offiziere à discrètion
so schnell wie möglich auf offenem Marktplatze herbeizuschaffen. —
Die Sonne neigte sich bereits bedeutend dem Horizonte zu, als das
gut verpflegte und noch mit einer freiwillig mehr gelieferten Flasche
Wein pro Mann versehene Detachement seinen Rückmarsch antrat. Da
die Stadt die geforderte Summe nicht sofort beschaffen konnte, so
wurden drei der reichsten Weinhändler als Geißeln mitgenommen,
und bereits nach zwei Tagen war das Geld zur Stelle, so daß die
Geißeln entlassen werden konnten, denen es übrigens im Kreise
unserer Offiziere so gut gefallen hatte, daß sie nicht böse gewesen
wären, hätten sie auch noch ein paar Tage länger uns begleiten
müssen.

Ein großer Theil des Rückmarsches führte durch dichten Wald,
und hier wurde das Detachement von den sie umschwärmenden
Franzosen arg bedrängt, ohne bei der Dunkelheit gegen diese viel
ausrichten zu können. Andrerseits war aber auch gerade die

Dunkelheit der beste Schutz für unsere Truppe, und so trafen sie denn am Abend, ohne einen wirklichen Verlust gehabt zu haben, mit 20—25 Verwundeten in Joigny wieder ein.

20 November (Sonntag). Die Verwundeten und einige Schwer=kranke waren dem Hospital übergeben worden und blieben in der Behandlung eines unserer Militairärzte in Joigny zurück, im Ganzen 45—50 Mann. Die Pflege=Schwestern wurden noch ganz besonders verpflichtet, für den Arzt und seine Patienten gut zu sorgen (was auch in der anerkennenswerthesten Weise geschehen ist), denn dieselben mußten ohne jeden militairischen Schutz zurückbleiben, da wir ja keine Etappen zurückließen.

Um 9 Uhr rückten wir weiter und blieben bis zu unserem Eintreffen in Courtenay von jeder Belästigung durch die Franzosen verschont. Dagegen mußten wir bei St. Julienne längere Zeit warten, bis die dort über die Yonne führende, eiserne Brücke wieder in Stand gesetzt war, welche angeblich bei einem kleinen Gefecht theilweise zerstört war, welches das 3. Armeekorps zwei Tage zuvor dort gehabt haben sollte. Hier wurden wir jedoch bald durch die freundliche Einladung des Besitzers eines äußerst eleganten, in einem prächtigen Parke dicht an der Heerstraße gelegenen Landhäuses freudig überrascht, bei dem wir durch ein ausgezeichnetes Diner und vorzüglichen weißen Chablis aufs angenehmste erfrischt wurden, und somit uns über diese kleine Unterbrechung des Marsches keineswegs zu beklagen hatten.

21. November. Um 9½ Uhr wurde wieder aufgebrochen, der Weg führte durch bergiges und walbiges Terrain; in letzterem waren die Seitenwege vielfach durch mächtige Verhaue unpassirbar gemacht, doch wurden wir auch an diesem Tage nicht weiter belästigt, fanden dagegen im Walde versteckt ein ziemlich bedeutendes Waffen= und Pferde=Depôt für die Mobilgarden oder Franctireure, und nahmen besonders Letzteres durchaus nicht ungern in Beschlag. Etwa gegen 2 Uhr ritt ich mit den quartiermachenden Offizieren als den ersten Preußen in die schöne große Stadt Montargis im Departement Loiret mit einem leicht erklärlichen Stolze ein und fand bei einem liebenswürdigen und äußerst gastfreundlichen Rechtsgelehrten ein vorzügliches Quartier.

22. November. Unter Leitung unseres freundlichen Wirthes wurde der Ruhetag zur Besichtigung der bedeutendsten Sehenswürdigkeiten der Stadt **Montargis** benutzt. Zunächst galt unser Besuch der alten, vor Kurzem reconstruirten schönen Kirche. Das dreifache Schiff, ein hohes Mittel- und zwei niedrigere Seitenschiffe ruhen auf schlanken, glatten, korinthischen Säulen, deren Kapitäle noch aus einfachen Blättern aufgebaut waren, aus denen die runden Bogen- kanten nach allen Seiten herausquollen, um sich zu Spitzbogen von mächtiger Höhe zu vereinigen, welche die Decke und das Dach der Kirche tragen. In der Mitte des Kreuzganges, welcher Kirche und Altare, resp. Chorraum von einander trennt, erhebt sich eine wunder- volle gekuppelte Rotunde, deren Oberlicht durch farbige Fenster herabfällt und diesen Theil mit einem magischen Schimmer durch- fluthet. Dahinter baut sich einfach, zierlich und mit kunstvoller reicher Stuckarbeit verziert der Chor auf, dessen hohe Bogenfenster, ebenso wie die der Kirche selbst mit alten und neueren Glasmalereien versehen sind und zahlreiche gute Gemälde enthalten, darunter ein eigenartiges, echt chinesisches Bild, ein Geschenk des Kaisers Napoleon. Die École particulière, welche ein sehr interessantes Museum und eine bedeutende Modellsammlung für Architecten, Ingenieure und Kunsthandwerker, sowie eine nur mäßige Bildergallerie enthielt, war im Uebrigen zur Aufnahme Verwundeter eingerichtet worden, da die Bewohner hier in der Nähe ihrer Stadt eine Entscheidungs- schlacht zwischen den Deutschen und der Loire-Armee für sehr wahr- scheinlich hielten.

Durch meinen ruhig und ohne besondere Vorurtheile die Lage betrachtenden Wirth, der seine Familie nach dem südlichen Frankreich in Sicherheit gebracht hatte und mich bald in ein offenes, lebhaftes Gespräch über den weiteren Verlauf der kriegerischen Ereignisse verwickelte, erfuhr ich erst, wie bedeutend die Hoffnungen waren, welche die Franzosen auf die mächtige Loire-Armee setzten. Er schätzte die Stärke derselben auf circa 300,000 Mann, bestehend aus Dépot-Regimentern, den aus Africa herangezogenen Truppen und aus neuformirten Gardes-Nationales und Mobiles, verstärkt durch Franctireur-Abtheilungen. Dieselbe lagere zwischen Bellegarde und Orléans, bestände im Wesentlichsten aus gut ausgebildeten, erprobten und zuverlässigen Soldaten und sei entschlossen, hier den Entscheidungskampf zu führen, durch den sie die deutschen Truppen mit einem Hauptschlag vernichten zu können hoffte, um dann von Süden aus das hart bedrängte Paris zu entsetzen. Die Loire-Armee,

schloß der von patriotischem Eifer ergriffene Rechtsgelehrte, sei die
letzte Hoffnung, der letzte Trost für sein unglückliches Vaterland,
und in diesem Bewußtsein würden die Soldaten wie die Löwen
kämpfen und siegen, oder sterben. Und darauf sollten wir uns
gefaßt machen, daß, wenn wir geschlagen würden, vor und hinter
uns das Land wie ein Mann aufstehen werde; Waffen und Munition
seien überall in Menge vorhanden und überall so versteckt, daß wir
davon auf unserem Durchmarsche nichts als den kleinen im Walde
vor der Stadt zur sofortigen Benutzung bereit gehaltenen, unbe=
deutenden Theil gefunden hätten.   Das geschlagene deutsche Heer aber
würde zweifelsohne der vollen Vernichtung anheimfallen, welche die
aufgeregte, von Haß und Wuth erfüllte Bevölkerung uns bereiten
werde.

Es waren dies die ersten genaueren Nachrichten, welche wir
über die Loire=Armee, ihre Stärke, Zusammensetzung und ihren
Aufenthaltsort erfuhren und stimmten so auffallend mit den übrigen
Beobachtungen überein, daß der Chef des Stabes, Oberstlieutenant
v. Caprivi, welchem ich diese Andeutungen sofort meldete, darüber
insofern sehr erfreut war, als wir doch hierdurch endlich einige
wesentliche Anhaltspunkte fanden.   Wie ernst übrigens auch auf
unserer Seite unsere Lage aufgefaßt wurde, geht wohl am deut=
lichsten daraus hervor, daß der Stabs=Chef v. Caprivi sich noch=
mals von jedem Offizier und Beamten des Generalcommandos
doppelt die Adressen derjenigen Verwandten einforderte, die wir
zuerst von einem uns etwa zustoßenden Unfall benachrichtigt zu
haben wünschten, eine derselben behielt er selbst, die zweite wurde
dem Bureau überwiesen.

23. November (Mittwoch). Als ich von meinem Gastgeber Abschied
nahm, war derselbe so herzlich und bewegt, daß ich mich darüber
wunderte; mehrmals drückte er mir mit dem Ausdruck einer merk=
würdig ernsten Besorgniß die Hand, kam, als ich bereits zu Pferde
saß, nochmals zu mir heran und schien mit sich zu kämpfen, ob er
mir noch irgend etwas mittheilen sollte, endlich wandte er sich mit
Thränen in den Augen ab, mir noch einen recht herzlichen Segens=
wunsch nachrufend. — Als wir im nächsten Frühjahr auf unserm
Rückmarsche in die Heimath wieder durch **Montargis** kamen, suchte
ich den Rechtsanwalt wieder auf und wurde mit einer rührend
innigen Freude und Herzlichkeit von dem heiter bewegten Herrn

empfangen und seiner Familie, die inzwischen wieder zurückgekehrt war, vorgestellt. Ich mußte zum Frühstück bleiben, und bei einer feinen, ihr ehrwürdiges Alter schon äußerlich verrathenden Flasche Wein erzählte er nun, er sei deshalb so glücklich, daß er mich gesund wiedersehe, weil er bei unserem damaligen Abmarsch in der Richtung nach Orléans es sicher gewußt hätte, daß wir hinter Ladon, am Eingange in den ausgedehnten Forêt d'Orléans durch die Avantgarde der Loire-Armee an einer für uns sehr ungünstigen Stelle während des Marsches überfallen werden sollten, und daß er mich so gerne für meine Person gewarnt, daß ihm aber schließlich doch seine Vaterlandsliebe den Mund geschlossen hätte, und daß er seine persönlichen Gefühle erst nach schwerem Kampfe habe zurückdrängen können. Wir waren diesem Ueberfalle dadurch entgangen, daß wir kurz vor Ladon rechtwinklich nach Norden abbogen und nach Beaune-la Rolande marschirten; dagegen wurde aber die folgende Brigade am Tage darauf wirklich an dieser Stelle ganz unver= muthet von den Franzosen angegriffen und hart bedrängt.

Bis Ladon, am Anfange der Thalenge, welche die Bergzüge des nördlichen Loire=Ufers von dem isolirten Bergstock trennt, der sich mit seinen ausgedehnten Wäldern bis fast nach Orléans hin= zieht und einfach Forêt d'Orléans genannt wird, folgten wir der großen Straße nach Orléans, von der sich erst bei Bellegarde am Ende der Engpaß=artigen Einsenkung die Hauptstraße nach Beaune-la Rolande nördlich abzweigt. Hier scheint die Avant= garde der Loire-Armee uns erwartet zu haben, während wir auf einer schmäleren Landstraße schon kurz vor Ladon nördlich abbogen. Auf dem Kirchhof vor dem Städtchen wurde Rendez=vous gemacht, während ein Zug Dragoner durch Ladon geritten war und die Haupt=Chaussee beobachtete. Das General=Commando folgte indessen dem Rathe eines ihrer Offiziere, der im Städtchen eine gute Wirth= schaft entdeckt hatte, und so saßen wir bald vor dem dortigen Café bei ausgezeichnetem Frühstück, frischem Bier und Chartreuse, ohne zu ahnen, daß wir — vielleicht in Folge der vom Rechtsanwalt in Montargis erhaltenen Andeutungen, vielleicht nur durch Zufall — einem gefahrvollen Ueberfall der Franzosen entgangen waren. Nicht ganz so günstig, wie wir, kam am folgenden Tage der Stab der nachfolgenden Brigade und Division davon, die gleichfalls wie wir dem Café einen Besuch abstatteten, ohne jedoch vorher das Städtchen

durchsuchen zu lassen. Nur dem Umstande, daß sie gleichfalls vor
dem Café auf der Straße saßen und ihre Pferde gesattelt und
gezäumt bei sich behalten hatten, war es wohl zu danken gewesen,
daß die jüngern Offiziere und die Paar Leute der Stabswache
ihre Commandeure und Adjutanten noch heraushauen konnten, bevor
der französische Vortrab seinen Vedetten zur Hülfe kommen konnte.

Nachmittags 4½ Uhr rückten wir unbelästigt in **Beaune-la
Rolande** ein, wo wir ein ziemlich elegant und wohnlich eingerichtetes, größeres Haus, der Kirche gegenüber mit Beschlag belegten,
im Keller guten Wein und im Hause selbst eine ältere, Anfangs
sehr furchtsame, dann aber willige und dienstbereite Wirthschafterin
fanden, die uns unter Verwendung unserer gelieferten Rationen in
recht befriedigender Weise verpflegte. Während der Schlacht am
28. November brannte das Haus als das erste der wenigen,
durch französische Granaten dort in Brand geschossenen Gebäude.
vollständig nieder und wir sahen nur noch schwarze, leere Mauerreste und verkohlte Balken, als wir einige Tage später dasselbe
nochmals aufsuchen wollten, während die alte Dienerin seit der Zeit
verschwunden blieb; man vermuthete, daß sie vor Schreck der Schlag
gerührt habe und sie dann mit dem Hause verbrannt wäre.

Gefecht bei Ladon.

24. November (Dienstag). Da wir außer den in Montargis
erhaltenen, sehr unsicheren Nachrichten keine Ahnung hatten, wo sich
die überall genannte und in fabelhafter Weise von den Franzosen
gerühmte **Loire-Armee** aufhalte, von der es hieß, sie sei bald hier,
bald dort, ohne daß wir Fühlung mit ihr bekamen, so wurden am
frühen Morgen drei größere, von Generalstabs-Offizieren geleitete
Cavallerie-Recognoscirungen unternommen. Am Abend vorher waren
noch 2 hessische Cavallerie-Regimenter zu unserm Corps gestoßen,
so daß dasselbe genügend Reiterei hierzu zur Verfügung hatte.

In westlicher Richtung nach **Nancray** zu brach Premier-
Lieutenant v. Kotze vom Generalstabe mit 2 Escadrons Chevaux
legers auf, stieß jedoch schon auf halbem Wege bei St. Mihiel
mit einer feindlichen aus 4 Escadrons bestehenden Recognoscirungs-
Abtheilung zusammen. Das Terrain bot den Hessischen Reitern
für den Aufmarsch zur Attaque gewisse Vortheile, und da sie durch
die letzten Häuser des Dorfes gedeckt, so rasch und unbemerkt hervor-

brechen konnten, daß die Franzosen kaum zum Aufmarschieren Zeit
behielten, so war die Wucht, mit der sie auf die feindlichen
Schwadronen eindrangen, so gewaltig, daß deren erste Linien dem
gewaltigen Anprall nicht Widerstand leisten konnten, geworfen
wurden und nun auch die übrigen Escadrons nach kurzem Hand=
gefecht mit sich zur Flucht fortrissen. Auch die beiden Führer der
Recognoscirungstruppen waren handgemein geworden; Lieutenant
v. Koße erhielt einen Stich mit breiter Schlißwunde in den rechten
Unterarm, versehte aber trotzdem dem französischen Oberst noch einen
kräftigen Hieb über den Kopf, der nicht nur das Käppi durchschlug,
sondern auch bis in den Schädelknochen hineindrang und den
Gegner vom Pferde herunter warf. Als der tapfere Oberst sich
auch jetzt noch gegen die Gefangennahme wehrte, fielen die Hessen
über ihn her und hätten ihm wohl den Todesstoß versetzt, hätte
Herr v. Koße sich nicht dazwischen geworfen und ihm den Säbel
abgenommen. St. Mihiel wurde besetzt; beide verwundete Führer
ritten mit nothdürftig verbundenen Wunden gemeinsam in die Stadt
Beaune ein zum allgemeinen Jubel unserer Soldaten.

Die 2. Recognoscirung ging mit 3 Escadrons südwestlich gegen
Bois-commun; auch diese stieß bereits halbwegs bei St. Loup
auf eine starke feindliche Recognoscirung. Der Führer derselben
Major v. Seebeck, Adjutant des kommandirenden Generals, war
allein an den Ausgang des Dorfes geritten. Mit der Karte in
der Hand musterte er gerade die Gegend und machte sich Notizen,
als die ersten französischen Lanciers auf ihn losstürmten, welche
hinter Häusern verborgen, das Dorf bereits längere Zeit beobachtet
haben mußten. Zum Zusammenlegen und Fortstecken der Karte
blieb dem Major ebensowenig Zeit, wie zum Ziehen des Säbels,
aber er ist ein perfecter Reiter und kaltblütiger Soldat. Als der
erste Reiter mit eingelegter Lanze auf ihn einstürmt, weicht er
geschickt aus, hebt sein Pferd fast kerzengrade in die Höhe und ihm
die Sporen in die Flanken drückend, wirft er es mit mächtigem
Sprunge gegen den dicht neben ihm vorbeistürmenden Lancier, daß
Roß und Reiter sich im Staube wälzen. Zugleich ergreift er die
Lanze des Franzosen und hält sich, bald nach vorne, bald nach
hinten mit derselben auslangend, die nachfolgenden Feinde vom
Halse, bis die aus dem Dorfe herbeisprengenden Hessen ihn erlösen
und die schwache feindliche Reiterschaar zurücktreiben. Als die

13*

Gefahr vorüber, reichte er dem nächsten hessischen Cheveaux leger die feindliche Lanze, faltete ruhig seine Karte, die er während des ganzen Handgemenges in der Hand behalten hatte, wieder glatt auseinander, beendete seine Notizen und ließ St. Loup von einer Schwadron besetzen.

Die 3. südlich gegen Bellegarde gerichtete Recognoscirung endlich, welche von dem jugendlichen Husaren=Offizier v. Bredow geleitet wurde, der nur einen Zug Dragoner bei sich hatte, gerieth in sumpfiges Terrain, und als er hier auf eine bedeutend stärkere, feindliche Reiterschaar stieß, mußte er sich zurückziehen, gerieth aber für seine Person in so unsicheres Terrain, daß die Franzosen ihn bereits von 3 Seiten eingeschlossen hatten und ihm den Rückweg abzuschneiden drohten, welcher über die Brücke eines Flüßchens führte. Schnell entschlossen sprengte er auf die Brücke, gab dem Gaul die Sporen und setzte mit demselben über das Geländer hinweg ins Wasser. Hierbei trennte er sich von seinem Pferde, welches im Galopp den Dragonern nacheilte, während er sich unter der Brücke so lange versteckt hielt, bis seine Leute mit Verstärkung zurückkehrten und ihn aus seiner nassen Lage befreiten.

Als sich gegen 10 Uhr aus SO. Richtung immer heftigeres Gewehr= und bald auch Geschützfeuer hören ließ, wurde noch der Rittmeister v. Alvensleben mit einigen Escadrons abgeschickt, um die Verbindung zwischen den 3 Brigaden aufrecht zu erhalten. Letzterer kam gerade noch rechtzeitig, um den aus Ladon sich zurückziehenden Divisions= und Brigadestab gegen die nachdrängenden Franzosen zu schützen, und seinem entschlossenen Muthe, wie der Kaltblütigkeit und Geistesgegenwart eines blutjungen, dem Stabe als Schutzgürtel, wie man dies nannte, zugetheilten Offiziers vom 9. Dragoner= Regimente gelang es endlich nur mit Mühe, die beiden Stäbe mit ihrem Troß auf Seitenwegen ungefährdet hinter unsere Infanterie zurückzubringen.

Während die Brigade Lehmann bis Ladon vorgerückt war, hatte die Brigade Valentini mit ihrer Spitze erst Montargis erreicht und erhielt dort den Befehl, im Eilmarsch auf der nördlicher verlaufenden Straße über Pannes, Mignerette und Corbeille nach Beaune weiterzurücken.

Ladon erwies sich von französischen Truppen stark besetzt und konnte erst, nachdem es durch Artillerie längere Zeit beschossen war, gegen Abend von uns erstürmt werden. Die Franzosen leisteten den hartnäckigsten Widerstand, so daß wir hier einen Verlust von ca. 90 Mann an Todten und Verwundeten zu beklagen hatten.

Während die feindlichen Truppen nun bei **Ladon** den Vormarsch der Brigade Lehmann aufzuhalten suchten, war eine andere Abtheilung von **Bellegarde** nordöstlich vorgedrungen, hatte Mézières besetzt und somit einerseits einen Keil zwischen die in Beaune lagernde und die vor Ladon aufgehaltene Brigade geschoben, andererseits aber auch die in langer Marschkolonne auf der Chaussee **Montargis-Ladon** vorrückende Brigade Lehmann, sowie die nördlicher marschierende Brigade **Valentini** von der Seite bedroht. — Es wurde daher die Letztere schleunigst über **Lorcy** und **Juranville** direct auf **Mézières** abgelenkt, und die mit derselben marschirende Corps=Artillerie über **Mignerette** schleunigst eben dorthin vorgezogen. Gegen 2 Uhr Nachmittags gelang es denn auch, freilich mit einem Verlust von etwa 30 Mann, die hartnäckig sich vertheidigenden Franzosen aus **Mézières** herauszuwerfen und langsam über **Fréville** nach **Bellegarde** zurück zu drängen. Dadurch wurde der Brigade Lehmann der Weg nach **Beaune** wieder freigemacht, und mit Einbruch der Dunkelheit waren sämmtliche 3 Brigaden in und um **Beaune-la Rolande** vereint. Die Brigade Wedell hatte inzwischen die Stadt Beaune besetzt gehalten und andrerseits die Verbindung mit der Valentini'schen hergestellt; das General=Commando stand während des ganzen Gefechtes auf dem südlich vor der Stadt liegenden, ziemlich hohen Mühlenberge, der nach allen Richtungen hin einen weiten Ueberblick gewährte.

Um unsere Kräfte nicht zu zersplittern, war sowohl Mézières, wie auch Ladon von unsern Truppen wieder geräumt, sobald die Brigade vollständig an Letzterem vorüber war; gleichzeitig mußten die nicht transportabeln Verwundeten unter Behandlung eines unserer Aerzte und einigen Warterpersonales daselbst zurückgelassen werden, nachdem der Maire für deren Sicherheit sich verbürgt hatte.

Gegen 4½ Uhr, als es bereits dunkel zu werden begann, brachte der Johanniter Herr v. Pfuel, welcher sich unserm General=Commando angeschlossen hatte, die Nachricht, es solle auf dem Gefechtsfelde an Sanitätspersonal fehlen. Sofort wurde ein halbes Sanitäts=Detachement herangezogen und unter Führung des Johanniterritters brach ich mit demselben nach **Ladon** zu auf. Sehr bald kam uns die Arrieregarde der Brigade Lehmann entgegen und berichtete, daß Ladon bereits wieder von den Franzosen besetzt sei. Kurze Zeit darauf kam ½ Sanitäts=Detachement von Ladon her und meldete, daß alle Verwundeten versorgt, ein Theil aber in Ladon habe zurückgelassen werden müssen.

Hier war also in der Dunkelheit Nichts mehr zu machen und so trabte ich denn mit Herrn v. Pfuel, das Detachement auf der Straße zurücklassend, zunächst allein nach Mézières; dort trafen wir das Sanitäts=Detachement in voller Arbeit, um die Verwundeten zum Transport nach Beaune in die Wagen zu verpacken, nachdem alle übrigen verbunden und versorgt waren; das Gefechtsfeld war wiederholt abgesucht und keine weitere Hülfe erforderlich, als noch 2 Krankentransportwagen. Wir ritten daher nach dem etwa ¼ Meile weiter rückwärts haltenden Sanitäts=Detachement, von dem der Herr Johanniterritter 2 Wagen nach Mézières bringen sollte, während ich den Rest nach Beaune zurück zu führen hatte. Doch als er sah, daß die Arrieregarde bis auf eine Abtheilung Jäger, welche zum Schutz des Detachements bei Mézières zurück geblieben war, schon etwa ½ Meile vor uns auf dem Wege nach Beaune marschirte, da wurde es ihm wohl zu unheimlich, mit den beiden Wagen allein ohne militairischen Schutz in die dunkle Nacht hinauszureiten, auch mochte das warme Quartier und heitere Souper beim Stabe zu verlockend sein, kurz — ohne auch nur ein Wort zu sagen, gab er seinem Goldfuchs die Sporen und sprengte im Galopp den vorausziehenden Truppen nach. Es blieb mir daher Nichts übrig, als das Detachement Herrn v. Pfuel nach= zusenden und die beiden Wagen selbst bis zu der Ferme, in welcher die letzten Verwundeten lagen, zu bringen. Die Nacht war indessen so rabenschwarz und dunkel, daß ich unterwegs mit einem in scharfem Trabe an uns vorbei reitenden Train=Unteroffizier der= maßen heftig zusammenritt, daß Mann und Roß seitwärts in den Graben flogen und ich selbst die größte Mühe hatte, mich auf dem Pferde zu halten. Doch kamen wir glücklich mit tüchtig gequetschtem, braun und blau gefärbtem Knie und stundenlangen heftigen Schmerzen davon. Der Ritt war daher keineswegs sehr angenehm. — Als wir endlich mit unserm Verwundeten=Transport und dem Jägerzuge wieder in Beaune einritten, war hier die Straße von den durch= marschirenden Truppen vollständig verstopft; oft schoben sich 2—3 verschiedene Truppentheile mühsam an einander hin und her und

Geschütze, Munitionswagen und sonstiges Fuhrwerk versperrte
den Weg zeitweise vollkommen. Mühsam und zum Verzweifeln
langsam kam ich Schritt vor Schritt weiter und 8 Uhr war längst
vorüber, als ich endlich hungrig, durstig, müde, durchgerüttelt und
geschüttelt wieder in unserem Quartier anlangte. Aber welche Ent=
täuschung erwartete mich dort! Den herrlichen Hammelbraten, welchen
wir beim Fortreiten unserer Wirtschafterin zum Zubereiten über=
gaben, hatten die zurückgebliebenen Soldaten sich durch Drohungen
zu verschaffen gewußt, der Wein im Keller war bis auf den letzten
Tropfen ausgetrunken, Butter, Brod in dem Magen der 57er ver=
schwunden, selbst unsere Zimmer waren gewaltsam geöffnet und
alle Kasten und Schublaben durchwühlt worden. Von den im
Hause Einquartirten wollte natürlich Niemand von der ganzen
Sache etwas wissen, während ihrer Abwesenheit sollten andere
Soldaten in unserm Quartier gewesen sein. Kurz, da es sich nur
um Eßsachen handelte, waren die Thäter nicht herauszufinden, auch
Nichts dabei zu thun, als den Leuten ordentlich ihren Standpunkt
klar zu machen. Wir mußten uns wieder einmal mit dem
französischen Troste trösten: A la guerre, c'est comme à la
guerre! und langten unsere Erbswurst, den Rest eines Schinkens,
Brod und eine Flasche Cognac aus dem Wagen und hielten ab=
wechselnd in der Küche Wache, bis wir die dampfende Suppe und
einen steifen Grogk fertig hatten. Im Zimmer befand sich auch
ein Kaminofen, den wir uns indessen vergeblich in Brand zu setzen
bemühten, da kam unser Schreiber auf den Einfall, das Holz zum
Einheizen mit dem vorgefundenen Spiritus, oder Branntwein
ordentlich zu befeuchten, und als dies nichts half, goß er aus der
Flasche einen tüchtigen Schuß auf die glühenden Kohlen. Als
speie der Höllenrachen uns seine Flammengluth entgegen, so schlug
eine riesengroße Feuersäule aus dem Ofen heraus weit ins Zimmer
hinein und gleichzeitig durch den Rauchfang des Kamines und den
Schornstein hinaus zum dunklen Nachthimmel, so daß Straße und
Platz secundenlang wie im hellsten electrischen Lichtschein erglänzte.
Zum Glück blieb die Flasche ganz, die Flamme schlug zwar durch
den Hals hinab bis zum Spiritus, verlöschte dann aber sofort und
der unvorsichtige Schreiber kam mit abgesengten Augenbrauen,
Bart und Kopfhaaren und mit dem nicht kleinen Schreck davon.
Von der Straße stürzten die Leute ins Haus im Glauben unser

Zimmer stehe in Flammen, doch wurde kein sonstiger Schade ange=
richtet, wohl aber erhielt der Ofen jetzt so guten Zug, daß wir
bald im behaglich warmen Zimmer saßen, während draußen der
nahe Winter sich schon recht empfindlich fühlbar machte. — Ich
hatte bereits am Morgen beim Verlassen unseres Hauses den Vor=
schlag gemacht, das Fleisch, den Wein und die übrigen guten Ver=
pflegungsartikel in unserem Wagen zu verschließen, und rieth auch
jetzt, dasselbe mit dem Schinken zu thun, den ich übrigens kaum
mehr sehen, viel weniger essen konnte, so sehr war er mir bereits
zuwider geworden, — doch meinten die übrigen Herren, die Soldaten
hätten an unseren Vorwürfen wohl genug und würden nicht noch
einmal versuchen, sich von unsern Sachen etwas anzueignen; gerade
das Gegentheil aber geschah. Denn als wir auf kurze Zeit auf
die Straße hinausgetreten waren, um uns zu überzeugen, daß es
im Schornsteine nicht etwa noch weiter brenne, nahmen unsere
Herren 57 er die Gelegenheit, sich für die erhaltene Schelte zu ent=
schädigen, schleunigst wahr, und bei unserer Rückkehr war der
Schinken, wie unser besseres Brod verschwunden, so daß wir für
die weitere Stillung unseres recht tüchtigen Hungers auf die uns
zurückgelassene Erbstwurstsuppe und das Commisbrod unserer
Burschen angewiesen waren. Nur der Cognac war dadurch ge=
rettet worden, daß derselbe zur Bereitung frischen Grogks von den
Burschen mit in die Küche genommen war. — Nun, wir wurden
nicht nur auch so satt, sondern nach den Anstrengungen des Tages
mundete mir auch dies einfache Gericht ausgezeichnet und der steife
Grogk sorgte ganz vorzüglich für einen festen ungestörten Schlaf.

25. November. Es wurde wiederholt alarmirt, doch kam es nicht
zum Ausrücken, nur zwischen den Vorposten wurden hin und wieder
Schüsse gewechselt; wir suchten so gut es ging unsere Vorräthe zu
ergänzen und die Zimmer wieder wohnlich herzurichten, wobei uns
die alte Haushälterin treulich zur Seite stand, dafür aber auch
mit von unsern gelieferten Rationen unterhalten wurde, da bei der
enormen Ueberbürdung der Stadt durch die Einquartirung Nahrungs=
mittel kaum für Geld aufzutreiben waren.

Die Execution.

26. November (Sonnabend). Am Morgen wurde ein kaum
30 jähriger Bauer eingebracht, der wiederholt aus dem Hinterhalt

auf unsere Doppelposten geschossen hatte und endlich von 2 gewitzten 16nern auf folgende, schlaue Manier abgefaßt war. Als sie am Rande eines Gehölzes die Gegend nach Bellegarde beobachteten, hörten sie plötzlich einen Schuß fallen und eine Kugel zwischen sich hindurchpfeifen, schnell sprangen sie hinter dicke Baumstämme und beobachteten bald, wie hinter dem Thorpfosten eines ca. 200 Schritt vor ihnen liegenden kleinen Gehöftes ein Bäuerlein vorsichtig mit dem Kopfe hervorlugte, um sich nach der Wirkung seines Schusses umzusehen und behutsam sein Gewehr von Neuem lud, schnell aber verschwunden war, als beide Posten wieder hervortraten und ruhig ihre Beobachtungen aufnahmen, als hätten sie weder den für sie bestimmten Schuß, noch den Schützen bemerkt. Eine Kugel war dieser Schurke den beiden Westphalen nicht werth, sie wollten ihn lebend fangen und hatten sich schnell über einen Plan geeinigt. An das Pfeifen der Kugeln gewöhnt, gingen sie furchtlos auf ihrem Platze hin und her, und richtig nach kurzer Zeit pfiff dem einen der unerschrockenen Jungen wieder eine Kugel unangenehm nahe am Ohr vorbei und wie tödtlich getroffen sinkt er zu Boden, während sein Kamerad schleunigst in den Wald zurück läuft, sich aber sehr bald hinter dichtem Gebüsch bis in die Nähe des anscheinend todten Gefährten wieder zurück schleicht. — Nach kurzer Zeit lugt das Gesicht des Bauern wieder hinter dem Thorpfeiler hervor, wieder ladet er sein Gewehr, und nachdem er sich nochmals nach allen Seiten umgesehen hat, tritt er aus dem Thore hervor und nähert sich mit der äußersten Vorsicht, wiederholt stehen bleibend und lauschend, seinem vermeint= lichen Opfer. Jetzt ist er an dessen Seite, legt sein Gewehr neben sich, kniet nieder, um — doch im Nu liegt auch schon der Todt= geglaubte auf dem vor Schreck starren Bauern, im nächsten Moment ist der zweite Posten zur Stelle, das Bäuerlein wird geknebelt, gebunden und mit innerer Befriedigung und stolzer Freude der Wache und dann in stillem Triumph vor das Kriegsgericht gebracht. Der Fall liegt klar vor Augen, besonders da der Bauer ohne Zögern seine That mit Selbstbefriedigung eingesteht. Der Urtheils= spruch lautet natürlich: Tod durch Erschießen.

Ich wollte am Nachmittage zum Bureau des Stabes, als ich vor der Kommandantur das Executions=Kommando, 18 Sechszehner mit 2 Unteroffizieren, 1 Lieutenant und Tambour aufmarschirt sah, welches von der Thüre zur Straße eine doppelte Gasse bildete. Aller Gesichter waren ernst, und Keiner schien darüber erfreut, daß er einem einfachen Bäuerlein das Lebenslicht ausblasen helfen solle. Unruhigen Schrittes geht der commandirte Offizier auf und ab, da erscheint plötzlich in der Hausthüre der Deliquent mit dem gleichgültigsten, frechsten Gesicht der Welt, mit selbstbewußter Miene und dem Stolze eines Märtyrers die Barbaren-Horde verächtlich lächelnd musternd. Frei von Banden, festen Schrittes und hocherhobenen Hauptes tritt er an der Seite eines Curé's (katholischen Priesters) in die Gasse der Soldaten und der Zug setzt sich in Bewegung, vorauf ein Zug 16ner geführt von dem Offizier, dann der Bauer in lebhaftem Gespräch und vielfach mit den Armen gesticulirend neben dem Geistlichen, dann ein zweiter Zug 16ner mit dem Tambour. Als ich dem Zuge nachsah, trat mein Chef, der Oberst-Lieutenant v. Caprivi an mich heran mit der Frage, ob ich wohl dem Kommando mich anschließen wollte, um den Tod des Verurtheilten zu constatiren? — Unter dem gleichförmigen Wirbel der gedämpften Trommel geht der kleine Trupp, begleitet von einer sich mit jedem Schritte vergrößernden Menge der Bewohner bis zum Kirchhof. Vor dem Thore desselben muß ein längerer Halt gemacht werden, da der Schlüssel nicht zur Stelle ist. Unendlich lange erscheint mir der kurze Aufenthalt, und wieder und wieder drängt sich die Frage in meinen Sinn, welche Gedanken mögen wohl jetzt das Hirn des Bauers durchjagen, wo er den Tod so nahe vor Augen sieht, mit welchen Gefühlen mag er sich bewußt sein, daß er die strahlende Sonne, die sich schon zum Scheiden neigt, nicht mehr untergehen, den neuen Tag nicht mehr anbrechen sehen werde, daß er den blauen Himmel, die schöne Erde nicht lange mehr schauen solle, daß ihn nur noch wenige Minuten von der dunklen, unbekannten Ewigkeit trennen, und er in wenigen Augenblicken vor seinem himmlischen Richter stehen werde. Doch der Deliquent selbst? Er stand da ruhig, mit gekreuzten Armen, in selbstbewußter Haltung, nur etwas blaß, hier und dort einem Bekannten ernst zunickend, schien er mit seinem Curé über gleichgültigere Dinge zu sprechen, vielleicht sogar seines Mordversuches sich zu rühmen.

Endlich öffnet sich knarrend das Kirchhofsthor, wie eine Schlange windet sich der traurige Zug durch die dichtgedrängte, lautlose Menge, fest und sicher, als folge er einem fremden Leichenzuge,

überschreitet der Bauer die Schwelle der Eingangspforte und knarrend
schließt sich das Thor. Zu beiden Seiten abbiegend hat der erste Zug
die Kirchhofsmauer besetzt, um das Volk vom Eindringen abzuhalten und um jedes Unglück durch eine etwaige Unvorsichtigkeit
zu verhüten. Vom Curé begleitet und vom Rest des Commandos
gefolgt, überschreitet der Todeskandidat den Friedhof, um etwa
20—25 Schritte vor seinem, nahe der Mauer frisch ausgehobenen
Grabe Halt zu machen. Während das eigentliche Executions-
Commando sich in 3 Glieder zu je 6 Mann aufstellt und leise den
vom Offizier gegebenen Befehl wiederholte: „Nur die beiden ersten
Glieder schießen! Ruhige Hand, sicher zielen!" ist der Priester mit
dem Deliquenten hinter der Front niedergekniet, er nimmt ihm die
letzte Beichte ab, reicht ihm die Sterbe = Sakramente und spricht
Gebete vor, welcher jener leise nachbetet. Jetzt giebt der etwas
erregt erscheinende Offizier ein Zeichen, dumpf und leise wirbelt
noch einmal die Trommel, Curé und Bauer erheben sich und
schreiten langsam dem offenen Grabe zu; dort sieht sich der Bauer
gelassen um, deutet fragend mit der Hand nach der Stelle, wo er
niederknien soll, keine hastige Bewegung, kein Zucken des blassen
Gesichtes, oder Zittern des Körpers verräth eine etwaige Todesfurcht
oder Grauen vor dem offenem Grabe; ruhig, als führe er eine
alltägliche, gewohnte Arbeit aus, folgt er willig den Anordnungen
des Curé's. Beide knieen nieder und während der Geistliche
beständig Gebete und Trostworte vorsagt, die jener wiederholt, zieht
der Bauer nachlässig ein buntes zusammengefaltetes Taschentuch aus
seinem Rocke und reicht es dem Geistlichen, der ihm trotz seiner
verächtlichen abweisenden Bewegungen damit die Augen verbindet.
Jetzt schweigt die Trommel, noch einige Trostworte, ein Abschiedskuß
und eine segnende Handbewegung des Curé's, dann bleibt der
Todeskandidat allein. Lautlose Stille herrscht ringsum, unendlich
lange erscheinen uns die wenigen Augenblicke, ehe der Curé die
30—40 Schritte bis hinter die Front zurückgelegt hat. Wie im
Fieber schlugen mir die Pulse und fast hörbar pochte mein Herz in
der Brust während dieser kurzen Secunden. Was mochte wohl jetzt
in diesen letzten Lebensaugenblicken den Sinn des Bauern bewegen,
der so plötzlich aus dem vollem, gesunden frischen Leben durch die
dunklen Pforten des Todes in das unbekannte Land treten sollte,
von dem kein Sterblicher wiederkehrt, was mochte jetzt in seinem

Herzen und Gemüth vorgehen, wo er furchtbar deutlich und unab=
wendbar sicher dicht neben sich den Tod stehen und die Hände nach
seinem frischen Leben ausstrecken sah, und welche Gedanken mochten
wohl sein Hirn durchfliegen, jetzt, wo er nicht im Gewühl der
Schlacht, in der Aufregung des Kampfes, sondern bei voller Ruhe
des Gemüthes und bei vollem Bewußtsein dessen, was ihm in den
nächsten Secunden bevorstand, mitten aus dem Leben scheiden
sollte? — Doch der dem Tode Verfallene kniete dort bewegungslos
wie eine Bildsäule, das Haupt stolz erhoben, das Gesicht seinen
Feinden zugewandt, mit gefalteten Händen, ohne die geringste Er=
regung oder Furcht zu verrathen. — Da unterbrach plötzlich das
laute, etwas zitternde Kommando die tiefe Stille. „Bataillon soll
chargiren!" und in gewohntem, gleichmäßigem Tacte rasselten die
Schlösser von 18 Gewehren dröhnend und alle Nerven erschütternd.
Es war geladen. „Legt an!" „Brust!" „Sicher zielen," fügte
leise der Offizier hinzu. Der Deliquent rührte sich nicht! Wie ein
Steinbild saß er regungslos da. „Feuer" erklang jetzt das
Kommando des Führers mit abgewandtem Gesichte. Ein einziger
Knall machte den Boden leicht erschüttern. Lautlos fuhr der
Deliquent mit der Hand nach seiner Brust, machte eine halbe
Drehung mit dem Oberkörper nach links und fiel stumm nach rechts
vornüber, so daß sein Gesicht dem Himmel zugekehrt, sein Rücken
auf der Erde lag. Dann verhüllte der Pulverdampf aus 12 Ge=
wehren das traurige Bild.

Der jugendliche Lieutenant war gleichfalls durch den Vorgang
so erregt, daß er das Commando: „Legt ab!" ganz vergaß, und
der sich verziehende Pulverdampf bereits die noch in Anschlag
liegenden Soldaten wieder sichtbar machte, ehe dieser Befehl erfolgte.
Inzwischen waren wir zwei Aerzte zu dem Todten herangetreten.
Kein Glied bewegte sich, keine Muskel zuckte mehr, und als das Tuch
vom Gesichte entfernt war, starrten die Augen schon halb gebrochen zum
Himmel. Die Brust war von 11 Kugeln durchbohrt, von denen
6—8 die Herzgegend getroffen hatten, die 12. saß in der Stirn.
Kein Tropfen Blut trat aus den Wunden, so daß eine innere Ver=
blutung eingetreten sein mußte, Puls= und Herzschlag waren nicht
mehr zu fühlen und zu hören; noch ein oder zwei krampfhafte
Athembewegungen, dann war jede Spur des Lebens aus dem
Körper entflohen! Mit den Worten: Er ist todt! drückten wir dem

Unglücklichen die Augen zu und verließen tief bewegt mit den ab=
ziehenden Truppen den Kirchhof, auf den sofort nach unserem
Fortgehen sich die draußen harrende Volksmenge hineindrängte und
stürzte.

Für den ganzen Rest des Tages konnte ich das Bild des vor
seinem Grabe knieenden Bauern nicht wieder los werden, es scheuchte
mich von der Arbeit auf, verfolgte mich beim Kartenspiel, ließ auch
in der heitersten Gesellschaft nicht von mir und verdarb mir selbst
den Genuß des Biertrinkens. Wie eine fixe Idee quälte mich
immer von Neuem der Gedanke, wie schrecklich für den Bauern die
kurze Zeit von seiner Verurtheilung bis zum Tode gewesen sein
müsse, welche Fülle von mannigfältigsten Empfindungen, der wider=
sprechendsten Gefühle und verschiedenartigsten, nach Klarheit ringen=
den Gedanken in diesen letzten, furchtbaren Augenblicken das Gehirn
und Gemüth eines Menschen durchschwirren und bewegen müssen,
der klaren Geistes und gesunden Körpers in den dunklen Abgrund
der ewigen Todesnacht hinabschaut, der plötzlich dicht vor seinen
Augen sich gähnend öffnet, dem er unaufhaltsam und unabwendbar
entgegen eilen muß, ohne den geringsten Hoffnungsstrahl auf
Rettung, und der ihn in den nächsten Sekunden ohne Gnade, ohne
Erbarmen verschlingen wird und muß. Nein! Ich möchte nicht
noch einmal Zeuge eines solchen Ereignisses sein! Was ist dagegen
der Anblick des grausigen Schlachtfeldes, was die Todesstunde eines
gewöhnlichen Sterbenden, an dessen Bett ich so manches Mal ohne
Grauen gesessen habe!? Dort sind die Gemüthsempfindungen durch
die von allen Seiten einstürmenden Aufregungen, Schrecken und
Gefahren schon abgestumpft, hier ist es der natürliche, längere Zeit
vorausgesehene Abschluß unseres irdischen Daseins, nicht aber der
unvermittelte, krasse Uebergang aus dem frisch pulsirenden, warmen
Leben in die eisige Kälte des Todes, aus dem hellen Licht in die
schwarze Finsterniß.

27. November (Sonntag). Auch der Sonntag brachte uns eine
recht schwere peinliche Aufgabe, es lag uns die traurige Pflicht ob,
einem unserer älteren Oberstabsärzte, dem Chefarzt des Feld=
Lazarethes, welches sich in Beaumont etabliren sollte, Dr. König,
die erschütternde Nachricht zu überbringen, daß seine sämmtlichen
3 Söhne in Lebensgefahr schwebten resp. todt waren, die noch
wenige Tage zuvor frisch und gesund ihren Vater hatten begrüßen

können. Der Jüngste, ein lebensfrischer, flotter Student, der beim Ausbruch des Krieges als Freiwilliger beim Oldenburgischen Infanterie-Regiment eingetreten war, hatte am 24. in dem Gefechte bei Ladon einen Schuß durch die Brust und sein älterer Bruder, der bei demselben Regimente als Offizier diente, einen solchen ins Auge erhalten. Ersterer war seiner Verletzung bereits erlegen, während der Letztere so schwer verwundet war, daß er nicht aus Ladon hatte nach Beaune mitgenommen werden können, als am 26. die übrigen Verwundeten vom 24. November nach längerer Verhandlung mit den Franzosen durch die Transportwagen unserer Sanitäts-Detachements von dort abgeholt worden waren. Und gleichzeitig war der dritte, beim gleichen Regimente stehende Sohn am Typhus so schwer erkrankt, daß an seinem Aufkommen gezweifelt werden mußte. Letzterer folgte uns auf einem mit Matrazen und Stroh sorgsam hergerichteten Wagen, um unter den Augen des Vaters im Lazareth zu Beaumont behandelt zu werden. Still und gefaßt, und seinen tiefen Schmerz, seine schwere Sorge mühsam bemeisternd, hörte der allbeliebte, alte, weißköpfige Herr eine der schrecklichen Trauerbotschaften nach der andern an. Was konnten wir dem schwer heimgesuchten Vater wohl zum Troste sagen?! — Ein solcher Unglücksschlag ist zu schwer und betäubend, um durch Worte gemildert werden zu können. — Wie viele unersetzliche, das muthigste Herz erschütternde, große Lücken hatte dieser furchtbare, dieser blutige Krieg bereits in so manche Familien gerissen!? und wie viele würde er noch reißen!?

Herzerschütternd war der Schmerz des Vaters, als wir ihn an das Krankenlager seines auf dem Wagen befindlichen, typhuskranken Sohnes führten, und als hier beim Anblick wenigstens dieses einen von seinen Söhnen sich der starre, stumme Schmerz in einem erleichternden Thränenstrom löste, und seine Liebe zu seinen drei von der rauhen Hand des Todes berührten Söhnen sich Luft machte in der Sorge und Sorgfalt für diesen letzten, vielleicht noch zu rettenden und den Krallen des Würgeengels zu entreißenden, geliebten Erben seines Namens. Voll inniger Theilnahme drückten wir dem tief gebeugten Vater stumm die Hand und ritten bewegten, wehmüthigen Herzens still in unser Quartier zurück.

28. November (Montag). Ja! Jeder Tag brachte jetzt neue
Schreckensbilder! — Wir saßen gegen 8 Uhr Morgens eifrig bei
unseren Bureau-Arbeiten, als wieder einmal, wie in letzter Zeit
täglich, oft sogar mehr als einmal, alarmirt wurde; wir hielten
dies zuerst für blinden Lärm und ließen uns in unserer Arbeit
nicht stören, bis die aus der Ferne herüber schallenden einzelnen
Schüsse sich in heftiges, näher herankommendes Gewehrgeknatter
verwandelten, und dann sich auch bald der dumpfe Ton der
Geschütze hinzugesellte. — Jetzt durften wir nicht mehr an dem Ernst
der Sache zweifeln und waren schon beim Packen des Wagens,
als eine Ordonnanz heransprengte und unser Gefährt zur schleunigen
Abfahrt antrieb. Die Straßen waren öde und leer, die Truppen
längst in ihre Stellungen an die durch starke Barrikaden ver-
rammelten Stadtausgänge und den in guten Vertheidigungszustand
versetzten, etwas höher liegenden Kirchhof eingerückt. Unsere Pferde
mit den beiden berittenen Burschen standen zum Aufbruch bereit unter
dem Thorwege des gegenüber liegenden Hauses, und während der
Generalarzt zum Fenster hinaus sah, um sich über unsere Lage zu
orientiren, eilte ich zum General-Commando, um zu erfahren, was
los sei. Der Stab lag mitten in der Stadt in einem großen
Gebäude an der Hauptstraße; hier war ein reges, bewegtes Leben
und Treiben, die Offiziere, die Stabswache und die Burschen mit
den Pferden standen auf der breiten Straße herum, Adjutanten
und Ordonnanzen kamen angesprengt und verschwanden eiligst im
Quartier des Commandirenden, andere eilten mit Befehlen nach
verschiedenen Richtungen davon. Keiner wußte, ob es sich nur um
eins der gewöhnlichen Vorpostengeplänkel handele, oder um einen
ernsteren Angriff. Es herrschte im Allgemeinen eine unheimliche Stille und eine dumpfe, gedrückte Stimmung, Niemand wußte
genauer, warum. Nur einzelne Offiziere machten durch ihre vielen,
sogenannten faulen Witze und ihre lustigen Scherze eine kleine
Ausnahme. Lachend und scherzend stand ich mit einigen Offizieren
vor der Thür eines Hauses, auf dessen Flur eine Französin mir
mein soeben zerrissenes Säbelkoppel zusammennähte, und hatte
dem Lieutenant v. P. vom Stabe einen Löffel doppelkohlensauren
Natrons gebracht zum Vertreiben der letzten Unbequemlichkeiten eines

kleinen Gelages. Gerade als dieser sich schüttelnd das Pulver in
den Mund schob, erfolgte in unserer unmittelbaren Nähe ein heftiger
Knall, mit Krachen von Balken und Klappern von zerbrechenden
Ziegelsteinen verbunden. Die Pferde schreckten zusammen, bäumten sich
und schlugen aufgeregt um sich, es entstand eine allgemeine Auf=
regung, wer konnte, stürzte in das nächste Haus. Eine mächtige,
weiße Natron=Pulverwolke quoll aus seinem Munde, während mich
der Lieutenant v. P. am Arm ergriff und schnell und gewaltsam
mit sich in den Hausflur zog, wobei neue weiße Pulverwolken
jedes seiner unverständlich gemurmelten Worte begleiteten. Es war
aber auch die höchste Zeit gewesen, denn Ziegelstücke, Eisensplitter,
Kalk, Dachsparren und abgesplitterte Balkentheile sausten prasselnd
und krachend zu unsern Füßen auf das Straßenpflaster nieder und
sprangen in hohen Sätzen gegen die Mauern des Hauses. Eine
Granate war nämlich in das uns und dem Quartier des Generals
schräg gegenüber liegende Haus eingeschlagen, hatte beim Platzen
einen großen Theil des Daches zerstört und die Trümmer desselben
zugleich mit ihren Sprengstücken auf die Straße hinabgeschleudert.

Jetzt kam auch Leben in die bisher mit unheimlicher Ruhe
umherstehenden Leute; vom Hause des Generals ertönte der Ruf:
„An die Pferde!" aus allen umliegenden Häusern stürzten Burschen
herbei, die Begleitmannschaften waren im Nu aufgesessen, die
Offizierpferde wurden herangeführt und lärmend rollten die letzten
Acten= und Gepäckwagen des Stabes unter dem Geleite eines
Theiles der Stabswache die holperige Straße hinab dem nach
Beaumont führenden Thore zu. Während die Herren des Stabes
ihre Schlachtrosse bestiegen, eilte ich zu unserem Quartiere zurück,
traf jedoch den Generalarzt und unsere Burschen schon auf halbem
Wege. Rasch war auch ich im Sattel und in leichtem Trabe ging
es dem General=Commando nach, welches durch die jetzt von
Artillerie, Munitionscolonnen und Bagage gefüllten Straßen
auf den vor der Stadt sich ziemlich steil erhebenden Mühlenberg
hinaufritt, wo wir jedoch nur den westlichen Theil des Schlacht=
feldes überblicken konnten. Noch ehe wir die Stadt verlassen
hatten, hörten wir Granate auf Granate in dieselbe einfallen, und
eine der ersten von ihnen schlug in das Haus und zwar direct in
die Zimmer, in welchen wir während der letzten Tage gewohnt und

aus deſſen Fenſter noch 5 bis 10 Minuten vorher der Generalarzt ſorglos hinausgeſchaut hatte.

Kaum hatten wir auf der Berghöhe Halt gemacht, ſo kam von unſerem linken Flügel die Nachricht, dort ſei ein lebhafteres Gefecht im Gange, und ich erhielt den Auftrag, mich perſönlich umzuſehen, ob dort ein Sanitäts=Detachement in Thätigkeit wäre, und ob überhaupt größere Verluſte vorgekommen, oder zu erwarten ſeien, ſo daß vielleicht in Beaumont ein Feldlazareth etablirt und für Fuhrwerke zum Transport der Verwundeten nach dort geſorgt werden müſſe. Der linke Flügel ſtehe am Bahnhof, dort würde ich vom Brigade= General am beſten Auskunft erhalten. Daß der Bahnhof etwa ¼ Meile (circa 4 Kilometer) öſtlich von der Stadt lag auf dem nach Montargis zu ſanft abfallenden Bergrücken, der bei Beaune 40 bis 50 Meter hoch ziemlich ſteil aufſteigt, und daß Stadt und Bahnhof mit einander direct nur durch die alte Römerſtraße (Chemin de César) und einen ſchmalen Landweg über das Dorf Marcilly in Verbindung ſtand, wußte ich nicht.

In dem Glauben, daß ich nur hinter der Front unſerer Ver= theidigungslinie links am Centrum vorbeireiten brauche, um an unſeren linken Flügel zu gelangen, ritt ich eine SSO. führende, enge Thalſchlucht hinab ohne jede andere Begleitung als meinen Burſchen (Güldener), paſſirte ein kleines Gehöft und die letzten Häuſer des Dorfes Vergonville, deſſen Bewohner ſich in großer Aufregung befanden und behaupteten, unſere Truppen ſeien in nordöſtlicher Richtung abgerückt. Obgleich die friſchen Fuß= und Hufeſpuren dieſe Angaben beſtätigten, die Abtheilungen mithin eine faſt entgegengeſetzte Richtung eingeſchlagen haben mußten, ſo hoffte ich doch noch immer, ich müſſe wenigſtens auf unſere Vorpoſten ſtoßen, wenn ich SO. weiter reiten würde. Indeſſen erſchien bald die ganze Gegend, welche ich vor mir ſah, und die einzelnen Gehöfte und Wohnſtätten, welche am Wege lagen, wie ausgeſtorben; kein Soldat, kein Reiter war zu ſehen, nirgend verrieth das Aufblitzen von Helmſpitzen, oder Waffen die Nähe von Truppen, die dünn bewaldeten, oder mit niedrigem Strauchwerk bedeckten Berganläufer hinderten jede weitere Umſchau. Nur rechts hinter mir hörte ich deutlich lebhaften Kanonendonner, der vom rechten Flügel aus der Nähe von Beaune herkommen mußte, und ab und zu glaubte ich auch links hinter mir Infanterieſalven zu vernehmen. Da ich keine

14

Karte mitgenommen hatte, wußte ich nicht recht, welche Richtung ich einschlagen sollte; ich nahm daher meinen ersten Plan wieder auf und ritt südöstlich auf einem schmalen Feldwege weiter. Da knallten plötzlich einige Gewehrschüsse ganz nahe neben und seitlich hinter uns, und der scharfe Pfiff der Chassepotkugeln sauste dicht an unseren Köpfen vorbei. Erschreckt parirten wir sofort unsere Pferde, und während mir der Bursche halb mit stolzer Befriedigung, halb mit Furcht und Entsetzen zurief: „Herr Doktor, sehen Sie, dort sind rothe Hosen!" sah ich auch schon selbst vereinzelte französische Patrouillen und Vorposten in unserer Nähe auftauchen, welche uns neugierig und verwundert*) beobachteten, glücklicher Weise ohne ihr Schießen fortzusetzen. Schnell wurden die Pferde herum- geworfen und ventre à terre flogen wir den Weg zurück, nun auch von Neuem durch die Kugeln der Franzosen verfolgt. Endlich nach weiterem, längerem Herumirren stieß ich auf einen unserer Doppelposten, der indessen nur wenig Auskunft ertheilen konnte, dagegen uns bestätigte, daß wir in eine feindliche Tirailleurlinie hineingerathen waren. Ich stieg daher vom Pferde und musterte mit dem Fernrohr die Umgegend. Soviel konnte ich wenigstens feststellen, daß der etwa 800 Schritte schräg vor uns liegende Ort (wahrscheinlich eines der mit einander fast zusammenhängenden Ort- schaften Venouille, Château Gaillard oder Les Côtelles) nicht von deutschen Truppen, wie die Posten behaupteten, sondern von Franzosen besetzt war. — Und nun sah ich auch nach links und rückwärts den zart bläulichen Duft von Pulverrauch über der Gegend schweben. Es wurden Truppenzüge sichtbar und ein Blick durch das Fernrohr vergewisserte mich, daß das Blitzen und Blinken in ihren Reihen nur von den Pickelhauben deutscher Soldaten aus- gehen könne. Endlich hatte ich also ein sicheres Ziel vor Augen und mit verhängtem Zügel ging es vorwärts, quer durch Wiesen und Felder, über Gräben und Bäche. Die Verwunderung der Offiziere war groß, als sie mich aus dieser Richtung angejagt kommen sahen, denn erst kurz vorher hatte unsere Artillerie beim Vorgehen aus Long-Cour auf le Chau Gaillard ein Geschütz liegen lassen müssen, nachdem Pferde, Fahrer und Bedienungs- mannschaften durch die Kugeln französischer Tirailleure gefallen waren, welche sich in den Weinbergen unbemerkt bis an die gerade

*) Wohl weil wir Offiziere vom Stabe auch im Gefecht die Feld- mützen, nicht die Helme trugen.

abprotzenden und sie nun sofort mit Kartätschen überschüttenden Kanonen herangeschlichen hatten. Hierbei hatte der einzige noch unverletzt gebliebene Kanonier des Geschützes in aller Ruhe noch die letzte Kartätsche ins Rohr gesteckt, den dicht vor demselben heranstürmenden Feinden entgegengeschleudert und war während der alsdann entstandenen Verwirrung noch selbst glücklich entkommen. Schnell hatte ich den Divisionär, welcher in der Richtung nach Bordeaux zu unsern von Corbeilles aus arg bedrängten 10. Jägern geritten war, eingeholt, jagte dann noch auf der Chaussee nach Juranville hinab, wo das Sanitäts = Detachement bereits in voller Thätigkeit war, um die Verwundeten des 78. und 91. Regimentes, welche hier im heftigen Kampfe gegen die um das Mehrfache überlegenen Franzosen standen, zu versorgen, hörte und sah selbst bei meinem Ritte über das Gefechtsfeld, daß die Verluste schon jetzt keineswegs unbedeutend sein konnten, und daß voraussichtlich noch manches Opfer gebracht werden mußte.

Dann ging es wieder zurück zur Reserve, um dem 2. Feld= lazareth den Befehl zu überbringen, sich in Beaumont schleunigst zur Verwundeten=Aufnahme vorzubereiten, gleichzeitig veranlaßte ich, daß eine genügende Anzahl von Wagen mit dicker Strohschüttung zum Transport der Verwundeten nach dem Bahnhofe von Beaune beordert würde, und war mit meinem schaumbedeckten Rosse im Galopp gerade vom Bahnhof in den Chemin de Cèsar eingebogen, als ich auf unser General=Commando stieß, welches in der kleinen, hügelartigen Bodenerhöhung neben der Station de Beaune la Rolande einen günstigen Beobachtungspunkt entdeckt hatte. — Für meine Anstrengungen und Gefahren hatte ich nun doch wenigstens die Genugthuung, dem commandirenden General und seinem Stabs=Chef v. Caprivi selbst directen Bericht über meine Beobachtungen, Erfahrungen und Anordnungen zu erstatten. Als dabei Herr Oberst= lieutenant v. Caprivi mein über und über mit Schaum und Schmutz bedecktes Pferd, meine nicht sehr saubere Kleidung, das überhitzte Gesicht und die vom Kopf auf meine Uniform fallenden Schweißtropfen bemerkte, mußte ich auch meine persönlichen Erleb= nisse erzählen.

Sobald ich über meinen Ritt in die Tirailleur = Kette der Franzosen und das Fehlen jeder Art von Besetzung dieses Theiles der Schlachtlinie von unserer Seite berichtet hatte, wurde sofort eine

14*

lose Verbindung zwischen beiden Flügeln hergestellt. Dieser Theil des 16. Regimentes hatte in seiner abgelegenen Stellung später den Befehl, die Munitions= resp. Patronenwagen der Infanterie nach Beaumont zur ersten Staffel zurück zu schicken, zu unserm Glücke nicht erhalten, und als dann gegen Abend die in Beaune liegenden Bataillone sich verschossen hatten, da war es gerade dieser Patronen= wagen, der nach langem Hangen und Bangen noch rechtzeitig im aller= letzten Augenblicke eintraf, um unsern tapfern Westphalen das Ausharren bis zum Erscheinen des 3. Corps zu ermöglichen.

Kaum hatte ich mein Sattelzeug auf das vom Burschen gerittene Pferd umlegen lassen, welches während des letzten Theiles meines anstrengenden Rittes am Bahnhofe zurückgeblieben war, so traf vom rechten Flügel aus Beaune die Nachricht ein, daß dort das Gefecht außerordentlich hitzig sei, die Stadt sehr bedroht und in Gefahr sei umzingelt zu werden. Es waren daher auch dort schwere Verluste und zahlreiche Verwundungen zu befürchten, und da das Lazareth in Beaune schon mit den Verwundeten aus den voraus= gehenden Gefechten und mit Kranken stark belegt war, so mußte für anderweitige Unterbringung der neu Hinzutretenden in ausreichender Weise gesorgt werden. So saß ich denn bald wieder im Sattel, ließ mir aber von jetzt ab stets einen Mann der Stabswache zur Begleitung commandiren, damit das zweite Pferd von mir nicht jeden meiner Ordonnanzritte mitmachen brauchte, vielmehr sich in= zwischen stets wieder ausruhen konnte.

Auch für mich selbst war die mir hierdurch gebotene Möglichkeit, die Pferde wechseln zu können höchst angenehm, da ja das Reiten auf frischen Pferden viel weniger angreift und ermüdet, als wenn man nur auf ein und dasselbe Pferd angewiesen bleibt.

In kaum einer Stunde hatte ich dafür gesorgt, daß noch ein zweites Lazareth von unserm Corps sich in Beaumont etablire und daß auch nach Beaune selbst eine ausreichende Zahl von Wagen mit Strohschüttung zum Transport der Verwundeten be= ordert, oder dort bereit gestellt würde. Bei einer Entfernung zwischen dem Bahnhof Beaune und Beaumont von 7—8 Kilometer, also von circa zwei Meilen in Summa, war dies immerhin eine ganz tüchtige Leistung für Pferd und Reiter.

Bei meiner Rückkehr zum General = Commando hatte sich das Schlachtenbild wesentlich, und zwar nicht gerade zu unserem Vortheil verändert; bis auf den breiten Streifen zwischen dem von Beaune nach Beaumont sich hinziehenden Bergrücken und dem Eisenbahn-Damm Montargis-Paris waren wir von einer bedeutenden feindlichen Uebermacht fast kreisförmig eingeschlossen, und noch immer schienen Eisenbahnzüge von Orléans neue feindliche Truppen heranzuführen. Auf allen Seiten fand der Angriff auf unsere Stellung mit solcher Zähigkeit, Kraft und Tapferkeit von Seiten der Franzosen statt, daß unsere Truppen die größte Energie und Ausdauer entfalten mußten, um sich bis zum Herankommen des 3. Armeecorps in unserer verzweifelten Stellung halten zu können.

Der Chef des Stabes v. Caprivi befolgte den Grundsatz, daß sämmtliche Meldungen, welche während einer Schlacht oder eines größeren Gefechtes einliefen, und ebenso alle abgehenden Befehle und Instructionen in Gegenwart sämmtlicher Offiziere des Stabes vom Chef selbst laut vorgelesen wurden. Somit war Jeder von uns stets über den augenblicklichen Stand des Kampfes und über die Absichten und Maßnahmen der eigenen, wie der feindlichen Heeresleitung so weit orientirt, wie dies überhaupt möglich war. Hierdurch wurde schon an sich das Interesse des Einzelnen an allen Vorgängen bedeutend erhöht, seinen Beobachtungen eine bestimmte Basis gegeben und er selbst in den Stand gesetzt, das Wesentliche vom Nebensächlichen besser und sicherer unterscheiden zu können.

Der Verlauf der Schlacht, wie er sich nach Obigem für meine Auffassung darstellte, war folgender: Die Franzosen hatten jedenfalls die Absicht, mit der Loire-Armee gegen den südlichen Theil der Cernirungs-Armee vor Paris vorzudringen, durch Zusammenwirken mit der Besatzung, welche einen gleichzeitigen, energischen Ausfall nach Süden ausführen sollte, diesen Theil unserer Cernirungs-Armee zugleich von der Front und im Rücken mit überlegenen Kräften an= zugreifen und so Paris zu entsetzen. Der Weg nach Paris führte nun aber östlich und westlich an dem von Beaune aus sich nach Norden säulenförmig hinziehenden, hohen und theilweise für größere Truppenmassen kaum oder doch sehr schwer zu passirenden Berg= rücken vorbei. Unser 10. Corps, welches sich ganz unerwartet diesem Vormarsche in den Weg gestellt hatte, sollte nun zunächst in Beaune umzingelt und durch die Uebermacht erdrückt, resp. zur Capitulation gezwungen werden.

Die Oertlichkeit brachte es mit sich, daß unser Corps, indem es sich im Centrum auf den bei Beaune nach drei Seiten ziemlich

steil abfallenden Ausläufer des erwähnten Bergrückens stützte, an
zwei von einander vollständig getrennten Orten angegriffen werden
mußte, westlich bei der Stadt Beaune, östlich an dem ½ Meile
davon entfernten Bahnhof (Station de Beaune la Rolande).
An beiden Punkten suchten die Franzosen unsere Truppen nördlich
zu umgehen, sich etwa bei Beaumont die Hand zu reichen, das
10. Corps dadurch von seiner Rückzugslinie und Verbindung mit
anderen, etwa von Norden kommenden deutschen Truppentheilen
abzuschneiden, und hofften die so vollständig Umzingelten noch vor
dem Erscheinen weiterer Hülfstruppen erdrücken und vernichten zu
können.

Dementsprechend war der rechte französische Flügel über Ladon,
Mezières, Juranville gegen den Bahnhof und südlich über Lorcy
auf Corbeilles und Bordeaux vorgedrungen, hatte Corbeilles
besetzt, hier jedoch zunächst Halt gemacht, weil die Hauptmacht trotz
aller Anstrengungen, Energie und Tapferkeit über le Chau-Gaillard
und Juranville nicht hinauskommen konnte.

Es war ein heißer, blutiger und zäher Kampf, der hier ent=
brannt war und der davon zeugte, daß zwei ebenbürtige Gegner
mit einander rangen, welche sich gegenseitig an Muth und Tapferkeit,
an Energie und Ausdauer, an Todesverachtung und Widerstands=
kraft wohl kaum etwas nachgaben. Wer diesem mannhaften Ringen
beiwohnte, mußte ebenso die Kühnheit, Unerschrockenheit und uner=
schütterliche Furchtlosigkeit bewundern, mit der nicht nur immer
neue französische Bataillone, sondern auch dieselben Truppen zu
wiederholten Malen gegen unsere feste Stellung anstürmten, sich
immer wieder in den vernichtenden Kugelregen stürzten und erst
zurückwichen, wenn ihre Reihen völlig gelichtet, sie mehr als decimirt
und fast aller ihrer Führer beraubt waren; wie er andrerseits über
den zähen Widerstand, das muthige Ausharren und die Kaltblütigkeit
erstaunt sein mußte, mit welcher unsere Infanterie gegen die wuchtigen
Angriffe des mindestens 6—8fach überlegenen Feindes Stand hielt;
wie die Unsern die durch frische Truppen beständig neu verstärkten
und ersetzten Angriffscolonnen der französischen Bataillone, ohne
einen Schuß zu thun, ruhig bis auf die wirksamste Entfernung
herankommen ließen, um dann mit um so größerem Erfolge ihr
Schnellfeuer auf die Anstürmenden zu richten und sie um so sicherer
und zahlreicher kampfunfähig zu machen. Mochten andererseits aber

auch die Lücken, welche die hierdurch erreichte, enorme Treffsicherheit der abgegebenen Schüsse in die Reihen der anstürmenden Franzosen rissen, noch so groß, die Verluste noch so bedeutend sein, immer wieder schlossen sich die Glieder, wurden die Gefallenen durch die nachbringenden Kameraden ersetzt, bis der durch die Unterstützung unseres Artillerie = Schnellfeuers noch verstärkte Eisenhagel jedes weitere Vordringen fast unmöglich machte. Ja trotz dieses ver= nichtenden Kugelregens blieben dennoch einige Bataillone — namentlich Turkos und Zuaven — so unaufhaltsam in ihrem Vor= bringen, daß ihre letzten kleinen Trümmerhäuflein bis in unsere Linien hineindrangen und erst nach heftigem Handgemenge unschäd= lich oder zu Gefangenen gemacht werden konnten. — Denn die Armee= corps, welche uns hier gegenüberstanden, waren zum großen Theil aus algerischen Truppen formirt worden, welche erst direct aus Afrika angekommen, viele sogar direct nach ihrer Ausschiffung in Eisenbahnzüge verladen und ohne Aufenthalt von Marseille oder Toulon bis dicht an das Schlachtfeld gebracht worden waren. Es waren dies wilde, kriegsgewohnte Horden, die vor Kampfbegierde brannten, sich noch nicht mit civilisirten Truppen gemessen hatten, und mit unwiderstehlicher Gewalt, mit rücksichtsloser Energie und Feuereifer sich in den Kampf und auf den Feind warfen, die nur Sieg oder Tod, kaum die Möglichkeit der Gefangenschaft kannten.

Natürlich erlitten auch unsere Bataillone, trotzdem sie möglichst gedeckt und geschützt standen und durch Feldbefestigungen ihre Ver= theidigungsstellungen nach Möglichkeit verstärkt hatten, unter den geschilderten Umständen schwere Verluste und mußten vor der Ueber= macht der Franzosen Schritt für Schritt zurückweichen. Schon war mehr als eine von den kaum $1\frac{1}{2}$ auf diesem Flügel verfügbaren Brigaden im Feuer, ein bedeutenderer Theil zum Schutze der Flanken= angriffe und zur Verhinderung einer Umgehung seitlich gegen Corbeilles und Lorcy herangezogen und nur noch ein einziges Bataillon stand am Bahnhof in Reserve, um im dringendsten Not= falle hier oder dort noch eingreifen zu können, und noch immer rückten neue Regimenter zum Ersatz der Zurückgewiesenen heran. Jetzt trabte auch die feindliche Cavallerie vor, um die Wucht des Infanterie=Angriffes zu vermehren. Wenn auch zu unserem Glück das bergige und bewaldete Terrain und der hohe Eisenbahndamm die Franzosen verhinderten, in breiten Linien und gleichzeitig mit

erdrückender Uebermacht anzugreifen, so wurde doch die Lage unserer
Truppen, welche durch die lange Anspannung aller Kräfte, durch
die Aufregung des Kampfes und der ihnen drohenden Gefahren
erschöpft und ermüdet waren, von Stunde zu Stunde ungünstiger
und beunruhigender. Es wurde daher zu ihrer Unterstützung die
ganze Corps-Artillerie bis auf zwei in Reserve verbleibende Batterien
und als Bedeckung der Letzteren auch noch die eine Hälfte des letzten
Reserve-Bataillons herangezogen. In gestrecktem Galopp jagten sie
in breiter, auseinander gezogener Front trotz des heftigen Infanterie-
Feuers, welches der Feind sofort ihnen entgegensandte, bis an den
Rand einer kleinen Anhöhe vor, welche dicht hinter unserer Haupt-
Infanterie Stellung und kaum 1800 Schritte vor dem französischen
Gros lag, welches hinter den Häusern des kleinen Dorfes Les Cotelles
und den Gehölzen und Baulichkeiten von le Château Gaillard
ziemlich geschützt lag. Schnell war abgeprotzt und jetzt überschütteten
sie gemeinsam mit der Infanterie die mit erneuter Gewalt vordringenden feindlichen Massen mit einem so vernichtenden Geschoß-
hagel, daß sich sofort deren Reihen lösten und Alles in das
schützende Dorf zurückeilte. Doch auch hierhin verfolgten sie
die Granaten und richteten namentlich unter den compacten Massen
der hinter dem Dorfe zusammengezogenen Colonnen eine so furchtbare Verheerung an, daß sich die hier gesammelten Bataillone in
großer Eile westlich in der Richtung auf die Stadt Beaune la
Rolande zurückzogen.

Doch immer neue Regimenter brachen von Bellegarde aus vor,
und deutlich konnten wir hören, wie unausgesetzt Bahnzüge zwischen
dort und Orleans hin und herrasselten, um frische Truppen nach
dem Kampfplatz zu schaffen. Auffallender Weise fehlte es den
Franzosen aber fast ganz an Artillerie. Eine einzige Batterie
unterstützte auf dieser Seite des Schlachtfeldes die Infanterie, und
vor Beaune dürften wohl gleichfalls kaum mehr als zwei Batterien
auf französischer Seite in Thätigkeit gewesen sein. — Eine kurze,
unsern braven Truppen so nothwendige Erholungspause trat jetzt
ein, die auch zur Ergänzung der stark zur Neige gegangenen
Munition der Infanterie benutzt werden konnte. — Dann aber
entwickelten sich aus Juranville, Lorcy und den zwischen ihnen
liegenden kleinen Gehölzen neue feindliche Bataillone, und hinter

denselben recognoscirte Kavallerie das Terrain, um zur Attaque auf die Artillerie die günstigste Stelle ausfindig zu machen.

Gerade als ich von meinem Ritte aus **Beaumont** zurückgekehrt war, brachen diese neuen afrikanischen Regimenter mit bewundernswerther Bravour gegen die Stellung der Artillerie vor. Doch kaum hatten sie sich vor **Juranville** zum Angriff entwickelt, so sauste die erste Granate unserer Artillerie in ihre Reihen, und kaum hatte dicht vor denselben mit hellem Aufblitzen das kleine Pulverwölkchen verrathen, wo das Geschoß eingeschlagen war, so krachte es auch schon Schlag auf Schlag aus 30 Feuerschlünden, und wenige Minuten später hatte sich die festgeschlossene Truppe der Angreifer in eine wirre Masse aufgelöst, die sich wohl noch mehrmals fester zusammenzog, doch bald unaufhaltsam zurück eilte und nun auch noch von der Infanterie stark zusammengeschossen wurde, bevor sie das schützende Dorf wieder erreichte. Doch nach kurzer Zeit schon wiederholte sich derselbe blutige Vorgang; dann aber stürzte in unaufhaltsamem Ansturm ein Turcos=Regiment vor, ihm folgte ein zweites auf dem Fuße; mochte auch das Granatfeuer ihre Linien noch so lichten, mochte ihre Zahl sich auch noch so verringern, unbekümmert um Leichen und Wunden ging es mit Wuthgebrüll vorwärts, hin und wieder blieb Einer oder der Andere stehen, feuerte sein Gewehr ab, und eilte dann im Laufschritt seinen Kameraden wieder nach. Immer näher kam die furchtbar zusammengeschmolzene Schaar, immer gefahrdrohender für die Artillerie wurde ihr Einzelfeuer, aber auch immer lichter wurden ihre Reihen. Jetzt waren sie bereits auf der Höhe unserer Infanterie, welche mit ihren Salven das Artilleriefeuer bisher kräftig unterstützt hatte. Trotzdem sie auf den Tod ermüdet waren und schon schwere Verluste gehabt hatten, brachen die Bataillone dennoch mit Ungestüm auf den kleinen Rest der Turcos los, und bald bedeckten dieselben als Leichen oder Schwerverwundete den Kampfplatz.

Nur wenige wurden gefangen genommen, da sie sich wie die Löwen wehrten, auch wenn sie verwundet und umzingelt waren; ja, nachdem ihnen die Waffen genommen, oder zerbrochen waren, suchten sie selbst durch Beißen und Kratzen noch sich zu widersetzen und ihre Gegner kampfunfähig zu machen, so daß schließlich die strammen Oldenburger die Wüthenden mit dem Kolben todtschlagen mußten, wollten sie sich nicht von der wilden Horde zerfleischen laſſen. Von dieſen beiden Turcos=Regimentern ſoll kein Mann vom Schlachtfelde zurückgekehrt ſein, es ſei denn als Verwundeter.

Aber mit der Infanterie wetteiferte an Muth und Furcht= loſigkeit in rühmlichſter Weiſe die Cavallerie der Franzoſen, von der jedoch nur einige wenige Escadrons Verwendung fanden, während der Reſt der 2 Regimenter, welche ſich höchſtens auf beiden Theilen des Gefechtsfeldes befunden haben können, ringsum zum Beobachten der Gegend zerſtreut ſtanden. Beſonders zeichneten ſich wiederum die Chasseurs d'Afrique à cheval aus. Aus dem Gehölze hervorbrechend, formirten ſie ſich trotz des ſofort auf ſie gerichteten, mörderiſchen Feuers der Infanterie und Artillerie zur Attaque und wie der Sturmwind brauſten ſie in wilder Jagd gegen die Batterien an; indeſſen das Schnellfeuer unſerer dienſteifrigen Kanoniere richtete zu furchtbare Verheerung unter ihnen an und die am Boden ſich wälzenden Roße und Reiter mehrten ſich ſo zahlreich, daß auch der größte Muth hier nutzlos war; zwar ſammelten ſich die zerſtreuten Reſte wiederholt und brangen, durch friſche Kräfte verſtärkt mit gleicher Bravour, aber auch mit gleichen Verluſten mehrmals gegen die Tod und Verderben ſpeienden Schlünde vor, doch nicht ein einziger Reiter kam bis an die Geſchütze heran, die ſchönen, ſchneidigen Schwadronen wurden gleichfalls faſt vollſtändig vernichtet.

Endlich nach langem, ſchwerem und blutigem Kampfe und unter ſchweren eigenen Verluſten hatte das Schnellfeuer der Artillerie den weiteren Verſuchen der Franzoſen zum Zurückdrängen unſerer Truppen aus dieſem Theile ihrer Stellung ein Ende gemacht. Langſam zogen ſich die feindlichen Maſſen zurück, und jetzt konnten auch die 10ten Jäger und 78 ger, unterſtützt von einigen Schwadronen der 9ten und 16ten Dragoner, die ſeitlich bis Corbeilles vorgedrungenen franzöſiſchen Abtheilungen langſam zurückdrängen. Die Nacht ſenkte ſich auf das blutgetränkte Schlachtfeld und gerade, als die Artillerie ihre blutige Arbeit eingeſtellt hatte, klangen von Norden her die erſten Grüße des anrückenden 3. Corps zu uns herüber; erleichtert athmeten wir auf, denn jetzt erſt war die Gefahr, durch einen neuen Angriff doch noch vernichtet zu werden, vollſtändig beſeitigt.

Die Infanterie ging wieder in ihre alte Stellung nach le Chateau Gaillard zurück, die Franzoſen räumten in der Nacht Juranville und Lorcy und ließen weit über 1000 Todte auf dem

Schlachtfelde zurück, unter welchen die Turcos und Chasseurs d'Afrique verhältnißmäßig am zahlreichsten vertreten waren. Die Verwundeten waren von ihnen mitgenommen oder in den benachbarten Dörfern untergebracht und fast überall ohne Aerzte und Pflegepersonal, ohne Medicamente und Verpflegungsmittel zurückgelassen worden.

Inzwischen war die Schlacht auf unserem rechten Flügel nicht weniger heftig, blutig und verlustreich, und die Gefahr von dieser Seite her umzingelt und erdrückt zu werden, fast noch bedeutend größer gewesen wie am Bahnhof. Während die eine feindliche Batterie, verstärkt durch einige Mitrailleusen, in ununterbrochenem Feuer Granate auf Granate in die Stadt Beaune geworfen hatte, von welchen jedoch nur wenige gezündet, die meisten ohne zu crepiren die Wände der Häuser durchschlagen, oder das Steinpflaster aufgewühlt hatten, drangen von S. bis NW. die Franzosen in großem Bogen mit überlegenen Infanterie Massen auf die ringsum durch Gräben und Wälle verstärkten und zur Vertheidigung hergerichteten, alten Stadtmauern ein, deren Ausgänge durch mächtige Barricaden versperrt waren, und an die sich das vor der Stadt an der nach NO. führenden Hauptheerstraße liegende, befestigte Vorwerk mit altem Wachthurm und Mauerruinen anschloß. Dieser letztere vorgeschobene Posten wurde bald so stark bedrängt, daß die 16er und 57er sich in die verschanzte Stadt selbst zurückziehen mußten, ohne daß es den Franzosen gelang, sich dort fest zu setzen. Da sie zudem über keine genügende Artillerie verfügten, um den Angriff auf die Mauern und Barricaden kräftig vorzubereiten, so gelang es den hinter denselben gedeckt liegenden Westphalen um so leichter, die verschiedenen, mit großer Bravour und Hartnäckigkeit unternommenen Sturmversuche erfolgreich zurück zu weisen, als sie hierbei durch diejenigen Bataillone und die eine Batterie unterstützt wurden, welche den östlich neben der Stadt steil ansteigenden Bergabhang besetzt hatten und selbst durch feste Wälle, Mauern und Häuser geschützt und mit den Entfernungen gut vertraut, den Angreifern die schwersten Verluste beizubringen vermochten. — Weniger günstig waren diejenigen Compagnien der 16 er und 57 er daran, welche die Westseite der Stadt mit dem Kirchhof zu vertheidigen hatten, da die im NO. auf den Berghöhen aufgefahrene Batterie des vorliegenden bergigen Terrains und der bedeutenden Entfernung wegen nicht recht wirksam bei der Vertheidigung mit eingreifen konnte, denn erst nach einem näheren Heranrücken der Stürmenden an die Stadt würde die Artilleriewirkung zur Geltung gekommen sein. Hingegen war dafür aber der Umstand sehr günstig, daß der am äußersten Ende der Stadt liegende Kirchhof auf einer kleinen Anhöhe lag, welche sich nach Westen und Südwesten, also den beiden Hauptrichtungen eines Angriffes sanft senkte bis zu dem Flüßchen Fosse des Prés, hinter welchem das Terrain sich wieder langsam hob. Die an sich starken Ueberreste der alten Stadtmauer waren aufs Beste zur Vertheidigung eingerichtet und die Distanzen im Vorterrain durch bestimmte Zeichen genau markirt. Zudem lag das kleine Bachthal in sicherer Schußweite, 300 bis 400 Schritte entfernt, und die Franzosen mußten beim Ueberschreiten desselben an dieser Stelle Halt machen, wenn auch nur für wenige Minuten, um das breitere, sehr steinige Bett zu überschreiten und die Uferwandungen des tief eingeschnittenen Wasserlaufes hinab und wieder hinauf zu klettern und boten alsdann den Vertheidigern ein äußerst günstiges Ziel. An dieser Stelle fand denn auch der heftigste und wichtigste Kampf statt, da diese Strecke der Umfassungs= mauer zugleich so niedrig war, daß sie ohne Sturmleitern, oder vorherige Zerstörung überklettert werden konnte. Für unsere hinter der Kirch= hofsmauer liegenden Truppen war es natürlich von der größten Wichtigkeit, daß der Kampf womöglich erst beginne, wenn die An= greifer in das wirksame Feuer ihrer Zündnadelgewehre herangerückt waren und damit zugleich in den Bereich der Granaten unserer Artillerie kamen. So blieben sie denn lautlos und ruhig in ihrer gedeckten Stellung, bie auf 3 bis 400 Schritte — genau den Distanz= zeichen entsprechend, welche sie in den vorausgehenden Tagen sich gemacht hatten, — eingestellten Gewehre schußbereit an der Backe und ließen die Franzosen, ohne deren bereits aus weiter Ferne ihnen zugesandten Chassepotkugeln zu erwiedern, bis zum Flüßchen herankommen. Auch auf dieser Seite waren es größtentheils direkt aus Algier herangezogene Truppen, welche zum Angriff auf die Stadt vorgingen, die mit Ungestüm und siegesfrohem Muthe vor= stürmend schon wähnen mochten, daß die Vertheidiger durch die Uebermacht der Angreifer entmuthigt, ihre Stellung freiwillig geräumt hätten, da sie noch immer kein Infanterie=Feuer erhalten hatten, während die auf dem Berge hinter der Stadt aufgefahrene Batterie sie bereits durch zugesandte Granaten begrüßte. Jetzt durchschritten die Tirailleure das Bett des Flüßchens und im eilenden Sturm= schritt folgten in dichten Colonnen die Bataillone nach, und noch immer war kein Schuß aus der vorliegenden Stadtseite gefallen. Vor dem jenseitigen Uferrande stockten die vordersten Reihen, dichter schoben sich die nachfolgenden heran und machten sich bereit, durch das mäßig tiefe Wasser zu waten, da erschallte durch das stille Beaune der Kommandoruf: „300 resp. 400 Schritte! Auf die anrückende Infanterie! Schnellfeuer!" Wie das Krachen des Donners nach heftigem Blitzschlag knatterte es plötzlich längs der ganzen Ver= theidigungslinie und wie ein hundertfältiges Echo knallte und krachte es fort in ununterbrochenem Zuge, bis der dichte Pulverdampf eine kurze Ruhepause erforderlich machte. Unbeschreiblich furchtbar war die Wirkung dieser mit kalter Ruhe und sicherer Hand auf die kurze, genau bekannte Entfernung abgegebenen Schüsse der Zündnadel= büchsen. Mann neben Mann sanken die Franzosen zu Boden, und von dem plötzlich und unerwartet in ihre Reihen einschlagenden Kugelregen betäubt, bei dem oft ein Geschoß mehrere Leute hinter= einander todt und verwundet niederriß, blieben sie staar und entsetzt mitten in ihrem Vordringen thatenlos stehen und blickten mit Grausen und Entsetzen auf die rings herum stattfindende Verwüstung. Ohne einen Schuß zu thun, weichen die vordersten Glieder zurück und reißen die nachfolgenden mit sich fort zu wilder Flucht. Doch nur kurze Zeit dauert diese Verwirrung, dann drangen mit weithin schallendem Wuthgeheul neue wilde Horden furchtlos vor, halten die Zurückweichenden auf und von neuem in noch dichteren Schaaren und mit unwiderstehlicher Gewalt wälzt sich der gewaltige Haufen nochmals zum Flüßchen hinab. Doch wieder und wieder brechen die Angreifer in Unmenge zusammen, immer aufs Neue räumten die sicher treffenden Schüsse der Westphalen unter den Nachdrängenden auf, schnell bildet sich ein wahrer Wall von Leichen und Ver= wundeten vor dem Flußbette und jedes nachrückende Bataillon erhöht denselben, oder thürmt weitere Leichenhaufen und Berge von Ge= fallenen vor sich auf. Noch vermehrt wird der Schrecken und die immer deutlicher auftretende, allgemeine Verwirrung, als nun auch die Granaten Schlag auf Schlag dicht vor oder mitten unter die bereits gelockerten Angriffslinien und die durchlöcherten Reihen der Angreifer fallen, die nicht nur neue Lücken reißen, sondern halbe

Züge hinwegfegen und weit herum Tod und Verderben in die sich stauenden Massen der Feinde schleudern. Noch eine kurze Zeit schwankt der Entschluß hin und her, dann wenden sich die zusammengeschmolzenen Reste zu mehr oder weniger beschleunigtem Rückzug in den Schutz der hinter ihnen liegenden Häuser, oder kleinen Gehölze und Gebüsche. Der erste und hartnäckigste Angriff ist abgeschlagen, und die wackern Sechszehner haben kurze Ruhe und Erholung, die zugleich zur Verstärkung der einzelnen schwächeren Punkte benutzt wird. Doch diese Ruhe währt nicht lange, denn neue Regimenter drängen vor und senden schon aus der Ferne ihre weit fliegenden Chassepotkugeln herüber, welche prasselnd in das kleine Forts niedersausen. Mit größester Vorsicht suchen die Unsern die sichersten und am meisten geschützten Stellen hinter der Kirchhofsmauer auf. In ähnlicher Weise, nur nicht mit voll der gleichen vernichtenden Wirkung, wie das erste Mal, weil die gewitzigten Franzosen überall beim Vorgehen sich zu decken suchen, werden die Anstürmenden empfangen. Wenig hilft es ihnen, daß sie bedachtsamer vorgehen, denn sobald sie die am Bachrande liegenden Wälle der Gefallenen überschreiten, und in das Flußbett hinabsteigen, lichten die sichern Schüsse der Infanterie und Artillerie auch ihre Reihen und nach kurzer Zeit werden auch die folgenden Angriffe ohne größere eigene Verluste abgeschlagen. Inzwischen hat eine andere Division sich schon bei Batilly nördlich und nordöstlich, längst des jenseitigen Ufers des Flüßchens la Fosse des Prés thalaufwärts gewendet und sich trotz des Feuers, der bei Beaune stehenden Batterie nach Barville und Egry gezogen, während ihre seitlich ausschwärmenden Tirailleure der sie beschießenden Batterie große Verluste zufügten. Da die Artillerie sich bei dem wiederholten langen Schnellfeuer verschossen hatte, so war sie schon deshalb genöthigt abzuziehen. Die französischen Tirailleure ließen diesen Vortheil nicht unbenutzt, drangen mit Ungestüm vor und räumten noch beim Aufprotzen und Abziehen der Batterie unter der Bespannung und der Mannschaft so furchtbar durch ihre Chassepotkugeln auf, daß zwar unsere Geschütze zurückgelassen werden mußten, sowie eine zerschossene Lafette, welche beiden ersteren die Franzosen sofort jubelnd mit sich fortführten. Am Abend jedoch wurden nicht nur diese unsere beiden Kanonen wieder genommen, sondern auch der größte Theil der französischen Infanterie zu Gefangenen gemacht, welche kurz vorher die Geschütze erbeutet hatten.

Als ich von meinem Ritte nach **Beaumont** zurück kam, traf ich die arg mitgenommene Batterie, welche sich bemühte, die erlittenen Schäden und Verluste auszubessern und die Bespannung der einzelnen Geschütze und Munitionswagen auszugleichen. Es waren auch schon Mannschaften mit den leeren Munitionswagen zur 1. Staffel nach **Beaumont** gesandt, um frische Munition zu holen. Gleich darauf war ich aus der Ferne noch Zeuge von der fast unglaublichen Apathie und Gleichgültigkeit gegen Tod und Gefahr, wie des naiven pflichttreuen Unverstandes eines Protzen=Fahrers. Als nämlich die Batterie sich vor dem wirksamen Feuer der französischen Tirailleure zurückziehen mußte, war der Hintertheil eines Munitionswagens von seinem, nur noch mit beiden Stangenpferden bespannten, leicht beschädigten Protzkasten abgenommen und an die Protze eines zer= schossenen, resp. durch Radbruch beschädigten, unter den obwaltenden Um= ständen nicht mit fortzubringenden Geschützes gehängt worden, die Laffette des Letzteren hatte man aber liegen lassen. Der Fahrer jener Protze war nun beim Zurückgehen der Batterie dieser nicht gefolgt, sondern vor der zurückgelassenen Laffette an einer zufällig besonders geschützten Stelle ruhig halten geblieben, obgleich die Franzosen die zwei anderen Geschütze, welche aus Mangel an Zugpferden hatten zurückgelassen werden müssen, aus seiner nächsten Nähe im Triumph mit sich fortschleppten, ohne die gleichfalls in einer Vertiefung des Terrains liegende, beschädigte Kanone zu bemerken. Er blieb auch dort halten trotz des beständig über seinen Kopf fortsausenden Kugelregens, welchen die Franzosen den abziehenden übrigen Geschützen nachsandten, bis zurückgehende Tirailleure des 57. Regimentes über den Platz kamen. Sie waren sehr erstaunt, hier den biedern Fahrer ruhig allein halten zu sehen, der sie bat, doch die nebenan liegende Laffette an seine Protze zu hängen. Auf ihre verwunderte Frage, weshalb er nicht, da die Laffette ja beschädigt sei, seiner abziehenden Batterie gefolgt sei, antwortete er, als sei dies etwas vollständig Selbstver= ständliches: „Ich konnte doch die Laffette nicht allein an die Protze hängen und mußte doch warten, bis die mit dem Fortbringen der andern Geschütze ausreichend beschäftigten Artilleristen zurückkämen um auch meine Laffette mit fortbringen zu helfen." Sprach's und ritt langsam und unbekümmert um die von Neuem um ihn herum einschlagenden Chassepotkugeln mit seiner inzwischen an der Protze befestigten, defecten Laffette seiner Batterie nach, die in der Ferne noch sichtbar war und die er auch glücklich erreichte.

Hatten wir Anfangs den Angriff der Franzosen noch für eine Art Recognoscirung im großen Stile gehalten, da erst nach und nach immer mehr feindliche Regimenter auftraten und Artillerie fast ganz fehlte, so konnte es seit einiger Zeit nicht mehr zweifel= haft sein, daß es sich um einen sehr ernsten Angriff der Franzosen auf unsere Stellung handele, und daß wir der sich von Stunde zu Stunde vermehrenden Uebermacht ohne Unterstützung nicht lange würden Stand halten können. Es waren daher Ordonnanzen und Adju= tanten an das nördlich, in der Nähe von Pithiviers vermuthete III. Armee=Corps abgesandt mit immer dringenderer Aufforderung zu möglichst schneller Hülfe, bisher aber noch keine Antwort von dort eingetroffen. Bis dahin war unsere Lage indessen noch ziemlich günstig gewesen, von jetzt ab aber traf eine Hiobspost nach der andern ein. Die erste sichere Nachricht über das Vordringen des linken französischen Flügels gegen unsere Rückzugslinie auf Egry, Auxy und Beaumont im Thale der Fosse des Prés überbrachte ein kurz nach mir aus Beaumont zurückkehrender Ordonnanzoffizier. Unsere vor Beaumont zusammengezogene Bagage und erste Train=Staffel war bereits vom Chassepotfeuer erreicht worden, und dem Ordonnanz=Offizier war von den Vortruppen der Beaune umgehenden französischen Division auf der Chaussee von dort nach dem Bahnhofe das Pferd unter dem Leibe erschossen worden und nur mit genauer Noth konnte er selbst auf einem Dragonerpferde der Gefangennahme entrinnen. Noch aber hofften wir, daß dies nur eine vorgeschobene Streifpatrouille sein werde, da kam die Nachricht von der zurückgegangenen 1. Batterie, daß sie nicht vermocht hätte, den vorrückenden Franzosen allein Stand zu halten, und daß auch die von Beaumont herangezogenen Munitionswagen hätten umkehren müssen, weil die Chaussee von französischer Infanterie besetzt sei. — Die letzten 4 Compagnien, welche bei der 19. Division bisher noch als Reserve zurückbehalten waren, wurden daher jetzt schleunigst auf den äußersten rechten Flügel geschickt, und auch die beiden reitenden Batterien gingen bald darauf mit der 1. Batterie, die durch Abgabe von Munition Seitens der beiden noch in Reserve ver= bleibenden Batterien der Corpsartillerie wieder actionsfähig gemacht war,

gleichfalls nach dem linken Flügel ab. Hier gelang es ihnen, nach=
dem sie wiederholt ihre Positionen wegen des heftigen Infanterie=
feuers hatten ändern müssen, das weitere Vorrücken der Franzosen
aufzuhalten, während die 57er dieselben direct zurückzubrängen ver=
suchten. In Reserve für das ganze Corps standen somit nach dem
Vorgehen der Corps=Artillerie auf unserem linken Flügel gegen
Juranville nur noch 2 Batterien, 2 Compagnien 78er und
1 Pionier=Compagnie, welche indessen gleichzeitig den Schutz gegen
einen etwaigen Angriff vom Rücken her durch die über Egry vor=
gehenden feindlichen Abtheilungen übernehmen mußten. Also
selbst diese kleine Reserve war für andere Zwecke nicht mehr ver=
wendbar.

Da traf eine Nachricht ein, welche wohl geeignet war, das
Gemüth auch des Tapfersten mit Schrecken und Sorge zu erfüllen.
Die in Beaune liegende Infanterie hatte sich vollständig ver=
schossen, die Munitionswagen waren bei der 1. Train=Staffel in
Beaumont und alle Versuche, dieselben heranzuziehen, bis jetzt
vergeblich gewesen. Noch steht mir der Chef des Stabes, Oberst=
lieutenant v. Caprivi, deutlich vor Augen, wie er straff und gerade
auf seinem Pferde saß, in der einen Hand Karte und Notizbuch,
in der andern seine Mütze haltend, die er eben abgenommen hatte;
gerade und ungebeugt wie er selbst standen auch die ganz kurz
geschnittenen Haare auf seinem geistreichen Haupte. Ernst und ohne
die geringste Aufregung zu verrathen, blieben seine Züge unver=
ändert entschlossen und zuversichtlich, als er mit lauter Stimme die
von Beaune einlaufenden Meldungen verlas, welche Jeden von
uns mit banger Besorgnis erfüllten. Ruhig und bestimmt gab er
seine Anordnungen, sandte Adjutanten nach Beaune zur Auf=
klärung der dortigen Lage und nach Beaumont, um zu versuchen,
ob die Munition nicht auf Umwegen herbeigeschafft werden könne.
Gleichzeitig wurde auf unserem Flügel nach dem Stande der
Munition Umfrage gehalten, welche leider ergab, daß die Truppen
selbst nur noch mit der allernothwendigsten Menge Patronen ver=
sehen wären. Scharf spähten seine Augen umher, und nicht die
kleinste Bewegung entging seinem klaren Blicke.

Indessen hatte sich die Lage in der Stadt Beaune=la Ro=
lande wenig geändert, war aber dennoch geradezu eine verzweifelte
geworden. Als von allen Seiten von Neuem die Franzosen in

15

dichten Schaaren zum Angriff vorgingen und frisch aus Orleans eingetroffene Zuaven= und Turco=Regimenter, die direct aus Algier angekommen waren, mit ihrem unerschütterlichen Muthe und mit siegesgewohnter Todesverachtung wiederum auf dies kleine Häuflein der auf dem Kirchhofe muthig ausharrenden Westphalen eindrangen, da ertönte zuerst von diesen, dann aber von allen besetzten Stellen der Stadtbefestigung der Ruf nach Munition. In den wenigen Stunden des heißen, furchtbaren Vertheidigungskampfes hatten sich die Mannschaften gänzlich verschossen, die Versuche, neue Munition heran zu schaffen, waren sämmtlich fehlgeschlagen, die direct über **Egry** abgesandten Ordonnanz=Offiziere waren zum Theil den Franzosen in die Hände gefallen, oder verwundet, oder nach Verlust des Pferdes zu Fuß, alle aber unverrichteter Sache nach Beaune zurückgekehrt; von den auf dem Umwege über den Bahnhof fortgeeilten Boten war noch keiner zurück, die zur 20. Division mit der Bitte um Ueberlassung von Munition abgeschickten Leute kamen unverrichteter Sache heim und brachten die niederschmetternde Nachricht von dem Gesperrtsein der Rückzugs= und Verbindungslinie mit Beaumont. — Da zog doch bange Sorge und die Befürchtung eines traurigen, unglücklichen Ausganges in die Herzen der unverzagten Streiter. Eine um= sichtige Vertheilung der vorhandenen Munition ergab pro Mann noch 2 Patronen, wie sollten sie hiermit dem neuen, scheinbar noch wilderen und wuchtiger erfolgenden Anprall der noch völlig frischen feindlichen Uebermacht Widerstand leisten!? So war denn ihr zähes Ausharren, ihre Mühe und Anstrengungen nicht nur vergeblich gewesen, nein, auch ein Rückzug aus der von drei Seiten ein= geschlossenen Stadt durch die an Zahl mehrfach überlegenen feindlichen Truppen war ja unter solchen Umständen undenkbar. — Schon wollten sie sich in ihr trostloses Geschick ergeben und mit blanker Waffe in verzweifeltem Kampfe Mann gegen Mann bis zum letzten Athemzuge die Stadt vertheidigen; mit heimlichen Beben sah jeder bereits seine Todesstunde, oder das Loos der Gefangenschaft heran= nahen, da belebte der donnernde Knall unserer Geschütze in ihrer unmittelbaren Nähe noch einmal ihre Hoffnung, und wie eine Aufmunterung, den Muth nicht sinken zu lassen, klang ihnen das ununterbrochen herübertönende Gebrüll der nahen Kanonen.

Die bereits in hellen Haufen über das Flußbett vorgedrungenen, feindlichen Schaaren stockten, wie von Schnittern gemäht, sanken die

vorderſten Colonnen zur Erde und wurden von den in dichter Reihe
neben einander einſchlagenden und crepirenden Granaten vom Boden
weggefegt, verwirrt zogen ſich die wenigen unverletzt gebliebenen Reſte
mit Ungeſtüm hinter den Bach zurück und brachten die nachfolgenden
Maſſen zum Stehen.

Es kam dieſe noch gerade rechtzeitige Hülfe in der äußerſten
Noth von den beiden reitenden Batterien, welche gemeinſam mit
der 1. Feld=Batterie als das Letzte, was der commandirende
General noch in Reſerve gehabt hatte, dem rechten Flügel zur
Unterſtützung geſandt waren. Nach verſchiedenen vergeblichen Ver=
ſuchen und unter ſchweren Opfern an Mannſchaft und Pferden
war es ihnen endlich gelungen, bis in eine Stellung dicht neben
der Stadt Beaune vorzubringen, von der aus ſie, ziemlich gedeckt
gegen das feindliche Feuer, in wirkſamer Weiſe die gegen den
Kirchhof von Beaune und die im Fosse des Prés-Thale hinauf=
ziehenden Franzoſen beſchießen konnten. Sie erreichten hierdurch
zunächſt einen Stillſtand im Vorbringen der feindlichen Maſſen
nach beiden Richtungen hin, und wenn ſie auch nicht die Erneuerung
des Anſturmes gegen den Kirchhof durch die rohen, kriegsgewohnten
afrikaniſchen Regimenter verhindern konnten, die zur äußerſten
Wuth durch das Mißlingen ihres erſten Angriffes gereizt, bereit
waren, Blut und Leben einzuſetzen, um die erlittene Schlappe wieder
auszugleichen, ſo verzögerten ſie doch dieſe letzte Entſcheidung und
halfen treulich, dieſelbe für die Angegriffenen ſo günſtig wie möglich
zu geſtalten.

Nur mit innerem Widerſtreben war die letzte disponible
Reſerve fortgegeben worden, und mit Schrecken hörten wir die
Beſtätigung des Munitionsmangels bei den Vertheidigern von
Beaune, wie die Meldung über den dortigen troſt= und hoffnungs=
loſen Stand der Dinge und die ſchlimmen Befürchtungen, welche
daraus entſtehen mußten. Die ſichere Ruhe aber, mit welcher der
Chef des Stabes v. Caprivi jede neue Hiobspoſt entgegennahm und
laut vorlas, die Beſtimmtheit und Gelaſſenheit, mit welcher er die
nöthigen Befehle und Anordnungen ertheilte, und das zuverſichtliche
Vertrauen, welches ſich in ſeinen Mienen und ſeiner Haltung aus=
ſprachen, verſcheuchten ſchnell die bangen Sorgen des Einzelnen.
Noch nach vielen Jahren erzählten mir Offiziere, die in dieſen
gefahrdrohenden Stunden dienſtlich mit ihm zu verkehren gehabt

15*

hatten, daß gerade diese unerschütterliche Zuversicht, in ihnen aus den Augen und dem Wesen des Stabs=Chefs entgegengeleuchtet hätte, ihnen unsere bedrängte Lage viel weniger schwer und gefährlich hätte erscheinen lassen. Und diese innere Ruhe und das Vertrauen, welches sie dort gefunden, hätten sie auch unwillkürlich auf ihren Truppentheil übertragen, so daß bald die Stimmung sich dahin hob, daß die Gefahr nicht so groß sein müsse, und mit dieser Zuversicht hatte sich auch der alte Muth, ein entschlossenes Handeln und Ausharren, und damit die Widerstands= fähigkeit der Truppen wieder eingestellt. Nur diesem Umstande sei es z. B. zuzuschreiben, daß die auf dem Kirchhof liegenden 16er furchtlos und ohne daran zu denken, ihre Stellung für unhaltbar anzusehen und sie ohne Kampf aufzugeben, den wüthenden Ansturm der Turcos, ohne einen Schuß zu thun, abgewartet hätten.

Immer höher stieg die Aufregung, immer drückender wurde die Spannung und immer sehnlicher richteten sich die Blicke nach Norden in der Hoffnung auf das Eintreffen des III. Armee=Corps, von dessen rechtzeitigem Erscheinen allein die Rettung unseres Corps abhängig zu sein schien. Doch dieses hatte erst spät benachrichtigt werden können, und noch viel später erfahren, was von seinem rechtzeitigen Erscheinen für uns abhinge. Da kam im gestreckten Galopp ein Offizier vom Stabe des Prinzen Friedrich Karl an= gesprengt, doch so scharf wir auch ausschauten, er kam allein; er brachte leider nur den leisen Trost, daß das III. Armee=Corps von Pithiviers im Eilmarsche heranrücke, es müsse in wenigen Stunden hier eintreffen. — In wenigen Stunden! Konnten die Westphalen bis dahin Beaune halten? Würden nicht die von der Front, der Flanke und dem Rücken aus vordringenden Franzosen inzwischen das kleine Häuflein erdrückt haben? Kam das III. Corps nach wenigen Stunden nicht schon zu spät? In ängstlichem Harren ver= lief Minute auf Minute, und immer ungünstiger wurden die aus Beaune kommenden Nachrichten, immer mehr begann die Hoffnung auf einen glücklichen Ausgang zu schwinden.

Da erschallte plötzlich aus der Richtung von Beaune her Gewehrgeknatter, das sich von Secunde zu Secunde zu einem un= unterbrochenen Krachen von Salven steigerte, in welches das Brüllen der Geschütze mit erneuter Heftigkeit einstimmte. — Was bedeutete dieser plötzliche Wechsel? War die Stadt vom Feinde gestürmt? Niemand wagte es zu glauben, und doch, etwas Anderes konnte es ja kaum sein? Eine bedeutsame Wendung, ja man fühlte es deutlich, eine letzte Entscheidung dieses verzweifelten Ringens um unsern Hauptstützpunkt mußte dort eingetreten sein. War sie gut, oder war sie schrecklich? Bedeutete es Sieg oder Untergang?

Längst waren die Adjutanten in der Richtung nach Beaune davongejagt, aufs Aeußerste wurden die Augen angestrengt, die Gläser aufs Eifrigste nach dem in der Ferne aufsteigenden bläulichen Pulverdampfnebel gerichtet. Endlich erscheint auf schaumbedecktem Rosse ein Offizier, einen Zettel hoch emporhebend und überreicht denselben dem ihm entgegensprengenden Chef des Stabes. Sprachlos und außer Athem springt er vom Pferde, außer Stande, den ihn Umringenden Auskunft zu geben. Indessen hat Oberstlieutenant v. Caprivi scheinbar mit derselben Ruhe und sicheren Zuversicht den Zettel entfaltet und schnell überflogen, und liest nun laut die freudige Botschaft vor.

Denn freudig war dieselbe und uns alle durchzuckte ein herzliches Dankgefühl, als wir erfuhren, daß es gelungen sei, noch zur rechten Zeit den Munitionswagen des Bataillons aufzutreiben, welches die Verbindung zwischen Bahnhof und Stadt übernommen, sowie der in SO. thätigen Batterie als Bedeckung gedient hatte, und zufällig nicht von dem zu Anfang der Schlacht gegebenen Befehle erreicht war, alle unnöthigen Fuhrwerke und auch die Munitionswagen zur ersten Train-Staffel nach Beaumont zurück zu schicken. Unter allgemeinem Jubel war derselbe in die Stadt gebracht, und gerade nur noch im allerletzten Augenblicke die Munition an die Truppen vertheilt worden, wie die vielen, nahe vor der Stadt liegenden Leichen der Franzosen, namentlich der Turcos dicht vor der Kirchhofsmauer, bewiesen.

Gerade hier vor dem Kirchhof war der Kampf furchtbar blutig gewesen. Der Ansturm der Turco- und Zuaven-Regimenter muß über alle Beschreibung heldenmüthig und furchtlos gewesen sein. Trotz des heftigen Granatfeuers stürmten sie unaufhaltsam, das Gewehr mit dem Haubajonet in der Hand, viele ein scharfes, dolchartiges Messer zwischen den Zähnen, vorwärts, die entstandenen Lücken wurden durch die Hinterleute sofort ausgefüllt und immer frische Bataillone folgten hinter einander. Auf 200 Schritte hatten die 16er und 57er ihre vorletzte Patrone verschossen, Mann neben Mann fielen die vorderen feindlichen Reihen und brachten noch einmal eine kleine Verwirrung und einen kurzen Aufenthalt. Dann stürmten die Hintermänner über die Leichen der Vordermänner hinweg und mit wildem, markerschütterndem Geheul eilten sie vorwärts. Den letzten Schuß im Laufe, das Bajonet aufgesteckt und die Seiten= gewehre gelockert, erwarteten die Westphalen ihren Feind, da jubelte es hinter ihnen auf: „Frische Munition!" und im Nu hatte Jeder das ihm geöffnet gereichte Packet ergriffen. In kaum 100 bis 150 Schritte Entfernung eröffneten nun die neu belebten Ver= theidiger ein wohlgezieltes Schnellfeuer, dessen Wirkung unglaublich entsetzlich gewesen sein muß. „Ein Schlachten war's, nicht eine Schlacht zu nennen," durfte man ohne große Uebertreibung sagen.

Von Neuem erschallte ein noch nervenerschütternderes Wuthgeheul der wilden Horden, über Todte und Verwundete drangen mit unerschütterlichem Muthe die nächsten Colonnen, um nach wenigen Schritten einen neuen schaurigen Leichenwall zu bilden. Während die sichern Kugeln der Westphalen hier vorne aufräumten, fegten die Granaten der Artillerie die immer von Neuem nachgeschobenen französischen Infanteristen hinweg, welche weniger blind, wenn auch mit bewundernswerther Entschlossenheit vorgingen und schließlich jeden weiteren Versuch, den dicht vor den Mauern des Kirchhofes wie Schneeflocken vor der Sonne zusammenschmelzenden tapfern Turco=Schaaren Hülfe zu bringen, aufgaben. Von diesen Letzteren drangen noch über 100 Mann bis an die Mauer vor, wo sie jedoch bis auf eine geringe Anzahl, denen es gelang, die Mauer zu überklettern, von den Bajonetten oder Kugeln der hinter der Mauer geschützt liegenden 16ner und 57er beim Versuche, dieselbe zu erklimmen, niedergemacht wurden. Es gelang indessen nur einzelne wenige Turcos unverwundet zu Kriegsgefangenen zu machen, denn trotzdem fast Allen vor dem Hinabspringen auf den Kirchhof die Waffen abgenommen, zerbrochen oder aus der Hand geschlagen waren, stürzten sie sich doch sofort auf den nächsten ihrer Feinde und schlugen mit den zwischen den Zähnen herausgenommenen Dolchen, oder mit den Bruchstücken ihrer Waffe wüthend um sich, oder bissen und kratzten die ihnen zu nahe Kommenden wie wilde Thiere, so daß nichts übrig blieb, als sie auch wie solche mit dem Kolben todt zu schlagen. Gar mancher von unsern braven Westphalen= jungen kam mit ganz=, oder halb durch=, ja abgebissenem Finger,

ober mit Biß= und Kratzwunden an den Armen, Schultern und
Backen, einer sogar mit völlig durchbissener Nase und Ohr in
Lazarethbehandlung und viele trugen wochenlang die Spuren der
tiefen Kratzwunden im Gesicht und an den Händen mit sich
herum. — Wie furchtbar blutige Arbeit die 3.—4. Compagnien 16ner
und etwa 2—2½ Compagnien 57er auf der westlichen Stadtseite,
wo der Kirchhof lag, gehabt haben müssen, zeigte am deutlichsten
der Anblick des Schlachtfeldes am folgenden Morgen. Auf dem
schmalen Streifen vor der Stadt zwischen dem jenseitigen Ufer der
Fosse des Prés bis zur Mauer, also auf einer Fläche von 300
bis 350 Schritt Tiefe und nicht ganz solcher Breite, lagen über
1500 Leichen der Franzosen, darunter weit über die Hälfte Turcos
und viele Zuaven, so daß von Ersteren wohl kaum ein Unver=
wundeter übrig geblieben sein dürfte.

Die drei Batterien und die 4—5 Compagnien 57er, welche
nördlich von diesen sich eingenistet hatten, konnten nun ihr Feuer
vollständig auf die unter ihnen im Fosse des Prés=Thale vor=
gedrungenen Regimenter richten und als die Dämmerung heran=
nahte, waren auch hier die Franzosen zum langsamen Zurückweichen
gebracht. Somit befanden sich die Franzosen bereits auf beiden
Flügeln in vollem Zurückgehen, als endlich von den NNW. zwischen
Pithiviers und Beaumont hinstreichenden Höhen der erste Kanonen=
gruß des III. Corps zu uns herüberschallte. Erleichtert athmete
Jeder auf bei diesem Freudenton, denn erst jetzt war der Sieg
vollständig und vor Allem gelang es erst mit Hülfe des
III. Corps nun auch die Frucht dieses Sieges voll zu ernten. Von
dem Seitens unseres General=Commandos entgegengesandten General=
stabs=Offiziere über den Stand der Schlacht genau orientirt und
geführt, griffen die Truppen des III. Armeecorps sofort den linken
französischen Flügel von der linken Flanke an und sich mit den
Westphalen nördlich Batilly die Hand reichend, schnitten sie einem
bedeutenden Theil der am weitesten nördlich vorgedrungenen
Franzosen den Rückweg ab und machten sie zu Gefangenen. Bei
dieser Gelegenheit wurden auch die beiden gegen Mittag verloren
gegangenen Geschütze wieder genommen und mehrere abgeschnittene
Ordonanzoffiziere befreit.

Mit sinkender Nacht verstummte das Knattern der Gewehre
und das Rollen des Kanonendonners, nur hie und da fiel noch

ein einzelner Schuß. — Der Sieg, der noch vor Kurzem für fast unmöglich gehalten war, ja der sich eine Zeit lang in das gerade Gegentheil verwandeln zu wollen schien, war jetzt ein vollständiger, ein überaus glänzender und wurde auch später durch die dem kommandirenden General v. Voigts = Rheetz zuerkannte National= Remuneration für eine selbständig gewonnene Schlacht, als ein vom 10. Armeecorps allein errungener anerkannt.

Der Verlust der Franzosen muß an diesem Tage ein enormer gewesen sein, er wurde zunächst auf mindestens 2500 Todte, etwa 5—6000 Verwundete und gegen 10 000 Gefangene taxirt, während die Unsern auf beiden Seiten des Schlachtfeldes nur in Summa 80—100 Todte, etwa 6—800 Verwundete und einige wenige Vermißte zählten.

Und doch hatten unsere, durch die vielen blutigen Schlachten und Gefechte, sowie die Cernirung von Metz bedeutend zusammen= geschmolzenen 1½ Divisionen, also 3 Infanterie=Brigaden mit der Corps = Artillerie den Angriff von 2 frisch zusammengestellten, durch keine Kämpfe und besondere Anstrengungen geschwächten französischen Armeecorps (18tes u. 20tes) mit je 3 Divisionen und von einer Division des 15. Corps, also in Summa den Angriff von 7 Divisionen, oder 14 Brigaden siegreich zurückgewiesen, somit gegen eine mindestens 6 fache Uebermacht einen ganzen Tag hindurch mit verhältnißmäßig geringen Verlusten Stand gehalten. Allerdings konnten unsere Truppen diesmal den französischen Angriff in Stellungen erwarten, welche sie vorher zur Vertheidigung in wirk= samster Weise hatten vorbereiten können, also unter ähnlich günstigen Verhältnissen, wie bisher unsere Gegner dies thun konnten, sowohl bei Gravelotte, wie bei Vionville.

Der Generalarzt ritt noch mit mir spät Abends nach Beaumont, wo wir bei einem Pfarrer, einem höchst freundlichen, gemüthlichen und liebenswürdigen Herrn, ein recht angenehmes Quartier fanden, und noch bis spät in die Nacht in den dortigen Lazarethen beim Versorgen der vielen Verwundeten behülflich waren. — Hier erlebten wir auch noch den tiefen Schmerz, den treuen Wächter der II. Armee vor Metz auf dem Horimont zum Tode verwundet (mit einem Schuß durch den Unterleib) in einem unrettbaren Zustande anzutreffen, und bald nach ihm traf sein alter Vater als Schwerverwundeter in demselben Lazareth ein, der frei=

willig während des Krieges wieder eingetreten war. Leider konnte ich ihm als Dank für die vielen heiteren Stunden, welche er uns in seinem kleinen Observatorium zu bereiten verstanden hatte, nur gemeinsam mit dem Vater ein ziemlich gutes Quartier mit sorg= samer Pflege und als einzigen Trost und Erleichterungs=Mittel ein kräftiges Narcoticum verschaffen. Ruhig und ergeben nahm er meine wenig trostreiche Auskunft über die Schwere und voraus= sichtliche Folge seiner Verletzung hin, und als ich mit den ersten Strahlen der aufgehenden Sonne am folgenden Morgen nach ihm sehen wollte, kam ich gerade noch zur Zeit um seine letzten Seufzer zu hören und ihm, nachdem er still und ohne Kampf entschlafen war, die Augen zudrücken zu können.

29. November (Dienstag). Als ich Nachmittags zum Befehls= empfang nach Long-Cour, südlich des Bahnhofes von Beaune, zum General=Commando ritt, konnte ich aus nächster Nähe die zahlreichen Leichen der Franzosen und der buntfarbigen Turcos und Chasseurs d'Afrique auf dem Schlachtfelde liegen sehen, ein schrecklicher Anblick, der aber am deutlichsten Kunde gab von dem Muthe und der Energie der gegen uns im Kampf gestandenen Regimenter der Loire-Armee.

Es war ein rauher, kalter Tag, und nach dem Ritte freute ich mich ganz besonders auf das Diner bei unserm braven Curé, dessen Appetit erregender Duft wie eine angenehme Verheißung lieblich mir in die Nase drang; doch Hoffen und Harren machte ein kleiner Zettel zu Schanden mit der Nachricht, daß noch viele Verwundete aus den umliegenden Dörfern in Lazarethe überführt werden müßten, Beaumont überfüllt sei, und in dem etwa 2 Meilen entfernten Puiseaux Verwirrung und Ungewißheit herrsche hinsichtlich der Etablirung von Feld=Lazarethen. Und nun hieß es einfach: „Reiten Sie doch sofort herüber, Herr Doktor, und ordnen Sie dort die Sachen!" Betrübt und sehnsüchtig nach den brodelnden Töpfen schauend, steckte ich ein Stück Brod in die Tasche, nahm noch einen Mundvoll von dem verlockenden Braten= und sonstigen Delicatessen=Duft mit, und — Ade Diner! hinaus ging es in die dunkle Nacht auf unbekannten Wegen, mit leerem, knurrenden Magen 2 Meilen weit in scharfem Trabe nach Puiseaux, wo schon eine lange Wagenreihe mit Verwundeten, meist mit schweren Verletzungen auf Aufnahme in ein Lazareth sehnlichst wartete.

Mitternacht war bereits vorüber, als endlich Alles geordnet, Alle
untergebracht und versorgt waren. Zufrieden, daß ich doch wenigstens
mein Stück trockenen Brodes mit einem Glase kalten Grogks, ohne
Zucker und Gewürz für meinen so arg getäuschten Magen zur Beruhigung hatte, entschädigte ich mich durch einen erquickenden Schlaf
in dem noch zufällig gefundenen, äußerst behaglichen Nachtquartier,
das sogar nicht nur einen heizbaren, sondern auch einen wirklich
geheizten Kamin besaß, der bei der naßkalten Witterung keineswegs
zu verachten war.

30. November. Erfrischt durch einen vorzüglichen Kaffee = Imbiß,
den mein Stubenkamerad, der Trainoffizier (Lieut. G.), welcher
den Verwundeten=Transport geführt hatte, mit mir theilte, da es
ihm nicht geglückt war, ein eigenes Quartier zu finden, besuchten
wir noch schnell die dortige alte, domartige Kirche. Dieselbe war
ihrer alten herrlichen Malereien wegen, welche die imposante, schön=
verzierte Façade schmückte, weit berühmt; ihren erhabenen mächtigen
Säulenbau des Inneren konnten wir leider nicht ansehen, da diese
ausgedehnten Räume mit vielen Hunderten von französischen Ge=
fangenen angefüllt waren. — Es machte auf mich einen abstoßenden
und geradezu verletzenden Eindruck, als diese rohen Menschen sich
in dem Ehrfurcht einflößenden Gotteshause benahmen, als befänden
sie sich draußen auf dem Bivak=Platze. Ueberall waren auf dem
mit Fliesen bedeckten Boden kleine Feuer angezündet, über denen
die Kochgeschirre brodelnd hingen, während die Soldaten um dieselben
herumhockten, heiter scherzten und sangen, oder unter lebhaftem
Gesticuliren laut schreiend durcheinander liefen, oder ruhig und
voller Groll, Haß und Unmuth herumstanden, die Pfeife im Munde
und beide Hände in den weiten Taschen ihrer rothen, schmutzigen
Beinkleider. Am widerlichsten war eine Schaar Gefangener, unter
der sich auch herabgekommene, unintelligente Offiziere, sowie
ein Militairarzt befanden, welche wie im Käfig eingesperrte, wilde
Thiere sich an die geschlossenen Gitterthüren des Portales drängten,
den Vorübergehenden die unfläthigsten Schimpfworte und wüstesten
Drohungen zuriefen und wie Besessene schrien. — Als wir vorüber=
gingen, und sie unsere Uniformen, namentlich die hellblaue Train=
Uniform sahen, da stürmte die schreiende Gesellschaft gegen das
Gitter, rüttelte an den Stäben, wie gefangene reißende Thiere und
mit wuthfunkelnden Augen brüllten sie wild durcheinander Flüche

und Racheschwüre, Schimpfworte und Schmähreden über ihre Führer, über ihre erbärmliche Lage und über les maudits Prussiens. Unangenehm mußte mein Begleiter, der gutmüthig den dabei be= befindlichen Offizieren Cigarren reichen wollte, diese Regung des Mitleids büßen; denn kaum war er dem Gitter nahe gekommen, so griffen auch schon ein Dutzend Menschen durch dasselbe nach seinen Armen und seinen Rockschößen, spieen ihn an, suchten ihm das Gesicht zu zerkratzen und während ein Scheusal ihm die Hand halb durchbiß, riß ein anderer Schurke ihm die Mütze vom Kopfe, und hundert Hände langten danach, um sie in wenig Augen= blicken in Stücke zu reißen, und sich um die einzelnen Fetzen dann fast gegenseitig zu zerreißen. — Dies Alles geschah so rasch und so unerwartet und machte einen so scheußlichen, widerlichen Eindruck, daß ich und einige bei uns befindliche Offiziere einen Moment starr waren. Dann aber flogen auch die Säbel aus der Scheide, und trotzdem dauerte es einige Zeit, bevor die Bestien ihr Opfer so weit los ließen, daß es eine Hand frei bekam und nun endlich sich mit blutenden Händen und zerrissenem Zeuge ganz frei machen konnte. Mit Abscheu und Ekel wendeten wir uns von diesen Elenden ab, aber auch mit einem Gefühl von Scham darüber, daß selbst Offiziere und Aerzte so tief sinken konnten, und voll Bedauern über die Verwilderung, welche der grausame, blutige Krieg in so kurzer Zeit auf das Volk ausgeübt hatte, was gerade seiner feinen Sitten und Liebenswürdigkeit wegen bisher sich so wohlthuend hervorgethan hatte, und sich rühmte, das galanteste und gewandteste aller ge= bildeten Völker zu sein. War das noch die Grande Nation, welche so stolz und siegesgewiß gegen uns Barbaren in den Kampf gezogen war!?

Die armen Gefangenen verdienten ja alles Mitleid, denn der größte Theil von ihnen gehörte ja den afrikanischen Regimentern an, welche noch vor wenigen Tagen in dem heißen Klima Algeriens sich frei herumgetummelt hatten, dann plötzlich ohne längeren Aufenthalt nach Toulon und Marseille eingeschifft und sofort per Bahn nach Orléans und auf das Schlachtfeld gebracht worden waren, die kaum das Allernöthigste an Verpflegung während ihres Transportes erhalten hatten, die dann sofort, ohne abkochen zu können, in die Schlacht geführt waren, und auch in den letzten 2 bis 3 Tagen der Gefangenschaft mit verkürzten Rationen hatten fürlieb nehmen müssen, da die Einwohner für so ungeheure Truppenmassen, wie von Freund und Feind in der Gegend gelegen hatten und noch lagen, nicht lange den nöthigen Unterhalt beschaffen konnten. Mußten doch unsere eigenen Truppen schon seit einigen Tagen hauptsächlich von ihren mitgeführten, eisernen Rationen leben. Seitdem die Kriegsgefangenen in Puisseaux waren, hätten sie indessen in dieser Hinsicht schon zufriedener sein können, denn dort war erst vor Kurzem ein Theil des III. Armeecorps eingerückt, vorher die Stadt aber von Einquartierungen verschont geblieben. Und man mußte es den dortigen Einwohnern zu ihrer Ehre lassen, sie brachten ihren Landsleuten von Allem, was sie selbst hatten, und versorgten sie reichlich mit Nahrung und Kleidung.

Dennoch hatten die armen braunen Burschen von der Kälte, die uns ja schon Eis und Schnee brachte, ganz außerordentlich zu leiden; wie mag es ihnen erst zu Muthe gewesen sein, als sie bei immer strengerer Kälte in unsere nordische Heimath marschiren mußten?! — Die eine Annehmlichkeit hatte aber die peinliche Scene vor der Kirche uns doch wenigstens noch gebracht, daß wir nämlich von Kameraden des 3. Corps in eines ihrer besten Offizierquartiere hinein genöthigt und dort mit einem so vorzüglichen Dejeuner und ausgesuchten Weinen bewirthet wurden, daß wir in der heitersten Stimmung nach Beaumont zurückritten, und daß dieselbe auch dann noch anhielt, als ich am Abend mit den Befehlen für den nächsten Tag von dem gut 10 Kilometer entfernten Stabsquartier aus Long-Court heimkehrte.

1. December (Donnerstag). Zum ersten Male herrschte während des ganzen Tages eisige Kälte, und ein scharfer, durchdringender Nordostwind jagte harte, gefrorene Schneeflocken und kleine, spitzige, scharfe Eisnadeln über die Erde, so daß unser Gesicht davon schmerzte, als würde es von unzähligen Nadelspitzen zerstochen, und ich war froh, als ich nach meinem Ritte zum Befehlsempfang wieder in unserm warmen Pfarrerstübchen saß und bei einer guten Cigarre und einer Tasse duftenden Mocca's dem lustigen Tanze der weißen Schneeflocken von dem bequemen Sessel aus zuschauen konnte, der neben dem flackernden Kaminfeuer stand.

2. December (Freitag). Auch dieser 2. December war ein herrlicher Wintertag, dessen Schönheit wir allein schon empfanden, als wir den Wind im Rücken nochmals unser altes Quartier in Beaune auffuchten. Doch da, wo das stattliche Haus gestanden, starrten jetzt nur noch schwarze Mauerreste, verkohlte Trümmer und trostlose Oede uns entgegen, die erste zündende Granate hatte gründlich ihr Zerstörungswerk vollbracht. Vergeblich forschten wir nach der alten, gefälligen Verwalterin des Hauses, der Bonne, wie sie sich selbst und die Nachbarn sie nannten, Niemand hatte sie seit dem Brande des Gebäudes wiedergesehen. Einige fürchteten, sie sei wohl, vom Schreck gelähmt, mit verbrannt, Andere hofften, daß sie sich zu Verwandten in der Nähe der Stadt geflüchtet hätte. — Besser war das Hospital fortgekommen; dort war gleichfalls eine Granate nieder= gegangen, hatte jedoch nur ein Loch in den Hofraum gewühlt, da= gegen hatte der Lärm und das Getöse, wie die Erschütterung, welche sie verursacht hatte, so ungünstig auf den französischen Major ein= gewirkt, der dort mit seinem Säbelhiebe aus dem Recognoscirungs= Recontre in Behandlung lag, daß er kurz darauf einer heftigen Gehirnentzündung erlegen war. Noch vor dem Ausrücken des General = Commando's zur Schlacht am 28. war ich Zeuge davon gewesen, wie die beiden verwundeten Gegner sich persönlich begrüßten, und mit einem versöhnenden Händedruck in freundschaftlicher Weise ohne Groll und Haß von einander schieden. — Auf unserem Rück= wege über Long-Court und den Bahnhof von Beaune traf uns der Schneesturm in seiner vollen Heftigkeit und trieb uns die scharfen, stechenden und schneidenden Eisnadeln mit solcher Gewalt ins Gesicht, daß dasselbe noch stundenlang nach unserer Heimkehr heftig schmerzte und wie Feuer brannte. Wir trafen das ganze Corps alarmirt und gefechtbereit auf der Heerstraße aufmarschirt, doch rückte es gleich darauf wieder in die Quartiere zurück.

Weitermarsch nach Orleans.
3.—6. December 1870.

3. December (Sonnabend). Kaum hatten wir am Abend des 2. unser Quartier erreicht, als der Befehl eintraf, daß noch in der Nacht der Vormarsch auf Orléans angetreten werden solle. Wir blieben jedoch noch in unserm Quartier und folgten erst am nächsten Morgen unserem Corps gen Pithiviers nach. Unser Weg führte uns über Gaubertin und Barville, welche beide, namentlich das letzere Dorf, furchtbar gelitten hatten, da hier stundenlang der Haupt=

kampf unserer drei Batterien und der wenigen Compagnien 57ger gegen die Spitze der zur Umgehung von Beaune vorrückenden zwei französischen Divisionen, dann die Rückeroberung desselben durch das III. Corps nach voraufgegangener, lebhafter Beschießung durch dessen reitende Abtheilung und bald darauf auch durch eine Feld=Abtheilung seiner Artillerie stattgefunden hatte. — Hier mündete die Straße in die Hauptheerstraße von Beaune nach Pithiviers, welche das Armeecorps benutzte, und wir hatten Mühe genug, um unserer Bureau=Chaise Platz zum Vorbeifahren zu verschaffen, bis wir zwischen der Vorstadt (so könnte man das Dörfchen Dadonville am besten nennen) und der Stadt Pithiviers Halt machten. Dort sollten die weiteren Befehle des ebendahin ins Quartier kommenden Oberkommandos der II. Armee erwartet werden.

In einem großen, von den Bewohnern verlassenen Hause hatte der Stab aus seinen Vorräthen ein gutes Frühstück herrichten lassen, zu dem der Weinkeller des Hauses manche seiner alten, vorzüglichen Weinflaschen hergeben mußte, wobei sich uns vom Speisesaale aus ein wundervoller Blick auf die malerisch schön gelegene Stadt Pithiviers eröffnete. Rings von hohen Bergzügen umschlossen, auf welchen aus kunstvoll angelegten Weinbergen, schönen Parkanlagen, oder über die Wipfel der Wälder hinweg alte, verfallene Burgen, geschmackvolle Schlösser, Villen, Abteien und Klöster hervorschauten, zog sich der älteste Theil der Stadt mit seinen engen Straßen und hohen, alterthümlichen Häusern, seinen mit Zinnen und Thürmchen verzierten, mächtigen Thoren im schmalen Flußthale bogenförmig hin und kletterte mit seinen gewundenen Straßen, dem uralten Stadt=hause und seinen alten Stadtmauer=Resten den ziemlich steilen Berg=abhang hinauf, um sich auf der Höhe des kleinen Hochplateaus mit seinen breiten Straßen, hübschen Plätzen und stattlichen Gebäuden als neuer Stadttheil auszubreiten. Nach dem Essen vertrieben wir uns die Zeit mit einem Ritt durch die Stadt und brachen gegen Mittag endlich zum Weitermarsche auf, der großen Chaussee Paris=Orléans nach Süden folgend.

Vor uns hatte das 3. Corps bereits die Straße passirt. Daß demselben der Vormarsch nicht leicht gemacht worden war, bewiesen nicht nur die häufigen Coupuren der Chaussee, zum Theil mit Geschützständen, und die kleinen Verschanzungen und Schützengräben, welche überall da, wo das Terrain nur irgend zum Widerstand

geeignet war, in bekannt sauberer und zweckmäßiger Weise angelegt
waren, sondern mehr noch die gefallenen Franzosen, welche bei diesen
Vertheidigungs-Anlagen oft zahlreich den Boden bedeckten. Namentlich
war dies an zwei Stellen der Fall, wo außer einigen Geschützen
auch Mitrailleusen zum Kampfe gegen die vordringenden Deutschen
in Thätigkeit gestanden haben mußten. Daß der Widerstand auch
hier ein zäher und tapferer gewesen war, zeigten die hübschen
Patronenschachteln für die Mitrailleusen, welche leer in großer
Menge in den verlassenen Stellungen neben den zahlreichen Todten
lagen, die größten Theils durch Granatsplitter in furchtbarer Weise
zerrissen waren. Hier sah ich auch die erste französische Mitrailleuse,
welche mit zerschossener Laffette zurückgelassen war.

Als wir nach völliger Dunkelheit in Chilleur aux bois eintrafen und gerade in unserm geheizten Zimmer die ganz steif
erstarrten Glieder etwas aufzuthauen begannen, — denn es war
wieder starker Frost eingetreten, — traf die Nachricht ein, daß im
dortigen Krankenhause zahlreiche, schwer verwundete Franzosen
lägen, die der ärztlichen Hülfe dringend bedürftig, aber ohne Arzt,
Medicamente und ausreichende Verbandmittel zurückgelassen seien.
Da blieb denn natürlich Nichts übrig, als unsern etwas leeren
Magen an das in Pithiviers genossene Frühstück zu erinnern, ihn
auf die Kochkunst unseres Stabsapothekers und auf spätere Stunden zu
vertrösten und mit unserem Batterie-Medizin- und Bandagen- und
des Generalarztes Instrumentenkasten im Dunkeln nach dem Hospital
zu wandern. Unterwegs begegneten wir noch einigen Truppenärzten
und nahmen dieselben als eine erwünschte Unterstützung erfreut mit
uns, denn ärztliche Hülfe that hier allerdings dringend Noth. Es
lagen über dreißig durch Granaten sehr schwer verletzte französische
Soldaten dort, deren Wunden sich in einem wenig erfreulichen Zustande befanden. Zum Glücke und zur Erleichterung für uns
fanden wir dort wenigstens mehrere höchst gefällige, anstellige und
im Krankendienst bewanderte fromme Schwestern und ganz vorzüglich geschulte, unsern früheren Chirurgen 1. Klasse kaum nach-
stehende Infirmiers (Lazarethgehülfen).

Alle Verletzungen waren einfach mit einem Packen Charpie
bedeckt und mit Tücher, selten mit Binden umwickelt. Da es an
Instrumenten bei den Franzosen vollständig gefehlt zu haben scheint,
so hatten die dortigen Collegen einfach mit einem Brodmesser —

an Chloroformiren war natürlich bei ihrer überstürzten Eile nicht zu denken gewesen — das zerschossene, oder theilweise abgeschossene Glied vollständig abgesäbelt, und ohne auf eine kunstgerechte Unterbindung oder dergl. sich einzulassen, hatten sie die Blutung durch festes Anpressen und Festbinden des ersten besten Verbandmaterials auf die Wundflächen zu stillen versucht. Wie unter solchen Umständen die Wunden aussehen mußten, kann sich selbst jeder Laie etwa vorstellen. Zum Glück für die armen Verletzten waren die durch die Granaten oder deren Sprengstücke erlittenen umfangreichen Wunden gleichzeitig gewissermaßen auch Quetschwunden, bei welchen die Blutungen, selbst wenn größere Blutgefäße dabei durchrissen werden, selten stark, oder gar lebensgefährlich zu sein pflegen, dagegen freilich sind plötzliche Nachblutungen dafür um so häufiger und gefährlicher. Unter den dreißig Patienten war kaum ein Einziger, bei welchem nicht eine größere oder kleinere Operation, oder Nachoperation nothwendig gewesen wäre. So habe ich z. B. an diesem Abend selbst fünf Nachamputationen, d. h. eine nachträgliche, kunstgerechte Amputation (Abnahme) eines vorher mit einem einfachen Messer vollständig abgeschnittenen, zerschmetterten Gliedes ausgeführt. Fünf Stunden anstrengender Arbeit hatte es bedurft, um die armen Leidenden ärztlich zu versorgen, aber nun fehlte es auch noch an leiblichen Verpflegungsmitteln, denn die abziehenden französischen Soldaten hatten selbst aus dem Hospital alle Vorräthe mit sich fortgenommen. Obgleich es nicht mehr weit von Mitternacht entfernt war, mußte ich doch noch zur Corps=Intendantur, damit noch vor unserem Weitermarsche die Verwundeten mit den nöthigsten Nahrungsmitteln versehen werden konnten.

4. December (Sonntag). Es schien als würde der Sonntag auch ein Ruhetag für uns werden, und wir hatten uns schon an die Bureauarbeiten gemacht, nachdem ich nochmals nach den Verwundeten mich umgesehen und vergewissert hatte, daß die gewünschten Verpflegungsgegenstände an das Hospital in ausreichender Menge abgegeben waren, als doch noch gegen 11 Uhr der Weitermarsch angetreten wurde. Indessen folgten wir heute nicht mehr dem 3. Corps auf dem directen Wege nach Orléans, sondern bogen rechtwinklig nach W. ab, zogen über Neuville nach Artenay, wo wir auf die zweite große Heerstraße trafen, welche der Eisenbahn=trace folgend Paris und Orleans verbindet. — In Neuville lag

den Braunschweigern die traurige Pflicht ob, sechszehn ihrer
Kameraden zur letzten Ruhe zu betten, welche am Abend vorher
bei dem Versuche, die stark besetzte Stadt noch bei beginnender
Dunkelheit zu erstürmen, den Heldentod gefunden hatten. — Obgleich
der Tag stark zur Neige ging, marschirten wir doch noch über das Dorf
Chevilly südwärts und betraten bald den ausgedehnten Fôret
d'Orléans, der sich bis in die Nähe der Stadt ausdehnt. In
kurzen Distanzen war hier die Chaussee durch Schützengräben und
Geschützstellungen coupirt, und wenn auch dieselben nicht mehr von
feindlichen Truppen besetzt waren, so trafen wir dafür doch das
mitten im Walde liegende Dörfchen Cercottes so stark mit französischen Soldaten der verschiedenen Truppengattungen besetzt, daß
wir es vorzogen, schleunigst nach Chevilly zum Nachtquartier zurückzukehren, um so mehr, als der Generalstab wieder einmal so ziemlich
an der Tête des Corps ritt und nur einige Tirailleurzüge auf
beiden Seiten der Chaussee neben und vor sich hatte. Unser Quartier
in dem kleinen Dorfe war natürlich nicht sehr zu rühmen,
denn durch die beständigen Durchzüge, Einquartierungen und Requi-
sitionen der Loire-Armee und der überall fast ebenso wie die Ulans
Prussiens gefürchteten Franctireursbanden waren die Lebensmittel
sehr zusammengeschrumpft, Fleisch schon seit einiger Zeit unerschwinglich
und kaum zu beschaffen gewesen. Wir waren daher nicht nur selbst
auf unsere gelieferten Rationen angewiesen, sondern theilten dieselben
auch noch mit den armen Quartiergebern, deren verlangenden
Blicken man es häufig genug ansehen konnte, daß sie solche Luxus-
sachen, wie Fleisch hatten lange Zeit entbehren müssen, und dankbar
nahmen sie denn auch an unserm frugalen Mahle Theil, zu welchem
sie durch Zusammensuchen von Gemüsen, Obst, Wein u. dergl. auch
ihrerseits ein Scherflein beizutragen bemüht waren.

. **December** (Montag). Der Ruhetag in dem kleinen Chevilly
wurde zum Theil mit der Behandlung der Verwundeten und Vor-
nahme mehrerer großer Operationen verbracht, von denen auch ich
wieder eine Amputation und Exarticulation (einfache Abnahme eines
Gliedes resp. eine solche in einem Gelenke), sowie mehrere leichtere
ausführte. Als dann Nachmittags die Nachricht kam, daß am
folgenden Tage ein feierlicher Einzug in Orleans gehalten, der
Prinz Friedrich Karl dem Armee-Corps seine Anerkennung über
den ruhmvollen Sieg bei Beaune- la Rolande aussprechen und

16

einen parademäßigen Vorbeimarsch unserer Truppen in der Haupt=
straße von Orleans abnehmen wolle, da gab es genug zu thun,
um hierbei nach dem langen Herumliegen auf der Landstraße in
einigermaßen anständiger Uniform erscheinen zu können.

6. December (Dienstag). Als ich am Morgen 9½ Uhr zu Pferde
stieg und an Stelle der klaren, wenn auch eisig kalten Winterluft
ein naßkalter Nebel uns den Himmel und die Schönheiten der
Erde verhüllte, hatte ich keine Ahnung davon, daß der begonnene
Tag für mich eine solche Bedeutung haben, ein so freudiges Er=
eigniß hinter seinem dichten Nebel noch verbergen würde. Ich war im
Gegentheil recht verstimmt, denn abgesehen davon, daß es keine besondere
Annehmlichkeit war, täglich 3—4 Meilen bei 4—6 Grad Kälte und
oft gegen den scharfen Ost= und Nordostwind zu reiten, der uns
mit seinen spitzen, scharfen Eiskrystallen Gesicht und Hände fast
blutig peitschte, waren es vor Allem die schlechten und für winterliche
Kälte absolut nicht eingerichteten und geeigneten Quartiere, welche
mich ganz mürbe gemacht hatten. Kamen wir nach angestrengtem
Ritte steif und durchfroren in unsere Zimmer, so fanden wir sie
kalt, mit Steinplatten, Fliesen oder Klinkersteinen gedielt resp.
gepflastert, mit Thüren und Fenster, die meistens so undicht schlossen,
daß der Wind beständig durch die Spalten pfiff und die Fenster
bei jedem Luftzug klapperten.

Die meisten Zimmer hatten wohl einen Kamin, aber einen
offenen Kamin, dessen Flamme direct in den Schornstein schlug, das
Zimmer aber nicht erwärmte. Solcher, zum Theil reich verzierter
Schmuck= und Putzgegenstand ist ja für die kühlen Frühlings=Abende
völlig ausreichend, und es erzählt sich wohl nirgendwo gemüthlicher
in den langen Dämmerstunden, als bei dem flackernden Scheine eines
helllodernden Kaminfeuers, aber wenn am Tage 5 bis 6, Nachts
10 bis 12 Grad Kälte sind, giebt es wohl keinen ungemüthlicheren
Aufenthaltsort, wie ein Zimmer mit Steinboden und Kaminheizung.
Fachte man das Feuer auch noch so hell an, man erreichte doch
Nichts, als daß man sich die eine Seite beinahe versengte, während
die andere fast zum Eiszapfen erstarrte. Aber zu diesen Unan=
nehmlichkeiten kam noch die mangelhafte Verpflegung und das
Fehlen von Abwechselung in den Speisen, viel Arbeit und Gemüths=
erregung bei den Operationen 2c., wenig Schlaf in äußerst mangel=
haften Betten und gekrönt wurde dies Gebäude von Entbehrungen

durch den absoluten Mangel an Cigarren. Die regelmäßigen Sendungen aus der Garnison waren bei den etappenlosen Märschen noch nicht wieder angekommen, Liebesgaben verirrten sich gleichfalls nicht bis zu uns, und die französischen Cigarren waren Kaiserliche, resp. jetzt Republicanische Regie=Cigarren, also Staatseigenthum, folglich vom Heere confiscirbar, aber leider nicht erreichbar, da die Cigarren=Vertreiber bei unserer Annäherung schleunigst mit Kasse und Vorräthen das Weite zu suchen pflegten. Die kurze Pfeife mit den reichlichen, gleich im Anfange abgefaßten Tabak=Vorräthen, die offiziell geliefert wurden, war für mich aber ein so wenig befriedigender Genuß, daß ich sehr bald mit ½ Pfeife voll 3 bis 4 Mal täglich mehr als genug hatte.

Kurz vor Orléans wurde Halt gemacht; ich hatte mir in etwas mürrischer Stimmung die Pfeife angesteckt und war etwas abseits vom Stabe abgesessen, als ein Adjutant mich so schnell und ohne ein Wort zu sagen zum kommandirenden General v. Voigts= Rheetz zog, daß ich meine brennende Pfeife nicht bei Seite legen konnte, sondern in der Hand behalten mußte. Neben dem General stand sein Chef v. Caprivi und im Kreise um Beide sämmtliche Generalstabsoffiziere, Adjutanten und Ordonnanzoffiziere des General= stabes. Feierlich erhob sich der Commandirende von einem Baumstamm und überreichte mir mit einigen anerkennenden und schmeichelhaften Worten und dem Ausdruck des Bedauerns, daß er mir dasselbe nicht schon beim Einzuge in Metz hätte übergeben können, wie dies sein bringender Wunsch gewesen sei, das Eiserne Kreuz 2. Klasse am weißen Bande zur Feier des Einzuges in Orléans. Als ich doppelt überrascht über die Auszeichnung sowohl, wie nicht minder über die ganz besonders feierliche und ehrenvolle Art der Ueber= reichung derselben einige Worte des Dankes zu sagen begann, lehnte der General denselben in seiner originellen, huldvollen Weise etwa mit den Worten ab: „Nicht bei mir haben Sie sich zu bedanken, sondern bei sich selbst, denn Sie verdanken diese Anerkennung Ihrem Eifer, Ihrer furchtlosen Entschlossenheit und Ihrer pflichttreuen Arbeit und Diensterfüllung." Darauf nahm der Chef des Stabes von Caprivi das Kreuz, schnitt ein Stück des Ordensbandes ab und heftete mit einer Nadel Kreuz und Band an meine Brust und zwar auf meinen Paletot, den ich, wie wir Alle, bei der kalten Witterung trug. Dies geschah gleichfalls mit einigen warmen Be=

glückwünschungs = Worten und herzlichem Händedruck. Natürlich umringten mich nun auch die übrigen Herren des Stabes, um mir ihre Glückwünsche auszusprechen, und ich war sehr erfreut, als bald das Kommando: „An die Pferde" erschallte und ich zu meinem Pferde zurück eilen konnte, wo mich der Generalarzt nun gleichfalls freundlich und herzlich beglückwünschte. Von demselben erfuhr ich, der kommandirende General habe für mich das Eiserne Kreuz am schwarzen Bande beantragt gehabt, da ich ja in allen Schlachten und Gefechten als Abjutant und Ordonnanz=Offizier des General= Kommandos in Sanitäts=Angelegenheiten*) Verwendung gefunden habe, es sei dies aber auf Grund einer früheren Willens=Aeußerung Sr. Majestät über diese Frage abgelehnt, und dann erst das Kreuz am weißen Bande für mich beantragt worden; daher die verspätete Aushändigung der Decoration. — Diese Mittheilung trug natürlich gleichfalls dazu bei, meine Freude zu erhöhen, und ich erinnere mich noch deutlich, mit wie stolzer Befriedigung ich ½ Stunde später an Sr. Königlichen Hoheit dem Prinzen Friedrich Karl und dem Stabe des Ober=Commandos der II. Armee vorbeiritt, welche unter dem Standbilde der Jeanne d'Arc hielten, während in der breiten Straße, welche auf den herrlichen Dom zu führt, alle Fenster klirrten, als die Truppen mit klingendem Spiel und flatternden Fahnen vorüberzogen und ihres Feldherrn Gruß mit jubelndem „Guten Morgen, Königliche Hoheit," beantworteten.

Da mir der Chef v. Caprivi eigenhändig das Eiserne Kreuz auf meinen Paletot geheftet hatte, so konnte ich nicht gut dasselbe beim Vorbeimarsche von dort entfernen, obgleich ich wohl der Einzige gewesen sein dürfte, der die Decoration in dieser Weise trug. Daß dies auch dem scharfen Auge des Prinzen nicht entgangen war, glaubte ich aus seiner eigenthümlichen Miene zu lesen, mit welcher er einige Worte zu dem neben ihm haltenden General sagte und dabei in der Richtung zu mir kurz herüberschaute; gleich darauf erwiderte er ernst und huldvoll den Gruß des Gliedes, in welchem auch ich soeben an ihm vorbeiritt. — Freudig erregt eilte ich dann möglichst schnell in mein Quartier, um zunächst meinen Eltern und Geschwistern die frohe Botschaft zu melden. Der vom 5. Dezember

---

*) Ich trug daher auch niemals die weiße Binde mit rothem Kreuz am Arm, wie die andern Sanitäts=Offiziere.

1870 aus Orléans datirte Brief liegt wieder vor mir, und ich kann mich im Geiste wieder lebhaft in die Stunde zurückversetzen, wo ich den Brief mit den Worten begann:

„Dieser rosa Briefbogen soll Euch auch in rosiger, froher Stimmung ein freudiges, großes Ereigniß melden, nicht einen neuen Sieg unseres Corps, sondern eine Eurem Sohne, Eurem Jungen heute zu Theil gewordene Auszeichnung 2c."

So waren wir denn glücklich in Orléans eingerückt, und das 10. Armeecorps, wie die ganze II. Armee hatte die zweite, ihr übertragene, große Aufgabe mit Ehre und Ruhm gelöst, die Auf= gabe: die Loire=Armee von ihrem beabsichtigten Vormarsch zum Entsatz des belagerten Paris abzuhalten und sie durch wuchtige Schläge zu zertrümmern. Auseinander gerissen und zersprengt war sie wohl, aber doch noch nicht vernichtet; und diese Aufgabe war die dritte und letzte des großen Krieges, die der II. Armee und damit auch dem 10. Armee=Corps jetzt gestellt wurde.

In Eilmärschen, wie sie die Kriegsgeschichte in solcher Länge und Dauer nur selten zu verzeichnen hat, unter ungünstigen Witte= rungsverhältnissen, unter beständigen Scharmützeln und Gefechten waren wir, ohne Etappen zu hinterlassen, durch 7 Departements marschirt, die nicht nur voller Gardes mobiles et nationales lagen, wo nicht nur Franctireurbanden uns auf Schritt und Tritt umschwärmten, sondern auch die Bevölkerung gegen uns durch Agenten vielfach so aufgebracht und in Haß und Wuth künstlich hineingetrieben war, daß sie jede Gelegenheit, unseren Truppen zu schaden benutzte, und die Franzosen sich kein Gewissen daraus machten, hinterlistig, verrätherisch und aus dem Hinterhalt unsere Leute einzeln zu überfallen, ja es sogar als eine gute That ansahen, wenn sie unsere Soldaten jetzt freundlich, wie friedliche Bauern als Gäste empfingen und eine Stunde darauf vielleicht als Francti= reurs sie meuchlings niederknallten. Durch blutige Gefechte hatte dann das 10. Corps der Loire=Armee bei Beaune- la Rolande den Weg nach Paris verlegt, hatte gegen eine mindestens 5 bis 6fache Uebermacht, gegen frische, noch ungeschwächte Truppen, ja gegen die rohen, wilden afrikanischen Horden der Turcos, Zuaven 2c. diesen Sperrpunkt vertheidigt und gehalten, hatte mit seinen 3 schwachen Brigaden 14 neuformirte französische glänzend zurückgeworfen und ihnen nicht nur einen 5 bis 6 Mal größeren Verlust an Todten und

Verwundeten zugefügt, sondern auch noch vereint mit dem 3. Corps über 10 000 Gefangene gemacht. — Einen zweiten energischen, ernsten Versuch, der Stadt Paris von Süden her Entsatz zu bringen, hatte die Loire=Armee seitdem nicht mehr zu machen gewagt, sondern war hinter die Loire zurückgewichen.

So hatte denn die II. Armee und mit ihr das 10. Armeecorps seine schwere, gefahrvolle und an blutigen Kämpfen überreiche zweite Aufgabe mit Ruhm und verhältnißmäßig geringen Opfern gelöst, und durfte wohl auf diese neuen Siege und Erfolge mit Befriedigung zurückschauend, stolz in die schöne Stadt Orléans einziehen.

Längere Ruhe und Erholung sollten wir hier in Orléans jedoch ebensowenig finden, wie früher in Metz, vielmehr mußten wir bereits nach 3 tägigem Aufenthalte weiter ziehen unter beständigen Kämpfen, bis auch diese große Feldarmee Frankreichs vollständig vernichtet war.

III. Von Orleans bis zum Waffenstillstand in Tours.

Von Orleans nach Blois.

(7. bis 23. December 1870.)

7. u. 8. December (Mittwoch — Donnerstag). Ebenso wenig wie nach der Capitulation von **Metz** dem X. Armee-Corps eine längere Ruhezeit hatte vergönnt werden können, damit die Mannschaften sich von den monatelangen Anstrengungen und Entbehrungen der Belagerung hätten erholen können, ebenso wenig durfte jetzt nach dem siegreichen Einzuge in Orléans dem Corps eine längere Zeit zum Ausruhen von den monatelangen Gewaltmärschen und fast täglichen Gefechten mit den **Gardes mobiles** und **Franctireurs**-Banden zwischen **Metz** und **Orléans** gestattet werden. Wie dort 3 Tage nach Uebergabe der Festung, so mußten wir hier 3 Tage nach dem Einmarsch wieder weiter hineinziehen in Feindes Land, nur mußten wir dort in unsern alten, traurigen Quartieren vor **Metz** bis zuletzt liegen bleiben, während wir in **Orléans** auf das Vorzüglichste untergebracht und verpflegt wurden. Eines der besten, größten und solidesten Gasthäuser der Stadt war für das ganze General-Commando als Quartier mit Beschlag belegt, und da Se. Königliche Hoheit der Prinz Friedrich Karl mit einem Theile seines Stabes der II. Armee sich gleichfalls in und neben demselben einquartirt hatte, und wir sämmtlich zur Theilnahme an den Diners und Soupers Sr. Königl. Hoheit befohlen wurden, so waren die Speisen und Gänge ebenso reichhaltig und vorzüglich, wie die Weine und namentlich der Champagner auserlesen, und fast mehr als reichlich vorhanden, nachdem der Prinz dem Wirthe sofort am ersten Tage seinen diesbezüglichen Willen nachdrücklich ausgesprochen hatte. — Aber schon diese kurze Ruhe war für uns von unschätzbarem Werthe, da unsere Kleidung und Ausrüstung unter den Unbilden der Witterung und den Anforderungen des Kriegslebens bereits sehr zu leiden begann, und einer gründlichen Instandsetzung und Vervollständigung um so nothwendiger bedurfte, als wir auf eine so strenge, lange andauernde Kälte nicht recht vorbereitet waren. Hier in Orléans bot sich zum ersten Male die günstige Gelegenheit dar, uns namentlich mit warmen, dicken Unterkleidern und mit Allem zu versehen, was uns einigermaßen vor der schneidenden, strengen Kälte zu schützen vermochte. Leider versäumte ich in letzterer Beziehung mich mit mancherlei wärmenden Sachen zu versehen und habe dies in den nächsten Wochen oft genug zu bedauern gehabt.

Wenn die Kälte an und für sich auch nicht so bedeutend war, daß wir Norddeutsche durch dieselbe direct viel zu leiden hatten, so ließen dafür die ganzen Wohnungsverhältnisse dieses südlichen Theiles von Frankreich, der ja nur sehr selten von so harter, lang-andauernder Kälte heimgesucht zu werden pflegt, uns dieselbe indirect desto unangenehmer empfinden. So schön auch die deco-rative Wirkung der meist kunstvoll und mit vielem Geschmack aus-gestatteten Kamine war, und so werthvoll auch die zierlichen Stein-Mosaik-Fußböden zum Theil sind, an kalten Wintertagen vermögen sie es sicher nicht, namentlich wenn die dicken, weichen Stuben-teppiche auf den steinernen Fußböden fehlen, den Aufenthalt in solchen Räumen angenehm oder auch nur erträglich zu machen, mag auch der röthliche, flackernde Schein der matt aufleuchtenden, mächtigen Eichenkloben noch so verführerisch zum vertraulichen Ge-plauder einladen. — Da auch die französischen Betten mit den zierlichen Steppdecken und leichten, dünnen Plumeaux wenig für einen ordentlichen norddeutschen Winter geeignet sind, so wird man eigentlich an solch' kalten Frosttagen in den französischen Fremden-zimmern gar nicht recht warm, es sei denn, daß man den Mangel an Stubenwärme durch den Genuß hinreichender Mengen erwärmender und erhitzender Getränke ersetzt. — Trat man nun mit noch innerlichem Frösteln aus den Zimmern in die kalte Winterluft hinaus, so berührte uns die Kälte erst recht unangenehm empfindlich, und es währte meist lange genug, bis man sich durch rasches Be-wegen einigermaßen wieder erwärmt hatte. — Da blieb denn der einzig angenehme Aufenthaltsort ein gemüthliches Café oder Restaurant, und daran fehlte es in Orléans keineswegs. Von diesem Rettungsmittel machten wir denn auch um so lieber und häufiger Gebrauch, da man überall Freunde und Bekannte antraf, die in der Stadt oder nächsten Umgebung derselben im Quartier lagen, und Jeder sich mit Behagen dem bisher so selten gebotenen Genusse hingab, bei einem Glase guten Bieres oder Grogks gemüthlich und ungestört mit alten Bekannten über die letzten ereignißreichen Zeiten sich aussprechen zu können. — Indessen lockte in der Mittagszeit die helle Wintersonne doch zu verführerisch uns ins Freie hinaus, und die Stadt Orléans bot ja des Sehens= werthen genug dar, so daß wir uns gerne noch längere Zeit zur Besichtigung derselben gewünscht hätten.

Das Erste, was mich täglich von Neuem anzog, war die herr= liche, imposante Reiterstatue der Jeanne d'Arc auf dem großen Place du Martroi; ein Denkmal, was ungemein an das wunder= volle Standbild Friedrichs des Großen in Berlin erinnert, mit dem es auch an Großartigkeit und schöner Ausführung wetteifert. So schön aber auch die Figur der Jungfrau und des Pferdes modellirt ist, so fein auch die Ausführung jedes einzelnen Theiles des Reiterstandbildes erscheint, so edel auch das ungeduldig den Boden scharrende Roß, so decent die Haltung der in voller Ritter= Rüstung auf dem einfach gezäumten Pferde reitenden Pucelle ist, unter deren Panzerhemde das bis über das Knie hinabreichende Frauengewand in schönen Falten hinabwallt, es behielt doch stets der erste Eindruck, welchen das Gesammtbild der nach Herren=Art auf dem Pferde reitenden, hohen Frauengestalt mit dem flachen Helm ohne Federschmuck und sonstiger Zier bei mir hervorrief, fast etwas Abstoßendes, ich möchte sagen, etwas Unharmonisches, das hauptsächlich wohl durch den ungewohnten Sitz der Reiterin hervor= gerufen wird. — Beim tieferen Eingehen in die Einzelnheiten der Gestalt der Helden=Jungfrau, namentlich beim Anblick des durch= geistigten Antlitzes, das weich=weiblich, doch zugleich die feste Zuversicht in das Gelingen ihrer göttlichen Mission ausdrückt, und das den verklärten Blick auf die schöne Cathedrale gerichtet, dem Himmel den Dank für die ihr bereits erwiesene Gnade darzubringen, zugleich aber auch in jungfräulicher Demuth sich als ein von Gott auserwähltes Werkzeug auch weiterhin dem göttlichen Willen zur unbedingten Verfügung stellen zu wollen scheint, erst bei solchem Vertiefen in das herrliche Kunstwerk schwächt sich dieser erste unangenehm berührende Eindruck mehr und mehr ab, ohne indessen vollständig sich zurückdrängen zu lassen. — Wundervoll sind an dem Denkmal ferner die 16 Bas=Reliefs, welche als bronzene Tafeln die 4 Seiten sowohl des hohen eigentlichen Sockels, wie des niedrigeren Unterbaues desselben zieren. Sie stellen die Haupt= begebenheiten aus dem Leben der Jungfrau von Orléans dar, und erregen ebenso durch den Reichthum an Gestalten und die lebens= wahre Darstellung, wie durch die feine Ausführung und die Viel= seitigkeit der Darstellung Bewunderung, volle Anerkennung und lebhaftes Interesse.

Es macht dieses großartige Reiterstandbild der Jungfrau auf dem weiten, viereckigen **Place du Martroi**, wo es frei von allen Seiten sichtbar sich auf seinem granitenen Doppel=Unterbau als ein Kunstwerk ersten Ranges erhebt, natürlich einen weit mächtigeren und gewaltigeren Eindruck, als das Denkmal, welches bis 1855 auf demselben Platze gestanden hat und dann nach dem rechten Loireufer versetzt worden ist. Dasselbe steht jetzt dort dicht vor dem Zugange zu der breiten, steinernen Brücke, welche die Stadt Orléans mit der Vorstadt St. Marceau verbindet. Es blickt nach dem etwas dürftigen Denkmal, **le croix des Tourelles**, welches an derjenigen Stelle errichtet ist, auf welcher im Jahre 1429 das von den Engländern zur Eroberung von Orléans erbaute feste Fort des Tourelles gestanden hat, das die Jungfrau von Orléans erstürmt und dabei verwundet worden sein soll. Dafür sprach mich dieses, wenn auch weniger große, so doch keineswegs auch weniger sehenswerthe Standbild der Jungfrau in mehrfacher Lebensgröße auf seinem mindestens 4 Meter hohen Granit=Sockel mit breitem, niedrigem Unterbau sofort sehr sympathisch an. Wie ein alter Bekannter trat mir diese von Mr. Gois hergestellte Helden=Jungfrau entgegen. So wie hier die in voller Rüstung mit Brustharnisch und schön gefaltetem Frauenhemd einherschreitende **Jeanne d'Arc** vorstürmt, das Haupt mit dem wallenden Helme bedeckt, in der einen Hand die flatternde Fahne Frankreichs hochhaltend, in der andern das gezückte Schwert schwingend, so schwebte sie schon immer vor meinem geistigen Auge. So wie hier hatte ich mir die ganze Erscheinung der Jungfrau stets vorgestellt, wie sie mit dem Aus= druck gläubiger Zuversicht und fester Siegesgewißheit, im Bewußt= sein, vom Himmel als Retterin Frankreichs auserwählt zu sein, und doch ohne Stolz und Selbstüberhebung als eine keusche, dem

göttlichen Rufe folgende Jungfrau der Schaar der begeistert ihr
folgenden Streiter Frankreichs vorauseilt zum Sturm auf die
feindliche Stellung. Als kampfesfreudige, siegesgewisse und zugleich
als demüthige, vom göttlichen Willen geleitete Jungfrau, so tritt
ihr Bild uns hier als ein harmonisches, einheitliches Ganze entgegen.
Mir erscheint es immer wieder als das schönste, ansprechendste und
ausdrucksvollste von allen Denkmälern der Jungfrau von Orléans,
welche ich gesehen habe. — Auch bei diesem kleineren Standbilde
sind die 4 Seiten des Sockels mit bronzenen Bas=Relief=Tafeln
geschmückt, welche einige Hauptmomente aus dem Leben der Heldin
darstellen.

Ein drittes Denkmal der **Jeanne d'Arc** findet sich noch vor
dem mittleren Eingange des neuen Hôtel de ville, ist indessen
mit den beiden erwähnten nicht zu vergleichen. Ich war Anfangs
zweifelhaft, ob es sich nicht nur um die Statue eines Pagen handele,
da die prächtige, aus glasirten, röthlich = gelben Backsteinen mit
Sandstein = Einfassung hergestellte Façade mehrere mit ähnlichen
Figuren geschmückte Nischen enthält.

Das zweite großartige und herrliche Bauwerk, welches weit
über die Dächer der Stadt emporragend, überall durch seine Mächtig=
keit hervortritt, und mich gleichfalls immer wieder anzog, war la
Cathédrale d'Orléans. Von dem alten, im **XIII.** Jahrhundert
in den jetzigen Dimensionen neu ausgebauten Dome (der Bau der
ersten, bedeutend kleineren Kirche soll bereits im **IV.** Jahrhundert
erfolgt sein) sind nur das Portal, die beiden Thürme und ein
kleiner Theil des Schiffes mit mehreren Seiten=Kapellen noch theil=
weise erhalten geblieben. Der übrige Theil des herrlichen Gebäudes
wurde 1568 von den calvinistischen Soldaten Condés zerstört, indem
sie die Kirche vom mittleren Glockenthurm aus in Brand steckten.
Wie eine Inschrift an der Eingangsthüre angiebt, wurde erst am
18. April 1601 von Heinrich **IV.** der Grundstein zum Wiederauf=
bau des zerstörten Bauwerkes gelegt, der dann so langsam fort=
schritt, daß erst nach etwa $2\frac{1}{2}$ Jahrhunderten, am 8. Mai 1829,
die Einweihung der völlig wiederhergestellten Cathedrale in ihrer
jetzigen Form erfolgen konnte. Inzwischen hatten auch die beiden
Thürme abgetragen und neuaufgebaut werden müssen, so daß nur
noch das prächtige Portal, das Chor und die ersten Pfeiler des
Hauptschiffes, vielleicht auch einige der Seitenschiff=Kapellen wirklich

den Einzug der Jungfrau von Orléans in den Dom gesehen haben könnten. Wenn man auch der Cathedrale ansehen kann, daß sie nicht als ein einheitliches Ganze in ein und demselben Styl erbaut ist, sondern daß hauptsächlich der griechische und gothische Styl dabei mit einander verschmolzen sind, so ist dies doch in so ansprechender, harmonischer Weise erfolgt, daß das ganze Bauwerk ebenso durch seine schlichte Größe und erhabene Majestät imponirt, wie es durch Anmuth und gefällige Form der einzelnen Theile das Auge entzückt. — Leider konnten wir das Innere des Domes nicht besichtigen, da derselbe zum Unterbringen der vielen französischen Kriegsgefangenen benutzt werden mußte, von denen täglich zahlreiche kleine Trupps ankamen, welche die Bayern von ihren ununterbrochenen Kämpfen mit der bei Beaugency und Meung stehenden Loire-Armee fast täglich einbrachten.

Es war ein höchst trauriger, abstoßender Anblick, den diese auf ihren gewaltigen, himmelanstrebenden Säulenreihen ruhenden, weiten und hohen Räume hervorriefen, deren oberer Theil mit grauen und bläulichen Rauchwolken angefüllt war, während überall in den Seiten-Kapellen, Nischen, oder rings um die starken Stützpfeiler herum die Flammen der Kochfeuer aufleuchteten. An mehreren Stellen in der Mitte des Mittelschiffes ließen gewaltige Bivakfeuer ihre hochauflodernden Flammen zu den Deckengewölben emporschlagen, um welche rohe, lachende und fröhlich singende, oder scheltende und schimpfende Soldaten herumstanden und lagen, die in ihren zersetzten, zerschossenen und zerrissenen Uniformen Räuberbanden ähnlicher sahen, als für ihr Vaterland begeisterten, kampfesmuthigen Soldaten.

Auffallend war mir die bedeutende Anzahl alterthümlicher, guterhaltener Häuser und Bauten, welche wir in Orléans fanden. Das auffallendste dieser Gebäude ist wohl unbedingt das frühere Hôtel de ville, jetzt le Musée d'Orléans. Es stammt aus der Mitte des XV. Jahrhunderts und zeigt in seiner Haupt-Façade den eigenartigen, reinsten Renaissance Styl, als ein sehenswerthes Ueberbleibsel des Mittelalters. Zwischen den Fenstern sind geschmackvolle Nischen für kleine Statuen angebracht und die Einfassungen der tiefen Thür- und Fenster-Umrahmungen sind mit zierlichen Verzierungen und Ornamentirungen reich versehen. Auf dem Hofe ist noch einer der Thürme von der ältesten Stadtumwallung erhalten

geblieben, der in seinem oberen Theile die größte Aehnlichkeit mit
den Kirchthürmen aus der Früh=Renaissance=Zeit aufweist. Selbst
die zierlichen Säulen zwischen den schmalen, gekuppelten Fenstern,
die Verzierungen der oberen Fensterbogen und die giebelartige
Ornamentirung über denselben, die kanellirten Säulchen an den
Thurmkanten und die reiche zierliche Stuckarbeit an den Dachrändern
und an den um die einzelnen Abschnitte des Thurmes herum=
laufenden Streifen und Bändern fehlen an diesem alten Wachthurme
nicht, so daß man sich kaum vorstellen kann, ein solch reich verzierter
Thurm habe nur als Ausguck auf der Stadtmauer, oder als Wächter=
thurm und gleichzeitig als Gefängniß für das alte Stadthaus
gedient. — Kunstwerke aus der Blüthezeit der Renaissance sind
die Häuser der **Agnes Sorel** und der **Diane de Poitiers**, deren
Baustyl sehr an den des Heidelberger Schlosses erinnert, so z. B.
auch die Doppeltreppe des Spiral=Thurmes im Hofe. Ebenso fällt
das sogenannte Haus der **Jeanne d'Arc** durch seine reichverzierte
Façade auf, auch fanden wir einige noch sehr gut erhaltene, resp.
restaurirte Gebäude aus dem 14. bis 17. Jahrhundert an mehreren
Stellen der Stadt vor.

Einen wundervollen Blick auf Orléans erhält man am linken
Loirenfer von der **Rue de Dauphin** aus, wo dicht vor uns das
ältere Denkmal der Jungfrau steht, hinter welchem sich zwischen
2 thurmartigen Wachthäusern der durch hohe Eisengitter=Thore
führende Zugang zu der alterthümlichen, breiten Loirebrücke befindet.
Diese massiv steinerne, 15½ Meter breite Brücke, überspannt mit
9 verschieden weiten Bogen (30 bis 33 Meter Bogenspannung),
die dort 333 Meter breite Loire und unterhält einen äußerst regen
Verkehr zwischen Stadt und Vorstadt. Dicht an dieser Brücke lagen
am Quais des rechten Ufers die vier, von den deutschen Truppen
eroberten Kanonenboote, darunter auch das von unserm Corps
bei Joinville auf dem Canal d'Orléans erbeutete. In der Fort=
setzung der Brücke trat die imposante Reiterstatue der **Jeanne
d'Arc** aus dem Häusermeer klar und deutlich hervor und rechts
davon erhob sich wie ein Riese aus einer Schaar von Zwergen
die gewaltige Masse der **Cathèdrale d'Orléans**, deren Façade
und Thürme hier noch die Schönheit des Aufbaues und die reiche
Verzierung der einzelnen Theile ziemlich deutlich erkennen läßt.
Hinter der breiten Loire als Sehne dehnt sich in einem Kreis=

Segmente die Stadt Orléans aus mit ihren ca. 50 000 Einwohnern und ihrem Häusergewirr, aus welchem bald hier, bald da
eine Kirche, oder ein Thurm, oder ein besonders hohes und umfangreiches Gebäude hervortritt. Im Hintergrunde begrenzen leichte
Hügelketten, oder ferne Waldungen den Blick auf die fruchtbare
Ebene des Loireflusses.

9. Dezember 1870 (Freitag). Wir saßen nach dem reichlichen
Déjeuner am Nachmittag gegen 2 Uhr gemüthlich bei einem Kaffee-
Skate in irgend einem Café mit Kameraden zusammen, als plötzlich
der nur zu bekannte, laute Rasselton der Alarm-Trommel uns jäh
aus unserer behaglichen Ruhe emporschreckte und gleich darauf wetteiferte Trommel und Pfeife mit Trompete und Signalhorn und
trugen den scharfen Sammelruf bis in den äußersten Winkel der
Stadt.

Schnell eilte Jeder nach seinem Quartiere, und ich kam gerade
nur noch zeitig genug, um den mir vom Burschen entgegengebrachten
Säbel umzuschnallen, meinen ungeduldig hin- und hertrippelnden
Braunen schleunigst zu besteigen und meinem bereits vorgerittenen
Chef im Trabe nachzueilen, den ich auch glücklich ½ Meile vor der
Stadt auf der Chaussee nach **Beaugency** einholte. — Je weiter
wir vorrückten, um so deutlicher drang ferner Kanonendonner zu
uns herüber, der immer heftiger wurde und bald sich mit Infanterie-
Salven mischte, ab und an ließ sich auch das unheimliche Rrrack
— Rrrack der französischen Mitrailleusen unterscheiden. In scharfem
Trabe ritt das General-Kommando an den Truppen vorbei, und
dann jagten wir mit einigen Dragonern und den Stabs-Ordonnanzen,
sammt Handpferden und Fourgeon auf der breiten, von einer doppelten
Reihe alter Bäume eingesäumten Chaussee dem Kanonendonner
entgegen. Nachdem wir etwa 1 Meile geritten, sprengten plötzlich
die Spitzen des voraufreitenden Dragoner-Piquettes im Galopp vor,
während wir in Schritt fielen. Es zeigte sich nämlich vor uns
aus einem nahen Walde heraustretend auf der Chaussee ein Trupp
vereinzelt vorgehender Soldaten, die wir sehr bald an ihren rothen
Hosen als Franzosen erkannten. Dieselben trugen ihre Chassepots
über die Schulter gehängt und hatten scheinbar nur einige Bayrische
Infanteristen neben sich gehen. Es war zweifelhaft, ob hier Bayrische
Soldaten Französische Kriegsgefangene transportirten, oder ob das
Umgekehrte der Fall war; denn die Zahl der maroden, mühsam

vorwärts humpelnden, oder mit leichten Verbänden versehenen Bayern
schien oft, wenigstens an der Tête der einzelnen Abtheilungen,
ebenso bedeutend zu sein, wie die der französischen Soldaten. —
Jetzt sprengte auch der Eklaireur zum Piquet zurück und von diesem
eine Ordonnanz zum Stabe heran mit der Meldung, daß bayrische
Landwehrleute eine bedeutende Anzahl französischer Soldaten nach
Orléans transportirten. Diese hatten sich lieber frühzeitig gefangen
nehmen lassen, als daß sie sich bei der strengen Kälte lange der
Gefahr aussetzten, von den Bayrischen Kugeln getroffen zu werden,
da sie obendrein an Kälte nicht gewöhnt, mit ihren steifgefrorenen
Händen kaum das Chassepot zu laden und abzuschießen im Stande
waren.

Als wir einem der bayrischen Transport=Führer unser Erstaunen
darüber ausdrückten, daß die Franzosen, welche an Zahl doch
bedeutend überlegen waren, mit ihren Waffen, sogar den Gewehren
marschirten, erwiderte uns der stramme, kräftige Unteroffizier, daß
die Franzosen ihre Gewehre hätten entladen, die Munition abgeben
und beim Truppentheile zurücklassen müssen, auch sei fast bei Allen,
eine wichtige Schraube am Schlosse, oder an der Kammer entfernt
worden, während die bayrischen Begleitmannschaften vor den Kriegs=
gefangenen hätten scharf laden müssen. Als Wichtigstes theilte er
uns noch verstohlen mit, daß sie den Franzosen in derselben Weise,
wie dies schon Fritz Reuter seinen „Müller Vossen's Friedrich" mit
gefangenen Franzosen in „Ut de Franzosentied" thun läßt,
sämmtliche Hosenträger=Knöpfe und Hosenschnallen abgeschnitten hätten,
so daß ihre Gefangenen an Auskneifen oder ernstlichen Widerstand
gar nicht denken könnten.

Als wir mit einbrechender Dunkelheit das etwa 3 Meilen von
Orléans entfernte Meung-sur-Loire erreichten, ließ das aus der
Richtung von Beaugency herüberschallende Geschützfeuer bereits
nach, und da wir unserem Corps weit vorauf waren, so ritten wir
bis les Marais zurück, einem kleinen Dörfchen, welches dicht vor
Meung liegt und dessen wenige Häuser bereits mit Verwundeten
und Soldaten überfüllt waren, so daß ich froh war, nach langem
Herumsuchen überhaupt noch ein Unterkommen für uns zu finden.
Nach dem mehrtägigen Aufenthalt in den luftigen, bequemen
Zimmern in Orléans empfanden wir die Unannehmlichkeiten dieses
ganz besonders schlechten Quartiers um so tiefer, als in dieser durch

die wochenlangen Kämpfe und Truppendurchzüge ausgesogenen Gegend auch nicht einmal Brot aufzutreiben war, und unsere Bagage, bei der sich auch unser Aktenwagen mit den nothwendigsten Verpflegungsbedürfnissen befand, uns erst nach 2 Uhr Nachts erreichte. Und während wir nach dem scharfen, mehrstündigen Ritte durch die winterliche Kälte müde, mit hungrigem Magen, in einem kleinen, niedrigen, dumpfen, wenig sauberen Bauernstübchen zu 4 zusammengepfercht, in unsere Mäntel gehüllt, auf dünnem Strohlager auf dem Fußboden lagen, und das Stübchen nur durch eine trübe, qualmende Thranlampe matt erhellt war, konnten wir es uns so recht ausmalen, wie anders uns wohl zu Muthe gewesen sein würde, wenn wir noch bis zum nächsten Morgen in unserem jetzt erst recht verlockend erscheinenden Quartier in Orléans hätten bleiben können. Dort hätten wir uns wahrscheinlich an der langen prinzlichen Tafel im Kreise heiterer Kameraden gerade die duftenden, leckeren Gerichte des vorzüglichen Diners gut schmecken lassen, und wären hier schon zufrieden gewesen, wenn wir wenigstens mit einigen Gläsern des dort jetzt in den schönen Trinkschaalen perlenden Champagners uns den Unmuth über diesen jähen Wechsel im Kriegs= leben hätten wegspülen können.

10. December (Sonnabend). Nachdem wir uns am andern Morgen durch eine Tasse duftenden Moffas aus unseren Vorräthen erfrischt und durch ein tüchtiges Butterbrod gekräftigt hatten, womit mein Bursche uns überraschte, der die Zeit des stundenlangen Aufent= haltes der Bagage vor den Thoren von Orléans zu allerhand nütz= lichen Einkäufen verwendet hatte, eilten wir mit den ersten Strahlen der aufgehenden Wintersonne in der Richtung des Kanonendonners weiter, der bereits wieder von **Beaugency** und nordwestlich von dort zu uns immer mächtiger herüberschallte. In der Nähe des Dorfes **Beaumont** (OSO. neben **Cravant**) trafen wir den General v. d. Tann, und bald darauf auch den Großherzog von Mecklenburg. Sämmtliche 3 Corps=Kommando=Stäbe hielten dann während des sehr heißen Kampfes der 3 deutschen Armee=Corps (I. Bayrisches, IX. und X. Corps) gegen 3 französische Corps von je 3 Divisionen, sowie gegen die selbstständige Division Camö und mehrere Mobil= Garden und Marsch=Regimenter der Franzosen, auf einer kleinen Anhöhe dicht hinter und neben den langen Reihen unserer im Feuer stehenden Batterien. An Infanterie waren die Franzosen uns

bedeutend, wohl um das Doppelte überlegen, und dabei stand noch
der größte Theil des IX. Armee-Corps südlich der Loire und
mußte mit einer Division nach Meung zurückgehen, um auf der
dort befindlichen Brücke den Fluß zu überschreiten. Die 18. Division
hatte zugleich die schwere Aufgabe, den französischen rechten Flügel
von der Brücke, welche bei Beaugency über die Loire führt, zurück-
zudrängen und nach Wiederherstellung derselben durch die Pioniere
des X. Corps, sowie mit Unterstützung des bei Meung über den
Fluß gegangenen Theiles der 17. Division sich dort den Uebergang
zu erzwingen, um das bayrische Corps wirksam unterstützen zu
können. Aber auch vom X. Armee-Corps konnte nur noch ein Theil
so schnell herangezogen werden, daß er wirksam in das Gefecht eingreifen konnte. — Somit fiel unserer Artillerie, die von allen 3 Corps
sehr bald fast vollzählig zur Stelle sein konnte und der feindlichen
an Zahl, wie an Treffsicherheit ganz bedeutend überlegen war, die
Hauptaufgabe dieses Tages zu. Aber auch unserer gleichfalls
bedeutend zahlreicher vorhandenen Kavallerie wurde wiederholt
Gelegenheit geboten, die nur durch wenige Bataillone gedeckte
Artillerie vor dem ungestümen, mit bewundernswerther Zähigkeit
und unerschütterlichem Muthe ausgeführten Ansturm der feindlichen
Infanterie-Massen schützen zu helfen. Ihr wuchtiger Anprall brachte
die bereits durch die Granaten und das Infanterie-Feuer gelockerten
und erschütterten Bataillone verschiedene Male erst vollständig zum
Zurückweichen, das indessen, soweit ich übersehen konnte, nie in eine
wirkliche Flucht ausartete. Uebrigens wurden die zurückgehenden
französischen Bataillone sofort von einem nachfolgenden, neuen
Truppentheil aufgenommen, so daß von unserer Seite der errungene
Erfolg nicht weiter ausgenutzt werden konnte. — Unsere Stellung
hinter der Hauptmacht des bayrischen Corps, sowie in der Nähe
eines Theiles der Artillerie der 17. und 22. Division ließ uns
wieder mit Bewunderung die Ruhe und Treffsicherheit auch dieses
Theiles unserer deutschen Artillerie verfolgen. Kaum waren einige
unserer deutschen Batterien aufgefahren und hatten ihr Feuer gegen
eine der feindlichen eröffnet, so zeigte sich auch sofort die Wirkung
und der Erfolg der von den Unsern geworfenen Granaten. Zunächst
erfolgten meist die feindlichen Gegengrüße nicht mehr so regelmäßig
und die Treffsicherheit wurde anstatt besser, häufiger immer geringer.
Bald konnte man bemerken, daß in der feindlichen Batterie Unordnung

17

eintrat, und es dauerte dann gewöhnlich nur kurze Zeit, bis die
feindliche Batterie zum Schweigen gebracht war und abfahren mußte,
um von einer andern Stelle aus ihren Angriff meist mit gleich
ungünstigem Erfolge zu erneuern. Schließlich waren sie soweit
zurück gegangen, daß sie unseren Geschützen überhaupt nicht mehr
besonders gefährlich wurden, so daß die gesammte Artilleriemacht
sich im Wesentlichen gegen die bedeutende Uebermacht der uner-
schrocken vordringenden feindlichen Infanterie wenden konnte. —
Gegen Mittag, als die ersten Regimenter des IX. und X. Corps
zur Unterstützung der zähe ausharrenden Bayern auf dem Kampfplatze erschienen und sofort zum Angriff vorgingen, ließ die Wucht
und Gewalt des feindlichen Angriffes langsam nach, und bevor
noch die Hauptmacht der beiden Corps sich am Kampfe betheiligen
konnten, zogen sich die Franzosen langsam nach Westen, längs der
Loire zurück und überließen den deutschen Soldaten die so viel um-
strittene Stellung Cravant-Villorceau-Beaugency. Das IX.
und X. Corps besetzte dieselben nunmehr definitiv und löften die
durch die beständigen, wochenlang mit wechselndem Erfolge geführten
Gefechte bei Orléans erschöpften und bedeutend zusammen
geschmolzenen Bayern aus dieser gefahrvollen Lage ab, um dann
mit den übrigen Truppen der II. Armee gemeinsam die vollständige
Vernichtung der Loire-Armee zu versuchen.

Der 10. December war ein bitter-kalter Tag, so daß wohl
mancher Schwerverwundete der Kälte zum Opfer gefallen sein mag,
bevor er zu den Verbandplätzen gebracht werden konnte, was
namentlich bei den Franzosen der Fall gewesen sein wird, soweit
dieselben ihre Verwundeten nicht gleich beim Zurückgehen mit sich
nehmen konnten. Die am Wege liegenden Leichen waren sämmtlich
steif gefroren, und der Anblick, welchen diese in den merkwürdigsten
Stellungen, mit verschieden stark in den Gelenken gestreckten, gebeugten
oder krampfhaft zusammengezogenen Gliedern erstarrten Todten
darboten, war vielfach weit ergreifender, wie dies sonst auf den
Schlachtfeldern der Fall ist. Man konnte sich oft nicht des aufregenden Gedankens erwehren, daß diese armen Menschen vor ihrem
Tode noch viel von der Kälte zu leiden gehabt hätten, und daß
diese zum Theil schrecklichen Stellungen, oft geradezu Verrenkungen
der Glieder nicht etwa nur die natürliche, nach dem Tode ein-
getretene Wirkung des Steiffrierens gewesen sein könnten. — Ver-

wundete wurden an keiner von uns berührten Stelle des Schlacht=
feldes mehr angetroffen. Unser 10. Corps hatte an diesem Tage
überhaupt keinen Verlust gehabt.

Es war bereits dunkel, als wir in Beaugency einrückten,
und nach einigem Suchen fand ich noch ein recht gemüthliches
Quartier für uns, in welchem der Quartierwirth uns auf das
freundlichste und zuvorkommendste aufnahm und versorgte, so gut
er es vermochte.

11. December (Sonntag). Während unser Corps in Villorceau
alarmbereit stand, und die Cavallerie mit dem zurückgewichenen
Feinde Fühlung zu gewinnen suchte, waren wir in den überfüllten
provisorischen Lazarethen mit dem Verbinden und Versorgen der
ohne Arzt, ohne Verbandmaterial und ohne die nöthigen Verpflegungs=
Gegenstände in Beaugency zurückgelassenen französischen Verwundeten
beschäftigt. Zum Glück trafen wir einen der Aerzte des 3. Sanitäts=
Detachements, welcher zum Befehlsempfang reiten wollte, und konnten
durch ihn das letztere sofort mit der ersten Versorgung der 6—800
verwundeten Franzosen beauftragen, auch die Aerzte der nicht
etablirten Feldlazarethe zur weiteren Unterstützung heranziehen.
Hierdurch wurde es möglich, schnell etwas Ordnung in den ver=
schiedenen Lazareth = Räumlichkeiten herzustellen, für die nöthigste
Verpflegung der Verwundeten zu sorgen, und diese selbst den Be=
hörden der Stadt Beaugency zur weiteren Pflege und Versorgung
zu übergeben.

Als eine überaus seltene und merkwürdige Erscheinung fiel
uns hierbei die Beobachtung mehrerer Zwangsbewegungen bei Ver=
letzungen des Gehirnes auf, wie ich solche weder vorher, noch später
wieder bei Menschen zu beobachten Gelegenheit hatte. Es stimmten
diese sonderbaren Erscheinungen so vollständig mit gewissen physio=
logischen Thier=Experimenten überein, daß sich wohl daraus ziemlich
genau die Stelle des Gehirns hätte bestimmen lassen können, welche
verletzt war. Leider war es bei der großen Zahl der Verwundeten
nicht möglich, die Sache genauer zu verfolgen. Sämmtliche Ver=
wundete mit diesen Krankheits = Erscheinungen waren junge, kräftige
Franzosen, welche durch Granatsplitter oder Kugeln der Art am
Schädel verletzt waren, daß das knöcherne Schädeldach in geringer
Ausdehnung zertrümmert oder so eingebrochen war, daß kleine
Knochensplitter tiefer in die Gehirnmasse eingedrungen sein mußten.

17*

Nur ein Verwundeter zeigte eine umfangreichere Zertrümmerung des Schädelknochens und der Gehirnmasse. Sämmtliche fünf bis sechs Verwundete lagen in dem großen, runden Saale einer als Lazareth benutzten alten Abtei, welcher, wenn ich nicht irre, den eigenthümlichen Namen führte: le Tour ronde de diables — der runde Teufelsthurm. — Der erste dieser Unglücklichen, welchen ich sah, hatte den Kopf und die Schultern nach rechts hinten und unten verdreht, den oberen Theil des Körpers nach rechts innen geneigt, wie dies die im Kreise eines Circus herumjagenden Pferde thun und beschrieb mit geschlossenen Augen und nach rechts innen herunterhängenden Armen einen kleinen, kaum 1 bis 1¹/₂ Meter im Radius messenden Kreis in bald langsamer, bald Schwindel erregend schneller Gangbewegung mit ganz kleinen Schritten. Nachdem er längere Zeit sich derart im kleinen Kreise herumgedreht hatte, ließ er sich willenlos auf das Strohlager legen, wo er bewußtlos, mit schnarchendem Athem längere Zeit liegen blieb, dann aber plötzlich wieder aufsprang, um seine Kreisbewegungen fortzusetzen. Am Schädeldache fand sich eine kleinapfelgroße Stelle, an welcher der Knochen vollständig zertrümmert war, ohne daß die Weichtheile ganz durchgetrennt gewesen wären. Ein leiser Druck auf diese Stelle rief schon leises, stöhnendes Aufathmen und die bezeichneten Zwangsbewegungen hervor. Bei genauerer Untersuchung fühlte man mehrere Knochensplitter in der Gehirnmasse aufrecht und fest eingekeilt stehen. Es stellte sich dann bei ihm später völlige Bewußtlosigkeit und ein dem tiefen Schlafe ähnlicher Zustand ein. — Der zweite Verletzte hatte eine Hand, die Schulter und eine Stelle des Schädels dicht über dem Ohre fest auf den Boden gestemmt und drehte sich mit ganz merkwürdigen Verrenkungen des übrigen Körpers nach rückwärts im Kreise herum. Ein Dritter beschrieb beständig eine 8 von kleinem Umfange, ein Anderer wieder mit einer umfangreichen, tiefen Gehirnwunde drehte sich in immer schnellerem Tempo um eine Säule des Saales herum, bis er erst nach unglaublich langer Zeit plötzlich zusammenbrach und laut schnarchend liegen blieb. Endlich chassirte ein anderer Verwundeter bald mit dem rechten, bald mit dem linken Beine ganz bestimmte Tanzschritte machend, nach einer Richtung rings um die Saalwand herum. — Es fehlte uns leider an Zeit, diese interessanten und hier in so auffallender Häufigkeit angetroffenen Verletzungen genauer zu beobachten; der französische Collge, der die Kranken dann zunächst übernehmen mußte, versprach uns zwar Nachricht über den weiteren Verlauf der Krankheitserscheinungen zu geben, doch haben wir trotzdem Nichts mehr darüber gehört.

Am Nachmittag rückte unser Corps in Schlachtordnung von **Villorceau** über das freie Gelände in der Richtung nach **Blois** vor, und mit vorgezogenen, langen Schützenketten und nachfolgenden Soutiens ging es vorsichtig gegen den sich weithin vorstreckenden Wald von **Marchenoir** vor, an dessen Lisière sich die Nachhut der zurückweichenden Franzosen wieder festgesetzt hatte. Während unsere Artillerie auffuhr und mit einigen Granaten das Vorterrain säuberte, ritten wir zum Quartiermachen nach einem seitwärts vor uns gelegenen Schlosse. Wir waren noch dabei, in dem theilweise ausgeräumten, umfangreichen Gebäude unter den 50 bis 60 Zimmern uns einigermaßen brauchbare Unterkunftsräume auszuwählen, als ich plötzlich auf dem mit einer hohen Mauer umgebenen Hofe Lärm und Pferdegetrappel hörte. Als ich zum Fenster eilte, sah ich noch einige französische Infanteristen über den hintersten Theil des Hofes eilen und durch eine Thüre verschwinden, gleich darauf stürmte ein Zug von unserer Infanterie in den Hofraum, begann die Umfassungs= mauer mit Schießscharten zu versehen, verschwand aber, ehe ich mich noch nach der Ursache des eiligen Treibens erkundigen konnte. Jetzt trat aber auch schon mein braver Bursche mit seinem gewaltigen Schleppsäbel aus der Hausthüre und begann mich vorsichtig und leise zu rufen, erschrak dann aber über meine aus einem Fenster über seinem Haupte herausgerufene Frage, was denn los sei, der= maßen, daß er zunächst wieder hinter der Hausthüre Deckung suchte. — Jetzt erfuhr ich, daß sich in den dicht neben dem Schlosse liegenden Bauernhäusern französische Infanteristen versteckt, daß noch weitere feindliche Abtheilungen ganz nahe beim Schlosse sich gezeigt hätten, die sämmtlichen Quartiermacher zum Stabe zurückgeritten seien, und daß er nicht wage, unsere im Stalle stehenden Pferde heraus zu holen, da er ganz bestimmt zwei französische Infanteristen mit voller Ausrüstung in den Stall hineinlaufen gesehen hätte. Schnell eilte ich in den Hof, und jetzt gesteht der wieder mit frischem Muth beseelte, biedere Landwehrmann, es könne auch wohl nur ein Soldat wirklich in den Stall hinein gelaufen, der zweite aber möglicher Weise nur an der offenen Thüre vorbei gelaufen sein. Den geladenen Revolver in der Rechten, mit der Linken den Säbel lockernd, hinter mir den Burschen, der muthig seine geschärfte, mächtige Plempe schwingt, bringen wir in den Stall. Rasch den für vier Pferde eingerichteten Raum überblickend, glaube ich etwas, das einem Schuhe mit Gamaschen ähnlich ist, unter dem dicken Oberbette der Kutscher=Bettstelle hervorgucken zu sehen. Mit einem Satze springe ich an's Bett, reiße das Deckbett herunter und halte im nächsten Augenblicke einen kleinen, am ganzen Leibe zitternden französischen Infanteristen am Genicke, reiße ihm sein Chassepot aus den bebenden Händen und übergebe ihn dem noch ganz starr vor Staunen und Schrecken in der Stallthüre stehenden Burschen. Unter beständigem Jammern: „Oh, quel malheur! Je suis perdu, je suis malheureux!“ versichert mein Gefangener auf unser Befragen, er sei nur allein dort und nur von seiner Truppe abgekommen, zittert dabei aber noch dermaßen, daß er sein Chassepot nicht zu entladen vermag, so daß ich mich leider entschließen muß, dasselbe zu zerschlagen, um einem etwaigen Unglück durch Unvorsichtigkeit vorzubeugen, da ich die Construction des Gewehres nicht genau kannte. Patronentasche und Seitengewehr schnallt sich der Bursche um, bindet mit einem Riemen beide Hände des Gefangenen zusammen, während das andere Riemen=ende an dem einen Steigbügel meines Pferdes befestigt wird. Schnell sind wir im Sattel, und im Triumphe bringe ich meinen neben mir herschreitenden Gefangenen zu unserm Stabe, der neben der im heftigen Feuer stehenden Artillerie hält. Als ich den Franzosen dann dem commandirenden General und dem Stabschef v. Caprivi mit einem Berichte über den Vorgang ablieferte, wurde ich mit allgemeinem Jubel empfangen, der um so erklärlicher war, da ich erst viel später wie die übrigen quartiermachenden Offiziere zurückkehrte, so daß bereits der Gedanke aufgetaucht war, ich sei vielleicht von einem Trupp feindlicher Nachzügler als gute Beute mitgenommen worden.

Uebrigens war der Chef des Generalstabes über meinen Fang sehr erfreut, da er hierdurch einen sicheren Aufschluß über die uns gegenüberstehenden feindlichen Abtheilungen und Verbände erhielt. Unter heiteren Scherzen kehrten wir spät Abends in unsere alten Quartiere nach Beaugency zurück.

12., 13., 14. December (Montag, Dienstag, Mittwoch). Nachdem wir am folgenden Morgen die Nachricht erhalten hatten, daß die Franzosen aus der Gegend abgezogen wären, rückten wir, ohne etwas vom Feinde zu sehen, oder zu hören bis Mer. Wiederum fanden wir dort Hunderte von meist schwerverwundeten Franzosen in den höchst primitiv zu Lazarethzwecken hergerichteten Gebäuden liegen, welche ohne ärztliche Hülfe, ohne jede Pflege und Versorgung, nur in der allernothdürftigsten Weise und mit allem möglichen, zu= fällig vorgefundenem Verbandmaterial verbunden, von den abziehenden Franzosen zurückgelassen worden waren.

Am folgenden Tage rückten wir bis Blois weiter vor, wo wir zum ersten Male wieder einen Ruhetag hatten. Die Franzosen hatten den Versuch aufgegeben, die Stadt zu vertheidigen, hatten ihr auf das Sorgfältigste zur Vertheidigung hergerichtetes, verschanztes Lager, ohne einen Schuß zu thun, verlassen, und waren kurz vor unserem Einrücken in Blois auf beiden Seiten der Loire weiter zurückgegangen. Wie früher bei Beaugency, so hatten sie auch jetzt bei Blois die feste Brücke über den hier schon ziemlich breiten Fluß durch Sprengen des mittleren Bogens von mindestens 40—45 Meter Länge unbrauchbar gemacht. — Unseren Pionieren des 10. Armeecorps, denen es schon bei Beaugency am 10. gelungen war, nach acht Stunden die dortige Brücke wieder herzustellen, fiel nun auch bei Blois die schwere Aufgabe zu, die Brücke möglichst schnell wieder so weit in Stand zu setzen, daß sie auch für Cavallerie und Artillerie passirbar wurde.

Und was bei dem starken Eisgange der Loire für fast un= möglich gehalten war, oder wenigstens doch nur durch wochenlange, mühsame Arbeit erreichbar schien, das brachten die 10. Pioniere in kaum 48 Stunden fertig. Der gesprengte Bogen wurde in dieser kurzen Zeit so sicher überbrückt, daß das ganze IX. Corps mit Kavallerie, Artillerie und Trains nunmehr die Loire überschreiten und den mit ihrer Hauptmacht nach Vendôme sich rückwärts concentrirenden Franzosen folgen konnte. Es war im höchsten Grade interessant mit anzusehen, wie geschickt die Hannoveraner zunächst die beiden Brückenpfeiler, zwischen denen der Brückenbogen herausgesprengt war, so zu stützen verstanden, daß sie nicht von den Nachbarbogen gegeneinander gedrängt werden und nach dieser Richtung umstürzen konnten, was um so mehr zu befürchten war, da die Brücke in der Mitte bedeutend höher liegt, als an den Ufern, und somit als Ganzes einen flachen Kreisabschnitt darstellt. Erst nachdem die Pfeiler gegen den seitlichen Druck der beiderseits stehen

gebliebenen 6 Bogen geschützt waren, konnte die eigentliche Ueber=
brückung der vorhandenen 40—45 Meter breiten Lücke beginnen.
Und zwar wurde der zur Verbindung der beiden Pfeiler bestimmte
Brückentheil auf der von Blois aus zugänglichen Brückenhälfte selbst
aus vorgefundenen, mächtigen Eichenbalken vollständig zusammen
gezimmert und sicher zusammen gefügt. Darauf wurden feste, dicke
Seile und Schiffstrossen in mehrfacher Reihe neben einander straff
über die Lücke gespannt, und auf diesen improvisirten Schienen das
fertige Gerippe des Brückentheiles in den Zwischenraum und auf
die beiden Pfeiler hinüber gezogen und an Stelle des heraus=
gesprengten Bogens fest zwischen die beiden unverletzt gebliebenen
Hälften der Brücke eingefügt.

In Blois fanden wir in dem eleganten und geräumigen Hôtel
de Blois für die beiden Tage unseres Aufenthaltes ganz aus=
gezeichnete Quartiere und nicht minder vorzügliche Verpflegung, auch
wurde sowohl beim Dejeuner, wie Diner nur eine Sorte eines
vorzüglichen einheimischen Weines, im übrigen nur noch Champagner
der besten Marke, und zwar in reichlichster Weise verabreicht. Die
Stadt hatte die Einquartierung sämmtlicher Offiziere in den besten
Hotels auf ihre Kosten übernommen und auch für eine ausreichende
Menge guter Weine und Champagner Sorge getragen, um ja jeder
Klage vorzubeugen.

Auch in Blois trafen wir noch zahlreiche verwundete und
kranke französische Soldaten an, doch waren dieselben in sehr gut
und zweckmäßig eingerichteten und ausgestatteten Lazarethen auf
das Beste verpflegt und versorgt; die Behandlung derselben befand
sich jedoch nicht in den Händen französischer Militairärzte. Die
Stadtverwaltung von Blois hatte vielmehr selbst die Sorge für
die Verwundeten übernommen und zu diesem Zwecke Civilärzte engagirt
und den Krankenanstalts=Aerzten die ärztliche Oberleitung über=
tragen, während es gleichzeitig nicht an ausreichender Unterstützung
durch geistliche Krankenpflegerinnen fehlte. Unter diesen günstigen
Verhältnissen blieb uns ziemlich viel freie Zeit, um uns die Haupt=
sehenswürdigkeiten der alten Stadt Blois zu betrachten, deren
Geschichte ja fast 2 Jahrhunderte lang zugleich diejenige von ganz
Frankreich gewesen ist.

Die Stadt Blois.

Schon der Blick auf die Stadt von der Höhe der breiten, in der Mitte durch ein weithin sichtbares, pyramidenförmiges Steindenkmal geschmückten, massiven, steinernen Loire-Brücke ist wundervoll. Amphitheatralisch ist die Stadt mit ihren vielen alterthümlichen Häusern auf einem sanft ansteigenden Hügel längs der breiten zu ihren Füßen vorüberströmenden Loire aufgebaut. Während die Häuser, welche sich längs der breiten, saubern, größtentheils mit prächtiger Baum-Allee geschmückten Promenade am Quais in mannigfaltiger Abwechselung, Ausdehnung und Bauart hinziehen, sich in den klaren Fluthen des Flusses wiederspiegeln, schauen die gut erhaltenen Baulichkeiten des alten berühmten Château de Blois, das erzbischöfliche Palais mit den wundervoll gepflegten Gartenanlagen, die sich terrassenförmig über die Häuser der Stadt erheben, die Cathedrale, die alte Abtei von St. Laumer und andere sehenswerthe Kirchen- und Profanbauten in ihrer verschiedenartigen Schönheit über die Häuser des Quais herüber.

Das anziehendste und weitaus interessanteste Gebäude der Stadt Blois ist das erst kürzlich wieder restaurirte Château de Blois, welches mit seinen unregelmäßigen, die verschiedensten Baustyle repräsentirenden Abtheilungen von der Höhe des Bergzuges, wie ein Kleinod aus den längst verschwundenen Zeiten des Mittelalters, aus der Blüthezeit des Ritterthums und des Frauen- und Minnedienstes verlockend zu uns niederschaut. Es besteht eigentlich aus vier vollständig von einander verschiedenen Abtheilungen, deren ältester Theil bis in das 13. Jahrhundert zurückreicht, während die jüngsten Bauten immerhin noch aus der ersten Hälfte des 17. Jahrhunderts stammen. Den schönsten Eindruck macht unbedingt der Haupt- und Mittelbau, durch welchen man das Schloß mittelst des schönen Haupt-Eingangsthores betritt.

Es wurde unter Louis XII. erbaut und erst in neuester Zeit mit großer Sorgfalt und Sauberkeit restaurirt. Sehr effektvoll hebt sich von dem im streng gothischen Styl mit gelblichen Blendziegeln und Sandsteineinfassungen erbauten Mittelbau, der aus zwei Etagen und dem Dachstuhl mit hohen Mansarden- oder Giebelfenstern besteht, das zwar niedrige, aber durch den reichen, kunstvollen Ueberbau sofort in die Augen springende Einfahrtsthor ab.

Die nur für einen Wagen ausreichende, tunnelartig gewölbte Durch=
fahrt, neben der nur noch ein kleiner, gewölbter Durchgang für
Fußgänger rechterseits sich befindet, trägt eine bis zur Dachkante
hinaufreichende, breite Nische, die von zierlichen Säulen eingefaßt
und nach oben hin durch festonartige Sandstein=Stuck=Verzierungen
im spät=gothischen Styl abgeschlossen wird. Dieselbe enthält das
glänzende, große Reiterstandbild des Königs Louis XII. aus Bronze
mit starker Vergoldung in mehr als natürlicher Größe, Reiter und
Pferd in Panzerrüstung und mit den Abzeichen der Königswürde
versehen. Der Grund der Nische, wie der gothische Ueberbau der=
selben sind mit goldschimmernden Lilien übersäet, auf dem niedrigen
Sockel findet sich das von einer Krone bedeckte Stachelschwein, um=
geben von den mit Kronen geschmückten und von Lilien umkränzten
Buchstaben L. A.; Alles gleichfalls vergoldet und in erhabener
Arbeit äußerst fein und elegant hergestellt.

Durch den gewölbten Durchgang tritt man an der Rückseite in
eine lange Säulenhalle, die durch abwechselnd runde und viereckige
Pfeiler mit einfachen Kapitälen und sehr flache Rundbogen getragen
wird. Diese Gallerie soll früher mit guten Fresco = Gemälden
geschmückt gewesen sein und lehnt sich beiderseits an einen großen
Treppenthurm mit einer Doppel = Treppe an, die beide derartig
neben einander spiralförmig aufwärts führen, daß sie vollständig
geschieden von einander bleiben, und auf ihnen zwei Personen
zu gleicher Zeit hinauf= und herabsteigen können, ohne sich zu
begegnen, oder gegenseitig zu sehen.

Einen besonders alterthümlichen Eindruck ruft die Innenfaçade
des Hauptbaues durch die großen viereckigen Fenster hervor, deren
Sandstein = Einfassungen in den vier Ecken ganz wunderbar
phantastische, weit vorspringende Verzierungen tragen, während sie selbst
aus kleinen, von Bleirändern umfaßten Glasscheibchen bestehen, welche
verschieden=nach Form und Größe in schönster Farbenpracht leuchten
und sich zu reizenden Mosaikzeichnungen und farbenreichen Bildern
zusammensetzen. — Gleichfalls höchst interessant ist auch der älteste
Theil des Schlosses, La Salle des Etats de Blois, der größten=
theils sich direct auf dem felsigen Untergrund aufbauend, den
Uebergang des romanischen zum gothischen Baustyl erkennen läßt.
Dort befindet sich auch ein prachtvoller Kamin, sowie wundervolle

Glasmalereien und herrliche, uralte Leder=Tapeten von größtem Werthe.

Ganz verschieden von den beiden erwähnten Theilen ist der linke, ganz vorzüglich restaurirte Flügel „L'aile de François I." ein wahres Meisterwerk der Renaissance, dem auch die berühmte 8eckige offene Freitreppe angehört, welche wie ein Thurm zu ²/₃ seines Umfanges aus der Façade hervorspringt. Durch ihre mächtigen Fensteröffnungen, die dem Verlaufe der Treppe folgend, in Spiral=linien angebracht sind, fällt dieselbe ebenso auf, wie durch die zier=lichen Skulpturen, Statuetten, Sandstein=Relief=Bilder und Ver=zierungen aller Art, mit denen die in mehreren Absätzen überein=ander stehenden Säulen und Eckpfeiler, die Treppengeländer und Wandflächen bis hoch hinauf zu der obersten Plattform geschmückt sind. Diese selbst ist wiederum von zierlicher Sandsteinbrüstung und kunstvoll bearbeiteten Eckpfeilern umgeben und ragt zwischen den zahlreichen, geschmackvollen Schornsteinen, welche sämmtlich reizende durchbrochene Aufsätze tragen, fast bis zum First des Daches empor. — Mit demselben Geschick und Geschmack wie die äußeren Façaden, sind auch die inneren Räumlichkeiten und prächtigen Säle in ihrer ursprünglichen Form wieder hergestellt, und hierbei keine Kosten und Arbeit gespart worden, so daß die Großartigkeit und Schönheit dieser historischen Räume, in denen sich ein ebenso bedeutsamer, wie interessanter Theil der Geschichte und des Geschickes von Frankreich und seines Herrscherhauses abgespielt hat, in ihrer damaligen charakteristischen Erscheinung von Neuem lebhaft wieder zu Tage tritt. Hier sind aus den Zeiten der Catharina von Medicis, des Königs Henri III. und des Herzogs von Guise die historischen Zimmer in möglichst treuer Weise wieder hergestellt. Die schönen, kunstvoll aus behauenen Steinen zusammengesetzten, mit Figuren und Skulpturen reich verzierten und vergoldeten Kamine, die werthvollen Zimmerdecken, die berühmten Glasfenster=malereien dieser Räume, die entzückenden, bewundernswerthen Holz=schnitzereien im Arbeits=Salon der Catharina von Medicis, die aus nicht weniger als 248 von einander verschiedenen Verzierungs=Grundformen bestehen, und eine bedeutende Anzahl ähnlicher werth=voller Kunstgegenstände sind hier wieder, wie zu den historischen Zeiten, untergebracht, in Stand gesetzt, oder aus ihrer Verborgenheit hervorgesucht worden. Mit Interesse durchwandert man diese glänzenden, zum Theil mit verschwenderischer Pracht, aber auch mit vielem Kunstsinn ausgestatteten Gemächer, die so manchen Glanz= punkt, wie auch manche dunklen Schattenseiten des französischen Herrscherhauses und des französischen Staatslebens in unser Gedächtniß zurück zu rufen vermögen.

Einen grauenvollen Eindruck dagegen hinterläßt die Besichtigung der Gefängnisse, der sogenannten Oubliettes. Man tritt in ein dumpfes, feuchtes, saalartiges Gewölbe, in welchem die schmalen Schießscharten = Oeffnungen, welche hoch über dem Boden in den mehrere Meter dicken Mauern angebracht sind, kaum eine Art Halbdunkel verbreiten. Diese kellerartigen Räume liegen in dem ältesten, aus dem XIII. Jahrhundert stammenden Theil des Schlosses. An verschiedenen Stellen dieses frostigen Raumes befinden sich nun mehrere, etwa 2 Meter im Quadrat messende Oeffnungen, welche zu ausgemauerten, bis auf etwa 13 Meter senkrecht in die Tiefe getriebenen Brunnenschächten von gleicher Größe führen. Dies sind die sogenannten Oubliettes, und wahrlich, wer in dieses offene Grab hinuntergebracht wurde, der war vergessen, ja mehr noch, der war wirklich lebendig begraben. Mit innerem Schaudern folgt das Auge dem langsam in der Tiefe verschwindenden Licht= schimmer der in diesen Gefängnißraum hinabgelassenen Laterne, und mit eisigem Frösteln und grauendem Entsetzen malt man es sich im Geiste aus, was wohl ein Mensch zu erdulden und vielleicht schon oft erduldet haben muß, der verdammt wäre, hier in diesem dumpfen Grabe zu leben mit einem fühlenden Herzen und gesunden, an rege Beschäftigung gewöhnten Körper und Geist.

Schnell wendet man diesem Schreckensorte den Rücken und athmet draußen erleichtert und tief die frische Luft wieder ein, zufrieden und glücklich, daß die Zeiten der Cachots und Oubliettes längst hinter uns liegen.

Von der im Neuausbau begriffenen Capelle des Schlosses eröffnet sich ebenso, wie von der Garten=Terrasse des erzbischöflichen Palais ein entzückender Blick über die zu den Füßen liegende Stadt Blois und die bedeutende, nur durch die steinerne Loirebrücke davon getrennte Vorstadt Vienne; zwischen beiden fließt die breite Loire und dahinter das kleine Flüßchen Le Cosson vorbei, welches Blois gegenüber aus einem waldigen, schmalen Thale

heraustritt, um noch eine längere Strecke parallel mit dem Haupt=
strome in dessen Thalebene dahinzufließen, ehe es sich zusammen
mit einem bereits größeren Bruder in die Arme der staatlichen
Mutter wirft. Herrliche Waldungen und niedrige Bergzüge schließen
nach allen Richtungen hin das liebliche Bild ab.

Vormarsch auf Vendôme.

15. Dezember (Donnerstag). Es war ein trüber, nebliger Tag
als wir am 15. Morgens nach Vendôme weitermarschirten,
ein naßkalter Wind jagte beständig Regenwolken heran, und bald
war das Terrain so erweicht, daß wir nur noch auf den harten,
chaussirten Wegen und nur langsam vorwärts kommen konnten.
Hinter dem Dorfe Villeromain, wo unsere aufklärende Cavallerie
kurz vorher eine feindliche Chevaux legèrs = Escadron zersprengt
hatte, ritten wir mit dem Stabe des General=Commandos, wie so
häufig, unserem Corps weit vorauf gemüthlich an der äußersten
Spitze der Avantgarde, ohne daß irgend etwas Verdächtiges beobachtet
wäre. Etwa ½ Meile hinter Villeromain führte die Chaussee
durch eine schmale Thalsenkung, in der seitwärts neben der Straße
das Gros der Avantgarden=Cavallerie hielt, während Eclaireure
vorsichtig von der jenseitigen Höhe aus das vorliegende Terrain
aufklärten. Da dieselben, weiter vorgehend, bald verschwanden,
mithin von feindlichen Truppen nichts entdeckt haben konnten, so
ritten wir gleichfalls sorglos die Höhe hinauf. Kaum hatten wir
aber unsere Köpfe soweit über den Bergrand gebracht, daß wir die
breite Heerstraße und in der Ferne die Ruinen des Schlosses
Vendôme erblicken konnten, so fing es vor uns auch zu knallen
an, und Geschosse, Granatsplitter und Kugeln aller Art schlugen
rings um uns in den Boden, pfiffen uns dicht an den Ohren vor=
bei oder klatschten gegen die Stämme der Chausseebäume, so daß
es nicht mehr zweifelhaft sein konnte, daß wir das allseitige Ziel
der rings umher gedeckt liegenden Franzosen waren. Da half denn
nichts; es mußte schleunigst Kehrt gemacht werden, und im lang=
samen Schritt ging es rückwärts zurück durch die Thalsenkung bis
auf die jenseitige Höhe, und 5—600 Schritte weit waren wir dabei
dem ärgsten Granat= und einem mäßigen Infanterie=Feuer aus=
gesetzt. Es ist geradezu merkwürdig, daß keiner vom Stabe hierbei

irgend eine, auch nicht die geringste Verletzung erlitt, obgleich die Granaten wiederholt kaum 10 Schritte vor oder neben uns einschlugen, freilich bei dem durchweichten Boden auch nur selten explodirten. Eine der Granaten nur sandte eine Kothsalve auf diejenigen Offiziere, neben welchen sie in den nahen Chausseegraben eingeschlagen war, und eine Gewehrkugel schlug klirrend gegen das Hufeisen des Pionier-Commandeur-Pferdes, welches dabei fast zusammenbrach und mehrere Tage lahm ging, auch soll eine Kugel durch einen auf den Sattel geschnallten Regenmantel, eine andere durch die Rockschöße eines Reiters gegangen sein. Ich muß gestehen, daß ich während dieser keineswegs sehr gemüthlichen, wenigen Minuten auch keinen Augenblick den Gedanken gehabt habe, daß Jemand von unserem Stabe, oder gar ich selbst verletzt oder tödtlich getroffen werden könne, und auch nicht einen Augenblick mich im Geringsten beklommen, besorgt oder beängstigt gefühlt habe.

Schon in der Thalmulde rasselte die Braunschweiger Batterie an uns vorbei und protzte dicht vor dem Kamm des Bergrückens ab, und kaum hatten wir eine kleine Erhöhung neben der Chaussee zur Beobachtung des Gefechtes ausfindig gemacht und erreicht, als auch die gegenüber stehende feindliche Batterie schon zum Schweigen gebracht war. Nachdem bei derselben eine Protze in die Luft geflogen und zwei andere so arg beschädigt waren, daß sie zurückgelassen werden mußten, ging erst die Artillerie des linken, dann aber auch die des rechten feindlichen Flügels bis auf zwei Mitrailleusen-Batterien hinter das nahe Gehölz zurück. Es zeigte sich auch hier wieder die unzweifelhafte Ueberlegenheit unserer deutschen über die französische Artillerie in ganz auffallender Weise.

Die beiden Mitrailleusen-Batterien mußten eine ausgezeichnet gute Deckung gefunden haben, denn noch bis zum späten Abend schallte ihr schnarrendes Rrack-Rrack bald langsam, bald im raschesten Schnellfeuer zu uns herüber, ohne daß sie besonderen Schaden verursacht hätten. Ebenso wie diese hatten sich auch die Tirailleur-Ketten der französischen Infanterie gut gedeckt in den Seitengräben der Chaussee eingenistet und hatten wieder durch schnell aufgeworfene Schützengräben, durch Verstärkung schon vorhandener Dammerhöhungen oder Vertiefung von Grenzgräben, kurz, durch geschickte Ausnutzung des Terrains und ihres Schanzzeuges sich vorzüglich angelegte und gut gedeckte Schützenstellungen geschaffen, in welchen sie schon mit Aussicht auf Erfolg den Vormarsch unserer Truppen aufzuhalten versuchen konnten. Und es gelang ihnen dies auch vollständig. Bei dem durchweichten Boden konnte keiner der Truppentheile, weder Infanterie, noch Cavallerie, oder Artillerie anders als auf der festen Chaussee vorwärts kommen. Selbst von der Braunschweiger Batterie, deren vorzügliches Pferdematerial im ganzen X. Armee=Corps berühmt war, mußte der Versuch, auf einem Feldwege dem Feinde in die Flanke zu fallen, sehr bald aufgegeben werden, da die Geschütze bis zur Axe in den schweren Lehmboden einsanken und zuletzt nur durch Ausgraben und Unter= legung von Brettern 2c. wieder auf die Landstraße mit größter Anstrengung zurückgebracht werden konnten. Jeder auf der Chaussee vorgehende Truppentheil kam aber sofort in das Kreuzfeuer der feindlichen Tirailleure und hätte nur unter schweren Verlusten langsam Schritt vor Schritt weiter vordringen können. Gegen Abend wurde noch der Versuch gemacht, die Franzosen, deren hell= lodernde Wachtfeuer sehr bald vor uns aufflammten, durch eine von den Seiten her unternommene, lautlose Umgehung unserer flinken Westphalen zu überfallen und womöglich von Vendôme abzuschneiden. Kaum waren die 16er und die 57er aber eine Strecke nach seitswärts über das Ackerfeld vorgedrungen und auf ein frisch umgepflügtes Stück gekommen, so wurde ihr Vormarsch immer langsamer, die einzelnen Glieder lockerten und lichteten sich mehr und mehr, bis bald das weitere Vordringen völlig ins Stocken gerieth. Es stellte sich sehr bald die Ursache hiervon heraus, die Mannschaften hatten im wahren Sinne des Wortes ihre Stiefel im klebrigen, durchweichten Ackerboden stecken lassen und sie nur müh= sam mit den Händen herausgraben können; viele kehrten daher barfuß, ihre Stiefeln in der Hand, auf die Chausse zurück, ein Paar Leute hatten ihre Stiefeln in der Dunkelheit sogar verloren und im Acker stecken lassen müssen. Kurz, es mußte auch dieser letzte Versuch aufgegeben werden. Wir hatten inzwischen im Sturme und Regen auf unserm alten Platze auf der Bergkuppe im tiefen Schmutze gehalten und die verschiedenen mißlungenen Versuche beobachtet; als dann endlich gegen 6 Uhr Abends das Mißglücken auch des letzten Versuches, weiter vorzudringen, gemeldet wurde, mußte das Zurückgehen des ganzen Corps angeordnet werden, und auch wir traten den Rückweg nach dem Dorfe Villeromain an, von wo mit dem ersten Morgenschimmer der Weitermarsch energisch wieder aufgenommen werden sollte. Etwa ¼ Meile vor dem Dorfe fanden wir indessen die an sich nicht besonders breite Heerstraße so vollständig verstopft und Alles in solcher Verwirrung, Unordnung und Aufregung, daß kaum ein Einzelner sich vor= oder rückwärts bewegen konnte. Da das Gefecht ja nur auf einige wenige Abtheilungen beschränkt geblieben war, und man im Gros des Corps von dem Stande der Dinge keine genauere Kenntniß hatte, so war dasselbe bis dicht an die Avantgarde herangegangen, gefolgt von der Bagage und einer Trainstaffel, kurz, von dem ganzen Troß des Corps.

Dann aber hatte die plötzliche Nachricht von dem mißglückten Angriff auf die französische Vertheidigungsstellung vor Vendôme und unserem unerwarteten Zurückgehen wie ein Blitz aus heiterem Himmel bei den Truppen eingeschlagen; bei dem eiligen Weitergeben von Mund zu Munde war dieses einfache Abbrechen des Gefechtes lawinenartig angeschwollen und allmählich zu einer vollständigen Niederlage des Corps und einer Flucht vor den uns verfolgenden Franzosen umgeformt worden. Dazu kam, daß der dienstliche Befehl zum Zurückgehen des Ganzen in Alarmquartiere erst gleich= zeitig mit den ersten zurückkommenden Truppentheilen der Avant= garde eintraf, und Letzteres daher leicht als ein ungünstiges Zeichen angesehen werden konnte.

In der bereits eingetretenen Dunkelheit suchte daher jede Colonne so schnell wie möglich auf der ziemlich schmalen Chaussee zu wenden, was schon durch den Regen und Sturm, den tiefen Schmutz und aufgeweichten Boden sehr bedeutend erschwert wurde, da jedes Verlassen der Chaussee unfehlbar ein Steckenbleiben der schwerbeladenen Fuhrwerke, oder das Zusammenbrechen derselben zur Folge haben mußte. Unter diesen Umständen war es kaum zu vermeiden, daß die Kehrt machenden Wagen=Colonnen nicht mit einander, oder mit den zurückfahrenden Geschützen und der kleinen Truppen=Bagage in Collision geriethen. Das Umstürzen, Zusammen= brechen oder Ineinanderfahren einiger Fuhrwerke mußte aber sofort eine Stockung der nachrückenden Theile, sowie Unordnung, ein zu= nehmendes Durcheinander und schließlich eine vollständige Verstopfung der Straße hervorrufen. Der unaufhörlich herabströmende Regen, den uns ein heftiger Wind ins Gesicht trieb, und der entsetzliche

Schmutz trugen natürlich einen wesentlichen Theil zur Erhöhung der eingetretenen, allgemeinen Verwirrung bei, wie auch die Furcht, von den Franzosen verfolgt und eingeholt zu werden, jedes ruhige, überlegte Handeln und jede gegenseitige Rücksichtnahme erschwerte und bei Seite schob.

Bald langsam einige Schritte vorwärts reitend, bald halten bleibend inmitten der verschiedensten Truppentheile, bald einem Reiter folgend, bald an einem Geschütze sich vorbeidrängend mußte jede sich zeigende, freie Stelle zum Vorwärtsbringen benutzt werden, und endlich, nachdem ich fast 2 Stunden gebraucht hatte, um die letzte ¹/₄ Meile zurückzulegen, erreichten wir glücklich das Dorf Villeromain. — Gerne hätte ich für meinen Chef, den Corps= Generalarzt, ein einigermaßen geschütztes, eigenes Stübchen auf= getrieben, da derselbe bei dem scheußlichen Wetter ganz besonders arg an rheumatischen Schmerzen und fieberhaftem Katarrh zu leiden hatte, doch es war dies unmöglich. Für das ganze General= Commando hatte nur mit Mühe noch ein mäßig großes, leeres Gast= haus reservirt werden können, in dem ich wenigstens in einer geschützten, ziemlich ruhigen Ecke noch eine Bettstelle mit Strohsack, über die ich noch eine dichte Strohlage ausbreitete, für den Chef mir sichern und ihm etwas besseres Essen und Trinken aus den Vorräthen des Fourgons verschaffen konnte. Erbswurstsuppe, welche in großen Kesseln auf dem offenen Feuerheerde bereitet wurde, ein Stück Brod und ein Glas sauren Vin du pays schmeckten uns nach den Anstrengungen des Tages so vorzüglich, wie sonst die schönsten Delicatessen. Nachdem der Hunger gestillt, suchte Jeder sich einige Bunde Stroh und ein Plätzchen zu erobern, wo er sich zur Ruhe niederlegen konnte. An Auskleiden war natürlich nicht zu denken, und wer sich nicht noch ein trockenes Paar Stiefel zum Wechseln verschaffen konnte, — was nur wenigen Glücklichen mög= lich war, da von unserer Bagage natürlich bei dem Trubel des Zurückgehens nichts zu sehen war, — der mußte seine nassen Stiefel ruhig anbehalten, wollte er nicht riskiren, am andern Morgen ungestiefelt bleiben zu müssen. Auch sonst war es nicht gerade sehr gemüthlich in dem zugigen Saale, dessen Thüren beständig auf= und zugingen, so daß der Lärm, der draußen bis zum frühen Morgen fortdauerte, jedesmal direct in den Schlafraum hineinschallte, und während der ganzen Nacht kamen und gingen Adjutanten und

Ordonnanzen. So brachte auch der junge Erbgroßherzog von Mecklenburg, den ich von Hannover her kannte, wo er zur Reit=schule commandirt war, mitten in der Nacht einen Befehl vom Ober=Commando und sollte bis zum Morgen beim Stabe bleiben, um wichtige Meldungen mitzunehmen. So viel der Erbgroßherzog aber auch nach einem Plätzchen zum Schlafen sich umsah, nirgend war ein freies Lager, oder auch nur ein Bund Stroh zu entdecken; hatte es doch schon Mühe genug gekostet, sich am Abend das aller=nöthigste Stroh zum Liegen zusammen zu suchen. Da ich nicht schlafen konnte, so bot ich Seiner Hoheit die beste Hälfte meines Lagers an, was er auch dankend annahm, und obwohl er ebenso=wenig wie ich selbst einen Mantel zum Ueberdecken zur Hand hatte und, wie es schien, auch ebenso fror, so lag er doch bald in festem Schlaf und erwachte erst beim allgemeinen Aufbruche. Nachdem er noch schnell eine Tasse Kaffee getrunken, ritt er mit den inzwischen fertig gestellten Meldungen zum Quartier des Prinzen Friedrich Karl zurück.

16. December (Freitag). Nachdem auch wir uns in Erwartung eines neuen schweren Tages mit Kaffee, Erbswurstsuppe und Brod ordentlich gekräftigt hatten, ging es am nächsten Morgen abermals gen Vendôme vor. Zu unserer Verwunderung wurden wir hier=bei vom Feinde auch nicht im Geringsten belästigt und fanden die brillanten Stellungen, welche die Franzosen am Tage vorher besetzt gehabt hatten, verlassen. Als wir bei denselben vorbeikamen, konnten wir dies freilich sofort begreifen.

Denn die Verwüstung, welche unsere Artillerie hier angerichtet hatte, war derart, daß die Franzosen sich bei hellem Tage und trockenem Wetter, — der Regen hatte aufgehört und frühlingsmilde und warm schien die Sonne vom wolkenlosen Himmel auf uns nieder, — dort unmöglich länger gegen eine erneute Beschießung hätten halten können. Schrecklich sah es besonders an der Stelle aus, wo der französische Munitionswagen in die Luft geflogen war. Weit im Umkreise herum lagen die Trümmer desselben wirr durch=einander; zwei andere völlig zerbrochene Protzen mit zusammen=geschossenen Rädern standen dicht daneben, und Leichen, Pferde=cadaver, zum Theil entsetzlich zerrissen und zerstückelt, Pferdegeschirre, Waffen und Montirungsstücke aller Art lagen in grausigem Gemenge, mit Blut bespritzt im tiefen Schmutze weithin zerstreut.

Als wir die Vorstadt von Vendôme, Le Temple, passirt hatten, eröffnete sich plötzlich vor uns ein entzückend schöner Blick auf das breite Thal des Loir, eines Nebenflusses der Sarthe und indirect der Loire, und auf die alte, schöne Stadt Vendôme. Während die Stadt selbst schon von unserer Avantgarde besetzt war, und die Franzosen sich nur noch das nutzlose Vergnügen machten, hier und dort eine von den vielen kleinen Brücken in die Luft fliegen zu lassen, welche über die zahlreichen Arme des Loir-Flusses führen, waren die gegenüberliegenden Höhen des etwa 3= bis 4000 Schritte breiten Thales malerisch mit den Zeltlagern des einen Theiles der französischen Armee bedeckt, während lange Infanterie-Colonnen, Kavallerie-Regimenter und Batterien in langen, rothschimmernden Schlangenwindungen durch die Felder, Dörfer und Städtchen auf der breiten Heerstraße nach Paris abzogen, andere Abtheilungen wieder die Straße ,nach Le Mans zu erreichen suchten.

Ich folgte dem Chef des Generalstabes v. Caprivi, welcher mit einigen Offizieren rechts abbiegend, auf ziemlich steilem Wege durch dichten Wald zu den Ruinen des alten Schlosses von Vendôme hinaufritt. Dieselben haben eine bedeutende Ausdehnung, die noch vorhandenen Reste der alten, viereckigen, aus dem XII. Jahrhundert stammenden Thürme und die dicken, gewaltigen Umfassungsmauern steigen direct über dem schroff und steil, gegen 100 Meter aus dem Thale emporstrebenden Felsenabhang zu beträchtlicher Höhe auf. Von der Veranda, welche wie ein Schwalbennest an der Mauer hoch über Fluß und Stadt an dem Felsen sich hinzieht, genießt man einen unbeschreiblich schönen Blick auf die tief unten zu unsern Füßen liegende, ausgedehnte Stadt. Der klare Loir-Fluß zieht wie ein schimmerndes Silberband in schönen Windungen durch das breite Flußthal und theilt sich kurz vor Vendôme in 8 verschiedene Arme, welche wie ein weitmaschiges Netz die innere, alte Stadt umspannen, aus deren sauberen Häuser= und Straßengewirr sich herrliche Kirchen= und Glockenthürme, berühmte Bauwerke des Mittelalters und Reste alter Monumentalbauten weithin sichtbar hervorheben. Zahllose Mühlen drehen ihre Wasserräder, welche durch die vielen Verzweigungen des im schnellen Laufe die Stadt durcheilenden Flüßchens in Gang gesetzt werden, und zahlreiche Villen, Gartenhäuschen, Schlösser und Vorwerke begleiten

18*

weithin den durch grüne Wiesen sich schlängelnden Loir. Die sanft abfallenden Uferhöhen sind mit unzähligen kleinen Gehöften, Dörfern und Ortschaften wie übersäet, und schöne Waldungen wechseln mit fruchtbaren Aeckern, gut gepflegte Weinberge mit Obstplantagen und grünen Wiesenflächen angenehm ab. Dieses an sich schon so fesselnde Bild erhielt für uns noch durch die jenseits der Stadt sichtbaren Massen der feindlichen Truppen einen besonderen Reiz, die wir bisher noch nicht in ähnlich großer Zahl und ähnlich klar und deutlich zu beobachten Gelegenheit gehabt hatten, ohne daß sich daraus ein Gefecht, oder doch wenigstens ein lebhafter Geschütz= kampf entwickelt hätte.

Ganz ohne Blutvergießen sollte aber doch auch diese freiwillige Räumung Vendôme's und der weitere Rückzug der Franzosen nicht vor sich gehen. Als wir von dem schön gepflegten Schloß= garten und dem [zum]wallten, mit alten prachtvollen Laub=Baum= gruppen und Alleen bedeckten, äußeren Burghofe auf die Franzosen herabschauten, bemerkten wir eine französische Batterie, die jenseits der Stadt auf einem aufgeweichten Feldwege von der Pariser nach der Le Mans-Chaussee herüber zu gelangen suchte. Sie kam indessen so langsam vorwärts, daß die Braunschweiger, welche den nahen Bahnhof bereits besetzt hatten, den Versuch wagen konnten, die Batterie als gute Beute heimzuführen. Aber auch die Franzosen hatten diese gefährliche Lage der Batterie schon bemerkt und sowohl aus dem auf der Berghöhe gelegenen Zeltlager, wie aus den nahen Gehöften waren französische Infanterie=Abtheilungen vorgegangen, um der Batterie Hülfe zu bringen. Der Generalstabs = Chef v. Caprivi ließ indeß von der nächst erreichbaren Batterie eiligst 2 Geschütze nach dem für Artillerie sehr schwer zugänglichen Schloß= hofsplatze hinaufschaffen. Als dann aber der commandirende Offizier sich nicht darüber ganz klar werden konnte, ob die vom Bergabhange heruntergeeilten feindlichen Infanteristen, die jetzt nahe der Batterie standen, nicht etwa Braunschweiger wären, wie die vom Bahnhofe vorgehenden, und der deshalb die Verantwortung, vielleicht unsere eigene Infanterie zu beschießen, nicht übernehmen zu können glaubte, da gab der Chef v. Caprivi, der sich mit Hülfe meines sehr guten Fernrohres deutlich davon überzeugt hatte, daß die fraglichen Soldaten rothe Hosen anhatten, mithin keine Braun=

schweiger sein konnten, selbst den Befehl, auf die vom Berge her=
untergekommene Infanterie einen Schuß abzugeben.

Es waren höchst aufregende Secunden, die jetzt folgten. Laut=
lose Stille herrschte, als Oberstlieutenant von Caprivi mit lauter,
klarer Stimme den Befehl „Feuer!" gab. Dem Knall des Ge=
schützes folgte ein von den Häusern der Stadt und den
gegenüberliegenden Berghöhen und Wälder zurückgeworfenes,
donnerähnliches Echo, wunderbar schön und doch schaurig den
Körper durchdringend. Erwartungsvoll lag und stand Jeder, das
Glas vor den Augen und sah bangen Herzens hinüber zu den
Truppen, die plötzlich beiderseits in ihrem Vordringen Halt machten.
Jetzt stieg dicht vor den fraglichen Truppen ein weißes Wölkchen
und eine dicke, trichterförmige Sandsäule in die Höhe, in deren
Umgegend gleichzeitig eine große Lücke entstand. Einen Augenblick
schienen die Massen noch zu stutzen, dann wandten sie sich und
zogen sich unter einem bis zu uns herüberschallenden „Hurrah!"
unserer, jetzt von Neuem vorstürmenden Braunschweiger zu ihren
Lagerplätzen zurück, verfolgt und tüchtig gelichtet durch die nun
Schlag auf Schlag ihnen nachgesandten Granaten unserer beiden
Geschütze. Schon nach wenigen Minuten war Alles in dem ersten
erreichbaren Gehöfte verschwunden.

Indessen hatte aber auch die französische Batterie die Zeit
nicht ungenutzt verrinnen lassen und war unter den größten An=
strengungen von Pferden und Mannschaften bereits ein tüchtiges
Stück vorwärts gekommen, so daß es den Anschein hatte, als würde
sie doch noch den Händen der Braunschweiger entschlüpfen. Der
Chef v. Caprivi, welcher sofort diese für uns bedeutend ungünstigere
Lage klar erkannte, trat eiligst von der Veranda auf den Hofraum
zurück, sprang, indem er dem jungen Artillerie = Offizier zurief:
„Pardon, Herr Kamerad," an das nächste Geschütz, richtete es
selbst auf die feindliche Batterie und commandirte dann
„2000 Schritte!" „Feuer." Wieder erschallte der laute Knall,
gefolgt von dem vielfach zurückklingenden Echo, und wieder sah
man gespannt und erwartungsvoll nach dem weißen Rauchwölkchen.
Doch diesmal stieg es zu kurz, das zweite Mal zu weit vom Ziele
entfernt auf, während die 3. Granate die beiden Stangenpferde des
ersten, die nächste die Vorderpferde des letzten Geschützes niederriß
und eine weitere Granate endlich eins der Geschütze, welches aus

der Mitte seitwärts ausbrechen und allein weiter rücken wollte, so
präcise traf, daß Pferde, Reiter und Geschütz, sich als ein unent=
wirrbarer Knäuel am Boden wälzten. Nach solchen Erfahrungen
gaben die übrigen Geschütze es auf, einen weiteren Rettungsversuch
zu wagen, und bald hörten wir den Jubel und sahen das freudige
Zuwinken, durch welches die Braunschweiger unsern Artilleristen den
Dank für die erfolgreiche Unterstützung aussprachen, als sie die
4 französischen 6=Pfünder Geschütze, sammt 1 oder 2 Mitrailleusen
und Munitionswagen nach Vendôme zu ihren Kameraden als
Kriegsbeute hineinbrachten. Unsere beiden Geschütze mußten indessen
noch wiederholt einige Granaten in die Reihen der frischen
französischen Infanterie=Massen werfen, die es zu spät mit be=
deutenderen Kräften versuchten, ihre Geschütze noch zu retten, oder
dem kleinen Truppe der Braunschweiger wieder abzunehmen. Die
Granaten thaten auch hier stets ihre Schuldigkeit, so daß meist
schon durch wenige Schüsse die stark gelichteten Reihen der vor=
rückenden, dichten und tiefen feindlichen Colonnen zum Kehrtmachen
gezwungen wurden. — Diese eroberten Geschütze waren die ersten
Trophäen, welche beim 10. Armeecorps bisher erbeutet werden
konnten, trotzdem dasselbe bereits verschiedene selbstständige Gefechte
und Schlachten siegreich beendet hatte.

Es wurden an diesem und dem darauf folgenden Tage noch
5—600 gefangene Franzosen eingebracht und 1 Fahne von den
Truppentheilen erbeutet, die zunächst ihr Zeltlager bei unserm Ein=
rücken in die Stadt in aller Eile abbrechen mußten und dann erst
den übrigen Truppen folgen konnten.*)

---

*) Dieses interessante, kleine Erlebniß habe ich bei meinem Scheiden
vom Feld=Artill.=Regiment v. Scharnhorst (1. Hannoversch.) Nr. 10 in nach=
stehendem Gedicht zusammengefaßt.

Kriegs-Erinnerung

beim 1. Hannoverschen Feld=Artillerie=Regiment (von Scharnhorst) Nr. 10
vom 16. Dezember 1870.

Froh athmet jede Brust, als früh am sechszehnten (16.) Dezember
Des Jahres sieb'nzig hell die Sonn' vom Himmel niederblickte,
Nach langer Regenzeit und Sturm uns neu erquickte,
Als unter heiterm Sang von Ville romain her
Vordrang das zehnte Korps, um heut' auf's Neu' zu wagen
Den Angriff auf Vendôme, der gestern abgeschlagen.

Wir fanden in Vendôme, woselbst wir schon gegen Mittag einrücken konnten, ein gutes Quartier mit guter Verpflegung, doch hatte der Generalarzt in der Nacht vorher auf dem schlechten Stroh= lager, auf welchem er im zugigen Raum mit durchnäßten Kleidern und Stiefeln die Nacht hatte verbringen müssen, sich ein sehr unan= genehmes, rheumatisches Fieber zugezogen, das ihn an's Zimmer fesselte, und ihn dann auch bewog, von Vendôme aus in seinem bequemen Actenwagen, zusammen mit dem Corpsstabsapotheker direct nach Blois zurückzukehren, während wir erst nach einem Vorstoße auf Tours dorthin zurückmarschiren sollten.

17. u. 18. Dezember (Sonnabend, Sonntag). Es war an Stelle des Regens mildes, warmes Frühlingswetter getreten, so daß man den Tag über bei offenem Fenster im Zimmer und ohne Paletot

---

Ein lautes „Hurrah" klang jubelnd aus Aller Kehlen,
Als man verlassen fand des Feindes alte Stellung.
Gut hatt' das schwer' Geschütz, — man konnt's sich nicht verhehlen, —
Dem Feind dort mitgespielt! Davon gab 'ne Vorstellung
Uns die Zertrümm'rung ab von Protzen, Pulverwagen,
Geschützen, Pferden, Leichen, die dort zerrissen lagen.

Doch vorwärts ging's mit Sang, als plötzlich sich den Blicken
Ein herrlich Bild entrollt, ein Bild schön zum Entzücken.
Denn tief im Thale lag, vom Loir*) so sanft umschlungen,
Die alte schöne Stadt Vendôme, die jetzt bezwungen;
Dahinter auf den Höh'n mit Wiesen, Wäldern, Städten,
Sah man den Franzmann steh'n, hört' blasen ihn Retraiten.

Schnell war aus Braunschweigs Land die Truppe vorgedrungen,
Durchstürmete die Stadt, schon schien es ihr gelungen,
'Ne feindliche Batt'rie, die seitwärts im Gelände
Im Koth sich festgefahr'n, zu krieg'n in ihre Hände,
Als von den nahen Höh'n ein Schwarm Franzosen vorging,
So daß der schwarzen Schaar die Traube doch recht hoch hing.

Da plötzlich dröhnt ein Knall, vielfache Echo's weckend,
Lautlose Stille folgt, da beide Theil erschreckend
Nicht wissen, wem er gilt, der Schuß, der wohlgezielte;
Ein „Hurrah!" löst den Bann, denn die Granate wühlte
Beim Feind den Boden auf, ihr folgt' 'ne zweit', dritt', vierte,
Das lichtete die Reih'n, der Rest schnell retirirte.

---

*) Loir ein Nebenfluß der Sarthe (Loire).

im Freien sitzen konnte. — Die Stadt Vendôme ist gleichfalls reich
an herrlichen alten Bauwerken und Kirchen, von denen le Tour
Saint Martin und L'Hôtel de ville durch den Baustyl sowohl,
wie durch die Eigenartigkeit ihres Gesammteindruckes sofort in die
Augen fallen. Ersteres ein Ueberrest der gleichnamigen, im Ueber=
gangsstyl vom Romanischen zur Früh=Gothik im 11. Jahrhundert
erbauten Kirche stellt einen mehretagigen Kuppelbau dar. Dieser
thürmt sich auf aus verschieden geformten, zunächst quadratischen,
dann achteckigen, immer kleiner, der Höhe wie Breite nach werdenden
Abschnitten, die mit 6= und 8kantigen, pyramidalen romanischen
Kuppeln bedeckt sind, von denen immer die obere aus der abge=

Doch! woher kam die Hülf'? Von dort, wo durch die Aeste
Hoch auf dem Berg' beim Schloß sich weiße Wölkchen schoben?
Unmöglich! Denn der Fels, d'rauf thront das kleine Neste,
Ist steil! und kein' Kanon' kann dringen nach dort oben!
Indeß der Artill'rie ist Schwer'res schon gelungen,
So wurd' die steile Höh' auch jetzt von ihr bezwungen.

Dort oben aber stand mit seinen Adlerblicken,
Von Jedermann verehrt, der Chef vom Stab des Corpses,*)
Schaut auf des Bildes Pracht hinab wohl mit Entzücken,
Doch keineswegs dabei er aus dem Aug' verlor es,
Wie's stand bei Freund und Feind', wie schwankend dort das Streiten,
Wie leicht man könn' grad' jetzt des Feind's Batt'rie erbeuten.

Sofort ging der Befehl hinab zu den Colonnen,
Man solle schnell Geschütz' — nur 2 könn' er placiren, —
Herbringen nach dem Schloß, doch keine Zeit verlieren,
Nicht schonen Pferd', noch Mann, bis daß die Höh' gewonnen.
Denn, wenn es nur geläng', den Altan zu armiren,
Wär's leicht, von dort herab die Feind' zu bombardiren,
Die schon mit Uebermacht zu der Batt'rie vordringen,
Um unf're schwarze Schaar um ihren Fang zu bringen.

Doch als es dann geglückt, schon schußbereit sie starrten
Die Schlünd' und des Befehl's von ihrem Führer harrten,
Schwankt dieser, ob er wohl soll „Feuer!" commandiren,
Trotz seines Zweifels doch das Wagniß dürft' riskiren,
Daß statt Franzosen er Braunschweiger ließ beschießen,
Und daß durch sein Verseh'n gar deutsches Blut könnt' fließen.

*) Der damalige Generalstabschef des 10. A.=C. war Se. Excellenz
der jetzige Reichskanzler Graf von Caprivi.

schnittenen Spitze der unteren hervorspringt und in säulengetragenen, offenen Tempeln mit Kuppeldach endet. Das Hôtel de ville verbindet die Grundform eines eiförmigen Stadtthores zwischen 2 flankirenden Rundthürmen mit einem reinen gothischen Styl. — Als ältestes Bauwerk tritt durch seinen Umfang und die neuerdings erfolgte Restauration das im Jahre 1034 erbaute, alte Abtei-Gebäude, l'abbaye de la Trinité hervor, welches jetzt in eine Cavallerie=Kaserne umgewandelt, aber in seiner ursprünglichen Form erhalten ist, und dessen reich verzierter Sandsteingiebel sich weithin sichtbar abhebt. — Nicht minder kunsthistorischen Werth dürfte die aus dem 12. Jahrhundert stammende Kirche de la Trinité mit ihrer reichen Façade und der abgesondert daneben stehende Thurm, Le clocher de la Trinité, haben, dessen 30 Meter hohe,

---

Der Chef, der längst erkannt der Hosen rothen Schein,
War sicher, daß dies nur Franzosen könnten sein.
Drum, als der Offizier noch zögert loszuknallen
Obgleich's von höchstem Werth, den Feind schnell zu beschießen
Tritt rasch der Chef heran, läßt laut die Stimm erschallen!
„Gebt Feuer! Ich befehl's!" — Und — Bumms — ward abgerissen.

Man hielt den Athem an, voll Spannung, Sorg' und Hoffen;
Doch „Seht das Wölflein dort! Der Schuß hat gut getroffen!"
„Traf mitten in die Schaar der Feind'! Seht! Wie sie stutzen!
Sie flieh'n! Gebt Schuß auf Schuß! Laßt uns den Vortheil nutzen!"

Indeß die Kanonier sich freu'n ob ihrer That,
Sich rühmen, daß der Chef sie heut' befehligt hat,
Und nach dem Franzmann schauend, den einen Wunsch nur kenn'n,
Er möge wiederkommen, und drauf zu schießen brenn'n,
Sieht plötzlich rückwärts springen den Chef man vom Balkon,
Er eilt an ein Geschütze, ruft zum Off'zier: „Pardon!"
Ergreift die Richtestange, dreht die Laffett' zur Seit',
Neigt auf's Visir sich nieder, zielt scharf, fragt: „Ist's bereit?"

„Zweitausend Schritte!" „Feuer!" — Ein Krach! „Der ging zu weit!"
Der zweite kam schon näher, der Dritt' erreicht sein Ziel;
Von den Geschützen, welche durch Flucht sich fast befreit,
Des ersten Stangenreiter leblos zu Boden fiel.
Schnell hatten sie begriffen, die wackern Kanonier,
Woran es ankam jetzo, und knallten mit plaisir,
Doch auch mit sichern Schüssen, bis All' zum Steh'n dort kam'n,
Erst jetzo wurd' es möglich, daß Braunschweiger sie nahm'n.

pyramidale Thurmspitze auf dem im Ganzen 80 Meter hohen Thurm einen gewaltigen Eindruck hervorbringt und zusammen mit dem Tour Saint Martin und Hôtel de ville der ganzen Stadt ihren Character aufprägt.

Am anziehendsten von Allem bleiben jedoch die alten Schloß= ruinen mit dem ausgezeichnet sauber und geschmackvoll gehaltenen Schloßgarten, der an verschiedenen Stellen herrliche Aussichtspunkte mit den verschiedensten Landschaftsbildern besitzt. Man blickt von denselben theils auf die tief zu den Füßen liegende Stadt und über diese hinweg weit in das zwischen reizenden Berghöhen sich hinwindende Loir-Thale, theils in ein schmales, wildromantisches Seitenthal, auf waldige Berghöhen oder auf die im Bergkessel idyllisch sich hinabwindende Vorstadt Le Temple mit dem schmalen Durchblick auf den westlichen Theil der Stadt; kurz es eröffnete sich dort eine Mannigfaltigkeit und ein Reichthum der Scenerie unseren Blicken, wie man dies sonst wohl selten in solcher Fülle auf einen kleinen Umkreis zusammengedrängt findet. Dazu erquickte das saftige Grün des sorgsam gepflegten Rasens, die mit lieblichen Frühlingskindern umrahmten Beete, die heimlichen Laubgänge und

---

Zwar machten die Franzosen, als die Gefahr sie sah'n,
Sich auf mit rothen Hosen, um der Batt'rie zu nah'n,
Indessen wen'ge Schüsse von den früh'rer Natur
Genügten, um zu jagen die Feinde „marche retour!"
So konnten uns're Freunde ohn' allzugroße Müh'n
Sechs feindliche Geschütze schnell nach Vendôme reinzieh'n,
Derweil die Kanoniere stolz standen bei dem Schloß
Und sorgten daß die Schüsse abhielt'n der Feinde Troß.

Wohl selten kann sich rühmen Artill'rie gleicher That,
Noch selt'ner ihr zum Richten solch' Chef gedienet hat.
Und wem ward zugesprochen die Beut' dann, die gemacht? —
Die Artill'rie mußt schießen, Braunschweiger aber lacht!

Draus folgt der gute Lehre, daß Artill'rie nur fein
Gräbt die Granatengruben, wo fällt der Feind hinein,
Erleichtert oft die Siege für uns're Infant'rie;
Wenn sie dann Beut' nur machet! Euch gönnt sie sie doch nie!
Doch deshalb nicht gegrollet! Der Ruhm, der bleibt Euch doch!
D'rum, trinkt auf fern're Siege! „Die Artill'rie leb' hoch!"

Hannover, 16. XII. 1887.

verborgenen, geschützten, traulichen Lauben, die geschmackvoll ange=
legten Bosquets und Baumgruppen, die sauber in Stand gehaltenen
Wege, die zwischen Hecken und Sträuchern sich hinschlängelten, das
staunende Auge. Alles begann hier bereits zu knospen und zu
grünen, als ob es milde Mailüfte und nicht nur eine ausnahms=
weise warme Dezemberwitterung sei, die es uns am Tage, wie in
der milden Abendkühle gestattete, in einfachem Rocke im Freien zu
sitzen und den Klängen der Militairmusik zu lauschen, welche dort
oben concertirte.

Die Tage unseres Aufenthaltes in Vendôme waren aber auch
unbeschreiblich schön, und herrlich war es, wenn wir Abends aus
den offenen Fenstern unseres Quartieres schauten, das am Haupt=
arme des Loir lag und uns einen freien Ausblick gewährte auf
die dicht bewaldete Berghöhe, aus der hier und da die steile,
zerrissene Felswand hervorschaute, auf welcher die umfangreichen
Schloßruinen standen. Wenn dann das helle Mondlicht die
zerfallenen Mauern des einst so bedeutenden Schlosses und den
noch über zwanzig Meter hoch mit seinen gezackten Zinnen empor=
steigenden, alten Rundthurm grell aus dem dunklen Waldhintergrund
hervortreten ließ, und dazu die Klänge unserer Militairkapelle über
unsern Häuptern und der Stadt gleichsam hinwegschwebten und von
den gegenüberliegenden Höhen als reines Echo zurückwogten, dann
war es, als ob sanfte Sphärenmusik uns umgaukelte; und wenn
mit ihnen die weiche, milde Frühlingsluft in unser Zimmer drang,
dann war es schwer, sich zu vergegenwärtigen, daß das liebe Weih=
nachtsfest bereits ganz dicht vor der Thüre stand.

Vorstoß auf Tours.

19. **December** (Montag). Als wir nach zwei herrlich schönen Tagen
am 19. December in der Richtung nach Tours weiter marschierten, da
blieb auch mit den Schönheiten der Stadt und dem idyllischen Leben
das milde Frühlingswetter in Vendôme zurück. Je weiter wir uns
der Grenze des Departements Indre et Loire näherten, desto
mehr bedeckte sich der Himmel wieder mit Wolken, und als wir
Nachmittags in Château - Rénault einrückten, begann wieder ein
leiser Regen den Boden von Neuem zu erweichen. Bei einer alt=

abligen, schottischen Familie, deren Vorfahren einst mit der unglück= lichen Maria Stuart nach Frankreich übersiedelt waren, fand ich ein ganz vorzügliches Quartier und wurde von dem feingebildeten, aristokratischen Hausherrn sehr zuvorkommend aufgenommen. Der= selbe war im höchsten Grade verwundert, daß nicht nur die meisten unserer Offiziere, sondern auch viele der Soldaten sich im Französischen nicht nur gut verständlich machen, sondern auch sich geläufig unter= halten konnten. Noch mehr aber steigerte sich seine Verwunderung und Achtung, als er sich mit einem der bei ihm einquartierten Soldaten auch englisch hatte unterhalten können, dessen ich damals gleichfalls noch ziemlich mächtig war. Es lag nämlich ein Braun= schweiger Einjährig=Freiwilliger, ein junger Kaufmann mit mir im gleichen Hause, der längere Zeit in einem Londoner Hause angestellt gewesen war und erst kurz vor dem Ausbruch des Krieges sein Freiwilligenjahr abzudienen begonnen hatte, sich mithin in seiner Uniform durch Nichts von den übrigen Braunschweigischen Infanteristen unterschied. Der alte Herr kam denn auch bald mit der Bitte zu mir, ob er den jungen Mann mit an unsern Tisch heranziehen dürfe, und suchte uns Beiden dann den Aufenthalt in seinem Hause so angenehm wie möglich zu machen. Als ich mich dann sogar erbot, den sehr netten, bescheidenen und gebildeten Einjährigen in mein Zimmer mit aufzunehmen, da bei der großen Anzahl einquartierter Soldaten kein besonderes Stübchen mehr für ihn abgegeben werden konnte, da waren die beiden alten Leute hierüber so erfreut, als sei es nicht ein ihnen ganz Fremder, dem ich diese Annehmlichkeit gewährte, sondern als ob ich dieselbe ihrem eigenen Sohne, oder einem nahen, lieben Verwandten erwiesen hätte.

20. December (Dienstag). Ein naßkalter Nebel umfing uns, als wir am nächsten Morgen zum Vormarsch auf Tours aufbrachen, und ein scharfer Nordostwind jagte uns von Zeit zu Zeit leichte Regenschauer in's Gesicht, als wir durch die ziemlich flache Ebene hinzogen, die jedoch vielfach durch schmale Flußthäler und kleine Waldkomplexe unterbrochen wurde. Die Chaussee war häufig durch tiefe Schützengräben, hin und wieder auch durch Geschützstände durchschnitten, oder durch Verhaue ungangbar gemacht, doch wurden wir Anfangs auf unserm Marsche nicht belästigt, bis wir plötzlich bei dem Städtchen Monnaie auf bedeutende französische Truppen= massen stießen. Französische Infanterie hatte den Ort stark besetzt,

die Straßen wurden von Geschützen, welche hinter Wällen in Chaussee=
durchstichen standen, bestrichen; die niedrigen Mauern, welche um
den größten Theil des Städtchens liefen, waren mit dichten Schützen=
linien besetzt, vor denselben die Gräben und Hecken zur Unterbringung
weiterer Schützen hergerichtet, auch die Chausseegräben lagen beider=
seits voller Infanterie. Der Regen hatte den schweren, lehmigen
Acker und die Wege so durchweicht, daß es sowohl der Cavallerie
und Artillerie, wie der Infanterie unmöglich war, außerhalb der
festen Chaussee vorwärts zu kommen; auf derselben aber war des
feindlichen Geschütz=, wie des heftigen Kreuzfeuers der längs der
Chaussee liegenden Schützen wegen selbst für unsere Infanterie nur
ein langsames, sprungweises Vorgehen unter Benutzung der kleinsten
Deckung möglich.

Nach vieler Mühe und unter großen Anstrengungen gelang es
endlich der Artillerie mit Unterstützung von Infanterie, einige
Geschütze an günstigen Stellen in Position zu bringen. Zum Theil
standen dieselben sogar in völlig gedeckter Stellung und so vorzüg=
lich, daß sie weite Strecken desjenigen Theiles des Chausseegrabens
der Länge nach bestreichen konnten, an welchen sich französische Schützen
zahlreich eingenistet hatten. — Kaum hatten die Geschütze indessen ihr
Feuer eröffnet, als plötzlich, wie ein Sturmwind, Schwärme von Spahis
in ihren phantastischen Uniformen und mit ihren wilden, feurigen
Augen, die aus den gebräunten, von weißen Tüchern umrahmten
Gesichtern kampfesmuthig hervorblitzten, von den verschiedensten
Richtungen ungestüm heran gejagt kamen und mit geschwungenen
Säbeln auf die Artillerie losstürmten. Auf ihren leichten, dauerhaften
und schnellen Pferden war es ihnen möglich geworden, sich unbemerkt
heranzuschleichen und selbst über den weichen Ackerboden hinweg zu
sprengen. Nur der Umstand, daß hinter der im Feuer stehenden
Batterie einige Züge Dragoner als Bedeckung standen, die sofort zur
Attaque vorgingen, verhinderte es, daß diese unerschrockenen Wüsten=
söhne nicht bis in die Batterie selbst einzudringen vermochten. Ehe
noch die Geschütze ihre Kartätschen in's Rohr bringen und die
Mündung gegen die Heranstürmenden wenden konnten, und ehe
noch die neben ihnen liegende Infanterie Zeit hatte, Carrés zu
formiren, hatten die flinken Spahis ihre Pferde bereits herum=
geworfen, jagten theilweise noch durch unsere vordersten Linien hin=
durch und waren gleich darauf wieder verschwunden, nachdem sie

noch), sich im Sattel umdrehend, mit ihren langen Gewehren den verfolgenden Dragonern einige Schüsse zugesandt hatten.

Nach kurzer Zeit schon war die französische Artillerie zum Schweigen gebracht und mußte eiligst abfahren, wie es auch durch mehrere gut gezielte Granaten gelang, die Chausseegräben von den feindlichen Schützen zu säubern, so daß die Dragoner auf derselben vorgehen und die hinter der Mauer noch theilweise standhaltenden Franzosen, deren größter Theil sich bereits vor den einschlagenden Granaten zurückgezogen hatte, vollständig zum Weichen bringen und mehrere Gefangene einliefern konnten.

Da der Generalarzt von Vendôme aus direct nach Blois zurückgefahren war, so war ich mit der Fürsorge für den Verwundetendienst beauftragt worden, hatte von einer Seite der Gefechtslinie zur andern alle Truppenverbandplätze aufgesucht und für die Uebernahme sämmtlicher Verwundeten durch ein Sanitäts-Detachement Sorge getragen, welches sich in einem seitwärts der Straße gelegenen Schlosse Bellevue etabliren mußte.

Nachdem die Franzosen auf allen Punkten zurückgedrängt und unsere Truppen weiter vorgerückt waren, eilte ich zur Berichterstattung zum General = Commando zurück und traf dasselbe, als es beim Untergang der Sonne in die Quartiere nach Monnaie zurück zu kehren im Begriffe stand. Als ich dem Chef des Stabes, Oberstlieutenant v. Caprivi die Meldung machte, daß wir nur 18 schwerer Verwundete hätten und diese von einem Sanitäts-Detachement zum Rücktransport nach Blois übernommen seien, war ich erstaunt, daß derselbe trotz der günstigen Nachrichten, die ich soeben hatte melden können, anstatt erfreut, sehr ernst und etwas erregt war. Ich erfuhr auch sehr bald den Grund der Unruhe. Es war nämlich vor wenigen Minuten die Meldung eingegangen, daß die Franzosen sich etwa $\frac{1}{2}$ Meile hinter Monnaie wieder gesetzt, daß aber ungünstige Terrainverhältnisse sowohl, wie der Umstand, daß durch den fortgesetzt herabrieselnden Regen die Aecker und Felder fast grundlos erweicht waren, weder der Infanterie noch der Artillerie ein energisches Vorgehen ermöglicht hätten. Es seien daher die 9. Ulanen mit unvergleichlicher Bravour sowohl auf der Chaussee trotz des Kreuzfeuers der in den Seitengräben liegenden feindlichen Infanterie, wie auch auf den durchweichten Feldern, auf denen die Pferde bis über die Fesseln eingesunken seien, zur Attaque gegen das Dorf,

deſſen Liſière von feindlichen Truppen ſtark beſetzt war, in vier
Treffen vorgegangen. Voran der Regiments = Commandeur mit
Adjutanten und Stabstrompeter, dahinter in Linie die Offiziere des
Regimentes, und ihnen folgend die nur mühſam vorwärts kommenden
Escadrons, wären die tapferen Reiter, ohne des furchtbaren Schnell=
feuers der hinter Hecken und Mauern gedeckt liegenden Franzoſen
zu achten, gegen das Dorf vorgeſtürmt. Wie uns bald darauf der
furchtbar zugerichtete, verwundete Regiments=Commandeur ſelbſt im
Lazareth erzählte, habe er glücklich die Liſière mit dem Pferde
genommen, ohne verletzt zu ſein. — Seine Uniform und ſein Helm
zeigten dafür eine Menge runder Löcher, die deutlichſten Beweiſe
des gewaltigen Kugelregens, in dem er vorgeſtürmt war. — Jenſeits
der Hecke ſei ſein Pferd jedoch zuſammengebrochen, und er ſelbſt
kopfüber mitten in die franzöſiſche Infanterie hineingeflogen, welche
ihn mit Kolbenſchlägen empfangen hätte, ſo daß er ſofort die
Beſinnung verlor. Von den Offizieren des erſten und zweiten
Treffens hätten nur wenige die Liſière noch nehmen können und
ſeien dann wohl ähnlich wie er ſelbſt mitgenommen, die übrigen würden
wohl ſchon vorher gefallen ſein. Von den Mannſchaften dagegen hätte
kein Einziger die Hecken oder Mauern überſpringen können; ſoweit
dieſelben nicht vorher von den Kugeln der Franzoſen niedergeſtreckt
ſeien, wären die Pferde vor dem Hinderniß zuſammengebrochen.
Die auf der Chauſſee zur Attaque vorgehende Escadron hätte zwar
zuerſt gleichfalls ſtarke Verluſte gehabt, doch ſeien die Schützen ſehr
bald in das Dorf zurückgeflohen, ſo daß die nun ungehindert vor=
bringenden Ulanen das Dorf genommen und der letzten auf dem
Acker vorbringenden Schwadron Luft gemacht hätten, indem ſie die
hinter der Liſière liegenden Franzoſen von der Seite und vom
Rücken angriffen. Die aus den Chauſſeegräben zurückeilenden feindlichen
Schützen hatten die ihnen folgenden Ulanen gleichſam gegen die im
Dorfe ſtehenden Franzoſen gedeckt, da dieſe ihr Feuer einſtellen
mußten, um nicht ihre eigenen Kameraden zugleich mit zu verletzen.

Es hatte dieſe eine Attaque dem 9. Ulanen=Regimente 20—30
Todte und über 40 Verwundete gekoſtet, darunter allein 10 Offiziere
und 1 Fähnrich.

Vom Oberſtlieutenant v. Caprivi erhielt ich daher den Auftrag,
mich perſönlich nach den Verwundeten umzuſehen, zugleich wies er
mir das ſeitwärts in einem ausgedehnten Walde liegende Château

les Belles Ruries zur erſten Unterbringung der Verwundeten an, wohin er inzwiſchen das bei der Corps-Artillerie in Reſerve gebliebene Sanitäts-Detachement beordern werde. — Goldglänzend trat noch einmal die mächtige Scheibe der zur Rüſte gehenden Sonne zwiſchen dunklen, mit goldgelben Kanten umſäumten Wolken hervor, als ich meinen müden Braunen wendete, um das ½ Meile vor uns liegende Gefechtsfeld nochmals aufzuſuchen. Soviel ich aber auch mich umſchaute in der zunehmenden Dunkelheit, nirgend war noch etwas von dem Verbandplatze zu ſehen, der Nachmittags dort noch in voller Arbeit ſich befunden hatte, nirgends war eine ihrer rothen Signal-Laternen zu erblicken; öde, leer und ſtill lag die rings von Wald und Hügeln umgrenzte Ebene da, aus der nur hier und da ein helles Licht auf bewohnte Häuſer ſchließen ließ. Nur das Rauſchen des wieder einſeſenden Windes in den kahlen Wipfeln der Chauſſeebäume und das Rieſeln des wieder beginnenden Regens unterbrachen die unheimlich lautloſe Stille hier, wo noch vor Kurzem die Schüſſe geknallt und der Lärm des Gefechtes getobt hatte. — Mit Mühe erkannte ich noch in der Dunkelheit den Weg, der ſeitwärts durch den dichten Wald nach dem ½ Meile entfernten Schloſſe les Belles Ruries führte. Je tiefer ich aber in den Wald hineinritt, um ſo mehr nahm die Dunkelheit zu, um ſo undeutlicher wurde der leicht mit Laub bedeckte, zum Glücke hart und gut chauſſirte Weg, um ſo dichter ſchloſſen ſich die noch mit altem Laube bedeckten Aeſte der mächtigen Buchen zu einem feſten Dachgewölbe, hoch über mir zuſammen, durch welches nur hin und wieder ein Fleckchen des dunkelgrauen Regenhimmels ſich erkennen ließ. Leiſe drang aus der Ferne das Brauſen des Windes durch die feierliche Waldes- ſtille, nur hin und wieder klatſchten große Regentropfen von den Zweigen zur Erde und dann und wann raſchelte irgend ein Vogel, oder Thierchen im trockenen Laube. Den geladenen Revolver in der Taſche lockernd und handgerecht hängend, das Pferd mit ſtraffem Zügel führend, ritt ich in kurzem Trabe durch den finſtern Abend, Auge und Ohr aufs Schärfſte angeſtrengt, den matten Schimmer der Straße und den harten Klang der Huftritte zur einzigen Richt- ſchnur nehmend, immer tiefer in den Wald hinein. Da plötzlich ſtutzt das Pferd und laut ſchnaubend dreht es den gehobenen Kopf rechts und links mit weit geöffneten Nüſtern. Mich umſchauend ſehe ich rechts vor mir durch die Bannſtämme einen Lichtſchimmer

aufblitzen, sich dem Wege nähern und jetzt als helles Licht einer
Laterne 150—200 Schritte vor mir auf dem Wege hell aufleuchten.
Die Hand am Revolver dränge ich den noch immer aufgeregt
schnaubenden Braunen vorwärts und gleichzeitig mit meinem: „Wer
da!" tönt auch schon derselbe Ruf zu mir herüber. Der deutsche
Laut verwandelt sofort die Spannung und Aufregung in freudige
Beruhigung, und gleich darauf halte ich neben zwei Leuten von
dem zum Schlosse beorderten Sanitäts-Detachement, welches schon
auf dem Schloßhofe hielt. — Die Begegnung an dieser Stelle war
mir doppelt angenehm, weil hier sich 3 Wege kreuzten, und ich
somit vor jedem Abirren bewahrt blieb. 10 Minuten später hielt
ich, von den Kollegen des Detachements freundlich begrüßt, auf dem
hell erleuchteten Schloßhofe, in dem nur der Verwalter wohnte.
   Bis über die Knöchel im Schlamm und Schmutz herum-
watend sahen wir uns die verschiedenen Baulichkeiten an und
richteten einige Zimmer des Nebengebäudes, in denen sich einfacheres
und weniger werthvolles Meublement befand, zur Aufnahme der
erwarteten Verwundeten ein. Längst waren alle Vorbereitungen
getroffen, und noch ließ sich kein einziger Verwundeter sehen. Als
wir gerade im Begriffe waren, uns nach Verpflegungsgegenständen
für die zu erwartenden Kranken umzusehen und für uns gleichzeitig
einen Imbiß zu bestellen, — denn seit dem Kaffee-Frühstück bei
unsern liebenswürdigen Wirthen in Château Renault hatte ich
während des ganzen Tages weder einen Bissen gegessen, noch einen
Schluck getrunken, da erklang vom Hofe her Pferdegetrappel und
das leise, dumpfe Erzittern des Bodens, als ob eine größere Truppenmasse sich nähere. Als wir zum Fenster eilten und hinaussahen
auf den Hofraum, rückte gerade der Stab eines Infanterie-
Regimentes durch das Eingangsthor, gefolgt von einer langen,
dunkeln Schlangenlinie, die sich in immer neuen Absätzen auf den
weiten Platz hineinwälzte. Es waren die 3 Bataillone des West-
phälischen Infanterie-Regimentes Nr. 57, denen kurz darauf noch
1 Bataillon des 78. Ostfriesischen Regiments folgte, und die sämmtlich in dem allerdings geräumigen Schlosse mit seinen umfangreichen
Wirthschaftsgebäuden einquartirt sein wollten. Schnell hatten sich
die übermüdeten, hungrigen und durstigen Mannschaften in die großen
Scheunen und sonstigen Räume der Wirthschaftsgebäude getheilt,
und schon nach ganz kurzer Zeit waren längs der Wände weiche

Strohschüttungs=Lagerplätze hergerichtet, auf welchen sich ein Theil der Leute sofort zur behaglichen Ruhe ausstreckte, während an ver= schiedenen geschützten Stellen des Hofes mächtige Holzstöße ihre blut= rothen, flackernden Flammen zum aschgrauen Regenhimmel empor= lodern ließen und die von leisem Regen und feuchtem Nebel dicke, schwere Luft mit rosigem Duft erfüllten. Längs der Mauer aber und in den Häuserecken flammten überall kleine Feuer auf, über welchen die Kochgeschirre dampften und brodelten, deren Inhalt den hungrigen Magen zu füllen, oder die ausgetrocknete Kehle anzufeuchten, sowie den Körper zu erwärmen und neu zu stärken bestimmt war.

Inzwischen strömten auch die Offiziere und Beamten in die Wohnräume des Schlosses und bald waren alle, auch die kleinsten Zimmer besetzt, aber immer noch irrten Offiziere in allen Gängen herum, die nach einem Plätzchen zur Nachtruhe sich umsahen. Dem Drängen der vielen noch Unterzubringenden nachgebend, hatte ich bereits einen bedeutenden Theil der für etwa 80 Verwundete, — soviel etwa sollten nach den an den Generalstabs=Chef am Abend gelangten, vorläufigen Meldungen bei dem letzten Cavallerie=Angriff schwerer verwundet sein, — reservirten Krankenräume zur Benutzung für die Offiziere abgegeben. Noch mehr von den wenigen uns noch zur Verfügung gebliebenen Zimmer abzugeben, hielt ich nicht mit der mir aufgetragenen Fürsorge vereinbar, um so mehr, als endlich einer der erwarteten Verwundeten, der Regiments=Kommandeur des 9. Ulanenregimentes zu uns gebracht worden war. Es war ein Mitleid erregender Anblick, welchen dieser Offizier darbot. Von dem Falle und den verschiedenen Kolbenschlägen, mit den ihn die Franzosen begrüßt hatten, war das Gesicht dick verschwollen und von breiten, blutunterlaufenen, fingerdicken Streifen durchzogen, die Nase fast faustdick. Dazu dunkelblutroth verfärbte, wulstig aufge= worfene Lippen, blutunterlaufene, von sackförmig infiltrirten, bunt= farbigen Augenlidern fast ganz verdeckte Augen und wurstförmig über den Schädel verlaufende Wülste, welche von den flachen Säbel= oder Seitengewehrhieben herrührten.

Durch die ihm zu Theil gewordene, scheußliche und unbedingt recht schmerzhafte Behandlung von Seiten der Franzosen keineswegs entrüstet, oder niedergeschlagen, erzählte er mit einem Ausdruck des Stolzes und der Befriedigung den Verlauf der bereits geschilderten, schneidigen Attaque seines Regimentes und war dabei voll lobender

Anerkennung über die vorzügliche Haltung der Offiziere und Mann=
schaften. Zugleich bestärkte er uns in unserer Erwartung, daß zwar
nicht 80, wohl aber 20—30 schwerer Verwundete noch nachkommen
würden. Mit aller Entschiedenheit mußte ich mich dennoch auf den
directen Befehl des General=Commandos berufen, um nicht mit
Gewalt der reservirten Kranken = Unterkunfts = Räume verlustig zu
gehen. — Als aber eine Viertelstunde nach der andern verstrich,
ohne daß ein weiterer Verwundeter gebracht wurde, und es inzwischen
so spät geworden war, daß Retraite geblasen wurde, da übergab ich
endlich auch die letzten Krankenzimmer, bis auf zwei Räume für die
Aerzte des Detachements und die bereit gehaltenen Operations= und
Verband=Materialien und Instrumente unter der Bedingung den
noch nicht untergebrachten Offizieren zur Benutzung, daß dieselben
sofort bei etwa noch stattfindendem Eintreffen Verwundeter von
ihnen wiedergeräumt werden müßten.

Wenig befriedigt und erbaut von diesen überflüssigen Vor=
bereitungen trat ich gegen 10 Uhr `den Rückweg nach dem noch
³/₄ Meilen entfernten Monnaie an, da ich bei der Morgens 5 Uhr
stattfindenden Berathung über die sanitären Fragen in Vertretung
des Generalarztes Auskunft zu geben hatte. — Mit wechselnder
Stärke strömte unaufhörlich der Regen vom tiefdunkelgrauen Himmel
und brausend und heulend jagte der Wind die Regentropfen klatschend
gegen die Fenster und Wände, rabenschwarz und undurchdringlich lag
die Finsterniß auf der Erde und gestattete nicht einmal auf einige Schritte
große Gegenstände zu erkennen. Ich konnte es daher keinem der Kollegen
verdenken, daß er mich nicht bei solchem Wetter nur zu seinem Ver=
gnügen nach Monnaie begleitete, und da mein biederer Pferdepfleger
und Landwehrmann es vorgezogen hatte, sich dem Troß des General=
Commandos mit meinem zweiten Pferde anzuschließen, ich selbst
aber versäumt hatte, eine Stabsordonnanz zur Begleitung mitzu=
nehmen, wie ich dies sonst zu thun pflegte, so blieb mir schon Nichts
übrig, als allein den Rückweg durch den meilenweit sich ausdehnenden
Wald anzutreten. Es war ein schauriger Ritt, den ich zu machen
hatte. Bis zu der nahen Wegekreuzung hatte ich mich mit der Laterne
begleiten lassen, und hatte jetzt wenigstens nur den geraden Weg
durch den dunkeln Wald bis zur Einmündung desselben in die
große Heerstraße vor mir. In der rechten den Revolver, mit der
linken Hand die Zügel sicher ergreifend, die Schenkel fest an die

Gurten gelegt, ließ ich dem Pferde volle Freiheit in seiner Bewegung und Gangart. Da ich weder unter mir den Weg, noch neben mir die Grenze der Bäume, noch über mir den etwa zwischen den Baum= wipfeln durchschimmernden Himmel erkennen konnte, so überließ ich es dem Instincte des Pferdes, den Weg sicher zu finden. Stellen= weise war die Finsterniß so dicht, daß ich kaum noch die Ohren und die Schnauze des Pferdes genau erkennen konnte. Anfangs in kurzem Trabe reitend, beschleunigte mein Brauner ohne mein Zuthun mit jeder Minute das Tempo, dessen Schnelligkeit ich nicht mit den Augen, sondern nur durch das Gefühl zu erkennen ver= mochte. Lautlos lag der Wald rings umher, der Hufschlag des Pferdes und das Klappern des Säbels war das einzige Geräusch, welches die unheimliche Stille unterbrach. Da endlich erschien in der Ferne vor mir ein kleiner heller Punkt, der sich mit jedem weiteren Schritte vergrößerte, es war der Austritt des Weges aus dem Walde auf die Chaussee. Unwillkürlich ließ ich die Zügel ein wenig lockerer und sofort sprang mein kluger Brauner zum Galopp an und jetzt sausten wir in immer tollerer Jagd durch das Dunkel des Waldes der immer näher kommenden lichten Oeffnung entgegen und in vollem Carrière schossen wir die letzte Strecke dahin bis hinaus auf die breite Chaussee. Doch kaum waren wir in dieselbe eingebogen, so machte das Pferd einen so unvermuthet raschen und scharfen Seiten= sprung, daß ich für einen Moment den Sitz verlor und mich nur mühsam im Sattel halten konnte. Erschreckt parirte ich scharf den Gaul, daß er fast in die Hinterhand sank, und hielt neben einem, mitten auf der Chaussee liegenden, todten Franzosen mit krampf= artig verzogenen und gebogenen Armen und Beinen, den ich beim Hinreiten zum Schlosse dort noch nicht hatte liegen sehen. Nachdem ich noch mehrere, die Chaussee coupirende Schützengräben umritten, sah ich endlich tief aufathmend die ersten Häuser von Monnaie vor mir liegen, und wenige Minuten später traf ich meinen braven Burschen, der mir das Pferd abnahm und mich zum Quartier des General=Commandos führte, in das ich mit dankbarem Herzen eintrat.

Obgleich es kaum 10½ oder 11 Uhr sein mochte, war doch kein Mensch im ganzen Hause mehr zu sehen; in dem sehr einfach möblirten Speisesaale brannten trübselig zwei Kerzen, auf dem Tische standen noch die Teller mit den letzten Spuren des hier stattgefundenen Diners, doch an Eßbarem fanden sich nur einige

Stücke Brod mit sehr bescheidenen Resten von Butter und Käse, und aus den verschiedenen Weinflaschen gelang es mir nur noth= dürftig, ein bis zwei Gläschen allerdings recht trinkbaren Weines zusammenzugießen. Da ich seit dem Morgen nichts genossen hatte, — denn im Schlosse les belles Ruries wurden wir durch die Ankunft der Truppen bei unserm Versuche, uns einen Imbiß zu verschaffen, gestört, — so schmeckte mir dieses mehr als frugale Mittags= und Abendbrot doch vorzüglich. Da ich keine Ahnung hatte, wo mein Bursche mit dem Pferde untergekommen, noch wo für mich Quartier gemacht war und mein Gepäck sich befand, ich mich auch viel zu ermüdet fühlte, um noch in der dunkeln Nacht den mir völlig unbekannten Ort, dessen schmutzige Straße ich bereits beim Absteigen vom Pferde zur Genüge kennen gelernt hatte, nach einem Quartier für mich abzusuchen, so hielt ich es für's Beste, die wenigen Stunden bis zur Versammlung in dem Speisezimmer zuzubringen. Ein ziemlich bequemer Lehnstuhl wurde neben den mächtigen Kamin gerückt, in dem ein großer Eichenkloß träge glühte; mit Hülfe des Blasebalges, der am Kamin hing, war bald die Kohlengluth zur lustig knisternden Flamme angefacht, und die in den nassen Reitstiefeln steckenden Füße dicht neben dem Feuer auf einem Stuhle ausgestreckt, wiegte mich der flackernde Schein des Feuers sehr bald in einen festen, erquickenden Schlaf.

21. December (Mittwoch). Punkt 5 Uhr begann die Berathung und Befehlsausgabe, und da beschlossen wurde, sämmtliche transportabeln Verwundeten in die Lazarethe nach Blois zu überführen, so fiel mir wieder die Aufgabe zu, gemeinsam mit dem Kommandeur der Feld= Gendarmerie für die Beschaffung und zweckentsprechende Ausstattung möglichst wenig stoßender Wagen mit dicker Strohschüttung Sorge zu tragen und das Verladen der Verwundeten zu überwachen. Wie ärgerte ich mich dann aber, als ich bei meiner Rückkehr zum Stabe erfuhr, daß sich inzwischen eine englische freiwillige Kranken= pfleger = Gesellschaft gemeldet und sich nicht nur zur Ueberführung der Verwundeten nach Blois auf ihren bequemen Transportwagen, sondern auch zur Abgabe der verschiedensten Verband= und Ver= pflegungsgegenstände erboten habe, welche nicht im Etat unserer Detachements und Lazarethe vorgesehen waren, unsern Verwundeten aber von wesentlichem Nutzen gewesen sein würden. Unter andern Sachen hatte die Gesellschaft auch einige mit den neuesten Instru=

menten ausgerüstete Operations=Bestecke an solche active Militair=
ärzte zu vertheilen die Absicht gehabt, welche noch nicht mit ähnlichen
Instrumenten ausgerüstet waren. Da sie weder ein Lazareth, oder
Sanitäts=Detachement, noch einen Collegen hatten auffinden können,
der ihnen näheren Aufschluß geben konnte, so waren sie weiter
gezogen, und als ich dann endlich mich nach ihnen umsehen konnte,
um ihre Anerbietungen dankbar zu benutzen, hatte ich Nichts als
das Nachsehen. — Und doch, wie gern hätte ich selbst ein handliches
Operations=Besteck besessen, da wir so oft Gelegenheit hatten, es zu
benutzen, und ich es schon wiederholt sehr entbehrt hatte.

In den Straßen begegnete ich einigen Offizieren des 9. Ulanen=
Regiments, von denen zwei den Kopf, einer den Arm verbunden
hatten; heiter und zufrieden sprachen sie über den gestrigen verlust=
reichen Angriff und waren dabei so voll des Lobes über den
schneidigen Muth ihrer Mannschaften, daß der eine von ihnen,
welcher die Attaque nicht mitgemacht hatte, seine Kameraden geradezu
darum beneidete, daß sie dieselbe hatten mitreiten können, während
er selbst eine andere Verwendung gefunden hatte. Die gleiche gehobene
Stimmung und dasselbe Gefühl der inneren Zufriedenheit mit ihrer
gestrigen That fand ich auch bei den Ulanen, welche überall um=
herstanden und den wenigen Kameraden, die nicht mit dabei
gewesen waren, ihre Erlebnisse berichteten, und auch von diesen sah
man es gar Manchem an, wie gerne er dieses Bravourstück mit=
gemacht hätte.

Nachdem ich noch den Verbandplatz im Schlosse Bellevue,
wohin die bei der abendlichen Ulanen=Attaque Verwundeten gebracht
worden waren, aufgesucht und Alles zum Rücktransport derselben
nach Blois hatte vorbereiten, auch zu diesem Zwecke 2½ Detachements
mit ihren Krankentransportwagen in erster Linie heranziehen lassen,
folgte ich mit dem dritten ½ Detachement den Truppen auf ihrem
Marsche nach Tours. Da nämlich die Meldung eingelaufen war,
daß die Stadt Tours von keinen regulären Truppen besetzt sei,
die französische Armee vielmehr nach Norden ausgewichen sei, wohin
auch die gestern von uns zurückgeworfenen Abtheilungen sich ver=
duftet zu haben schienen, so war beschlossen worden, daß nur ein
kleines gemischtes Detachement nach Tours aufbrechen sollte. Das=
selbe bestand aus einigen Bataillonen Infanterie, zwei Batterien und
zwei Escadrons Cavallerie mit ½ Sanitäts=Detachement und ge=

langte unbeläftigt bis zur Vorstadt von Tours, St. Symphorien. Letztere liegt auf dem rechten Ufer der Loire auf einer kleinen Anhöhe und ist mit Tours durch eine herrliche, lange, feste Brücke über die Loire verbunden, in deren Richtung sich dann die Haupt=straße der Stadt weiterzieht. Am Anfang von St. Symphorien mündet die Straße von Vendôme im spitzen Winkel in die Chauffee nach Le Mans und La Chartre, um dann mit dieser rechtwinklig nach Tours umzubiegen. Der Vortrab hatte bereits die Vorstadt paffirt und betrat eben die große Loirebrücke, als die Soldaten aus den erften Häufern von Tours jenfeits der Brücke Gewehrfeuer bekamen, das sie zwang, zunächst die Häufer von St. Symphorien zu befetzen. Sobald dies dem Gros des Detachements gemeldet wurde, gingen die beiden Batterien im Galopp bis zum Knie der Vorstadtstraße vor, protzten schnell ab und warfen etwa ein Dutzend bis zwanzig Granaten hinüber in die Stadt, 'deren Hauptstraße gedrängt voller Menschen stand.

Ich hielt ziemlich am Ende des Zuges, als die Batterien vor=gezogen wurden, folgte denfelben aber direct und kam gerade noch zur Zeit, um den Generalftabs=Offizier v. Sch., welcher allein hierbei eine schwerere Schuß=Verletzung des linken Armes erhalten hatte, verbinden zu helfen. Das Aufziehen einer weißen Fahne auf dem Hôtel de ville von Tours hatte indeffen dem Artilleriefeuer bereits ein Ende gemacht, und wir warteten den Erfolg ab, den die eifernen Vifitenkarten, welche die Deutfchen den Einwohnern von Tours zugefandt hatten, — wie die kurze Befchießung fehr bald bezeichnet wurde, — hervorgebracht haben würden. — Es war ein über=rafchend fchöner Blick, der fich uns von hier oben an der Biegung der Hauptstraße von St. Symphorien plötzlich darbot, befonders da der Regen feit dem Morgen aufgehört hatte und ein fcharfer, kalter Nordoftwind die dunkeln Wolken vertrieb, fo daß die Sonne ab und zu das leichte Gewölf durchbrechen konnte und der Gegend ein freundliches Ausfehen verlieh. Sanft fenkte fich die fchnurgerade, breite Straße zwifchen anmuthigen Villen in fauberen Gärten hinab zum Loirethal, fetzte fich in die lange fefte Brücke über die breite Loire und hinter derfelben in die fich erft in der Ferne im Häufer=gewirr verlierende, breite gerade Hauptstraße von Tours fort. Auf beiden Seiten derfelben zieht fich die bedeutende Stadt längs des jenfeitigen Ufers des majeftätifch vorüberziehenden, mächtigen

Flusses hin, in dessen klaren Fluthen sich die am Quai liegenden, stattlichen Gebäude deutlich widerspiegeln. Gigantisch tritt der prächtige Dom mit seinen beiden gewaltigen Thürmen hoch über die Häuser hervor, überall heben sich schöne, stattliche Kirchen, alte, riesenhafte Thürme und eine Fülle von Baulichkeiten, welche durch ihre Bauart, ihre Größe, oder ihren Umfang sofort in's Auge fallen, von dem weitausgedehnten Häusermeer und aus dem Straßen= gewirr klar ab. Und rings um die Stadt herum dehnt sich vor unsern Blicken das herrliche Loirethal und die reiche, weltberühmte Landschaft der Touraine aus mit ihren Schlössern, Berghöhen, Wäldern und entzückenden Flußufern.

Nach kurzer Zeit nahte sich auf der jetzt vollständig menschen= leeren Straße ein kleiner Zug, dem eine mächtige weiße Fahne vorangetragen wurde; der Stab ritt demselben bis zur Brücke entgegen, und uns gegenüber stand jetzt der würdige Maire der Stadt Tours in seiner Amtstracht, umgeben von einigen der angesehensten Bürger und Väter der Stadt und begleitet von mehreren Stadt= soldaten. Der Maire überbrachte den Schlüssel der Stadt, ver= sicherte, daß weder reguläre noch irreguläre Truppen sich in der Stadt befänden, daß es vielmehr nur einige hundert rothe Republikaner gewesen seien, welche sich zu diesem unsinnigen, kopflosen Verthei= digungsversuche hätten hinreißen lassen. Die Stadt selbst und alle verständigen Bürger bedauerten es sehr, daß diese Unbesonnenheit stattgefunden habe, und seien bereit, eine deutsche Besatzung freundlich und willig in die Stadt aufzunehmen. Ferner erklärte er, daß auf seine Aufforderung hin sämmtliche Bewohner, mit Ausnahme der wenigen Republikaner, ihre Waffen abgeliefert hätten, doch bäte er, die Stadt mit einer starken Truppenzahl zu besetzen, da dann auch die kleine verbissene Schaar der Rothen keinen Anschlag gegen die Deutschen auszuführen wagen würde.

Ein Engländer, welcher sich als Vermittler der Deputation der Stadt angeschlossen hatte, bestätigte die Aussagen des Maire und rieth, die Stadt stark, oder · gar nicht zu besetzen, da es sonst wahr= scheinlich den erregten, reichlich mit Waffen versehenen Republikanern gelingen würde, das Volk so aufzustacheln, daß es leicht zum Straßenkampf kommen könne.

Da der Maire sich bereit erklärte, eine von dem commandirenden General — der das Detachement nicht mit begleitet hatte, — fest=

zuſetzende Contribution als Sühne für den Angriff der Bürger auf unſere anrückenden Truppen Seitens der Stadt zu entrichten, ſo wurde, nachdem der Maire das betreffende Schriftſtück ausgeſtellt und die Mitglieder der Commiſſion daſſelbe unterzeichnet hatten, von einer augenblicklichen Beſetzung Abſtand genommen, und das Detachement kehrte unbehelligt nach Monnaie zurück, wo ich noch ein leiblich gutes Quartier und vorzügliche Verpflegung fand.

Rückmarſch nach Blois.

22. December (Donnerstag). In der Nacht war die Witterung wieder vollſtändig umgeſchlagen, es hatte ſich wieder ſtrenge, winterliche Kälte eingeſtellt. Als wir am Morgen 8 Uhr die Stadt verlaſſen hatten, wehte uns ein ſchneidend ſcharfer, eiſiger Oſtwind die zu feinen, ſpitzen Kryſtallnadeln hartgefrorenen Schneeflocken ſo heftig ins Geſicht, daß ſie einen Schmerz hervorriefen, als ob die Haut beſtändig mit feinen Nadelſpitzen geſtochen würde. Dabei war die Kälte ſo groß, daß der Athem ſich in kleinen Eiszapfen an Bart und Haupthaar ſetzte, und dadurch die Unannehmlichkeit der Witterung weſentlich vermehrte. In den ſtählernen Steigbügeln wurden die Füße bald kalt und ſteif wie Eisklumpen, und die den Zügel führenden Hände konnte ich bald vor Steifigkeit kaum noch bewegen. Wir ſtiegen daher nach kurzem Reiten von den Pferden und trippelten neben und möglichſt zwiſchen unſern Pferden her, deren Haare gleichfalls mit dickem Reif bedeckt waren. Aber auch durch das Gehen konnte ich die Füße nicht wieder warm bekommen, vielmehr nöthigte mich das Gefühl, als habe ich zwiſchen Strumpf und Fußſohle ein Eisſtück ſitzen, das mich nicht ſicher und feſt auftreten ließ, ſehr bald wieder auf den Gaul zu klettern und durch möglichſtes Ineinanderkriechen und beſtändiges Bewegen der Arme und Beine die Glieder mir beweglich zu erhalten.

So reizend auch die Gegend, namentlich in ihrem ſchneeigen Winterkleide war, und ſo ſchön auch einzelne von den vielen Schlöſſern lagen, bei den wir vorbeimarſchirten, ſo intereſſirte uns dies Alles heute doch viel weniger, wie die vielfach ſich bietende Annehmlichkeit, eine größere Strecke im Schutze des Waldes marſchiren zu können, wo wenigſtens das Geſicht nicht mehr ſchmerzhaft brannte von den ſcharfen Eisnadel=Stichen der gefrorenen

Schneeflocken, und wo der schneidende Wind uns nicht mehr bis ins Innerste hinein erstarren machte. Da die Straße stellenweise durch das Gefrieren des tiefen Schmutzes der letzten Regentage sehr uneben, hart und für die Hufe der Pferde geradezu gefährlich höckrig, dann wieder sehr glatt war, so mußte in sehr langsamem Tempo marschirt werden. Es wurde fast 3 Uhr Nachmittags, ehe wir in unserem nächsten Quartier, in der Stadt Herbault eintrafen; freilich hatten wir gerade bei diesem scheußlichen Wetter auch einen der längsten aller bisherigen Märsche zurückzulegen, da die Entfernung zwischen **Monnaie** und **Herbault** 35—40 Kilometer beträgt; wir hatten also gegen 5 deutsche Meilen in 7 Stunden mit nur wenigen, kurzen Ruhepausen zurückgelegt.

Das ganze General = Commando kam in **Herbault** auf dem dortigen Schlosse in's Quartier, bei einem Marquis, dessen beide Töchter in der liebenswürdigsten Weise sich ihrer Gäste annahmen. Die jüngste Comtesse war eine der schönsten, ja die schönste von allen jungen Französinnen, welche ich bisher in Frankreich gesehen habe. — Von schlankem, ebenmäßigem Wuchse, verband sie mit Zartheit und Feinheit der Glieder eine Weichheit, Rundung und ansprechende Fülle der Körperform, sowie eine Geschmeidigkeit und Eleganz in jeder ihrer Bewegungen. Mit Ruhe und Sicherheit im Auftreten vereinte sich bei ihr eine jungfräuliche Scheu und Zurückhaltung, mit freier Entfaltung ihrer Geisteskräfte Mutterwitz und Schlagfertigkeit in der Unterhaltung und mit einer liebenswürdigen Offenheit eine unverdorbene Naivität. Die Regelmäßigkeit und Schönheit der Gesichtszüge wetteiferte mit der Reinheit des Teints und dem durchschimmernden Rosa der zarten, weißen Hautfarbe; ein volles, dunkelbraunes Haar umrahmte den geistreichen Kopf und lange Augenwimper mäßigten das blitzende Feuer ihrer dunkeln Augen, aus denen Uebermuth und Lebenslust, sinnige Tiefe des Gefühls und leichte Auffassung des Lebens, eine unversiegbare Quelle jugendlicher Fröhlichkeit und sorglosen Lebensgenusses hervorleuchteten. — Leider wurde die Lebhaftigkeit und Leichtigkeit der Unterhaltung dadurch gestört, daß nur wenige von uns der französischen Sprache so vollkommen mächtig waren, daß sie diesem blendenden und berauschenden Gedanken=Sprühen und geistreichen Wort=Feuerwerk mit Leichtigkeit hätten folgen und den Reiz dieses pikanten Tändelns, der verblüffenden Gedankensprünge einer ungenirten und unbefangenen Conversation voll hätten genießen können. — Ich selbst hatte auf dem Marsche die Unannehmlichkeit gehabt, daß ich beim Ausgleiten auf der glattgefrorenen Chaussee mir mein Reitbeinkleid dicht über dem Knie quer auseinander=gesprengt hatte und obendrein nicht im Stande war, dasselbe zu wechseln, da mein Koffer direct mit unserm Actenwagen nach **Blois** zurückgegangen war, während ich nur die nöthigsten Toiletten=gegenstände zurückbehalten hatte. — Aus diesem Grunde hatte ich auch eigenhändig das Zunähen der klaffenden Wunde vornehmen müssen, und glaubte nur zu bald aus den Mienen der jungen Damen entnehmen zu dürfen, daß ihnen meine peinliche Lage nicht entgangen war. Sehr bald konnte ich mich auch aus den leisen Andeutungen und heitern, scherzenden Bemerkungen, welche mit zunehmender Sicherheit von der Richtigkeit ihrer Beobachtungen auch an Deutlichkeit zuzunehmen schienen, deutlich von der Wahrheit meiner Be=fürchtung überzeugen. Ich zog es daher vor, mich aus der gefähr=lichen Stellung zurück zu ziehen, indem ich im Rauchzimmer mich an dem seltenen Genusse einer echten Havanna=Cigarre in minder anziehendem und aufregendem Gespräche mit dem alten Marquis erfreute.

Es war dies übrigens erst das zweite Mal, daß mir während unseres Aufenthaltes in Frankreich von einem Franzosen eine Cigarre angeboten wurde, mochten die Diners auch noch so aus=gezeichnet und die Weine auserlesen gewesen sein. Zuerst war dies in **Montargis** von meinem Quartiergeber, dem liebenswürdigen Rechtsgelehrten, geschehen. Dagegen muß ich gestehen, beide Male waren es aber auch ganz ausnahmsweise vorzügliche Cigarren, die wir zu rauchen bekamen.

In Herbault empfanden wir diese kleine Aufmerksamkeit jedoch weit angenehmer, wie es sonst wohl der Fall gewesen wäre, da die von Metz aus mitgenommenen Cigarren = Vorräthe, die in Folge der dort häufiger eintreffenden Liebesgaben recht bedeutend und von guter Qualität gewesen waren, fast bei Jedem von uns zur Neige gingen, resp. schon aufgeraucht waren, und da ferner weder Packete aus der Heimath bis zu uns gelangten, noch viel weniger Liebesgaben, und in Frankreich selbst überhaupt keine Cigarren zu kaufen waren, weil die Tabak= und Cigarren=Verschleißer ja Staats=

beamte waren und natürlich bei unserer Ankunft mit ihren Monopol=
Lagern und Kassen schleunigst das Weite suchten.

Während das Diner und Souper ausgezeichnet und die alten,
guten Weine tadellos waren, welche der Schloßherr uns vorsetzte,
mußten die Quartiere selbst und die Betten nicht nur sehr mäßig
und ungemüthlich, sondern geradezu schlecht genannt werden. Einige
Offiziere, darunter ich selbst, waren nämlich in Zimmer unter=
gebracht, die wahrscheinlich sonst als Kutscher=Wohnung dienten
und in einem kleinen Nebengebäude aus dünnem Fachwerkbau
höchst primitiv zurecht gemacht waren. Durch die dünnen Wände
und kaum verschließbaren Thüren und Fenster wehte die eisige
Winterluft ungehindert ins Zimmer hinein, und das Wasser war
in allen Gefäßen zu Eisklumpen erstarrt. Dabei waren die
Betten kaum für warme Sommernächte ausreichend ausgestattet,
während im Schlosse selbst noch genug unbesetzte Zimmer und aus=
reichende Vorräthe an Betten vorhanden sein sollten, um uns Alle
für die Nacht mühelos dort unterzubringen. Als auf unsere Bitte
um Einräumung von Zimmer im Schlosse selbst eine ablehnende
Antwort erfolgte, drohten wir, uns sämmtliche Zimmer, auch das
Schlafzimmer der jungen Comtessen öffnen zu lassen. Durch unsere
Burschen hatten wir nämlich gehört, daß die Betten der beiden
Damen aus etwa je einem Dutzend über einander liegender Matratzen,
Daunenbetten und Steppdecken aufgebaut sein sollten. Als dieselben
nun erfuhren, daß wir Barbaren auch in ihre geheiligten Räume
einzubringen beabsichtigten, versuchten sie auf jede Weise dies zu
verhüten. Als die jungen Damen aber endlich einsahen, daß wir weder
durch ihren Zorn und Unmuth, der sich sogar bis zum Stampfen
des Bodens mit ihren kleinen, zierlichen Füßchen gesteigert haben
soll, noch durch ihre erzwungen freundlichen Bitten erweicht wurden,
sondern ihnen immer nur in aller Ruhe unser Bedauern aus=
brückten, daß wir genöthigt seien, entweder ein freiwilliges Abtreten
der zu unserm Nachtlager erforderlichen Bettstücke aus ihrem
Babylonischen Betten=Thurmbau zu erbitten, oder uns mit eigenen
Augen zu überzeugen, ob und event. wieviel von den Kissen ent=
behrt werden könnten, ohne befürchten zu müssen, daß die Damen
dadurch in ihren süßen Träumen gestört, oder von der Kälte erreicht
würden, oder das ihre zarten Glieder etwas von der gewohnten
Weichheit des Lagers entbehren müßten, so suchten sie schließlich

durch eine Beschwerde beim Stabschef, Oberstlieutenant v. Caprivi ihren Willen durchzusetzen. — Zu ihrem Erstaunen mußten sie indessen erleben, daß dieser nur lächelnd erklärte, wir Alle würden den Comtessen zu besonderem Danke verpflichtet sein, wenn sie das große Opfer des Verzichtens auf einige der etwa entbehrlich erscheinenden Stücke ihres Lagers bringen würden, und daß er dann uns eine angenehme Ruhe auf der in so beneidenswerther Art dargebotenen Lagerstätte wünschend, sich auf das Verbindlichste von ihnen verabschiedete. — Mit einem Blicke, der wohl alles Andere eher ausdrückte, als das Gefühl von Zufriedenheit bald uns, bald den sich entfernenden Generalstabs = Chef anschauend, stampften die zarten Füße noch einmal leise den Boden, dann waren die holden Gestalten verschwunden. Kurze Zeit darauf fanden wir auf dem weichen Teppich eines hübsch ausgestatteten Zimmers die fehlenden 3 Lagerstellen aus dicken Matratzen, weichen, leichten Daunenbetten und Steppdecken auf das Sauberste herge= richtet; todtmüde warfen wir uns frühzeitig auf dieselben nieder und lagen bald in festem, erfrischendem Schlaf, der meinerseits durch keine Träume beunruhigt wurde.

23. Dezember (Freitag). Als wir am folgenden Morgen gegen 7 Uhr im Speisesaal zum Kaffee=Frühstück erschienen, erstaunten wir nicht wenig, daß wir durch die beiden jungen Comtessen aufs freundlichste und liebenswürdigste begrüßt und in der naivsten und zuvorkommendsten Weise mit lächelndem Munde gefragt wurden, ob wir auf dem leider nur mangelhaft herstellbaren Nothlager auch gut hätten schlafen können.

Nicht das kleinste Wölkchen des gestrigen Unmuthes war mehr auf der glatten Stirne zu entdecken und das anmuthige Plaudern und die geist= und witzsprühenden Bemerkungen waren nicht minder anziehend wie gestern, während das zierliche, kleine Morgenhäubchen und die elegante, sich den zarten, weichen Körperformen sanft anschmiegende Morgentoilette die Schönheit der Figur nur noch deutlicher hervorhob.

Eisige Kälte durchrieselte den ganzen Körper, als ich aus dem Stalle, wo ich für das Umwickeln der Steigbügel mit Stroh und Zeug gesorgt und sonstige kleine Anordnungen zum Warmhalten der Glieder beim Reiten getroffen hatte, in den weiten Vorsaal des Hausflures wieder eintrat. Vergeblich hatte ich mich bemüht, unter meinen Sachen irgend etwas Brauchbares zum Schutze der Ohren und des Halses gegen die Kälte herauszufinden; da sah ich zufällig auf einem der Tische ein großes seidenes Halstuch liegen, wie ich es für meinen Zweck geeigneter kaum hätte finden können, und was ich daher liebend gerne mitgenommen hätte. Lang und schwer war der Kampf, ob ich die beiden Damen, deren Eigenthum das Tuch doch jedenfalls wohl war, um Ueberlassung desselben bitten sollte. Ich vergegenwärtigte mir die Beschwerden des gestrigen Marsches, die mir auch heute bevorstanden, und erwog die Wohlthat, die mir ein solches Tuch dagegen gewähren könnte. Indessen die Erinnerung an das gestrige heftige Gefecht mit den beiden Schönen und die Furcht, das Tuch vielleicht mit einem spöttischen Lächeln, oder mit höhnischen, verletzenden Bemerkungen hinnehmen zu müssen, ja es vielleicht gar wegen derselben nicht einmal annehmen zu können, dies Alles war doch noch zu frisch und zu stark und ließ mich schließlich lieber von vorne herein auf meinen Wunsch verzichten.

Und als ob diese Ueberwindung nun auch einen kleinen Lohn verdient hätte, legte sich der scharfe, schneidende Wind. Als wir dann nach kurzer Zeit die schönen bewaldeten Bergzüge des Cisse-Flußes und dessen reizendes Thal schräg durchzogen und den prächtigen, umfangreichen Wald von Blois erreichten, in dem wir vor jedem scharfen Luftzuge geschützt wurden, da verwandelte sich unser Marsch geradezu in einen herrlichen Winterspazierritt. Schon vor 11 Uhr, also nach kaum 2½ Stunden, traten wir aus dem hohen, hehren Waldesdom heraus, und vor uns lag am Fuße des Bergabhanges die herrliche Stadt Blois, dessen romantisches, alter= thümliches Schloß in seinem neuen Restaurationskleide sich mit den übrigen sehenswerthen Baulichkeiten der Stadt in den klaren Fluthen der breiten Loire wundervoll wiederspiegelte, während die massive, breite Stein=Brücke mit ihren 14 rundgewölbten Bogen sich stolz über den Fluß spannte und die hohe Steinpyramide auf ihrem Mittelpfeiler als ein Wahrzeichen der Stadt zum Himmel emporreckte.

Bald darauf rückten wir wieder in Blois ein, wo ich mit dem Corps=Stabs=Apotheker in dem feinen, aristokratischen Hause eines Mons. de Lefèves ausgezeichnet gut einquartirt war. Jeder von uns hatte sein reich und geschmackvoll ausgestattetes Schlafzimmer und wir Beide ein gemeinsames Wohnzimmer, das im Style des

Mittelalters meublirt, mit seiner hohen, feingeschnitzten und verzierten dunklen Holzdecke, den getäfelten Wänden, welche reich geschnitzte Panele und Wandbretter bis hoch hinauf bedeckten, mit seinen breiten, schönverzierten Thür-Einfassungen, dem mächtigen Kamin und dem fingerdicken, weichen Teppich einen ebenso luxuriösen und gediegen schönen, wie behaglichen und wohnlichen Eindruck hervor- rief. Bei der wieder eingetretenen starken Kälte war es uns zuerst gar nicht möglich gewesen, das hohe große Zimmer auch nur einiger- maßen erträglich durch das Kaminfeuer allein zu durchwärmen. Erst nach einigen Tagen entdeckten wir zufällig, daß mit dem Rauchfang des Kamines noch ein Röhrensystem verbunden war, dessen Züge sich in der Wand über dem Kamin schlangenartig hin und herzogen, und das durch Klappenstellung in den Abzug des Kamines gleichsam eingeschaltet werden konnte, so daß die Wärme des Kaminfeuers nicht mehr unbenutzt direct zum Schornstein hinausflog, sondern das Röhrennetz in der Wand vorher durchströmen und somit dieses und das Zimmer erwärmen mußte.

Zugleich gestattete diese Heizvorrichtung eine Regulirung des Kaminfeuers, so daß von da ab der Aufenthalt im Quartier an Gemüthlichkeit und Annehmlichkeit bedeutend gewann, und wir uns nicht mehr beständig über das träge Flackern der kleinen, an den mächtigen Eichenkloben herumleckenden Flamme zu ärgern brauchten, vielmehr an dem laut bullernden, knisternden und mit hellem Schein lustig in den dunkeln Rauchfang hineinzüngelnden Kaminfeuer noch manche Dämmer- und Abendstunde gemüthlich verplauderten. Tadellos und äußerst schmackhaft waren die aus 3 bis 4 Gängen und Nachtisch bestehenden Mahlzeiten, zu den ein Gläschen Port- wein, Sherry 2c. und in reichlicher Fülle ein alter, ausgezeichneter Rothwein gereicht wurde. Wir Beide speisten stets allein und wurden zu diesem Zwecke von dem eleganten, älteren Libréediener mit weißbaumwollenen Handschuhen, weißer Kravatte, Schnallen- schuhen, schwarzen Strümpfen und sammetenen, weiten, unterhalb des Kniees mit silbernen Bortenstreifen abschließenden faltenreichen Beinkleidern, jedesmal mit den feierlichen Worten: „Messieurs, sont servis!" in den großen, aber recht kalten Speisesaal geladen, wo derselbe uns stumm, aber äußerst aufmerksam und ceremoniel bediente. Nachdem er noch gefragt, ob wir den Kaffee auf unserem Zimmer zu nehmen befohlen, wartete er in respectvoller Haltung am Buffet, bis wir aufstauden, sprang dann dienfteifrig herbei, um die schweren Eichenstühle hinter uns fortzuziehen, öffnete die Flügel= thüren und entließ uns mit einer tiefen Verbeugung.

Wir hatten zwar unseren Quartiergebern gleich nach der An= kunft unfern Befuch gemacht, waren auch fehr förmlich und höflich, aber kühl und zurückhaltend empfangen worden, fanden dann bald darauf beim Heimkehren von einem Spaziergang auf filbernem Präfentirteller die Vifitenkarte des **Mons. le, de** oder **de le Fêves,** bekamen im Uebrigen aber Niemand von der Familie zu fehen und hatten auch in keiner Hinficht den leifeften Grund zur Klage.

Die Weihnachts- und Neujahrszeit in Blois.

Unfer Bureau war beim Generalarzt untergebracht, der uns fchräg gegenüber ein womöglich noch luxuriöferes und geräumigeres Quartier gefunden hatte, jedoch noch vielfach an heftigen, rheuma= tifchen Schmerzen litt und es um fo unangenehmer empfand, daß die lange Flucht der eleganten Zimmer ftets nur dicht am Kamin ein warmes Plätzchen aufwies. Dafür waren die Hausbefitzer aber in der liebenswürdigften Weife bemüht, ihm gefällig und nützlich zu fein, und unterftützten uns mit anerkennenswerthem Eifer bei der Pflege unferes recht ungeduldigen und verftimmten Patienten. Wir hatten denn auch die Freude, den Generalarzt noch vor Schluß des Jahres völlig wiederhergeftellt zu fehen.

24. December (Weihnachts=Heiliger=Abend, Sonnabend). Bei meiner Ankunft in **Blois** hatten fich im Bureau die Dienftgefchäfte fo angehäuft, daß ich angeftrengt zu arbeiten hatte, bis diefelben bewältigt waren. — Als am heiligen Chrift=Abend die Poftfachen eintrafen, nahm ich die für mich eingetroffenen Briefe von Verwandten und lieben Freunden zur Hand, zog einen bequemen Seffel an das Kamin= feuer, — deffen Regulirbarkeit und Verwendbarkeit zum Heizen des Zimmers ich leider noch nicht kannte, — zog eine der 10 kleinen französifchen 1 Sous=Cigarren hervor, die ich nach langem Suchen das Stück zu 1 Frank als Weihnachtsgefchenk für mich noch auf= getrieben hatte, und vertiefte mich in die erhaltenen Briefe der Lieben aus der Heimath. Dann faß ich lange dort im dunkeln Zimmer, an deffen gefchnitzten Deckenbalken und Panelen der Wieder= fchein des Kaminfeuers flackernd fpielte, und das die auf den Ge=

simsen stehenden Kannen, Becher, Vasen, Gläser und allerhand
Kunstgegenstände oft in den wunderbarsten Formen und Schatten=
rissen oder in strahlenden Lichtpunkten sich vom dunkeln Hinter=
grunde abheben ließ. Das zitternde dunkelrothe Licht der Flammen,
welche um den rothglühenden Eichenkloben herumhüpften und bis
in den schwarzen Schlund des Rauchfanges hineinleckten, die hell
aufblitzenden Funkensterne, die knisternd gleich Raketen von den
glimmenden Holzbränden von Zeit zu Zeit umhersprühten, und die
bläulichen Rauchwolken der Cigarre, welche langsam vor dem Kamin
auf= und abwogten und in langem Zuge sich den emporzüngelnden
Flammen zugesellten, dies Alles war so recht dazu angethan, die
Gedanken mit sich fortzuziehen in die weite Ferne, in die traute
Heimath, in das Elternhaus, von dem wiederum die Gedanken
unserer Lieben zu uns herüberflogen, und so uns unsichtbar mit
dem Bande der Liebe im Geiste vereinigt hielten.

Deutlich glaubte ich jetzt das Läuten der Kirchenglocken zu
vernehmen, welche das anbrechende, liebliche Weihnachtsfest bei uns
ankündigten, sah den Vater, wie er mit stillem Ernst die Lichte des
Weihnachts=Tannenbaumes anzündete. Jetzt erklang der helle Ton
der Glocke, und von der Schwester und ihrem jüngst Verlobten
geleitet, sah ich die geliebte Mutter in den hellen Festraum treten,
sah, wie die lieben Gesichter der Eltern mit sehnsüchtigen Augen auf
die beiden leeren Plätze schauten, wo sie den beiden draußen in
Feindesland stehenden Söhnen ihre Gaben aufgebaut hatten, und
wie ihre thränenfeuchten Augen wieder mit inniger Freude auf dem
glücklichen jungen Brautpaar ruhten, das Alles um sich her ver=
gessend, zunächst sich einander selbst genug zu sein schien. Mir war
es, als sähe ich dann, wie die beiden Paare zusammen vor den
beiden Bildern in den geschmackvollen Rahmen standen, mit den
der Eine den Andern überraschen zu können gehofft hatte, und wie
sich dann schließlich Jeder doch freute, daß der Andere denselben
Gedanken heimlich in sich getragen hatte, so daß jetzt ihre beiden
Jungen in je 2 Exemplaren frisch, gesund, als kräftige Männer
und treue Vaterlandsvertheidiger ihnen freundlich entgegentraten.
Jetzt wieder saßen die vier lieben Familienglieder unter dem hell
strahlenden Tannenbaum still, paarweise eng aneinandergeschmiegt,
und deutlich hörte ich die geliebte Mutter fragen: „Wie mag es
jetzt wohl unsern beiden Jungen ergehen und zu Muthe sein?"

Da erhellte ein blendender, überirdischer Strahlenglanz plötzlich das dunkle Gemach und ein unbeschreibliches Wonnegefühl, eine volle innere Zufriedenheit umfing mich und führte mich leise, leise dem Traumgott in die weichen Arme.

Längst waren wohl schon am heimathlichen Tannenbaum die Lichte erloschen, als ich durch einen sanften Druck aus dem Schlafe geweckt wurde. Noch von den schönen Bildern des Halb= schlummers umfangen, mußte ich mir erst die Augen reiben, um zu erkennen, daß der mich im ersten Augenblicke blendende Licht= strahl nur von einer Kerze herrühre, mit der die beiden treuen Freunde und Kriegsgefährten, der Stabsapotheker und der Corps= Auditeur mich aufgesucht hatten, um gemeinsam mit mir den Rest des Abends zu verbringen. — So wanderten wir denn zu den berühmt gewordenen Schönheiten von Blois, den wirklich lieb= reizenden, züchtigen Töchtern des Café de la Loire-Wirthes, wo wir im Kreise fröhlicher Kameraden bis zum späten Abend beim lieblich duftenden Grogk zusammensaßen.

So verlief mir der heilige Weihnachtsabend fern von der Heimath in Feindes=Land einsam und still, aber doch in weihnacht= lich gehobener Stimmung.

25. und **26. December** (Weihnachtsfest, Sonntag und Montag). Nichts zeichnete die beiden Feiertage des lieben Weihnachtsfestes von einem gewöhnlichen Sonntags=Ruhetage aus, als das angenehme Gefühl, am folgenden Tage voraussichtlich nicht, wie sonst den Koffer packen und ohne Rast und Ruh' weiter wandern zu müssen. Dieses Gefühl der behaglichen Ruhe, das schöne Bewußtsein, noch einige Tage der Erholung, des Ausruhens vor sich zu haben, und dies in so sorgloser Weise, in einer so angenehmen Lage und unter so günstigen Verhältnissen ungestört genießen zu können, war so wohlthuend und neu, daß wir uns demselben willenlos hingaben und auch vollständig dadurch befriedigt wurden.

Die Bureauarbeiten waren schnell erledigt, der Generalarzt noch leidend, der strenge Frost mit seinem schneidend scharfen Ost= winde verlockte wenig zum Ausgehen, die in letzter Zeit sehr stark angestrengten Pferde bedurften der Ruhe, so daß auch nicht an weitere Ausflüge in die Umgegend gedacht werden konnte. So saßen wir denn meist still in der Nähe des wärmenden Kaminfeuers, das nunmehr auch Dank der entdeckten Heizungs=Vorrichtung das

Zimmer erträglich gut erwärmte, schrieben Briefe, vervollständigten das Tagebuch und lasen, oder ich langte mir eine von den wenigen Sous=Cigarren hervor, die bei dem allgemeinen Cigarren=Mangel geradezu als ein großer Luxusgegenstand angesehen wurden, zündete mit einem unbeschreiblichen Behagen das kleine, theure Cigarrchen an und schwelgte dann bequem in den Sessel zurückgelehnt, in diesem lange entbehrten Genusse des Rauchens. Und während das Auge den bläulichen Ringen und sich kräuselnden Rauchwolken sinnend folgte, zogen die Gedanken mit diesen wieder hinaus in die Ferne zu Eltern und Geschwistern, in die traute Heimath und zu dem nicht allzuferne, aber doch mir unerreichbar, gleichfalls in Feindes Land stehenden jüngsten Bruder, von dem ich endlich directe und zum Glück auch befriedigende Nachricht erhalten hatte.

War dies schon eine besonders schöne Weihnachtsfreude gewesen, so kam am 2. Weihnachtstage noch eine andere hinzu. Vormittags traten plötzlich zwei meiner intimsten und treuesten Studienfreunde, die zufällig sich nach Blois hatten beurlauben lassen und sich auch gleich nach ihrer Ankunft getroffen hatten, in mein Zimmer. — So wurde denn noch der 2. Weihnachtstag zu einem schönen Freuden= und Jubelfeste. Erst spät Abends kehrte der beim IX. Armee=Corps stehende Kollege über die lange Loire=Brücke zu seinem Truppentheile zurück. — Lange standen wir drei alten Freunde gemeinsam an der Steinpyramide vor dem gesprengten Brückenbogen, schauten hinab in die unter uns vorübereilende, mächtig angeschwollene Loire und sahen dem wilden Kampfe und Ringen der gewaltigen Eisschollen zu, welche gegen die festen Pfeiler anstürmend, sich wild aufbäumten, übereinander schoben und krachend zerschellten, oder von dem vor den Pfeilern sich aufstauenden und seinen schäumenden Gisch bis hoch auf die Brücke hinaufschleudern= den Wasserberge zurückgeworfen, in der durch die Brückenbogen hindurchschießenden Strömung mit den nachbarlichen Schollen zu= sammenrannten, dieselben hoch aus dem Strome emporschoben, oder selbst weichend, in wildem, wirrem Drängen und Stoßen sich auf andere Eismassen hinaufschoben und sich mit diesen zu wahren Eisbergen vereinigten, bis ein mächtigerer Nachbar auch sie wieder zerschmetterte. — Es war ein schaurig=schöner, wilder Kampf des Stromes und der Eismassen gegen die Stützen der festen, starken Steinbrücke, dessen Brausen selbst unsere Stimme laut übertönte.

Endlich rissen wir uns von dem fesselnden Schauspiele los und schieden in der freudigen Hoffnung, uns in nicht allzuferner Zeit ebenso gesund und frisch in der Heimath unter friedlichen Verhältnissen wieder zu sehen.

27. bis 30. December (Dienstag bis Sonnabend). Ganz gegen alle Erwartung blieben wir unbelästigt und unbeunruhigt in Blois liegen; mit dem französischen Heere, mit den Trümmern der ehemaligen gewaltigen Loire-Armee, die **Gambetta** in kurzer Zeit gleichsam aus dem Boden gestampft hatte, hatten wir kaum noch lose Fühlung. Dieselbe war nach Norden ausgewichen und mußte dort zunächst mit den übrigen Corps der II. Armee zusammentreffen.

Endlich fanden wir hier also die nöthige Zeit und Gelegenheit, um die in Orléans unterbrochene oder verabsäumte Instandsetzung und Ergänzung der Bekleidung und des Schuhwerkes gründlich besorgen zu können.

Und dies war auch bei mir in der dringendsten Weise erforderlich. Mein Reitbeinkleid vor allem mußte ersetzt werden und erhielt endlich den ledernen Reitbesatz, den ich bereits Monate lang im Koffer mit herumschleppte, ebenso waren die Reitstiefel durch die Nässe so eng und brüchig geworden, daß ich sie vorschuhen lassen mußte, der Sattel bedurfte einer gänzlichen Umarbeitung und endlich ließ ich mir auch noch nach französischem Muster eine dicke Tuch-Kaputze machen, die zugleich Kopf, Gesicht und Hals schützte und mir dann auch vorzügliche Dienste geleistet hat.

Einige Tage mußte ich auch wegen einer tüchtigen Erkältung das Bett resp. Zimmer hüten, und so war denn, ehe wir uns dessen recht versahen, der letzte Tag des ereignißreichen Jahres herangekommen, ohne daß wir auch nur ein einziges Mal allarmirt worden waren. — Die Offiziere der verschiedenen Regimenter der 19. Division und der Corps-Artillerie, welche in Blois selbst, oder doch in dessen nächster Umgebung im Quartier lagen, hatten verabredet, sich am Sylvester-Abend im Café de la Loire zu versammeln, dort gemeinsam zu essen und nach echt deutscher Art und Gewohnheit den Jahreswechsel zu feiern. — Schon Tags vorher hatte ich im Verein mit einem andern, in der Kochkunst nicht unbewanderten Kollegen den Koch des Cafés veranlaßt, uns für den Sylvester-Abend zu der beabsichtigten Bowle Berliner Pfannkuchen oder Krapfen zu backen, und waren ihm so lange mit unserem Rathe zur Hülfe gekommen, bis es ihm nach einigen mißglückten Versuchen gelungen war, ganz schmackhafte Krapfen herzustellen. Und am Vormittage des 31. Dezember brachte er uns auch wirklich, wie er versprochen hatte, sehr lockere, und lecker mundende, gefüllte Berliner Pfannkuchen, die allgemeine Billigung und Anerkennung fanden.

Schon wurden die langen Tafeln im Speisesaal des Café de la Loire mit blendend weißen Tüchern bedeckt, und Zimmer, wie die Tafel selbst mit Blumen und grünen Gewinden geschmückt, als gegen Mittag plötzlich Generalmarsch geblasen und geschlagen wurde. Kaum ¼ Stunde später rückten auch schon die Infanterie-Regimenter mit klingendem Spiele zur Stadt hinaus in der Richtung nach Vendôme zu. Bald darauf rasselten die Geschütze der Artillerie dröhnend durch die Straßen, während die Bagage unter starker Bedeckung in der Stadt zurück blieb, ebenso 1 Sanitäts-Detachement und das General-Commando; am Nachmittage brach indessen der Chef des Stabes mit einigen Offizieren gleichfalls auf und folgte den ausgerückten Truppen, da aus der Ferne ganz schwacher Geschütz-donner bis zu uns herübertönte. Bald hörten wir denn auch, daß die in und um Vendôme liegende 20. Division von starken, feind-lichen Truppenmassen angegriffen und hart bedrängt werde. Nach kurzer Zeit verstummte freilich das Schießen, es kamen Meldungen von dem Zurückgehen der Franzosen, und gegen Abend endlich kehrte auch der Generalstab zurück, dagegen warteten wir auf die Rückkehr unserer Truppen noch lange sehnsüchtig, aber vergeblich, in der Hoffnung, dann um so heiterer den Sylvester-Abend feiern zu können. Aber Stunde auf Stunde verrann, kein Truppentheil ließ sich sehen, kein fernes Geräusch, kein Trommelschlag, oder Gesang ließ sich hören; und endlich gegen 8 Uhr traf die Nachricht ein, die Regimenter der 19. Division hätten auf dem halben Wege nach Vendôme Allarm-Quartiere bezogen, da befürchtet werde, daß die Franzosen am nächsten Tage mit Verstärkungen den Angriff auf Vendôme erneuern würden. — Vergeblich hofften wir trotzdem noch bis spät Abends darauf, daß wenigstens noch ein Theil der Offiziere der Division nach Blois zurück kämen, schließlich mußte aber doch das große Abendessen definitiv aufgegeben werden. Dafür versammelten sich immerhin noch etwa ein Dutzend Collegen von dem zurückgebliebenen Sanitäts-Detachement und dem in Blois etablirten Feldlazareth im Café de la Loire, wo schnell einige

Champagner-Skat-Tische sich zusammenfanden, an den dann auch ein ansehnlicher Theil der gefüllten Berliner Pfannkuchen vertilgt wurde, die für die vorbereitete, große Bowle der Offiziere bereits gebacken waren. Allmählich fand sich auch noch eine Anzahl Offiziere von den höheren Kommandostäben und der als Besatzung zurückgebliebenen Infanterie, sowie von dem in der Vorstadt Vienne jenseits der Loire einquartirten Train im Café de la Loire ein, so daß wir doch recht zahlreich beisammen waren, als die Glocken der Stadt die Mitternachtsstunde verkündeten und wir mit einem Glase Sect in heiterster und hoffnungsfreudigster Stimmung das neue Jahr 1871 willkommen hießen.

1. bis 4. Januar (Sonntag bis Mittwoch). Mit einem hellen, klaren, mäßig kalten Wintertage, der rings umher die Gegend mit einem dünnen, weißen Schneemantel eingehüllt hatte, führte sich das neue Jahr 1871 als ein heiter lächelndes Sonntagskind ein. Nachdem wir dem Generalarzt, dem kommandirenden General und den Herren des General-Commandos unsere Glückwünsche zum Neuen Jahre überbracht hatten, und dann bei dem hellen, milden Sonnenschein am Loirestrande entlang schlenderten, dröhnte plötzlich Trommelwirbel durch die von sonntäglich und festlich geputzten Menschen angefüllten Straßen. Mit klingendem Spiel schritten gleich darauf die muntern Westphalen stramm und fest geschlossen, sauber, als seien sie erst kürzlich neu eingekleidet, durch die breite Straße, jedem ihnen begegnenden Kameraden ein fröhliches „Prosit Neujahr!" zurufend. Dazwischen rasselte die Artillerie mit ihren blitzenden Geschützen und ihren in ausgezeichnetem Futterzustande befindlichen, munteren Pferden über das Pflaster und endlich schlossen 3 Schwadronen der 9. Dragoner mit ihrer Regimentsmusik den langen Zug der von ihrem Ausfluge gen Vendôme zurückkehrenden Truppen. Bei Letzteren befand sich auch mein Busenfreund als Assistenzarzt; nachdem wir denselben zunächst in sein neues Quartier gebracht, schloß er sich uns an und so wanderte ich dann, jederseits von einem lieben Freunde Schultze begleitet, ein Arzt zwischen Doktor und Apotheker vergnügt zur Loire zurück, wo uns das Café de la Loire in seiner herrlichen Lage am Quais dicht vor der festen Steinbrücke über den breiten Strom so verlockend und einladend entgegenwinkte, daß wir nicht widerstehen konnten. Bald saß denn auch der größte Theil der Offiziere, welche 12 Stunden früher bei

Bowle und Berliner Pfannkuchen sich zum Jahreswechsel beglück=
wünschen zu können gehofft, sich aber arg getäuscht hatten, an der
bereit gehaltenen langen Tafel bei einer rasch gebrauten, kräftigen
Bowle und den spärlichen Resten der Krapfen. Und als dann die
Glocken im neuen Jahr zum ersten Male mit ihren 12 Schlägen
die Mittagsstunde verkündeten, fand nochmals eine allgemeine offizielle
Beglückwünschung statt. Die nächsten schönen Wintertage benutzte
ich mit meinem Freunde Schultze von den 9. Dragonern zu weiten
Spazierritten in die nächste Umgebung der Stadt, und wir erfreuten
uns an der herrlichen, entzückenden Naturschönheit, die stromauf= und
abwärts im Loire-, wie längst des engeren, bergigen Cosson-Thales
ebenso lieblich erschien, wie längs des prachtvollen Waldes von
Blois, oder auf dem Wege nach Vendôme und Marchenoir. Am
4. Januar kam der Befehl zum Weitermarsch am folgenden Tage.
Jetzt wurde auch plötzlich unser Quartiergeber, Monsieur de
Lefèves sichtbar, machte uns einen nochmaligen Besuch, entschuldigte
mit dem Kranksein seiner Gattin und eigenem Unwohlsein, daß er
sich persönlich so wenig um uns hätte kümmern können, erkundigte
sich, ob wir auch gut versorgt gewesen wären, wie er dies seinem
alten, treuen Diener strenge befohlen hätte, und stellte uns sogar
sein Fuhrwerk zur Verfügung, als er im Laufe der Unterhaltung
erfuhr, daß ich noch nach Ménars le Château zu dem dort
liegenden Feldlazareth hinaus müsse. In seinem leichten, kleinen
eleganten Wagen fuhr er uns dann am Nachmittage selbst nach
dem 10—12 Kilometer stromaufwärts gelegenen, reizenden Schlosse,
welches für Madame de Pompadour erbaut und mit großer
Pracht und feinem Geschmack eingerichtet worden ist. Weit berühmt
sind die dortigen Ananas=Culturen und sorgsam gepflegten Obst=
plantagen, sowie der wunderbar schöne, terrassenförmig das Schloß
umgebende Garten mit entzückenden Fernblicken in das Loire-Thal
und auf die reizende Umgebung, geschmückt mit zahlreichen, fein
gearbeiteten Statuen, Vasen, kleinen Kiosken, schattigen Lauben=
gängen, lauschigen Nischen und durchrieselt von plätschernden Bächen
und Wasseradern. Und um diese künstlerisch und geschmackvoll
angelegten, jetzt noch unter zarter Schneedecke ruhenden Garten=
anlagen, die mit ihren saubern Kieswegen die Pracht und Schön=
heit nur ahnen ließen, durch welche sie im Frühling das Auge
entzücken mußten, zog sich weithin ein ausgedehnter Park, dem zur

vollen Entfaltung seiner Pracht nur noch der grüne Blätterschmuck
der Bäume und Sträuche und das saftige Grün der Wiesen und
Rasenflächen fehlte.

Zu unserem Erstaunen nahm dann unser Wirth Herr Lefèves
gemeinsam mit uns das ganz vorzügliche Diner ein, welches Alles,
was uns bisher schon an geschmackvollen Speisen und vorzüglichen
Leckerbissen im Hause dargeboten war, bei weitem übertraf, und bei
dem er uns einen Wein vorsetzen ließ, wie man ihn wohl nur
äußerst selten, selbst in den reichen Häusern Frankreichs findet.
Derselbe war ein nur für ganz besondere Familienfestlichkeiten im
engsten Kreise und als Stärkungsmittel für Reconvalescenten nach
schweren Erkrankungen bestimmter, alter Rothwein, der allein in den
günstigen Weinjahren und aus den besten Lagen der bedeutenden
Weinberge, welche der Familie gehörten, auf besondere Weise
gekeltert wurde, wobei nicht nur die besten Trauben, sondern von
diesen auch nur die tabellosesten, vollreifen, einzelnen Beeren sorg=
fältig ausgelesen wurden. Wenn ich recht verstanden habe, so
mußten die ausgesuchten Trauben, die möglichst lange am Stock
blieben, nach der Lese erst noch einige Zeit an ausgespannten Bind=
fäden (ähnlich den Waschleinen, nur dichter) in luftigen Räumen
hängen, bevor aus ihren besten Beeren der Wein gepreßt wurde.
— Dieser, naturgemäß nur kleine Schatz an alten, vorzüglichen
Weinen gehörte zum Familien=Inventar und vererbte sich auch nur
in der Familie weiter, in ganz besonderen Fällen wurden hiervon
auch wohl ganz ausnahmsweise an befreundete Familien einige
Flaschen abgegeben. Der Wein war zugleich feurig und milde,
hatte ein sehr feines, nicht zu starkes Bouquet und eine tief rothe
Farbe, welche bei durchfallendem Lichte einen gluthroth leuchtenden
Schein von krystallener Klarheit ausstrahlte. Derselbe rief eine
wunderbar heitere, zufriedene, ich möchte sagen, glückselige Stimmung
hervor, ohne eine Spur von Aufregung oder Unbehagen, er ver=
scheuchte jede Sorge und unangenehme Regung, ohne den Geist zu
trüben, oder zu umnebeln, und ließ nicht die geringsten Spuren
von Schlechtbefinden zurück.

Es entspann sich bald eine höchst interessante Unterhaltung mit
unserem feingebildeten, vielseitig unterrichteten und äußerst lebhaften
Wirthe, der uns dann noch zu einer Tasse Kaffee und zu Cigaretten
in sein Arbeitszimmer einlud, welches elegant und geschmackvoll,

reich), aber nicht überladen und höchst gemüthlich war. Erst gegen Abend empfahlen wir uns, um zur Abschiedskneipe ins Café de la Loire zu gehen. So unbefangen und uninteressirt unser Monsieur de Lefèves sich auch zu zeigen bemühte, so konnten wir doch den Verdacht nicht unterdrücken, der schon durch das plötzlich so ganz veränderte Wesen und Benehmen gegen uns erregt werden mußte, daß er irgend einen besonderen Zweck verfolge. Und es scheint, als ob er von uns sichere Auskunft über die bevorstehenden Bewegungen und Absichten unseres Armeecorps und über die Stellung und Stärke der ganzen II. Armee zu erlangen hoffte. Verstärkt wurde dieser Verdacht noch dadurch, daß es selbst unsern Burschen auffiel, welch lebhafter Verkehr nach unserm Fortgehen sich in der sonst so stillen Familie entwickelte, und daß bis zum späten Abend vielfach einzelne Leute still und mit einer gewissen Vorsicht in das Haus ein= und ausgingen, ohne daß die Flure, Treppen und Hauszugänge erleuchtet waren. — Wenn Monsieur de Lefèves aber die Hoffnung wirklich hegte, daß er von uns etwa im Laufe der angeregten Unterhaltung irgend eine bestimmte Auskunft über unsere militärische Lage und nächsten Absichten in unverdächtigster Weise erhalten könne, so hatte er sich sehr geirrt und vergeblich in der geschilderten Weise angestrengt, denn einestheils hatte ich die unerwartet lange Ruhezeit auch wirklich zur Erholung und zur Instandsetzung meiner Sachen benutzt und mich nur wenig um die kriegerischen Ereignisse gekümmert, wußte also selbst kaum Näheres von den beabsichtigten Operationen, dann aber hatten wir mit dem Befehl zum Ausrücken am folgenden Tage auch die Anweisung erhalten, unsern Quartiergebern gegenüber alle Vorkehrungen so zu treffen und unsere Antworten so zu geben, als handle es sich wahrscheinlich nur um eine Expedition von kurzer Dauer und als stände unsere Rückkehr nach Blois ziemlich bestimmt in wenigen Tagen wieder zu erwarten.

Sämmtliche Militärärzte, die in und nahe bei Blois im Quartier lagen, wollten sich am letzten Abend noch einmal zu einem gemeinsamen Abschiedsfeste im Café de la Loire zusammenfinden, unerwarteter Weise indessen mußten die meisten Truppentheile der 19. Division schon im Laufe des 4. Januar weitermarschiren, so daß die Sache sich zerschlug. Immerhin fand sich doch noch eine größere Anzahl von Aerzten und Offizieren im Café ein, die bis Mitternacht gemüthlich beim Glase Wein zusammenblieben.

Vormarsch auf Le Mans.

5. Januar (Donnerstag). Ueber zwölf Tage hatten wir in dem schönen Blois uns einer sorglosen Ruhe und Erholung hingeben, uns gründlich wieder equipiren und für die Fortsetzung des winter= lichen Feldzuges passend vorsehen können, als wir am Morgen des 5. Januar unsere Pferde zum Weitermarsch bestiegen. Das Wetter war wieder milder, aber auch trübe geworden, jedenfalls jedoch viel angenehmer, als der strenge Winter. Mein Kopf war zwar noch recht schwer und etwas wüst, doch der Ritt durch den herrlichen Forêt de Blois verscheuchte schnell alle Folgen des Ab= schiedstrunkes, und wir freuten uns bereits auf das gute Frühstück und die angenehme Unterhaltung mit den beiden schönen Comtessen, als wir das Schloß von Herbault vor uns erblickten. Indessen wir sollten gleich darauf die erste herbe Enttäuschung an diesem Tage erfahren. Nahe vor der Stadt wurde uns nämlich gemeldet, daß gerade von den Mauern dieses Schloßterrains aus auf den Vortrab unserer Avantgarde geschossen, und auch einer der Kerle hierbei gefaßt sei, der angegeben habe, in Diensten des Marquis zu stehen und von diesem die Weisung erhalten zu haben, auf etwa sich zeigende, einzelne Soldaten zu feuern. Da man nun die noch im Walde befindlichen Truppen nicht habe sehen können, auch Nichts von deren Anrücken gewußt habe, so seien die Spitzen der Avant= garde für Marodeure gehalten und deshalb beschossen worden. Die Franctireurs sowohl, wie die vielen versprengten französischen Soldaten, die bei dem beständigen Zurückgehen von ihrem Truppentheil ab= gekommen waren und als Marodeure das Land unsicher machten, hatten besonders diese Gegend in letzter Zeit schwer heimgesucht und waren der Schrecken der Landbevölkerung gewesen.

Als wir dann in das vor kaum vierzehn Tagen noch so gast= liche Schloß einrückten, wurde uns mitgetheilt, daß die Bewohner kurz vor unserer Ankunft in größter Eile geflohen wären, weil sie fürchteten, daß sie wegen des Uebereifers ihrer in der ausgedehnten Besitzung aufgestellten Wachen zur strengen Verantwortung gezogen werden würden.

Beim Durchwandern der Wohnräume zeigte es sich denn auch, daß die Schloßbewohner noch vor Kurzem dort ruhig gelebt haben mußten und bei ihrer eiligen Flucht Alles ruhig stehen und liegen gelassen hatten, wie es gerade stand und lag. — Unter Anderm fand sich auf einem der Tische, die mit elegant eingebundenen, illustrirten Werken, mit den neuesten belletristischen Büchern, mit zum großen Theil für feingebildete, junge Damen wenig passenden französischen Romanen und pikanten Schriften bedeckt waren, ein höchst interessantes Album der beiden Comtessen. In dasselbe waren Carricaturen aller Offiziere, französischer, wie deutscher gezeichnet, welche während des Krieges im Schlosse im Quartier gelegen hatten. Diese unzweifelhaft von den beiden jungen Comtessen mit großer Geschicklichkeit, Sicherheit und Leichtigkeit, ja theilweise recht genial hingeworfenen Zeichnungen waren im höchsten Grade originel, auch von einer überraschenden Aehnlichkeit und zeugten von einer bewundernswerth sichern Auffassung des Characters und Wesens, von einer scharfen Beobachtung und schonungslosen Kritik, aber auch von einem ergötzlichen Humor, widersprachen dagegen zum Theil so sehr dem jungfräulichen Zartgefühl, der weiblichen' Dezenz und Zurückhaltung, gingen stellenweise selbst bis zur äußersten Grenze von Anstand und Gesittung und verriethen hin und wieder eine so erschreckende Verirrung, ja fast Rohheit des weiblichen Gemüthes, daß man sich kaum vorstellen konnte, daß auch diese Verspottungen jeder Autorität und wenig sittsamen Zerrbilder wirklich in den Köpfen jener beiden durch Schönheit, Geist und Formen so anziehenden und entzückenden jungen Damen entstanden und von ihren zarten Händen so kraß und abstoßend dargestellt sein könnten. Hätten aber die Carricaturen im Ganzen auch noch als naive Scherze eines im Grunde noch unverdorbenen, jugendlichen Gemüthes angesehen werden können, welches nur durch crassen Naturalismus verblendet ist, so zeigten doch die den Zeichnungen beigegebenen poetischen und prosaischen Erläuterungen nur zu deutlich, wie tief das Gift der neuesten französischen Romane mit ihrem pikanten Gefühlskitzel und ihrem Balanciren auf der äußersten Grenze von Anstand, Sitte und Zucht in das Gemüth, das Fühlen und Denken selbst der fein' gebildeten weiblichen Jugend eingedrungen ist. — Mit tiefem Bedauern aber sah man gerade hier diese Anzeichen von der zersetzenden Kraft der neuen französischen

Schriften, deren mit aufregendem Interesse und fesselnder Zweideutig=
keit dargestellten Schilderungen befriedigter Leidenschaften und Genuß=
sucht im Stande gewesen waren, diese genial angelegten und vorzüglich
gebildeten jungen Wesen auf solche Abwege zu führen. — Mit
besonderem Interesse wurden natürlich die auf unsere frühere Ein=
quartierung sich beziehenden Characterzeichnungen betrachtet, die, so
unangenehm die scharfe Beobachtungsgabe den Einzelnen auch zuerst
berühren mochte, doch durch die nackte Wahrheit, mit der sie einzelne
Eigenthümlichkeiten hervorhoben und geißelten, allgemein überraschten.
Das General=Commando hatte die Absicht, das Album an sich zu
nehmen und es so oft vervielfältigen zu lassen, daß Jeder von uns,
die wir dort im Quartier gelegen hatten, einen Abdruck erhielt, in=
dessen habe ich später Nichts wieder darüber erfahren, leider auch
keinen Abdruck erhalten.

Nach einem kleinen Imbiß ging der Vormarsch weiter, wir
wichen jedoch von der großen Heerstraße Château-Renault nördlich
in directer Richtung auf Montoire ab, und hatten einen
tüchtigen Marsch von 30—35 Kilometer bis zum nächsten Quartier
in St. Amant, einem kleinen, unscheinbaren Städtchen, zurückzulegen.
Obgleich ich mit den Quartiermachern vor der Avantgarde dort
ankam, war es doch schwer, auch nur ein einigermaßen anständiges
Unterkommen für den Generalarzt und Corps=Auditeur aufzutreiben,
endlich fand ich auch für mich ein wenigstens warmes, wenn auch
rauchiges Zimmer, wo ich mir ein Strohlager herrichten ließ, dem
Stabsapotheker aber gerne das hohe, dichte Federbett überließ.

6. **Januar** (Freitag). Erst spät gegen 9½ Uhr fand der Weiter=
marsch durch die bergige, hin und wieder stärker bewaldete Gegend
statt; es war wieder ein heller, klarer Wintertag, doch schien die
Sonne bereits recht angenehm warm auf uns herab. Wir hatten
jetzt wieder feste Fühlung mit den Franzosen und wurden dies auch
bald etwas unangenehm gewahr. Schon bei dem Städtchen Ambloy
stockte der Vormarsch, da sich feindliche Abtheilungen mit Artillerie
dort festgesetzt hatten, so daß erst unsere Artillerie auffahren und
das arme kleine Dorf mit Granaten bewerfen mußte. Nach kurzer
Zeit wurde die feindliche Artillerie zum Schweigen gebracht, und
der Feind ging bis Lavardin zurück.

Als wir hinter dem Dorfe Sasnières uns mit den hier bereits
vereinzelt auftretenden Höhlenwohnungen beschäftigend, das reizende

Thal eines kleinen, zum Loir fließenden Baches durchritten und mit der Spitze der Avantgarde zugleich das kleine Hochplateau vor Lavardin erreichten, erhielten wir plötzlich Feuer von einer auf der entgegengesetzten Seite der Höhe stehenden feindlichen Batterie, so daß wir bis hinter den Plateaurand zurück gehen mußten. Indessen war jedoch auch schon unsere Artillerie auf dem hinter uns liegenden Thalrande aufgefahren und lenkte hierdurch sofort den Granathagel von uns ab, ohne daß sie selbst irgend einen Verlust erlitt. Wenige Granaten genügten auch hier, die feindliche Artillerie zum Schweigen und Abfahren zu bringen. Gleich darauf rasselte unsere Artillerie unter Deckung einer Dragoner-Escabron an uns vorbei, zunächst im Trabe, dann im Galopp gingen zwei Batterien bis an den Rand des ziemlich steil nach Lavardin ins Loir-Thal abfallenden Höhenzuges vor, protzten ab und sandten den langen französischen Colonnen ihre Granaten nach, welche auf der schmalen, in großen Schlangenwindungen abwärts führenden Chaussee nach Montoire zu abzogen. Inzwischen war auch die Infanterie bis dort vorgedrungen und ging mit vorgeschobenen Tirailleurketten zum Verfolgungsangriff vor, hinab durch das wundervolle, rings von schön bewaldeten Höhenzügen eingeschlossene romantische Thal des Reclusages, eines Zuflusses des Loir, der tief unten zu unsern Füßen sich durch die breite Niederung hinschlängelt und nur durch einen schmalen Spalt zweier hier einmündender Flußthäler wie ein lichtes Bild aus dunklem Rahmen hervorblickt. —

In Begleitung der quartiermachenden Offiziere ritt der Generalarzt und ich auf einem schmalen, stellenweise sehr steilen und halsbrecherischen Fußpfade in das Thal nach der kleinen, engen Stadt Lavardin, dann auf einer zierlich geschwungenen Brücke über den Loir nach der alterthümlichen Stadt Montoire mit seinem trotzig von der Berghöhe herabschauenden Schlosse und den bis in's 14. Jahrhundert zurückreichenden, gut erhaltenen Bauten. — Auf diesem Wege kamen wir an den berühmten Höhlenwohnungen „Les grottes de Lavardin" vorbei, welche sich zwischen Lavardin und Montoire längs des rechten Loir-Ufers in dem mit schönem Wald bestandenen Felsen eines niedrigen, senkrecht abfallenden Bergzuges befinden.

Diese unterirdischen Wohnungen ziehen sich in einer langen

Reihe neben einander hin, oft in zwei bis drei Etagen aufsteigend, und sind im höchsten Grade interessant. Die ersten dieser Höhlen sind auch so ziemlich die größten von Allen und bilden eine zwei= etagige Wohnung, die den Namen Les Grottes des Vierges führte, und nach der dort herrschenden Ansicht deshalb, weil sie den Ehren=Jungfrauen der Königin als Aufenthalt dienten zu der Zeit, als Charles VII. in dem Schlosse von Lavardin während der Belagerung von Le Mans residirte, das nicht hinreichenden Raum für den ganzen Hofstaat bot. Anderer Auffassung nach ist der Name Grottes des Vierges erst in christlicher Zeit aus der Benennung Grottes des Feës umgetauft worden. Demnach hätten in der Heidenzeit die germanischen Priesterinnen, die weiblichen Druiden dort ihre Wohnungen gehabt.

Es führt eine steile, in den Felsen gehauene Treppe von vierzehn Stufen außen an der Felswand frei hinauf zu der obersten Etage dieser Wohnung, welche aus einem kleineren und einem größeren viereckigen Saal von 6 resp. 10 Meter Länge, zu 4 resp. 6 Meter Breite und 2½ bis 2¾ Meter Höhe besteht. Im Hintergrunde des zweiten Saales öffnet sich ein dunkler, grottenartiger Raum von 3 Meter Breite und 5 Meter Tiefe, unseren Alcoven vergleichbar, in dem sich früher ein Altar befunden haben soll. Neben diesem Raume mündet eine 2 Meter breite Nische, die eine in die untere Etage herabführende Treppe birgt. In dieser Etage findet sich ein fast viereckiger Saal von 7 Meter Breite und 8 Meter Tiefe, an den sich ein zweiter kleinerer Raum schließt. Diese unteren Räume haben keinen besondern Ausgang, sondern stehen nur durch die obere Etage mit der Außenwelt in Verbindung. Sämmtliche Zimmer und Sääle haben kleinere Luken oder breite Fensteröffnungen, deren Einfassungen hübsch behauen und mit allerhand Verzierungen ver= sehen sind.

An diese schließen sich lange Reihen meist zu zweien über ein= ander liegender Höhlen, welche kleinen viereckigen Zimmerchen mit offenen Vorderwänden gleichen; zwei derselben fallen durch ihre Form besonders auf, es sind dies zwei nebeneinander liegende eliptische Hohlräume von nur 50 Centimeter Höhe und 30 Centimeter Breite, welche 3—4 Meter tief horizontal in den Felsen hinein= reichen, ohne irgend eine Verbindung mit einander, noch mit be= nachbarten Höhlen zu zeigen.

In Montoire fanden wir ein recht gutes Unterkommen und bekamen dort einen vorzüglichen, am Spieße gebratenen, saftigen kleinen Hammelbraten zu unserem sehr schmackhaften Mittagsessen.

7. Januar (Sonnabend). Am 7. war Ruhetag in Montoire. Es war ein recht unangenehmes, naßkaltes, regnerisches Wetter, und zugleich so dichter, nässender Nebel, daß man auf zwanzig Schritte nur noch größere Gegenstände deutlich unterscheiden konnte; es mußten daher alle kriegerischen Unternehmungen unterbleiben. Die Truppen waren indessen in Allarmquartieren untergebracht, standen zum Theil auch marschbereit auf dem alterthümlichen Marktplatze, um bei einem etwa erfolgenden Angriff der Franzosen sofort das Gefecht aufnehmen zu können. Es war überhaupt in der Stadt ein interessantes und tolles Kriegsleben. Da nur die Avantgarde am Tage vorher Lavardin und Montoire erreicht hatte, das Gros aber erst jetzt nachrückte und so gut es ging, in der Stadt und nächsten Umgebung untergebracht werden mußte, so kamen und gingen beständig neue Truppentheile; auf dem Markte wurde Halt gemacht, um vom Generalkommando die weiteren Befehle einzuholen, so daß dieser Platz immer wieder von neu eintreffenden Abtheilungen aller Waffengattungen angefüllt war. Gewehr bei Fuß, oder abgesessen auf dem nur mäßig großen Platze haltend, versuchten diese meist vergeblich von den neugierig herumstehenden Einwohnern Getränke, oder Eßbares zu erhalten, selbst für theures Geld war es kaum möglich, das Nothwendigste zu einem einfachen Imbiß aufzutreiben. Die an sich ärmliche Gegend war von den französischen Truppen sowohl, welche längere Zeit dort gelegen hatten, wie von unsern durchmarschirenden Soldaten vollständig ausgesogen worden, ohne daß sie Gelegenheit hatte, sich mit frischen Vorräthen versorgen zu können.

Die kaum 3000 Einwohner enthaltende Stadt Montoire war ebenso, wie das kleine, enge Städtchen Lavardin mit Soldaten überfüllt, die jeden Augenblick zum Weitermarsch bereit sein mußten. Auf jeden Einwohner mochten circa 2—3 Mann Einquartirung kommen. So waren in dem Hause, wo der Generalarzt, der Stabsapotheker und ich mit Schreiber, Burschen und Wagen untergekommen waren, und das weder groß und ansehnlich, noch geräumig war, zu dem aber einige neuere massive Scheunen und Ställe und ein geräumiger Hof gehörte, noch etwa 40 Infanteristen untergebracht.

Der Hausbesitzer nebst Knechten und Fuhrwerk war von den Franzosen mitgenommen worden, so daß die durch den Trubel und die von allen Seiten herantretenden Forderungen vollständig verwirrte Besitzerin, deren weibliche Untergebene sich gleich im Anfange versteckt oder aus dem Staube gemacht hatten, sehr bald ganz den Kopf verlor und gleichfalls davonlief. Für uns war dies ganz besonders unangenehm, denn die Bagage mit Stabsapotheker, Schreiber und Burschen war beim Gros geblieben, und die zwei Ordonnanzen hatten genug mit der Versorgung der 4 Reitpferde zu thun, so daß wir sie nur wenig zu sehen bekamen. Was blieb mir da wohl anders übrig, als daß ich meines eigenen Burschen Rolle übernahm. Während der eine Pferdepfleger in der Stadt umherlief, um durch Requisition und für theures Geld die nöthigen Nahrungsmittel uns zu verschaffen, — denn der Maire und seine Beamten und Stadtvätern wurden von allen Seiten so in Anspruch genommen und überlaufen, daß sie trotz der bewunderungswürdigen Ruhe und Besonnenheit, durch welche sich der Maire in wohlthuendster Weise auszeichnete, nicht im Stande waren, Allen in Allem gerecht zu werden, — reinigte ich die Zimmer, suchte die Eß- und Kochgeschirre in der Küche hervor, deckte den Tisch und leitete die Zubereitung des Mittagessens, welches der zweite Bursche zu bereiten sich abquälte. Endlich, als unser einfaches Mittagsessen, natürlich mit der uns unentbehrlich gewordenen Erbswurstsuppe beginnend, fast fertig war, traf auch unsere Bagage ein und mit ihr sowohl sachverständige Hülfe, wie sehr erwünschtes Material zur Vervollständigung und Verbesserung unserer Speisen. — Während nun die Verpflegungsverhältnisse besser in Gang gebracht wurden, benutzte ich das heller gewordene Wetter zum Umsehen in der Stadt, dessen Schloß ich vorhin vergeblich gesucht hatte, da es mich schon beim Einmarsch ganz besonders angezogen und als ein altes ehrwürdiges Wahrzeichen aus dem Mittelalter interessirt hatte. An der aus dem 12. Jahrhundert stammenden, reich mit Fresken geschmückten Kapelle (Chapelle de St. Gilles), einer im romanischen Style erbauten Kirche und an mehreren alten Häusern, die aus dem 14. Jahrhundert stammend, sehr reich geschnitzte und verzierte Thür- und Fenster-Bekleidungen, Dacheinfassungen, Erker und Etagen-Absätze aufwiesen, vorübergehend, kam ich an die Ruinen der alten Stadtumwallung und schritt über die breite, feste Brücke des Loir, um von dort die Stadt besser übersehen zu können. Da hörte ich plötzlich in der Nähe einen Springbrunnen plätschern, und als ich dessen hübsche Fassung und Lage betrachtend, näher an den Fuß des hinter demselben liegenden Hügels herantrat, da durchbrach gerade die sinkende Sonne den dichten Nebel und hoch über mir traten klar und deutlich die Ruinen des uralten Schlosses im hellen Sonnenschein hervor.

Die einzelnen Theile des wohl im 12. Jahrhundert erbauten, starken Schlosses und seiner Vertheidigungswerke schauen höchst trotzig auf Stadt und Flußthal herab und mögen selbst den schweren Kanonen in der Jugendzeit der Pulver=Schußwaffen einen energischen Widerstand zu leisten vermocht haben. Während der Schloßberg nach Norden steil zum Loir abfällt, schützen tiefe Schluchten, welche noch durch breite Wassergräben verstärkt sind, die Ost= und Süd= seite und gestatten nur vom Hochplateau aus einen Zugang, der aber durch hier besonders starke, doppelte Umwallung mit breiten, hohen Mauern und tiefen Gräben geschützt ist, welche die zahlreichen Mauer=Thürme und namentlich ein großer, viereckiger Festungsthurm noch bedeutend verstärken. Dieser noch gut erhaltene, aus kleinen, sehr regelmäßig und sorgsam behauenen Steinen und außerordentlich hartem Cement hergestellte Thurm, dessen mehrere Meter starke Mauern nur von einem einzigen, großen, viereckigen Fenster durch= brochen werden, das durch romanische Säulchen in zwei Theile getrennt ist, stammt selbst aus dem 12. Jahrhundert und hat später noch eine Art steinernen Mantel erhalten, das heißt, es ist rings um ihn in einem Abstande von wenigen Metern eine umschließende, dicke, aus größeren, ungleichen, kaum glatt behauenen Steinen erbaute Mauer bis fast zur Höhe des Daches aufgerichtet worden. Hierdurch wurde dieser Theil der Befestigung für frühere Zeiten geradezu unzerstörbar, da schon die Dicke dieser Umhüllungsmauer (**Chemise en pierre** von den **Montoisen** genannt) bequem einem Reiter gestatten würde, auf der Zinne derselben den eigent= lichen **Donjon** (Schloßthurm) zu umreiten. Das Schloß selbst liegt auf der Spitze der Fingerhut=förmigen höchsten Erhebung eines Bergzuges, der hart am rechten Ufer des **Loir** fast senkrecht emporsteigt und einen weiten Umblick auf Stadt und malerisch schöne Umgegend gestattet.

8. Januar (Sonntag). Nach einer wenig erquickenden Nachtruhe auf einem zwar weichen, aber doch recht ungemüthlichen Stroh=lager, das wegen fehlender Bettlaken und Wäsche nur mit Mänteln überdeckt war, und einem unruhigen, durch das Schnarchen meiner Schlafgenossen vielfach gestörten Schlaf wurde der Marsch nach La Chartre um 8 Uhr früh fortgesetzt, ohne daß unsere Wirthin sich wieder gezeigt hatte. — Unser Weg führte uns heute an zwei hochinteressanten, bis in die Römerzeit und das graue Alterthum zurückreichenden Bauten vorbei. Das Originellste und Sehenswertheste von ihnen waren unbedingt die noch heute bewohnten Höhlen=wohnungen von Troô. Diese Stadt mit ihren 8= bis 900 Ein=wohnern liegt zum Theil am Fuße und zum Theil auf, resp. in einem Hügel, der mit seinen Felsen=Wänden fast senkrecht vom Rande des Loir-Ufers bis zur Höhe von 130 Meter aufsteigt, und besteht theils aus Häusern, theils aus Grotten, die in den Felsen gehauen und zu Wohnräumen hergerichtet sind. Diese unterirdischen Räume bilden ein wahres Labyrinth von kleinen Zellen und Kammern, großen Säälen und brunnenschacht=ähnlichen Höhlen. Es dehnen sich diese Felsenhöhlen in einem Umkreise von mehreren Kilometern innerhalb des Felsenhügels aus. Man findet darunter viele runde, gewölbte Sääle von bedeutender Größe, welche zum Theil noch heute ihre besondern Namen tragen. So wird z. B. eine dieser tiefen Gruben „le Puits de Jacob", der Jacobs=Brunnen genannt. — Dieses System von offenen Kammern oder Gallerien schließt sich fast überall an große Grotten an, welche über denselben liegen und noch heutigen Tages von dem größten Theile der Bewohner von Troô als Wohnungen benutzt werden. Es sind dies gleichfalls in viereckiger, oder auch runder Form (Erstere mit geraden, Letztere mit gewölbten Decken versehen) aus dem Kalk= oder Tuffstein=Felsen herausgearbeitete Räume von den verschieden=sten Größen, welche den Zimmern und Wohnräumen der Häuser entsprechen. Die vordere Wand ist dann wieder durch Fachwerkbau oder massive Mauern geschlossen, die wie Wohnhäuser mit Thüren und Fenster versehen sind. Theilweise sind diese Außenwände oder Façaden der Höhlenwohnungen sehr geschmackvoll ausgeführt und künstlerisch mit Schnitzarbeiten, Stuck und bildhauerischem Schmuck verziert, haben kleine Balcons, Veranden und frei an der Außenwand zum Eingang hinaufführende Treppen, die zum Theil

in den Felsen hineingearbeitet, zum Theil besonders angebaut sind.
Ein Theil dieser Felsenwohnungen ist aber nur durch die unter=
liegenden Gallerien zugänglich, von welchen im Felsen verlaufende
Wendeltreppen im Innern zur oberen Etage führen, oder beide
Etagen sind auch durch kleine Treppenhäuser mit einander ver=
bunden. — Es ist ein geradezu fremdartiger, von dem gewohnten
so völlig abweichender Anblick, wenn man dicht unterhalb des oberen
Randes eines kahlen, steilen Bergabhanges plötzlich eine weite
Strecke lang den Felsen, oft 30 bis 40 Meter über dem Fuße
des Berges beginnend, als eine glatte, senkrechte Wand emporsteigen
sieht, und dieses 8 bis 10 und mehr Meter hohe Band, aus zwei
über einanderliegenden Theilen bestehend, unten mit großen, vier=
eckigen Eingangsthoren, oben mit gewöhnlichen Fenstern und Thüren
und den verschiedenartigsten Häuser=Façaden versehen, sich in grader,
oder wellenförmiger, selten in gebrochener Linie weit am oberen
Bergrande hinziehen sieht. Die Höhe über diesen Wohnungen ist meist
mit sorgfältig angelegten Weinbergen, Obstplantagen, Gärten und
Ackerland bedeckt, zwischen denen bald hier, bald dort sich Schorn=
steine von der verschiedensten Höhe, Form und Bauart erheben.
Diese sind aber sämmtlich mit sehr dicken Umfassungsmauern auf=
gebaut und meistens mit einem Kranze großer Feldsteine, oder mit
dichtem Gestrüpp, namentlich mit Dornenhecken umgeben, auch theil=
weise wohl mit Gitterwerk oder sonstigen Schutzvorrichtungen gegen
das absichtliche, oder ahnungslose Hinabsteigen, oder Hineinstürzen
versehen. — Man erkennt oft solche Schornsteine erst, wenn man
ganz nahe davorsteht, oder wenn der aus ihnen aufsteigende, bläu=
liche Rauch uns ihre Bestimmung verräth. Vereinzelt finden sich
auch schräg oder im Zickzack durch die Decke der Wohnungen
getriebene Luftkanäle, welche in ähnlicher Weise geschützt, oft in
bedeutender Entfernung von dem Bergrande angetroffen werden,
ein Beweis, wie tief sich diese, oft zu mehreren hinter einander in
den Felsen hineingearbeiteten Wohn=, Aufbewahrungs= oder Lager=
räume in den Berg hinein erstrecken. Und die Bewohner dieser
merkwürdigen Felsenhöhlen finden sich in denselben meist in jeder
Hinsicht wohler, wie die in den Häusern der Stadt Wohnenden.
Denn diese unterirdischen Felsenräume sind leicht zu reinigen,
bedürfen keiner bedeutenden Reparatur, sind gegen Verfall und
Beschädigung, gegen Feuer und Wasser, gegen Blitzschlag und

21*

Orkaneswuth geschützt, bleiben im Sommer ebenso angenehm kühl, wie sie im Winter sich verhältnißmäßig warm erhalten und leicht erwärmt werden können. Sie sind trocken, leicht zu ventiliren und haben nichts von dem Qualm und Dunst der Städte, nichts von den Ausdünstungen des Bodens zu leiden, liegen in kräftiger, würziger Berg- und Waldes-Atmosphäre über der kühlenden und erfrischenden Verdunstungsluft des klaren Loir-Flusses, also so gesund, wie man es sich nur wünschen kann.

Ganz in der Nähe befinden sich auch zwei altgallische, unterirdische Grabkammern (Tombelles oder Tumuli) von seltener Ausdehnung; die größte von Beiden soll einen Umfang von 175, eine Höhe von 14 Meter, die kleinere von 84 und 9 Meter haben. Leider fehlte es uns an Zeit, auch diese im höchsten Grade interessanten und für die Alterthumsforschung wichtigen Bauwerke genauer anzusehen, während wir einige der Höhlenwohnungen besuchten und über die Gemüthlichkeit und behagliche Wärme, die dort herrschte, wie über die Zufriedenheit und das gesunde Aussehen ihrer Bewohner höchst überrascht waren.

Aber auch die oberirdische Stadt enthält interessante Ueberreste aus den ältesten Zeiten; so ein sehr gut erhaltenes, aus gebrannten, polirten oder glasirten Ziegelsteinen aufgebautes, römisches Stadtthor mit Resten der alten Stadtmauer, die Ruinen und theilweise gut erhaltenen Ueberbleibsel einer alten romanischen Kirche und einer aus dem 12. Jahrhundert stammenden Abtei, dann auch noch die enorm dicken, festen Grundmauern und Mauerreste einer uralten Burg, deren Ursprung noch über das 11. Jahrhundert zurückverlegt wird, sowie eines Siechenhauses, von welchem noch ziemlich gut erhaltene Trümmer vorhanden sind. Auf einer kleinen Anhöhe in Mitten der Stadt erhebt sich das neue, moderne Schloß, in dessen Hofraum sich ein außerordentlich tiefer Brunnenschacht befindet, der durch ein wunderbar schönes, vielfaches Echo sich auszeichnet.

Das zweite, alte, hochinteressante Bauwerk, welches wir auf dem Marsche berührten, besteht aus gut erhaltenen Ueberresten eines großen, befestigten, altrömischen Lagers bei Sougé, welches den Namen „Camp de César" (Cäsar's Lager) führt, ein regelmäßiges Viereck von 150 Meter Seitenlänge bildet und für etwa 2= bis 3000 Mann bestimmt sein mochte. Man konnte noch deutlich den Steinwall mit vorliegendem, breitem Graben erkennen, der das ganze Lager umschloß, mit Bastionen, befestigten Eingangsthoren 2c. versehen und an den vier Ecken durch starke Schanzen geschützt war. Im Innern befand sich in dem großen noch ein kleines, befestigtes Lager „Castellum", welches ein Viereck von 80 Meter Seitenlänge bildete und durch einen 10 Meter breiten, 5—6 Meter tiefen Graben von dem übrigen Lagerraum getrennt war, hinter welchem ein 5 Meter breiter, hoher Erdwall von den aus dem Graben ausgehobenen Erdmassen aufgeworfen und gleichfalls an den Eingangsthoren und Ecken durch besonders starke Werke geschützt worden war.

Nach Ueberschreiten des Flusses Braye kurz vor seiner Ein= mündung in den Loir führte uns der Weg durch die höchst romantische Gegend bei Poncé und Ruillè, der die vielen von den schön bewaldeten Berghöhen des Loir-Thales herabschauenden Schlösser und Villen ihren Hauptreiz verliehen. Ganz besonders schön war ein altes, in der Nähe von Poncé gelegenes Schloß, dessen grauer, kastellartiger Bau mit seinen dicken Mauern und Thürmen drohend ins Thal hinabschaut, während sein im romanischen Style gehaltener, finsterer Mittelbau von einem hohen Hallengange umgeben ist, der auf gedrungenen, von dichtem Epheu umschlungenen Säulen ruht. Aehnliche Säulengänge befinden sich auch auf den verschiedenen Terrassen, welche von den Umfassungsmauern bis zum Schlosse selbst den mit grünem Rasen und Busquettes bedeckten Bergabhang sich hinaufziehen. — In La Chartre, wo wir erst beim Anbruch der Dunkelheit eintrafen, fanden wir ein recht gutes Unter= kommen in einem Café und auch ein zwar einfaches, aber schmack= haftes Essen.

9. Januar (Montag). Es war wieder winterliche Kälte eingetreten bei Anfangs leichtem, aber stark nässendem Nebel, der ganz langsam und allmählich sich verdichtete und mit einzelnen Schneeflöckchen vermischte. Zugleich überfror die nasse Chaussee und bedeckte sich durch den niederfallenden Nebel sehr bald mit Glatteis, das von Stunde zu Stunde dicker wurde und das Weiterkommen von Menschen und Thieren immer mehr erschwerte. Um 7½ Uhr Morgens schon brachen wir in der Richtung nach Le Mans auf, wurden jedoch schon nach kurzem Marsche durch bergiges und vielfach mit Waldungen bestandenes Terrain bei dem Dorfe L'Homme in ein sehr lebhaftes und hartnäckiges Gefecht verwickelt. Das zunehmende

Schneetreiben und der sich immer stärker verdichtende Nebel ließen bald selbst auf kurze Entfernungen nicht mehr Freund und Feind deutlich unterscheiden, so daß z. B. die Braunschweiger wiederholt in die Lage kamen, fast für Franzosen gehalten zu werden. Es mußte daher das Gesecht abgebrochen werden, und wir gingen wieder nach La Chartre ins Quartier zurück, nachdem die Verwundeten, 31 Mann, nach Poncé gebracht waren. Es befand sich nämlich eine französische Ambulance dort im Schlosse eingerichtet, welcher unsere Verwundeten übergeben wurden; doch blieben dieselben in der Behandlung eines unserer Aerzte vom 3. Sanitäts-Detachement mit dem erforderlichen Pflegepersonal.

Sehr unangenehm und peinlich wurden wir bei unserer Rück= kehr nach La Chartre durch die Veränderungen überrascht, welche unser vorher so sauberes und gemüthliches Quartier in unserer Abwesenheit erlitten hatte. Es bot sich uns ein Bild der Ver= wüstung und Zerstörung in den Zimmern dar, das mich geradezu wüthend machte. Kommoden, Schränke, Tische, kurz Alles, was verschlossen gewesen war, fand sich erbrochen, aus allen Meubles waren die Schubfächer und Kasten herausgerissen und wo man etwa einen Doppelboden oder ein geheimes Fach vermuthet hatte, war Alles zerschlagen und zerbrochen. Der ganze Inhalt der Kisten und Kasten, Herrenanzüge und Frauenkleider, Hüte und Mützen, Stiefel und Schuhe, Bett= und Leibwäsche, Bücher, Nipp= sachen, kleine Kästen mit ihrem Inhalt, Alles lag auseinander gerissen, zerbrochen und verstreut auf dem Fußboden, auf und unter den Tischen, Stühlen, Sophas 2c. Die Betten waren sammt Decken und Matratzen aus den Bettstellen herausgerissen, die Ueberzüge abgerissen oder zerschnitten, selbst einzelne Federbetten und Matratzen hatte man aufgeschnitten, vermuthlich, weil man dort Geld und Geldeswerth zu finden hoffte. Ob und in welchem Umfange etwa Werthsachen verschwunden waren, ließ sich leider ebenso wenig fest= stellen, wie es möglich war, die Thäter und Verwüster ausfindig zu machen, da sowohl die Bewohner des Hauses, wie die meisten Nachbaren ihre Häuser im Stiche gelassen und die Flucht ergriffen hatten. Nach Aussagen der Einen sollten unsere Truppen bei ihrem Durchmarsche und kurzem Aufenthalte in der Stadt diese Ver= wüstung angerichtet haben, von der auch viele Häuser in der Nach= barschaft in ähnlicher Weise betroffen waren. Nach Andern sollten es dagegen versprengte, oder marodirende französische Soldaten, oder Franctireure und ein Trupp algerischer Reiter gewesen sein, welche und zwar beide Gattungen gleich stark, von ihren eigenen Landsleuten mehr wie unsere Soldaten gefürchtet wurden. Letzteres scheint noch das Wahrscheinlichste zu sein, da von eßbaren Vorräthen und Getränken nur wenig mitgenommen, wohl aber Weinfässer und Flaschen zerschlagen und der Inhalt ausgeschüttet worden war. — Mit Hülfe unserer Leute konnten die herumliegenden Gegenstände einigermaßen wieder beiseite und die Zimmer in einen wohnlichen Zustand gebracht werden. Auch fanden wir im Hause, wie in unserm Wagen noch genügende Vorräthe, um uns ein ländliches Essen zu bereiten, auch Wein, um uns zu stärken und zu erwärmen. Denn der Winter brach wieder mit größerer Strenge herein und die Erwärmung der Zimmer blieb nach wie vor der wunde Punkt in den meisten Quartieren.

10. **Januar** (Dienstag). Als wir am Morgen zum zweiten Male von La Chartre aufbrachen, hatte sich der Nebel fast völlig gesenkt, dafür war aber durch den nächtlichen Schneefall die Erde mehrere Zoll hoch mit blendend weißem Schnee bedeckt und hin und wieder wirbelten noch spärliche Schneeflocken vom hellgrau bewölkten Himmel.

Durch die Wärme, welche die Füße der geschlossenen Infanterie=Kolonnen beim Marschiren auf den Schnee ausübte, schmolz derselbe an seiner Oberfläche, wurde fest zusammengedrückt und überzog sich mit einer Eisdecke, sobald die winterliche Kälte wieder ungeschwächt auf ihn einwirken konnte. Es verwandelte sich hierdurch die mit Schnee bedeckte Chaussee zu einer höckrigen Eisbahn, oder zu einem Gletscher im Kleinen. Das Fortkommen war daher sowohl für die nachfolgende Infanterie, mehr aber noch für die Kavallerie und Artillerie ungemein erschwert. Die von La Chartre nach Grand Lucé führende Straße steigt in dem Thale eines kleinen Flüßchens Veuve Anfangs mäßig steil aufwärts und stellt von St. Pierre la Lorouer ab ein zwischen waldbedeckten Bergzügen sich hinziehendes Defilé von mehreren Kilometern dar, das zwar von St. Vincent de Lorouer ab weniger schmal ist, sich aber bis in die Nähe von Grand Lucé verfolgen läßt. Namentlich im untersten Theil sind verschiedene Stellen so eng, daß schon eine geringe Truppenmenge das Debouchiren des ganzen Corps hätte verhindern, oder doch sehr erschweren können. Da hier sogar

mehrfach solche schwierigen Defilé-Stellen in kurzen Abständen auf
einander folgten, so daß die Straße eigentlich eine lange Kette von
kleineren Engpässen bildete, so war unser Erstaunen und unsere
Freude, keine Stelle des Weges vom Feinde besetzt zu finden, um
so größer, als der Widerstand, welchen wir Tags zuvor schon dicht
hinter **La Chartre** gefunden hatten, einen höchst schwierigen und
mit bedeutenderen Verlusten verbundenen Vormarsch hatte befürchten
lassen. Erst nach gründlicher Durchsuchung des Terrains und unter
den größten Vorsichtsmaßregeln wurde der Marsch durch den gefähr=
lichsten und schwierigsten Theil des engen Thales fortgesetzt, bis
wir bei **St. Vincent** auf freieres, offneres Terrain kamen. — In
diesem Orte erwartete uns eine ganz besondere Ueberraschung. Am
Abend vorher war dort eine französische Proviant=Colonne von
unserm Vortrabe überrascht und größtentheils gefangen genommen
worden. Diese Bedeckungsmannschaften waren es wahrscheinlich
gewesen, die am Vormittage des Tages vorher sich hinter l'Homme
so hartnäckig gegen unsere Truppen vertheidigt und dann ihren Sieg
wohl in dem Glauben besonders lustig gefeiert haben mochten, daß
sie unsere Abtheilung definitiv zurück geworfen hätten. Ohne die
geringsten Sicherheitsvorkehrungen zu treffen, oder vorgeschobene
Posten auszustellen, hatten sie sich gründlich betrunken, so daß mehr
als 80 französische Lebensmittel= und Fouragewagen in unsere Hände
fielen, deren Fahrer sammt ihren Pferden, soweit ihnen dies möglich
gewesen war, sich vorher aus dem Staube gemacht hatten. In der
Dorfstraße sah es toll genug aus; überall standen die bepackten,
zweirädrigen Karrenwagen umher, oder lagen umgestürzt, hier war
eine Kiste mit Zwieback heruntergefallen und aus den zerbrochenen
Wänden waren die Zwiebacke weithin auf die Straße gerollt, dort
lagen zerrissene Getreidesäcke mit rings umher verstreutem Inhalt,
dort wieder waren ein oder mehrere Säcke auf dem Wagen geplatzt
und ließen ihr Mehl, Korn, oder Brod wie einen unversiegbaren
Quell herausrinnen, dazwischen lagen todte, oder wälzten sich ver=
letzte Pferde herum. Noch toller und gräßlicher sah es indessen
hinter dem Dorfe aus, wo die überraschten Begleitmannschaften sich
zu sammeln und den Angriff, resp. Ueberfall abzuwehren versucht
hatten. Hier waren die Wagen zum Theil absichtlich neben und
in den Graben geworfen und die Säcke, Stroh und Heu=Ballen
zum Aufbau von Barricaden verwendet worden, hinter und zwischen

denen die Leichen der Menschen und Pferde herumlagen, während auf der Chaussee zerschnittene Geschirre, weggeworfene Decken, Gefäße und sonst beim Fliehen hinderliche Gegenstände bunt durcheinander lagen. Alles ließ die Verwirrung, Eile und Rathlosigkeit deutlich erkennen, von der sowohl die Fahrer, wie Soldaten bei dem unerwarteten Angriff befallen waren und die sie zur kopflosen Flucht getrieben hatten. — Einen ergreifenden, ganz eigenartigen Eindruck riefen mehrere im Schnee liegende, gefallene Spahis hervor, die mit ihren wilden braunen Gesichtern und rabenschwarzen Barthaaren, mit ihren bunten Turbanen und grellfarbigen Gewändern, ihren langen, dünnen Gewehren, dem fremdartigen Sattelzeug mit den schuhtragenden Steigbügeln und mit ihren buntgezäumten, herrlichen Pferden einen wunderbaren Contrast bildeten zu dem blendend weißen Schnee, der sie wie ein Leichentuch einhüllte, die feurigen, wilden Söhne des tropischen Südens in dem kalten, starren Schneebette des eisigen Nordens.

Die Glätte der Straße war so bedeutend, daß unsere Pferde beständig ausglitten und beim Versuche schneller zu reiten, oder plötzlich zu pariren, sofort stürzten, oder doch zusammensanken. Wir waren daher genöthigt, den größten Theil des Weges neben den Pferden herzutraben und an besonders glatten Stellen sie sogar vorsichtig am Zügel zu führen. Meine Ordonnanzritte nahmen an diesem Tage viel weniger Zeit in Anspruch, wenn ich ein paar Schritte nach dem Fortreiten vom Pferde sprang, dieses einer Ordonnanz zum Halten gab und zu Fuß meinen Auftrag ausrichtete. Gleichwohl bin ich an diesem Tage wohl über ein Dutzend Male mit dem ausgleitenden Pferde gestürzt, ohne daß indessen ich selbst, oder das Pferd irgend eine Verletzung oder Schaden davon getragen hätte. So kamen wir denn auch erst gegen Abend in Grand Lucé an, wo wir bei der Ueberfüllung des Ortes mit Truppen nur ein sehr bescheidenes Quartier aufzutreiben vermochten.

11. Januar (Mittwoch). In der Nacht war wieder ziemlich viel Schnee gefallen, der die Eisdecke vom Tage vorher sehr bald, nachdem die Infanterie auf dem Wege marschiert war, so bedeutend verstärkte, daß die Pferde nur noch geschärft oder mit Eisnägel sicher fortkommen konnten. Bei der Kavallerie, welche Eisnägel in ihren Hufeisentaschen mit sich führte, waren dieselben leicht und schnell zu befestigen, für die Artillerie und Offizierpferde ging das Scharf-

machen viel langsamer von Statten, da die Hufeisen nicht genügend
hierauf eingerichtet waren, oder aber die Stollen selbst scharf gemacht
werden mußten. Trotzdem die Schmiede aller Dörfer, welche wir
passirten, und die Feldschmiede die ganze Nacht hindurch gearbeitet
hatten, waren doch am Morgen erst sämmtliche bei der Avantgarde
befindlichen Pferde mit scharfen Stollen oder Eisnägel versehen
worden; von der übrigen Artillerie hatten durchgängig nur die
Stangenpferde dieselben erhalten. Bei dem bergigen Terrain war
daher das Fortkommen aller Berrittenen und der Artillerie sehr
erschwert und verlangsamt. War ein irgendwie steilerer Berg zu
ersteigen, so mußten die Bedienungsmannschaften die Pferde am
Zügel führen und durch Eingreifen in die Speichen oder Vorlegen
von Steinen das Zurückgleiten des Geschützes bei dem häufig noth=
wendig werdenden Ausruhen der Pferde verhindern.

Trotzdem kam es häufig genug vor, daß eins der Pferde
stürzte und das Geschütz längere Zeit halten mußte, bis die Pferde
wieder standen und die Schirrung in Ordnung gebracht war. Die
Folge hiervon bestand nicht nur in dem langsamen Vorwärts=
kommen, sondern auch in einem vollständigen Auflösen des Verbandes
der Batterien. Während vielleicht das vorderste Geschütz schon die An=
höhe erreicht hatte, lag oft das letzte noch 1 bis 2 Kilometer zurück
still, um die nöthigen Reparaturen der Geschirre 2c. zu vollenden,
und die übrigen Geschütze, Munitionswagen 2c. krochen wie Schnecken,
selten aufgeschlossen, meist in weiten Abständen von einander und
durcheinander gewürfelt, langsam den Berg hinan, um vielleicht erst
½ Stunde nach dem ersten Fuhrwerk die Steigung zu überwinden.
Ein nachdrückliches Verwenden dieser Batterien mit einem schnellen
Vorgehen wäre ganz unmöglich gewesen. Wo daher sich am Wege
eine Schmiede befand, da machte auch eine der Feldschmieden
Halt, und es wurden dann sämmtliche Pferde der betreffenden
Batterie durch Unterstützung der Civil=Schmiede mit scharfen Stollen
oder Eisnägel versehen, — für die Zugpferde waren Eisnägel
nicht fest und sicher genug. Als die erste Batterie der Corps=
Artillerie sämmtliche Pferde geschärft hatte, kamen auch die Pferde
von unserem Stabe an die Reihe. Wir waren bis dahin neben den
Pferden gegangen, während der kommandierende General in seinem
Wagen gefahren war, bis auch diese Pferde, die gleichfalls nicht
geschärft waren, beim Bergauffahren so hin= und herrutschten und

troßdem sie geführt wurden, wiederholt stürzten, daß es geradezu gefährlich wurde in dem Wagen weiter zu fahren, dasselbe galt von den Reitpferden. Wagen und Reitpferde wurden daher zur nächsten Schmiede geführt und mit Eisnägel versehen, so daß der commandirende General, wollte er nicht auf freier Straße warten bis zum Wiedereintreffen des Wagens, zu Fuß gehen mußte. Rasch entschlossen, ließ er das nächste Geschüß halten, setzte sich auf den Vordersiß der Proße und fuhr in dieser Weise wohl über ½ Stunde, bis endlich sein Wagen ihn wieder aufnehmen konnte. Noch lange rühmten sich die Fahrer und Bedienungsmannschaften dieses Ge= schüßes stolz der Auszeichnung und Ehre, welche ihnen und ihrer Kanone dadurch zu Theil geworden war, daß der kommandierende General auf der Proße derselben gefahren war, auch wurden sie nicht wenig von den übrigen Mannschaften und Batterien um ihr Glück beneidet. — Während wir mit dem einen Pferde am Zügel neben und hinter dem Geschüße des Kommandirenden einhergingen, hatten unsere Burschen das zweite Pferd mit Eisnägel versehen lassen müssen und am späten Nachmittag konnten auch wir ohne Gefahr unsere Pferde wieder besteigen. Während der ganzen Zeit unseres Marschirens bröhnte von Norden und Osten bald matter., bald deutlicher und lauter der Donner der Geschüße von den übrigen Armee= corps der II. Armee zu uns herüber, die mit den um Le Mans zusammengezogenen, noch immer sehr bedeutenden Resten der Loire- Armee und den aus Algier herbeigerufenen Divisionen in heftigem Kampfe standen. Mit Aufbietung aller Kräfte wurde daher der Marsch fortgesetzt, damit unser Corps noch rechtzeitig die ihm zuge= wiesene Umgehung der rechten feindlichen Flanke ausführen und den ahnungslosen Franzosen im entscheidenden Augenblicke in die Seite und in den Rücken fallen könne.

Es war kurz vor 4 Uhr Nachmittags und begann bereits etwas zu dunkeln, als wir bei dem Städtchen Mulsanne rechtwinklig in die große Straße von Tours nach Le Mans einbogen. Hier stieg auch der kommandirende General zu Pferde und gefolgt nicht nur von dem ganzen Stabe, sondern auch von den Handpferden und dem Fourgon ging es im munteren Trabe an dem Gros des Corps vorbei zur Avantgarde. Die Straße führte schnurgerade durch einen dichten Hochwald, hatte jedoch — da es nicht eine der größeren Staats=Chaussseen war, — nur eine solche Breite, daß außer dem schmalen Reitwege für 2 Wagen neben einander bequem Platz war. Nachdem wir einige 1000 Meter geritten waren, ohne vor uns irgend etwas von unsern Truppen zu sehen, trafen wir an einer Wegkreuzung, die rechts nach dem Schlosse La Monnerie, links nach Château les Hunaudrères führte, den Stab der 20. Division abgesessen im Walde haltend. Obgleich der Divisionair meldete, daß vor uns nur je ½ Compagnie des 17. Regiments neben der Chaussee längs des Waldsaumes vorrücke und kaum 1000 bis 1500 Meter weit vorgedrungen sein könne, und daß ihr eine Halbbatterie auf der Chaussee folge, und trotzdem der Divisions-Commandeur sowohl, wie der Chef des Generalstabes ernstlich ab= riethen, weiter vorzureiten, wurde doch nur gestattet, daß die Burschen mit den Handpferden und dem Fourgon links in den Wald abbiegen und dort abgesessen auf unsere Rückkehr warten sollten. Dann gab der commandirende General seinem Pferde die Sporen und sprengte mit seinem persönlichen Adjutanten im Galopp gegen Le Mans vorwärts; etwa 15 bis 20 Schritte hinter ihm folgte der Generalstabs=Chef von Caprivi mit dem übrigen Stabe. Wir waren etwa 200—300 Meter vorgeritten und passirten gerade die Ueberführung über einen größeren Bach, als plötzlich weiter vor uns ein scharfer Knall und wenige Augenblicke darauf das Schwirren einer Granate und ein zweiter schwächerer Knall ganz in unserer Nähe erfolgte; dann flog mir, der ich auf dem rechten Flügel nahe dem Oberstlieutenant v. Caprivi ritt, ein Hagel von gefrorenem Chausseeschmutz, Steinchen und Schnee von unten her gegen Gesicht und Körper. Zugleich fuhr sausend ein großer Granatsplitter so dicht neben mir in die Höhe und über unsere Köpfe fort links in den Wald hinein, daß ich sein Schwirren sogar deutlich im Gesicht fühlen konnte. Wir waren nämlich, ohne es zu ahnen, bis etwa 1000 Schritte an mehrere französische Geschütze herangeritten, welche auf der Höhe des sanft ansteigenden Weges neben der Lisière des dort endenden Waldes in gedeckten Stellungen mitten auf der Chaussee standen, und welche wir sowohl wegen des vor ihnen aufgeworfenen Walles, wie des Nebels und der Dunkel= heit wegen nicht hatten sehen können. Ihr erster Granatgruß war etwa 10 Schritte rechts vor uns in den Zwischenraum zwischen dem voraufreitenden General und der ersten Reihe der nachfolgenden Offiziere des Stabes in die Chaussee eingeschlagen und hatte einzelne Sprengstücke über 100 Meter weit seitwärts geschleudert bis in die Nähe unserer dort haltenden Handpferde. — Merkwürdiger Weise war Niemand von uns auch nur durch eine Schramme verletzt, nur ich tüchtig mit Schmutz und Schnee beworfen worden. Der Luftdruck, welchen diese in unserer unmittelbaren Nähe ein= schlagende und crepirende Granate hervorbrachte, war so bedeutend, daß ich einen, freilich nur kurzen Moment vollständig starr, wie betäubt war und im Sattel hin= und herschwankte, erst der mir ins Gesicht spritzende Schnee brachte mich sofort wieder zu mir. In diesem kurzen Bruchtheil einer Secunde flog mir der Gedanke durch den Kopf, diesmal bist Du sicher verloren, diesmal kommst Du nicht mit dem Leben davon; was werden Deine armen Eltern sagen und empfinden, wenn sie dies erfahren. Dann aber brachten mich auch schon die Worte des Oberstlieutenant v. Caprivi wieder zur vollen Ruhe, der ohne die geringste Erregung uns zurief: „Ruhe, meine Herren, Ruhe! Kehrt! und nun im langsamen Schritt ohne jede Uebereilung zurück!"

Während wenige Minuten später eine zweite Granate dicht über unsern Köpfen fortsausend, 50 bis 60 Schritte vor uns, die wir schon Kehrt gemacht hatten, einschlug, stürmte es seitwärts aus dem Walde heraus wie die wilde Jagd, und im größten Wirrwarr und Durcheinander jagten die Burschen mit den theilweise zügellos nebenher laufenden Handpferden und mitten zwischen ihnen der Fourgon auf der Chaussee weiter, dicht vor uns vorüber, und im wildesten Galopp und Karriere raste der erschreckte Troß die Straße zurück und war nach kurzer Zeit hinter einer weit zurück liegenden Biegung des Weges verschwunden. Mit aller Kraft mußten wir unsere Pferde, die durch die Granate bereits aufgeregt, beim Vorbei= jagen des Trosses aber kaum ruhig und im Schritt zu halten waren, fest im Zügel halten, um nicht mit in das wilde Jagen hinein= gerissen zu werden. Und während Granate auf Granate die gerade Chaussee hinuntersausend, bald näher, bald ferner vor uns auf derselben einschlug und nur selten krachend und knackend seitwärts in die Zweige der Bäume fuhr, ritten wir auf unsern vor Er= regung trippelnden und tänzelnden Pferden Schritt für Schritt zurück. Jetzt kam uns eine lange Munitions=Kolonne entgegen, die dicht vor uns auf der schmalen Straße Kehrt zu machen im Begriffe stand, und mit einem gewissen, unheimlichen Grausen sahen wir,

wie die Granaten bald rechts, bald links neben den mit scharfer
Munition gefüllten Protzen einschlugen, jeden Augenblick fürchtend,
daß dieselben in die Luft fliegen würden. Rasselnd fuhren auch
diese im schärfsten Trabe zurück, ohne den geringsten Schaden zu
erleiden und entschwanden dann gleichfalls hinter der Biegung des
Weges unsern Blicken. So hatten wir, stets von den feindlichen
Granaten umschwärmt, die fast sämmtlich über uns weg flogen und
vor uns niedergingen, über 2000 Meter auf der Chaussee im
Schritt zurückzureiten, bis wir endlich gleichfalls hinter der Biegung
der Straße aus der Schußlinie des feindlichen Feuers gelangten.
Dort hielten auch geschützt hinter einer großen Scheune oder einem
Stallgebäude dicht neben der Chaussee die Burschen mit den Pferden,
und der Generalarzt und ich ritten gleichfalls dorthin in der
Hoffnung, hier unsere Burschen zu finden; die übrigen Offiziere
dagegen bogen in einen zum Château de la Rochère, nahe bei
Mulsanne führenden Waldweg ein. — Kaum hatten wir hinter den
Gebäuden Halt gemacht, als ganz dicht über das Dach des Stalles
hinweg ein schwarzer Gegenstand hinflog und im großen Bogen
über uns fort, etwa 20 Schritte hinter den Handpferden in den
Schnee sich einwühlte. Einige bange Secunden tiefsten Schweigens
folgten, bis wir sicher sein konnten, daß auch diese Granate, wie die
meisten ihrer Vorgänger nicht crepirte. Es war dies die letzte
Granate welche noch bis zu uns herüberflog. — Die Avantgarden=
Truppen, die 17er und 92er, nebst der vorgegangenen Batterie
hatten inzwischen die feindlichen Geschütze zum Schweigen und
Zurückgehen aus ihrer vorgeschobenen Stellung gebracht, und es
war bereits völlig Nacht, als wir nach Mulsanne zurückkehrten
und in einem von den Bewohnern verlassenen Hause ein leibliches
Unterkommen, Brennmaterial und ausgezeichneten Wein fanden. —
Als ich später nach den Pferden sah, traf ich einige Collegen vom
10. Feldlazareth, denen wir gerne in dem geräumigen Hause noch
Unterkommen gewährten und dafür an ihrem einfachen, aus den
Lazarethbeständen bereiteten Essen Theil nahmen. Gegen 8 Uhr
Abends mußte ich zum Quartier des kommandirenden Generals
zum Befehlsempfang für den nächsten Tag, fand dort die Herren
an einer reich besetzten Tafel sitzend, und der kommandirende General
forderte mich auf, ein Glas Champagner auf unser und besonders mein
glückliches Davonkommen am heutigen Abend zu trinken. Bei dieser

Gelegenheit erfuhr ich, daß es im Ort an trinkbarem Wein fehle, und daß auch im Fourgon kaum noch Wein vorhanden sei. Es rief daher eine allgemeine Freude hervor, als ich erzählte, daß wir einige Flaschen guten Weines in unserm leeren Quartier entdeckt hätten, von dem wohl noch 25 Flaschen abgegeben werden könnten. Ich schlug scherzhaft vor, als Entgeld dafür dem Corps-General=arzte und Corps-Auditeur, die wie ich selbst seit einigen Tagen kein ordentlich warmes Essen erhalten hätten, nicht nur den Rest der angebrochenen Sect=Flasche, sondern auch einige Portionen von dem reichlichen Souper zu übersenden. Mit einer Anweisung auf 25 Flaschen, die ich ausstellen mußte, und einer reichlichen Auswahl und Menge leckerer Speisen ausgestattet, wurde sofort eine Ordonnanz nach unserm Quartier abgesandt und kehrte zum allgemeinen Jubel mit etwa 40 Flaschen recht trinkbaren Weines zurück, der zum Theil sofort zur Auffrischung der Bestände dem Fourgon einver=leibt wurde und uns später noch gute Dienste leistete. Nicht weniger erfreut waren, als ich in unser Quartier zurück kam, die dortigen Herren über mein vortheilhaftes Tauschgeschäft, doch als ich nun auch meinen Antheil am Essen mir erbat, da gab' es nur lange Gesichter, denn der ziemlich bedeutende Rest davon war bereits in den Magen unserer treuen Burschen gewandert.

Es wurde zwar der Versuch gemacht, aus dem Stabsquartier noch etwas Gutes für mich zu holen, indessen hatte es dort gleich=falls nicht an Feinschmeckern gefehlt, die sich an den übrig gebliebenen Speisen bereits ergötzt hatten. — So blieb mir denn von meiner Fürsorge für die Kameraden außer dem Bewußtsein, ihnen Freude verschafft zu haben, nur die Erinnerung an das übrig, was auch mir wohl besonders gut geschmeckt haben könnte, und — ein etwas knurrender Magen.

Schlacht bei Le Mans.

12. Januar (Donnerstag). Die Ereignisse des letzten Tages hatten mich doch viel mehr aufgeregt, wie ich es mir gestehen wollte, so daß ich schon vor 6 Uhr Morgens wieder vollständig munter war, und mich leise hinausschlich in den klaren Wintermorgen. Es war eine eisig kalte, aber von keinem Windhauche bewegte Winter=

luft; hell leuchtete der Vollmond mit seinem magischen Schein weithin über die mit blendend weißem Schnee bedeckte Landschaft, über der ein leichter Nebel-Dunst schwebte. Ringsum herrschte tiefe Stille, nur bisweilen tönte aus der Ferne das Knarren eines Fuhrwerkes und das Knirschen des gefrorenen Schnees unter seinen schweren Rädern zu mir herüber, auch unterbrach hin und wieder ein einzelner Schuß die nächtliche Ruhe. Ringsherum flackerten in tief= rother Gluth die Bivakfeuer der vor beiden Armeen im Freien campirenden, zahlreichen Vorposten und Feldwachen zum klaren, blauen Himmel empor und warfen ihren rosigen Schein über die weite blendende Schneefläche. Ganz in der Nähe züngelten dunkel= rothe, von gewaltigen schwarzen Rauchwolken umhüllte Feuersäulen aus den schneebedeckten Dächern zweier Häuser, und aus den zer= sprungenen Fenstern leckten die hellen Flammen am Dachgesimse empor, während über ihnen sich kräuselnde, dicken Rauchsäulen langsam zum Sternenhimmel aufstiegen. Durch Nachlässigkeit und Unvorsichtigkeit der dort einquartirten Soldaten war das Feuer entstanden und fand an den dichten Strohdächern reichliche Nahrung. Unheimlich hoben sich von dieser hellen Gluth die auf langen Leitern stehenden Gestalten ab, die ihre Habseligkeiten zu retten und das Feuer zu dämpfen bemüht waren. — Mit fahlgelbem Schein kündete sich der nahende Morgen an, und das blasse Licht des Mondes kämpfte bereits mit der jungen Tageshelle, als es sich überall zu regen und bewegen begann, und bald herrschte in den umliegenden Gehöften und den Straßen des Städtchens das viel= seitige, rege, geschäftige Treiben der sich zum Aufbruche rüstenden Truppen.

Auf dem General=Commando erkundigte ich mich nach der Zeit des Abmarsches und fand dasselbe in einer ganz außerordentlich freudigen Erregung, als dessen Ursache ich auch bald Folgendes erfuhr: Unsere Avantgarde, das 17. und 92. (Braunschweiger) Regiment, hatte am späten Abend noch die feindlichen Vorposten bis hinter den kleinen Ort Les Mortes-Aures zurückgedrängt, auf den dortigen Höhen im Schutze der ausgedehnten Waldungen Bivaks bezogen und ihre Feldwachen und Vorposten längs der Waldlisière aufgestellt. Die Dunkelheit und der Nebel hatte sie ver= hindert, von der feindlichen Stellung sich noch ausreichende Kenntniß zu verschaffen, obgleich die Franzosen mit fünf bis sechs Divisionen ganz nahe vor ihnen in langer Front, mit der nächstliegenden Division fast in Steinwurfsnähe, lagerten und als Reserve bei der Vorstadt von **Le Mans**, vor **Pontlieue** mit 3 weiteren Divisionen standen. Unsere Vorposten waren nun ähnlich, wie die französischen, bei der strengen Kälte noch mit den dicken Schafpelzen versehen worden, welche wir zu verschiedenen Malen von den Franzosen erbeutet hatten; zudem hatten die Braunschweiger den Vorposten= dienst übernommen, welche sich mit ihren dunkeln Chacos und in ihren Pelzen im Halbdunkel nur schwer von den französischen Posten unterscheiden ließen. — Auch die Franzosen konnten unmöglich genauer über die Stellung unseres Corps unterrichtet sein, ja glaubten wohl schwerlich, daß wir soweit westlich gehen und direct von Süden gegen **Le Mans** vordringen würden. Dazu kam noch, daß die franzö= sischen Abtheilungen, welche unsern Vorposten hier gegenüber standen, sich noch spät Abends hatten zurückziehen müssen, während ihre bisherigen Stellungen von unserer 40. Brigade eingenommen waren.

In der Frühe des Tages, wo Mondschein und leichter Nebel es noch schwerer machten, entferntere Gegenstände sicher zu erkennen, kam zu einem unserer Vorposten, der seiner Wichtigkeit wegen mit zwei braunschweiger Einjährig=Freiwilligen besetzt war, ein Offizier herangesprengt, in welchem die beiden Freiwilligen sehr bald einen französischen Generalstabs=Offizier erkannten. Der Eine von ihnen, welcher vor dem Kriege längere Zeit in **Paris** gewesen war und sehr geläufig und gut Französisch sprach, trat mit gefälltem Gewehr und dem Rufe vor: „Qui vive?" erhielt die französische Antwort, daß es ein Generalstabs=Offizier sei, der dem Divisions=Commandeur die Ordres du jour zu überbringen habe, und ersuchte den Posten, ihn zum General zu führen. In seinem geläufigen Französisch erklärte dieser sofort seine Bereitwilligkeit, trat neben den ahnungs= losen Reiter, und ehe derselbe sich noch von seinem Schreck erholte, hatten die beiden Posten die Zügel des Pferdes ergriffen, dem Offizier die Waffen abgenommen, zu ihren Gefangenen erklärt und führten ihn zur Feldwache. Nachdem dort ihre sofortige Ablösung erfolgt war, mußten Beide den in höchste Wuth und Verzweiflung gerathenden Offizier als einen sehr wichtigen Fang unter Bedeckung ohne Aufenthalt dem Lager=Commandanten überbringen. — Durch diesen Glücksumstand waren die Ordres du jour und de bataille

22

in unsere Hände gelangt, die nicht nur über die Zahl und Stellung der feindlichen Armee, sondern auch ·über die für den Tag getroffenen Anordnungen und die Absichten des Ober=Commandos der französischen Armee vor Le Mans genaue Auskunft gaben. Diese wichtigen Schriftstücke, welche dem französischen Generalstabs= Offizier abgenommen waren, konnten noch so rechtzeitig dem Ober= Commando des Prinzen Friedrich Karl übersandt werden, daß auf Grund derselben der Plan für den gemeinsamen Angriff auf Le Mans noch festgestellt und die hierzu nöthigen Befehle noch vor Sonnenaufgang ausgegeben werden konnten. Diese glücklichen Ent= deckungen werden wohl auch nicht unwesentlich zu dem raschen, günstigen Erfolge des Tages der Schlacht bei Le Mans und der Einnahme der Stadt beigetragen haben.

In sehr gehobener, hoffnungsvoller Stimmung brachen wir bald nach 7 Uhr Morgens mit dem General=Commando auf, ver= folgten dieselbe Straße, wie am Abend vorher, und erreichten vor dem Orte Les Mortes-Aures die Stelle, von welcher aus uns gestern die französischen Geschütze mit Granaten überschüttet hatten.

Dann ging es seitwärts zum Dorfe Ruaudin, wo nach und nach 26 Verwundete von dem 2. Sanitäts=Detachement gesammelt und vorläufig untergebracht wurden. Auf einer vor dem Dorfe befindlichen kleinen Anhöhe wurde Halt gemacht, da der äußerste Rand desselben einen weiten Ueberblick über das Vorterrain gewährte, allerdings auch von den feindlichen Tirailleuren sehr wirksam bestrichen wurde, so daß wir jüngeren Ordonnanz=Offiziere — denn zu diesen mußte ich mich während der Gefechte und Schlachten mit vollem Rechte zählen — unsere freie Zeit auf einer nahen Wald= blöße verbringen konnten, wo wir eine Schutzhütte mit noch glühen= dem Holzkohlenfeuer entdeckt hatten. Der Aufenthalt in diesem ziemlich großen, hohen Raume bot nicht nur Schutz gegen die zeit= weilig herabrieselnden, kleinen, harten Schneegraupeln und wohl= thuende Wärme, sondern auch einen angenehmen und nützlichen Zeitvertreib. Wir hatten nämlich in der Hütte ein kleines Körbchen, und später auf dem benachbarten Felde einen großen Sack voll echter Kastanien und einen reichlichen Vorrath von Holzkohlen zum Unterhalten des Feuers vorgefunden, saßen oder standen nun um die Kohlengluth herum und warfen Kastanien in die glühende Asche.

Und während draußen der Commandirende und sein Stabs=
Chef aufmerksam dem Donner der in hartem Kampfe sich ab=
mühenden Geschütze und dem Knattern der Gewehre lauschten, und
während rings umher die Verderben bringenden Geschosse knallend
platzten, lauschten wir auf das Krachen der im Feuer liegenden
Kastanien und warteten ungeduldig auf das Platzen ihrer Schalen,
um sie dann vorsichtig mit unsern Schlachtschwertern aus ihrer
bedrängten Lage zu befreien und uns an ihrem dampfenden Inhalt
zu laben. Oft genug wurde freilich dies löbliche Thun unter=
brochen, indem der zur offenen Thüre hineindringende Namensruf
der Freude schnell ein Ende machte, und wenige Minuten später
trabte man dann wieder hinein in das wilde Toben des Kampfes.

So verrann Stunde auf Stunde, immer heftiger tönte der
Geschützdonner von Nord und Ost herüber, bis endlich gegen Mittag
der vor uns stehende Feind zurück zu weichen begann und wir
vorrückten. Noch einmal wurde auf der Höhe der nach Pontlieue
sich ziemlich steil abwärts ziehenden Straße Halt gemacht. Vor
uns breitete sich weithin das Schlachtfeld aus, mit seinem der letzten
Entscheidung zuneigenden Ringen beider zahlreichen Heeresmassen,
daneben die tief unter uns am Zusammenfluß der Sarthe .mit
ihrem kaum kleineren Nebenflusse l'Huisne sich weit in's Thal der
Ersteren hineinziehende, sehr bedeutende Stadt Le Mans, während
die davor liegenden Vorstädte St. Croix und Pontlieue mehr
das schmale Thal ausfüllte, welches der Huisne-Fluß in zahl=
reichen Schlangenwindungen durchströmt.

Soweit das Auge reicht, steigen überall zwischen den zahlreichen
Ortschaften und zerstreut umherliegenden Gehöften, Häusern und
Villen, zwischen den kleineren und größeren Waldungen und
Gehölzen die blaugrauen Wolken und Wölkchen des Pulverdampfes
in die Höhe empor und wälzen sich in mehr und mehr sich
lichtenden, hell bläulichen Dunstschleiern weit über die Gegend hin.
Ueberall tauchen bald vereinzelte Gruppen von Soldaten und aus=
einander gezogene Linien auf, bald ziehen kleinere Kolonnen, bald
größere geschlossene Truppenmassen auf den Straßen oder über die
Felder einher, hinter Wällen und Mauern, in Gräben und Ver=
schanzungen wimmeln die Vertheidiger, speihen zahlreiche Geschütze
Feuer und Pulverdampf aus, durch die Straßen rasseln Fuhr=
werke, sprengen Reiter oder jagen lange Züge von Artillerie, von

Cavalleriemassen begleitet. Kurz, vor uns breitet sich ein groß=
artiges Schlachtenbild aus, in dessen Einzelheiten man jedoch ver=
geblich einzudringen versuchen würde, und an dem sich auch unsere
Artillerie wieder in hervorragender Weise betheiligte. Dann geht
es im Trabe die breite, in einem Terraineinschnitt ins Thal hinab=
führende Straße entlang, an marschirender Infanterie, an den vorwärts=
eilenden Batterien, den Fuhrwerken der Pioniere und des Trains vorbei
zu dem großen runden Platze vor der Brücke von **Pontlieue**. Hier
sammeln sich die verschiedenen Regimenter und Truppentheile des
Armee=Corps, und während aus den Straßen der Vorstadt und
weiterher aus der Stadt **Le Mans** selbst wüstes Lärmen und uninter=
brochenes Schießen, das Getöse eines dort wüthenden heftigen
Straßenkampfes bald verschwommener, bald deutlicher zu uns her=
übertönt, und unausgesetzt vereinzelte Kugeln aus den Straßen
heraus an unsern Köpfen vorüberpfeifen, sind verschiedene Kompagnien
bei der blutigen Arbeit, die Vorstadt und Stadt von den in den
Häusern sich festsetzenden Nachzüglern zu säubern, welche das Vor=
dringen der Soldaten aufzuhalten suchen, und nur langsam, Schritt
für Schritt im blutigen Kampfe zurückweichen. Zug auf Zug und
Compagnie auf Compagnie müssen vorgeschoben werden, um das
Einnisten der vor den unaufhaltsam vordringenden übrigen beiden
Corps der II. Armee sich zurückziehenden Truppenzüge zu ver=
hindern, um die von der Nordost= und Ostseite her in die Stadt
flüchtenden feindlichen Massen weiter zurück zu drängen und wenn
möglich, gefangen zu nehmen. Erwartungsvoll hält der Stab neben
der **Huisne-Brücke**, die meisten von uns sind abgesessen und suchen
durch rasches Bewegen sich vor dem Kaltwerden und Frieren zu
schützen, da höre ich plötzlich das Gerücht, daß etwas weiter hinauf
in der Hauptstraße in einem Regie=Tabak=Depot alle vorhandenen
Vorräthe verkauft würden, um dieselben nicht etwa vom Militair
als Staatseigenthum mit Beschlag belegen zu lassen. Seit der für
10 Francs in Blois gekauften 10 kleinen Weihnachts=Sous=Cigarren
hatte ich nur etwa 2 bis 3 Mal gegen die Zusage baldiger Rück=
erstattung eine Cigarre von Bekannten erbettelt, da die von mir in
Deutschland inzwischen bestellten Sendungen noch immer nicht einge=
troffen waren. Der Gedanke, hier jetzt eine größere Quantität dieses lang
und schmerzlich entbehrten, edlen Krautes mir verschaffen zu können,
war daher natürlich zu verlockend und verführerisch, um deshalb

nicht einen etwas unsichern und gefahrvollen Gang zu wagen. Denn wenn auch die Hauptmasse der französischen Soldaten aus den nächstgelegenen Häusern verjagt waren, so blitzte doch immer noch hier und da ein vereinzelter Schuß aus einem der Fenster, sobald deutsche Truppen dort passirten, und aus der entfernteren Gegend der Hauptstraße flogen noch Kugeln genug bis an das diesseitige Ende und schlugen in die Wände der Häuser, oder sprangen klatschend und klingend vom Straßenpflaster zurück.

Ohne hierauf weiter zu achten, übergab ich rasch mein Pferd meinem Burschen, und mich am Stabe vorbei dicht an den Häusern entlang schleichend, fand ich etwa 600 Meter aufwärts einen kleinen Laden, wo Soldaten und Civilisten sich um den Verkaufstisch drängten und bis auf die Straße hinaus standen. Gegen ein dem Cigarrenverkäufer zugeworfenes 5-Francsstück erhielt ich auf dem- selben Wege fünf Päckchen Sous-Cigarren zugeworfen, mit denen ich triumphirend zum Stabe zurückeilte. Als ich eben den Laden ver- lassen hatte, kam in scharfem Trabe eine Batterie mit aufgesessenen Mannschaften mir entgegengerasselt, und gleich darauf sollte ich inne werden, daß mein Unternehmen keineswegs schon so ganz gefahrlos war. Während ich den Vorübereilenden nachschaute, fielen einige Häuser weiter aus einem Fenster zwei Schüsse, und gleich darauf wälzte sich ein berittener Gefreiter mit seinem Pferde auf dem Straßenpflaster. Noch ehe ich hinzuspringen konnte, war der Mann wieder auf den Beinen, das Pferd aber von zwei Kugeln getroffen, mußte liegen bleiben. Schnell wurden Sattel und Zaum- zeug herunter genommen, auf den letzten haltengebliebenen Munitions- wagen geworfen, der Gefreite schwang sich auf den Protzkasten und im Galopp folgte das Fuhrwerk der Batterie. Diese war inzwischen gleichfalls im Galopp bis auf den Marktplatz vorgegangen, hatte im Nu abgeprotzt und einige Dutzend Granaten in ein dort liegendes großes Hôtel und ein städtisches Gebäude geworfen, welche beide hart- näckig von einem Trupp feindlicher Soldaten und Civilisten vertheidigt wurden, gegen die aber Infanterie nur langsam und mit schweren Verlusten hätte erfolgreich vorgehen können. — Aber auch in die beiden Häuser, aus welchen soeben die Schüsse gefallen waren, drangen inzwischen unsere Soldaten ein, um nach den Schuldigen zu suchen. Als ich bald darauf zum Stabe mit meinen eroberten Cigarrenpäckchen zurückkehrte, und der Chef desselben durch das

Heraudrängen einzelner Herren, die um Ueberlassung einiger Packete
baten, von meiner Expedition und den Vorgängen in der Straße
erfuhr, veranlaßte derselbe, daß sofort ein Zug Pioniere mit Pech-
kränzen bis zu den beiden Häusern vorging, aus denen geschossen
war, und dieselben in Brand steckte. Bald schlugen auch die hellen
Flammen zur Warnung für die übrigen, etwa noch zum Schießen auf
unsere Soldaten geneigten Feiglinge aus den Thüren und Fenstern
hervor und leuchteten weithin sichtbar über den brennenden Dächern
zum Himmel empor. — Gegen 5 Uhr Abends, also nach etwa
1½ stündigem Warten, war endlich in den Vorstädten Pontlieue
und St. Croix die Ruhe soweit wieder hergestellt, daß wir dort
vorläufig Quartiere beziehen konnten, während in der Stadt,
namentlich auf dem rechten Sarthe - Ufer der Straßenkampf noch
bis in den nächsten Morgen hinein fortdauerte. — Das Quartier,
welches wir nahe dem Eingange der Stadt gefunden hatten, war
an sich ganz zufriedenstellend; wir fanden einfach, aber reinlich und
mit Geschmack eingerichtete, geräumige Zimmer, die angenehm warm,
1 Treppe hoch lagen, sowie gute, saubere Betten, aber sehr scheue, zurück=
haltende Wirthe, welche sich kaum sehen ließen. Als ich unten im
Hause nach einer Person suchte, mit der ich die Verpflegungsfrage
regeln könnte, gerieth ich in ein Zimmer, in welchem der matte
Schein einer Lampe das über und über mit Borken bedeckte Gesicht
und die gerötheten, fast zugeschwollenen Augen eines Mannes beleuchtete, der mit den Zeichen eines Fieberkranken aus den Kissen
hervorblickte. Auf meine Frage, was ihm fehle, erhielt ich die
wenig erfreuliche Antwort: „Les petites Véroles! Monsieur!"
In noch zwei andern Zimmern fand ich einen Erwachsenen und
zwei Kinder, die gleichfalls an Pocken krank lagen. — Endlich
traf ich eine alte Frau, deren Jammern über die Opfer, welche
die Seuche im Hause schon gefordert habe, ich schleunigst durch den
Auftrag unterbrach, möglichst schnell für uns ein Diner zu schaffen,
was sie freilich zunächst in neue Klagen ausbrechen ließ. Als ich
mich jedoch hierdurch nicht erweichen ließ, kam es zum Vorschein,
daß die übrigen Familienmitglieder in einem andern Flügel des
geräumigen Hauses wohnten, und daß diese das Gewünschte uns
besorgen würden. — Ich selbst sollte indessen nicht so schnell dazu
kommen, von der mühsam errungenen Aussicht auf ein schmackhaftes
Diner einen wirklichen Vortheil zu ziehen. Als ich nämlich vor

der Hausthüre stehend nach unserer Bagage ausschaute, trat ein noch junger, rüstiger Cavallerie-General zu mir mit der Frage heran, ob ich ihn nicht zum Corps-Generalarzt weisen könne, und stellte sich als der General-Major v. Schmidt vor. Beim Generalarzt erzählte er, daß er beim Einrücken in die Stadt an einem großen Gebäude, Seminar oder Klosterschule, vorbeigeritten sei, in dem zahlreiche deutsche Verwundete ohne ärztliche Behandlung und sonstige Pflege gelegen hätten. Näher bezeichnen könne er die Stelle zwar nicht, doch glaube er, sie schnell wiederfinden zu können; er wolle den Generalarzt selbst hinführen. Das Ende dieser Unterhaltung war der Befehl, daß ich den General v. Schmidt begleiten und die Uebernahme der Verwundeten zunächst durch eins der Sanitäts-Detachements sofort veranlassen sollte.

Es war inzwischen völlig dunkel geworden, der Mond ging nicht vor Mitternacht auf, die Straßen waren nur hin und wieder durch eine dunkel brennende Laterne spärlich erleuchtet, als wir unsere Wanderung durch die leere, stille Vorstadt antraten, während von der innern Stadt her das Geknatter der Gewehre, der Lärm und das Waffengeklirr der Kämpfenden zu uns herüberschallte. Hin und wieder erklang der regelmäßige Schritt einer Patrouille, hier und da fiel auch in der Nähe ein Schuß, die Fenster der Häuser waren nur selten erleuchtet, oder das Licht doch durch die geschlossenen Laden oder Jalousien möglichst verdeckt. Zunächst ging es östlich durch die Vorstadt St. Croix bis zu den letzten Häusern, dann südlich zu einer Straße, die vor dem hohen Eisenbahndamm endete. Behende und unermüdlich kletterte der General über den Bahndamm, führte mich auf schmalen Fußwegen durch eine einsame Gegend, durchkreuzte die Vorstadt Pontlieue, wieder mußte der Bahndamm an zwei Stellen überklettert werden, und nach zweistündigem Herumsuchen hatten wir uns so verirrt, daß wir nur nach dem fortgesetzten Knallen der Gewehre auf die Lage der innern Stadt schließen konnten. Nach kurzer Rast an einem freien Platze begann das Suchen mit erneutem, unermüdlichem Eifer. Erst als wir in einen Stadttheil hineingeriethen, wo uns verschiedentlich die Kugeln unheimlich nahe am Kopfe vorbeiflogen, aus dem Dunkel der Häuser verdächtige Gruppen sich abhoben und wir wiederholt mit: „Qui vive!" angerufen waren, suchten wir die Hauptstraße von Le Mans und Pontlieue auf, und kurz vor

11 Uhr langte ich endlich todtmüde und überhungert wieder in unserem Quartiere an.

Der Generalarzt war doch über mein langes Fortbleiben recht besorgt geworden und hatte bereits die verschiedensten Pläne mit dem Corps=Apotheker entworfen, um nach dem Grunde meines Ausbleibens zu forschen. Beide waren daher hocherfreut, als ich endlich heimkehrte, trotzdem ich keine befriedigende Auskunft mit= bringen konnte. — Uebrigens konnte weder der General v. Schmidt das gesuchte Gebäude in den folgenden Tagen wiederfinden, noch konnten wir feststellen, welche Verwundeten er beim damaligen Suchen im Sinne gehabt haben könne. — Trotz der Unheimlichkeit, welche der Gedanke hervorrufen mußte, daß wir mit mindestens vier Pockenkranken in demselben Hause wohnten, schliefen wir doch ganz ausgezeichnet.

13. u. 14. Januar (Freitag u. Sonnabend). Am folgenden Morgen war es meine erste Aufgabe, für uns weiter im Innern der Stadt selbst ein möglichst gutes Quartier zu suchen, schon damit wir nicht allzu lange in dem Pockenkranken=Hause zu verweilen brauchten; dem Generalarzt und Stabsapotheker hatte ich diese unangenehme Entdeckung bisher freilich verheimlicht, und so erfuhren sie erst später zufällig, daß sie sich so ruhig und sorglos in jenem Pockenkranken= Hause aufgehalten und mit der alten Frau, welche die Kranken pflegte, so viel und ungenirt verkehrt hatten. — In der Stadt, wo an einzelnen Stellen noch bis zum Mittag bewaffnete Franzosen in den Häusern, sogar in größeren Trupps aufgefunden und zu Gefangenen gemacht wurden, wo der Kampf in den Straßen und Häusern zum Theil noch bis zum hellen Tage angedauert hatte, sah es schauerlich genug aus. Die Straßen und Hauptplätze lagen voll zerbrochener oder unbrauchbar gemachter Gewehre der verschiedensten Constructionen, Säbel, Degen, Tornister, Patronentaschen, Mäntel, Decken, Kopfbedeckungen aller Art; zerbrochne, umgestürzte Wagen mit ihren Kisten und Kasten, todte Pferde und Menschenleichen, Geschirre und Sattelzeug, Stroh, Heu und Säcke mit Getreide, Zwieback u. dgl., kurz alle möglichen Kriegsmaterialien der Equipirung und Bewaffnung, wie der Verpflegung und Vertheidigung lagen wirr und bunt durcheinander auf dem mit schmutzigem oder blutig durchtränktem Schnee bedeckten Straßenpflaster. An verschiedenen Stellen war das Pflaster bereits aufgerissen und der Bau von

Barricaden begonnen worden, auch konnte man hier deutlich die Zeichen und Spuren der Granaten erkennen, durch welche der Weiterbau derselben verhindert worden war. In der Hauptstraße, in der ich vergeblich nach der gestrigen Cigarren = Verkaufsstelle suchte, schlugen noch immer die Flammen aus den zur Warnung und Strafe in Brand gesteckten Häusern, welche kein männliches Wesen, bei dem eine Schußwaffe gefunden war, lebend verlassen haben solle. — Ueberall verriethen die Häuser den stattgehabten Straßenkampf. Zerbrochene Fensterscheiben, zertrümmerte Läden, eingeschlagene Hausthüren, von Kanonenkugeln durchbohrte Wände, von Granaten zerrissene Mauern, zerstörte Wohnungen, mit kleinen Kugeln gespickte Balken und Pfosten, kurz alle möglichen Zeichen der Geschoßwirkungen ließen deutlich die Straßen erkennen, wo der zäheste Widerstand geleistet war. Besonders schrecklich sah das Café und große Hôtel am Marktplatz aus, welche erst durch Artillerie von Vertheidigern gesäubert werden mußten; aus jeder Etage, am Dache und in den Giebeln gähnten breite Risse; gewaltige Mauer= defecte und Löcher der verschiedensten Formen und Größen enthüllten die furchtbaren Zerstörungen des Innern der durch die= selben zugänglich gewordenen Zimmer und Räume. In der weiten Markthalle standen die hunderte von Pferden und Maulthieren der erbeuteten feindlichen Bagagewagen und sonstigen Kriegsfuhrwerke; davor lagen und hingen in langen Reihen die ihnen abgenommenen Geschirre, Sattelzeuge und Zaumzeuge. Auf dem großen, weiten Marktplatze selbst standen. im wüsten Durcheinander die abgefaßten Bagagewagen, Munitionskarren, Geschütze und Mitrailleusen, die letzteren, nur gering an Zahl, waren mehr oder weniger zerbrochen, zerschossen, oder sonst unbrauchbar und schwer transportabel. Zwischen den Fahrzeugen lagen die Cadaver gefallener Pferde, zerbrochene und zerrissene Wagen= und Geschirrtheile herum. Die Karren, die auf den Wagen befindlichen Kisten und Kasten waren zum Theil zerbrochen oder gewaltsam geöffnet, in ihnen suchten und wühlten die Soldaten nach brauchbaren Gegenständen herum und hatten die ihnen nicht behagenden Sachen im tollsten Durcheinander auf der Erde und den Wegen herumgeworfen und auseinander gerissen. Daneben standen in regelmäßigen Abständen und in Reih und Glied sorgfältig ausgerichtet, die Fahrzeuge der Artillerie, der Pioniere, Sanitäts=Detachements und Feldlazarethe, die Bagagewagen

und Train = Fahrzeuge, die gegen den Wirrwarr der erbeuteten
Gegenstände sich durch Regelmäßigkeit der Aufstellung und Sauberkeit
wohlthuend auszeichneten.

Abtheilungen von allen Truppengattungen, Regimentern und
Armeecorps, lange Züge von Artillerie und Munitions = Colonnen,
einzelne Schwadronen der verschiedenen Cavallerie=Regimenter durch=
zogen singend und jubelnd unter Trommelschlag, mit klingendem
Spiel oder Trompetenklang nach allen Richtungen hin die Straßen,
hier und dort stand ein Bataillon Gewehr bei Fuß, hielt ein
Cavalleriezug abgesessen in der Nähe eines Brunnens und tränkte
die durstigen Gäule. Dazwischen tummelten sich die Einwohner
herum, um neugierig das ungewohnte und anziehende, kriegerische
Treiben anzustaunen und die vielen unbekannten fremden Uniformen
zu bewundern, theils mit ernsten, oft verbissenen Gesichtern, die
Hände in den Hosentaschen, die kurze Pfeife im Munde, theils
furchtsam und besorgt ihr Eigenthum mit sich fortschleppend, theils
lachend und scherzend und mit den strammen Soldaten liebäugelnd,
als seien diese ihre besten Freunde, die sie mit Herzlichkeit begrüßen
müßten, und als wüßten sie Nichts von den Ereignissen der letzten
24 Stunden.

Noch grauenvoller wie in den Straßen sah es im Innern der=
jenigen Häuser aus, deren Bewohner sich mit an dem Straßen=
kampfe betheiligt hatten, oder welche Franctireurs, Nachzüglern und
Marodeuren als Zufluchtsort, oder für den Kampf geöffnet, resp.
von diesen gewaltsam hierzu in Anspruch genommen waren. Wo
ich in den Hauptstraßen in ein einigermaßen anständig aussehendes
Gebäude eintrat, um für uns ein passendes Unterkommen zu suchen,
da stieß ich auch hinter der Hausthüre, auf dem Flure, auf der
Treppe, oder in den Zimmern auf Leichen der im Straßenkampfe
gefallenen Soldaten, Mobilgarden und Civilisten, die zum Theil
noch die im Kampfe benützten Gewehre krampfhaft in der Hand
hielten oder neben sich hatten niederfallen lassen.

Fast in jedem Hause herrschte Elend, Aufregung und Verwirrung,
hier war die ganze Zimmereinrichtung verstört und im größten
Wirrwar lagen die Trümmer aller möglichen Gegenstände umher,
dort waren die Wohnungen nach Waffen und Bewaffneten durch=
sucht und Alles durchwühlt worden; hier jammerten die Leute über
die massenhafte Einquartierung, mit der das Haus wegen irgend

welcher Widersetzlichkeit, oder wegen des Verdachtes der Mit=
betheiligung am Straßenkampf belegt worden war, dort wieder
stöhnten arme Verwundete, welche von der Straße aufgelesen, aber
noch nicht versorgt waren. Kurz, es ist nicht zu beschreiben, wie
furchtbar die Bewohner in diesem heiß umstrittenen Stadttheil durch
Freund und Feind gelitten hatten. Es wurden sofort auf meinen
Bericht hin die Häuser nach verwundeten deutschen Soldaten ab=
gesucht und doch noch gegen 30 derselben gefunden und unsern
Lazarethen überwiesen, während sich nur wenig verwundete Franzosen,
dagegen eine sehr bedeutende Anzahl getödteter Irregulärer und
Civilisten in den Häusern vorfanden. Es war eben von deutscher
Seite keinem, besonders keinem nicht uniformirten Franzosen beim
Erstürmen der vertheidigten Gebäude Pardon gegeben worden,
sondern Jeder, der sich widersetzte, oder der mit der Waffe in der
Hand vorgefunden wurde, war niedergestoßen oder erschossen worden.
Daß unsere Soldaten nicht etwa in ihrer berechtigten Aufregung
und in ihrer durch das hinterlistige Schießen seitens der Bewohner
aus den Fenstern und aus Hinterhalten auf's höchste gesteigerten
Erbitterung und Wuth auch an Unschuldigen sich vergriffen haben,
das geht wohl daraus am besten hervor, daß keine Frau und kein
Kind bei diesem Absuchen der Häuser getödtet, oder verwundet vor=
gefunden, auch unseres Wissens keine derartige Klage laut geworden ist.

Erst als ich aus den Hauptverkehrs= und Durchzugsstraßen in
eine größere Nebenstraße eingebogen war, hörte das grausige Aussehen
im Innern der Häuser auf, und endlich fand ich auch in der Rue
des Minimes 4 (Franziskaner Straße), bei Monsieur le Huissier
Guerné ein recht gutes, anständiges Quartier und sehr freundliche,
gefällige Aufnahme, auch die Verpflegung war reichlich und zu=
friedenstellend. Einen ganz besonders schönen, seltenen und un=
erwarteten Genuß aber gewährte uns am Abend das niedliche
Töchterlein unserer gemüthlichen und geselligen Quartierwirthe durch
ihr wundervolles Klavierspiel, welches eine staunenswerthe Finger=
fertigkeit und Geläufigkeit mit gefühlvollem Vortrag und gutem
Verständniß so harmonisch vereinigte, daß wir vollständig von dem
Spiele hingerissen wurden. Wie ein Herübertönen aus überirdischen
Sphären kam uns dieser so lange entbehrte Genuß vor, der in so
krassem Gegensatze stand zu dem uns umgebenden, wilden Treiben
des Krieges; und wider Willen entfachte er in unserem Herzen eine

tiefe Sehnsucht nach den ruhigen Zeiten des schönen, ungestörten Friedens.

Am folgenden Tage kamen wir beim Durchwandern der Stadt auch zum Güterbahnhof. Aehnlich wie im Anfange des Krieges in Saargemünde, so waren auch hier Hunderte von Güterwagen, gefüllt mit allen denkbaren Kriegsartikeln abgefaßt worden, und es standen dort sowohl mit großen Munitionsmengen, wie mit Bekleidungs=, Ausrüstungs=, Verpflegungsgegenständen und mit bedeutenden Futtervorräthen schwer beladene Waggons auf allen Geleisen umher. Dazwischen hielten die langen Wagenreihen der Proviant=Kolonnen von allen 3 Armee=Corps, welche aus diesen enormen Vorräthen sich frisch versorgten und eifrig den Inhalt der Güterwagen in ihre leeren Kasten und Packräume verschwinden ließen. Ueberall kletterten Offiziere und Soldaten in die einzelnen Waggons, überall wurden Kisten und Säcke geöffnet, der Inhalt untersucht und je nach seinem Werthe und seiner Brauchbarkeit hierhin und dorthin vertheilt oder bei Seite geworfen. Wurde dagegen ein besonders brauchbarer oder vielbegehrter Artikel, wie Rum, Zucker, Kaffee gefunden, dann stürzten auch eiligst die Soldaten fort, um ihren Wagen heran zu holen und sich die Sachen zu sichern, ehe noch Andre darauf gleichfalls Anspruch machen konnten. Intendanturbeamte und Armee=Gendarmen suchten vergeblich ein Verzeichniß der unzähligen Beutestücke zu machen und das Herumwerfen und Vergeuden werthvoller und brauchbarer Gegenstände zu verhüten. Trotzdem lagen alle Arten von zerbrochenen oder verrosteten Waffen, Equipirungsstücken, Acten, Wäsche, Zwieback, Getreide, kurz, alle möglichen Sachen im Schmutze herum, wurden zertreten, oder von den Wagen und Pferden vollständig unbrauchbar gemacht und vernichtet. — Da auch viele für unsere Lazarethe brauchbare Sachen im Ueberfluß vorhanden waren, zum Theil sogar von den Truppen bei Seite geworfen wurden, so benachrichtigten wir schleunigst die in der Stadt und nächsten Umgegend liegenden Detachements und Lazarethe und veranlaßten sie, sich gleichfalls ihre Bestände zu erneuern und zu vervollständigen.

Es war noch immer unangenehmes, feuchtkaltes, windiges Frostwetter, so daß es mir nicht schwer wurde, meine etwas in's Hintertreffen gerathenen Bureauarbeiten und sonstigen Schreibereien zu erledigen, besonders da wir hoffen durften, daß die immer bestimmter auftretenden Nachrichten von der nahe bevorstehenden Capitulation von Paris sich bald auch wirklich bewahrheiten, und wir dann Zeit genug zur Besichtigung der vielen Sehens=würdigkeiten der Stadt Le Mans zur Verfügung haben würden.

Uebrigens bekamen wir bereits einen kleinen Vorgeschmack von den Annehmlichkeiten, die uns nach Beendigung des Krieges in Aussicht standen, durch die Gewährung einer Remuneration von 50 Mark für jeden Offizier, der nach der Schlacht am 12. Januar in Le Mans eingezogen war.

Vormarsch gegen Laval.

15. Januar (Sonntag). Trotz des Sonntags wurde unser Weiter=marsch zur Verfolgung der geschlagenen feindlichen Armee gegen 9 Uhr Morgens angetreten, da die Franzosen so eilig und ruhelos sich rückwärts concentrirten, daß wir kaum noch rechte Fühlung mit ihnen behalten konnten. — Auch das Wetter zeigte sich keineswegs sonntäglich: in der Nacht war frischer Schnee gefallen, die Kälte war so stark und die Wege waren durch die Infanterie so glatt getreten, daß wir den größten Theil des 20—25 Kilometer langen Marsches neben den Pferden herliefen und trotz doppelter Woll=hemden und zweier über einander gezogenen Winterpaletots, trotz dicker, Gesicht und Hals einhüllender Kapuze, und doppelter, gefutterter Handschuhe, trotz zweier Paar wollener Strümpfe nicht ordentlich warm werden konnten.

Unser Weg führte uns mit der 20. Division in westlicher Richtung direct auf Laval zu, während die 19. Division zunächst das bei Conlie befindliche, befestigte Lager möglichst schnell zu erreichen suchte. — In dem kleinen Dörfchen Longue wurden wir dann (4 Offiziere und 8 Mann) in einem kleinen Café unter=gebracht, in welchem bereits ein typhuskranker französischer Soldat im hochgradigsten Fieberzustande und ein strammer, gefangener Sergeant im Quartier lagen, obgleich das kleine Haus nur ein=stöckig war, und außer der Küche nur ein Billard= und ein kleines Wohnzimmer nebst zwei engen Dachkammern enthielt. Da die Küche, Dank ihres mächtigen, offenen Rauchfanges, ihres Stein=pflasters, der klappernden, mit dicken Ritzen versehenen Fenster und der unten 2 bis 3 Zoll hinauf offenen Thüre mit unverschließ=

barem, viereckigem Guckloch wegen nicht warm zu bekommen, viel=
mehr durch den eisig=kalten Zug zwischen Thüre, Fenster und
Rauchfang ein noch viel unangenehmerer Aufenthaltsort, wie der
Hausflur war, so suchte Jeder sich ein Plätzchen in der
Nähe des Kaminfeuers zu sichern. — War der Aufenthalt in
diesen Räumen aber schon am Tage im höchsten Grade unangenehm
und ungemüthlich, wo noch obendrein die Soldaten beständig
aus= und eingingen, ohne die Thüre fest zu schließen, und
das Kaminfeuer zugleich zum Kochen ihrer Speisen benutzten,
so wurde doch die Nacht geradezu so schaurig und aufregend, wie ich
noch keine ähnliche verbracht hatte. — Die beiden Offiziere schliefen
auf den Bodenkammern, die Burschen und Soldaten hatten
jedenfalls das beste Theil erwählt, indem sie sich im warmen Stalle
neben den Pferden in Heu und Stroh vergruben. Der Generalarzt
schlief in einem leidlichen Bette in der kleinen, hinter dem Billard=
zimmer gelegenen Stube, an dessen Kaminfeuer die Besitzerin des
Cafés auf einem Lehnstuhle campirte. Für uns 3 Uebrigen blieb
das ziemlich geräumige Billardzimmer übrig, dessen Fenster ohne
Laden und Jalousien waren und in ihren morschen Einfassungen
hin= und herklapperten; die Thüre führte direct auf die offene Hof=
einfahrt und konnte nicht abgeschlossen werden. Mitten im Zimmer
stand ein kleines Billard und in jeder der zwei hinteren Ecken ein Bett
mit Strohsack und dicken, schweren Federbetten, von denen der Sergeant
eines als Lager auf das Billard sich gelegt hatte. In dem einen
Bette lag schwer athmend, von Zeit zu Zeit tief stöhnend und in
wilden Fieberträumen sich herumwälzend, ein bewußtloser Typhus=
kranker, auf dem Billard reckte sich der französische Sergeant, ein
strammer, fast riesengroßer Kerl mit dunklem Vollbart und feurig
blitzendem Auge, dessen beschmutzte, zerrissene Uniform und ganze
Erscheinung ihn mehr zu einem Räuberhauptmann stempelten, und
der von einem circa 2000 Mann starken Kriegsgefangenen=Trans=
port beim Passiren des Dorfes zurückgeblieben war. Diese enorme
Anzahl von gesunden und unverletzten Franzosen in vollständiger,
wenn auch sehr arg mitgenommener Uniform und Bewaffnung, mit
hinreichenden Mengen von Munition versehen, war gegen Abend
von einer einzigen, aus nur 6 Mann bestehenden Seiten=Patrouille
des 79. Infanterie=Regimentes überrumpelt und ohne Widerstand
gefangen eingebracht worden, wie man sich erzählte.

Das zweite, nur durch die Kammerthüre von dem Typhus=
krankenlager getrennte Bett war für mich bestimmt. — Gegen
10 Uhr Abends, als Alle, scheinbar auch der Sergeant, bereits im
festen Schlafe lagen, begann der Typhuskranke neben mir zu röcheln
und wurde Nachts gegen 3½ Uhr endlich von seinem Todeskampfe
erlöst. Dazu wälzte sich wenige Schritte vor meinem Bette der
wilde Korse, — denn der Sergeant stammte von Korsika — un=
ruhig auf dem Billard herum, und wenn er auch ohne Waffen
war, so blieb es für mich doch unheimlich genug, zwei so wenig
ansprechende Schlafkameraden um mich zu haben. — Unter solchen
Umständen war natürlich von meiner Seite an festen Schlaf nicht zu
denken, wenn ich auch hin und wieder in einen kurzen Halbschlummer
verfiel. Als ich zwischen 2 und 2½ Uhr aus einem solchen halb=
wachen Zustande durch ein Geräusch geweckt wurde, sah ich
beim matten Schimmer eines in der Nähe des Typhuskranken
trübe brennenden Nachtlämpchens die dunkle Gestalt des Sergeanten
sich auf dem Billard leise und langsam aufrichten, dann einige
Zeit unbeweglich auf dessen Rande sitzen und auf Socken vorsichtig
und geräuschlos um das Billard herumschleichend, den beiden Betten
sich nähern. Mein Herz schlug doch fast hörbar laut, als der im
Halbdunkel noch herkulischer erscheinende Franzose kaum 3 Schritte
vom Fußende meines Bettes an der Billardecke stehen blieb; und
leise suchte meine Hand nach dem geladenen Revolver, welcher in
seiner Ledertasche an dem der Wand zugekehrten Bettpfosten hing,
als die blitzenden Augen, in denen sich das Licht am Bett unheim=
lich wiederspiegelte, sich bald auf den Kranken richteten, bald funkelnd
zu mir herüberschauten. Unendlich lang erschien mir die wohl nur
kurze Zeit, während welcher der Sergeant scheinbar unschlüssig
dastand, ob und gegen wen von uns Beiden er sich wenden solle;
dann trat er an das Bett des Typhuskranken und stellte die Lampe
so, daß sowohl er selbst, wie sein röchelnder Landsmann im
Schatten sich befanden. Erleichtert athmete ich auf und suchte mich
so zu drehen, daß ich beide Stubengenossen im Auge behielt, ohne
den Kopf von den Kissen heben zu brauchen, was mir auch leiblich
gelang.

Wohl eine halbe Stunde lang saß der Sergeant unbeweglich,
wie eine Bildsäule auf einem Stuhle neben dem Haupte des in
wilden Fieberphantasien sich hin= und herwerfenden Kranken, die

Ellenbogen auf die Kniee und mit beiden Händen seinen Kopf stützend, dabei sein Ohr bis dicht an das Gesicht des Röchelnden herab= neigend, als suche er die abgebrochenen Sätze und Worte des Fiebernden zu errathen. Nachdem er sich dann nochmals lange und scharf spähend zu mir herum gewendet hatte, sah ich ihn eine Hand unter die Bettdecke und gegen die Brust des Kranken schieben und leise dort herumtasten. Wieder nahm er darauf seine alte Stellung ein, und als sich der Kranke einmal so heftig drehte, daß er mit dem Kopfe gegen die Bettkante stieß, hob der Sergeant Kopf und Kissen desselben vorsichtig in die Höhe, legte Beides nach der Mitte des Bettes und gebrauchte eine längere Zeit, ehe er die Kissen dann wieder geordnet hatte. Die Unruhe des Sterbenden gab dem Gefangenen wiederholt Gelegenheit, sich in ähnlicher Weise mit ihm zu beschäftigen. Gleichzeitig verlosch hierbei das kleine Lämpchen, so daß nur noch die in der Asche glimmende Gluth des Kamins einen so matten Schimmer von Licht auf die Gruppe warf, daß ich keine der Bewegungen mehr bei derselben deutlich erkennen konnte. Erst nachdem der Typhöse lange seinen letzten Seufzer zum Himmel emporgeschickt hatte, erhob sich der Sergeant, trat nahe an das Fußende meines Bettes, und durch die fast ganz geschlossenen Augenlider fühlte ich mehr, als daß ich es sah, wie sein scharfer Blick auf meinem Gesichte ruhte, leicht warf ich mich so herum, daß meine Hand den Revolver berührte, und als ich dann wieder hinsah, schlich der Franzose sich bückend hinter das Billard, wand sich mit einer erstaunlichen Geschmeidigkeit und Gelenkigkeit wie eine Schlange über den Billardrand auf sein altes Lager und etwas später hörte ich ihn langsam und gleichmäßig athmen, dann leise schnarchen.

Allmählich begann auch mich die Müdigkeit zu übermannen, als ich jedoch am Einschlummern war, wurde wiederholt so laut an die Fensterläden des Schlafzimmers vom Generalarzt geklopft, und dann auf der Straße so gelärmt und geschrieen, daß es gründ= lich mit dem Schlafen vorbei war. Bald darauf wurde die Reveille geblasen und geschlagen, und ich dankte Gott, als endlich der Morgen hereinbrach, und ich das Zimmer verlassen konnte, in dem ich eine so schaudervolle und unheimliche Nacht verbracht hatte. — Ich ließ den Tod des französischen Soldaten sofort dem **Maire** anzeigen, der auch kurz darauf zur Todtenschau erschien; bei der Untersuchung der Leiche wurde weder das geringste an Geld, noch an Geldeswerth bei dem Verstorbenen gefunden, obgleich die Wirthin behauptete, dergleichen noch Tags zuvor gesehen zu'haben. Unser französischer Sergeant aber war nach der Aufnahme des Protocolls, dem er längere Zeit beiwohnte, spurlos verschwunden, so daß ich es doch für gerathen hielt, dem Maire meine Beobachtungen und die daran sich schließenden Vermuthungen mitzutheilen.

16. Januar (Montag). An Stelle der strengen Kälte, welche vor 24 Stunden noch mehr als — 10° R. betragen hatte, war Thauwetter bei 10° R. Wärme, an Stelle des Schnees ein richtiger Bindfaden=Landregen getreten, und an Stelle des hellgrauen Schnee=wolken=Himmels hing derselbe heute voll aschgrauer, dicker Regen=wolken, die ein kalter Sturmwind noch schneller über unsere Köpfe hinwegjagte, wie an den Tagen vorher. Der blendend weiße Schnee, welcher noch gestern der ganzen Gegend ein so sauberes, feierliches Gepräge gab, hatte eine hellgraue Färbung angenommen und zwischen demselben lugte überall in großen Inseln das dunkle, regendurchfeuchtete Erdreich hindurch, die fast spiegelblanke Eisdecke der Chaussee mit ihrer Einfassung von fußhohen, frischgefallenen Schneemassen war durch die fliehenden französischen und die sie unermüdlich verfolgenden deutschen Truppen und den Regen in zolltiefen, schmutzigen Schneematsch verwandelt, den jedoch noch eine dicke Schicht morschen Eises bedeckte, so daß die Glätte der voraufgehenden Tage noch keineswegs völlig verschwunden war. In Folge dessen kamen wir im Ganzen zwar schneller vorwärts, doch blieb der Gang der Pferde noch immer recht unsicher, und das Reiten sehr anstrengend, so daß wir froh waren, als wir nach 18—20 Kilometer weitem Marsche in unser nächstes Quartier in St. **Denis d'Orques,** etwa dem halben Wege nach **Laval,** eintrafen. Eins wurde mir in diesen Tagen klar, daß bei so strenger Kälte, wie wir sie gehabt hatten, es sich selbst in dem unbequemen, behindernden Reitanzuge und mit zwei übereinander gezogenen, dicken Winterpaletots weit besser marschirt, wie reitet. Denn abgesehen von dem Risico, mit dem Gaule auf der von der Infanterie zu einem kleinen Gletscher festgetretenen Eisdecke zu stürzen und sich Arme und Beine zu brechen, ist das Reiten unter solchen Umständen auch sehr anstrengend und angreifend, und man weiß schließlich nicht mehr, ob die Glieder von dem festen Anschließen an den Gaul, dem Festhalten und

Hochheben des beständig gleitenden Pferdes, oder von der durch= bringenden Kälte steif geworden sind. Der scharfe, kalte Wind, welcher uns den Regen beständig ins Gesicht jagte, gehörte freilich auch nicht zu den größten Annehmlichkeiten und gab sich auch reich= liche Mühe uns bis aufs Mark zu durchkälten. — In welcher Eile, Unordnung und Auflösung die französischen Truppen der so viel verheißenden Loire-Armee übrigens auch hier wieder geflohen waren, und wie bei denselben die Bande der Disciplin und das Selbstvertrauen sich zu lockern und zu schwinden begonnen haben mußten, zeigten schon die auf dem ganzen Wege im Schmutze liegenden, also fortgeworfenen Armaturgegenstände, wie brauchbare und zer= brochene Gewehre, Patronentaschen, Säbel, Chakos, Tornister 2c., wie die umgeworfen am Wege liegenden, bepackten Wagen und die ohne jeden Vertheidigungsversuch verlassenen Feld=Verschanzungen. Mehr noch mußte dies aus den kurz aufeinander folgenden Transporten von Kriegsgefangenen geschlossen werden, die, obgleich mit voller Ausrüstung und in Abtheilungen von Hunderten gut bewaffneter Franzosen sich dennoch fast stets weit kleineren deutschen Truppen= massen, ohne einen Schuß zu thun, ergeben hatten. Ja, wie man sich erzählte, sollte zu wiederholten Malen eine schwache Patrouille von 10 bis 12 Mann und noch weniger unserer Infanterie ein, ja sogar 2 vollzählige Bataillone von je 1000 Mann gut bewaffneter französischer Infanterie zu Gefangenen gemacht haben, ohne daß dieselben auch nur versucht hätten, den Spieß einfach umzukehren, und dies einfach nur auf die Angabe unserer Leute hin, daß ihnen ihr Regiment auf dem Fuße folge. Stets sind diese Gefangenen dann auch mit ihren sämmtlichen Waffen widerstandslos den wenigen Deutschen oft viele Kilometer weit bis zu ihrem Truppen= verbande gefolgt, wo erst die Niederlegung der Waffen stattfand, nur die Munition wurde ihnen sofort abgenommen und diese dann, wenn es irgend auszuführen war, sofort vernichtet, meistens ins Wasser geworfen.

In St. Denis waren wir in dem Hause eines Arztes recht gut aufgehoben, der uns mit Allem versah, was er nur zu bieten vermochte, wogegen wir ihm unsern Schutz über sein Haus und seine Familie für die Zeit unseres Dortseins zusicherten. Die übrigen Herren des Stabes hatten sich in einem etwa 10 Minuten weiter von der Stadt gelegenen Schlosse einquartiert, wo sie freilich besser verpflegt, aber nicht so zuvorkommend und freundlich aufgenommen waren, wie wir.

17. bis 21. Januar (Dienstag bis Sonnabend). Volle 6 Tage währte unser Aufenthalt in dem kleinen Städtchen St. Denis d'Orques, das weder selbst, noch in seiner Umgebung besonders interessante Sehenswürdigkeiten und natürlich auch keine große Gelegenheit zur Zerstreuung und Unterhaltung bot. Das ununterbrochene Regenwetter der ersten Tage, welches schnell jede Spur von Schnee hinwegfegte, dafür aber auch das Erdreich so erweichte und die Wege und Stege mit so tiefem Schmutze bedeckte, daß man in den Straßen bereits bis zu den Knöcheln im Schlamm herumwatete und sich scheute, die Pferde aus dem Stalle zu ziehen, ließ uns auch an ein Herumstreifen im nahen Walde nicht einmal denken. Es lag aber auch noch eine Anzahl zeitraubender Bureau=Arbeiten vor, und auch sonst war ich mit meiner Correspondenz ausreichend genug beschäftigt, um keine Langeweile zu bekommen, zumal die Abende größtentheils in der Familie des Kollegen gemüthlich und angenehm verplaudert werden konnten. Und Stoff genug gab ja die ihrem Ende mit Riesenschritten zueilende Belagerung von **Paris**; die Hoffnung, daß dasselbe sich nur noch wenige Tage halten könne, und die Ungewißheit der Folgen dieser Kapitulation lagen aber auch hemmend auf allen weiteren militairischen Unternehmungen unserer Armee und waren wohl die Hauptursache unserer Ruhe und Unthätigkeit in St. Denis.

Ein Umstand brachte eine recht unangenehme Störung in unserem sonstigen Wohlbefinden hervor, nämlich der Zustand unseres, namentlich meines Lagers, denn aus Mangel an Bettstellen hatten der Stabs=Apotheker und ich, ebenso wie unser Schreiber und die Burschen sich mit einem Strohschüttungslager auf dem Fußboden begnügen müssen. Schon am 2. Tage wurde ich zeitweise von einem unangenehmen Jucken auf dem Rücken belästigt, das am Morgen des 3. Tages sich fast zur Unerträglichkeit steigerte und durch Insektenpulver zwar gemildert wurde, doch stets wieder stärker auftrat, wenn ich mich in Ermangelung eines Sopha's auf mein Lagerstroh zum Ausruhen geworfen hatte. — Bald erfuhr ich denn, daß ich kein frisches Stroh erhalten hatte, sondern auf derselben Streu läge, welche noch bis wenige Stunden vor unserm Einrücken von französischen Soldaten benutzt worden sei, und daß schon 3 oder

4 verschiedene Einquartirungen dasselbe benutzt hätten. Mit vielen Entschuldigungen wurde ein frisches Lager hergestellt, als ich jetzt aber mein Unterzeug einer Revision unterwarf, — bei der grimmigen Kälte und schlechter Heizbarkeit der Zimmer trug ich doppeltes wollenes Unterzeug, — überrieselte mich ein wahrer Ekel, denn Alles wimmelte buchstäblich von den kleinen plattrunden, fetten, weißlichen Thierchen, die wir bei uns in Deutschland glücklicher Weise nur ganz ausnahmsweise noch bei den verkommensten Subjecten antreffen. Schleunigst wurden die Flammen des Kamin= feuers zur hellsten Gluth entfacht und beide wollene Hemden, das über dem ledernen Reitbeinkleid getragene Unterbeinkleid und die Strümpfe den Flammen überliefert, so schmerzlich ich auch Erstere besonders entbehrte. Dann mußte der liebe biedere Pflüger, mein kugelrunder, aber behender Bursche und Landwehrmann mit einem Wolllappen, Seife und warmem Wasser erscheinen und vor den wärmenden Strahlen des Kaminfeuers mein unverwüstliches Adams= kostüm gründlich von oben bis unten und dann von unten nach oben und umgekehrt abscheuern, bis er mit schweißperlender Stirne und keuchendem Athem die Arme mit den Worten sinken ließ: „Nu kann ick aberst nich mehr!" — In dem neuen, von einem früheren Liebesgaben = Transport herrührenden Wollzeuge und der besseren Uniform fühlte ich mich in den nächsten Tagen auch äußerst behaglich. Die bisher getragenen Uniformstücke wurden inzwischen gleichfalls mit Seife und Bürste so gründlich behandelt, daß kein lebendes Wesen mehr darin geblieben sein konnte. Aber, obgleich auch das Zimmer mit kochendem Wasser gescheuert war, fing in den letzten Tagen doch wieder ein verdächtiges Jucken bei mir an und wurde allmählig so unangenehm, daß ich nach unserer Rückkehr nach Le Mans die Reinigungsprocedur wiederholen, alles bisher getragene Zeug in den Desinfectionsofen bringen, Haar und Kriegsbart scheeren lassen und mich selbst Tag für Tag in ein warmes Bad begeben mußte, bis ich endlich dauernd von den ungebetenen Franzosenfreunden frei blieb.

In den letzten Tagen war auch endlich besseres Wetter einge= treten, die grauen Regenwolken schwanden und vom klaren Himmel schien warm und neu belebend die Frühlingssonne herab, so daß wir wieder zu Pferde in den nahen, schönen Wäldern herumreiten und uns an dem beginnenden Knospen und Schwellen der Sträucher und Bäume und dem Aufsprossen des jungen, saftigen Grünes der Wiesen und Rasenplätze mit ihren lieblichen Frühlingsblumen nach der langen, strengen Winterzeit von Herzen erfreuen konnten.

Rückkehr nach Le Mans. — Waffenstillstand. — Nach Tours.

22. Januar (Sonntag). Endlich kam der Befehl zum Aufbruch, nicht aber, wie wir gefürchtet, oder gehofft hatten, weiter vorwärts zur Verfolgung des Feindes gegen Laval, sondern zurück nach Le Mans, wo das Corps in aller Ruhe den so bringend nothwendig gewordenen Ersatz an Bekleidungsgegenständen vornehmen sollte, da sowohl Schuhzeug, wie Uniformen bei den beschwerlichen, eiligen Märschen, den beständigen Kämpfen und bei den so überaus ungünstigen Witterungsverhältnissen stark gelitten und vielfach ganz unbrauchbar geworden waren. — Genau 8 Tage nach unserem Abmarsche, und zwar wieder an einem Sonntage traten wir Morgens früh den Rückmarsch nach Le Mans an, Anfangs bei dem herrlichsten Frühlingswetter, das sich aber bald mehr und mehr trübte, so daß wir schließlich im schönsten Regen den Rest des 35 bis 40 Kilometer langen Weges zurücklegten. — In Le Mans wurden wir in dem Hôtel Dauphin einquartirt, das bei dem Straßenkampfe arg mitgenommen war, so daß wir uns mit ziemlich mäßig ausgestatteten, nach dem Hofe zu gelegenen Zimmern begnügen mußten, die indessen mit ganz vorzüglich guten Betten versehen waren. Auch übertraf die auf Kosten der Stadt uns dort gegebene Verpflegung Alles, was wir bis dahin — wenige Ausnahmen in reichen Familien und Schlössern abgerechnet — in Frankreich hiervon kennen gelernt hatten. Und diese ausgezeichnet guten Diners und Soupers blieben während der ganzen Zeit unseres Dortseins gleich vorzüglich und wurden durch den ebenso vorzüglichen Wein und bei jeder Hauptmahlzeit durch je 1 Flasche guten Champagners für 2 Personen zum wahren Hochgenuß.

23. bis 31. Januar (Montag bis 2. Dienstag). Nachdem nochmals 2 Tage lang der Winter sich in voller Strenge mit Schnee und Eis gezeigt und uns die Mangelhaftigkeit der Kaminheizung noch einmal so recht deutlich vor Augen geführt hatte, behielt das warme Frühlingswetter die Oberhand, so daß im Freien überall die Veilchen schon blühten, und wir den ganzen Tag bei offenen Fenstern sitzen und arbeiten konnten. — Wir benutzten diese schönen Tage auch ordentlich), um uns zunächst in der Stadt und dann in der Umgegend, namentlich auf den Schlachtfeldern der einzelnen Armeecorps vom 12. Januar genauer umzusehen. Le Mans, welches in dem Winkel, den die Sarthe mit dem Huisné-Fluß bildet, beginnend, sich mit seinen südlichen Vorstädten in dem Thale des letzteren, mit seiner Hauptmasse jedoch an beiden Ufern der Sarthe ausdehnt, zieht sich zugleich an dem Bergabhange malerisch hinauf, welcher sich zwischen die beiden Flußthäler schiebt. Derselbe ist reich bewaldet und mit zahlreichen Villen, Klöstern, Schlössern und Vor= werken gleichsam besäet. Die Stadt Le Mans in ihren einzelnen Theilen ist ganz außerordentlich verschieden, je nachdem sie an einem der Flußufer, oder in der Thalebene, oder auf den Bergabhängen sich hinzieht.

Einen eigenthümlichen Reiz zeigen die an der Sarthe gelegenen Häusercomplexe, denn hier stoßen die Baulichkeiten direct an den Fluß, ohne daß sich eine Straße, oder auch nur ein Weg zwischen Beiden hinzieht; sie bilden zugleich den ältesten Theil der Stadt und sind vielfach noch von den Resten der uralten Stadtmauer umgeben. Dort steigen diese dicken Mauern direct aus der Sarthe empor, sind aus unregelmäßigen, unbehauenen Feldsteinen erbaut, und mit dem steinharten Mörtel so fest zu einem Ganzen zusammen= gefügt und verschmolzen, daß sie nur durch Sprengungen, oder äußerst mühsame, schwierige Arbeit und Anstrengung zerstört, oder abgebrochen werden könnten. So genau man auch diese Mauerreste betrachtet, an keiner Stelle habe ich tiefere Risse, klaffende Spalten, oder durch die Länge der Zeit abgebröckelte, oder etwa vom Fluß heraus= gespülte Stellen an derselben entdecken können; nur ihr oberer Theil ist je nach Bedürfniß und Bestimmung mehr oder weniger tief abgetragen. Verschlossene, kleine Thüren, hin und wieder auch ein unregelmäßiger Durchgang, führen durch die oft mehrere Meter breite Mauer hindurch zu einer kleinen, bis an den Wasserspiegel reichenden Steintreppe, oder zu einem schmalen, sich eine Strecke weit vor der Mauer hinziehenden Quaisstreifen, von dem dann Steinstufen zu einer kleinen Anlegebrücke, oder direct zum Fluß hinabführen. Die Mauerreste sind nun in der wunderbarsten und originellsten Weise zu den dahinter liegenden Baulichkeiten mit benutzt worden. — Hier, wo ein kleines Wachhäuschen, oder ein Mauerthurm mit dicken Außenwänden in die massive Mauer ein=

gefügt ist, lugt ein zierliches Fenster mit weißen Gardinen aus dem grauen Gestein hervor, und aus dem Schornstein eines später dar= über errichteten, altersbraunen Ziegeldaches wirbeln seine Rauch= wolken empor. Dort ist die 2—3 Meter dicke und 6—8 Meter hohe Mauer als Außenwand eines stattlichen Fachwerkhauses benutzt und bildet eine Terrasse, oder Veranda vor dessen zweitem Stockwerke. Die kaum fußdicken, auf dem innersten Randtheile der Stadtmauer aufgesetzten Außenwände enthalten hohe, helle Fenster und Balcon=Glasthüren, die eigenthümlich gegen die uralte Mauer abstechen, an der ein Paar schlanker Leitern lehnen, welche die Verbindung zwischen diesem als Balcon benutzten vorderen Theil der Mauer und der schmalen Quais=Terrasse herstellen. An einer andern Stelle wieder springen einige Balkenenden verschieden weit aus dem oberen Mauerrande hervor, auf welchen die schrägen Stützen eines breiten, tiefen Ziegeldaches für einen hinter der Mauer liegenden Stall, oder Boden, resp. Trockenraum ruhen. Etwas weiter aufwärts biegt die Mauer rechtwinklig um und tritt so zurück, daß sie einen viereckigen, mehrere Meter breiten und langen Platz umschließt; in der Tiefe dieser Mauereinbuchtung zeigt sich die Einfassung eines hochgewölbten Durchfahrtsthors, welches indessen durch die Wand eines Häuschens oder Lagerraumes geschlossen ist, zu dem das Thorgewölbe umgeschaffen oder mitbenutzt worden ist, und zu dem nur noch ein kleines Pförtchen den Eingang vom Fluß her gestattet. Schließlich tritt sie ganz vom Ufer zurück und läßt hier und da noch einen Rest als Wand, oder als Theil eines Hauses, oder als freistehendes, kleines Aussichtsplätzchen erkennen, oder bricht auch wohl mit treppenförmigen Enden plötzlich ab. An ihre Stelle treten kleine, ärmliche Häuschen, oder Stallungen, Vorrathshäuser und sonstige Baulichkeiten, die unregelmäßig neben einander, zum Theil in den Fluß selbst hineingebaut sind, oder mit kleinen auf Pfählen stehenden Vorbauten, oder Veranden und gedeckten Treppen, oft auch mit vollständigen Häuschen aus Holzplanken in das Wasser hineinragen. Dann kommen wieder hübschere Steinhäuser, deren einige mit Wasserrädern versehen sind, welche die Strömung des Flusses treibt, und die zu den verschiedensten industriellen Zwecken benutzt werden, wie zu Wasser=, Mahl=, Holzschneide= und Sägemühlen, Schleifereien und kleinen Fabriken, deren Maschinen von den Rädern getrieben werden. Gerade diese für die Wasserräder bestimmten, in

den Fluß hineinreichenden, meist hölzernen Anbauten, die auf schlanken
Pfählen hoch über die Wasserfläche hinweg ragen, oder zwischen
zwei, zu beiden Seiten eines Flußarmes sich erhebenden Zwillings=
gebäuden hervorschauen, und andrerseits die mehrfach über Ab=
zweigungen des Flusses oder nach kleinen Inselbauten hinlaufenden,
schmalen Holzbrücken oder Laufbrücken, die auf zarten, dünnen
Holzstützen bald gerade, bald im Winkel oder Zickzack um einen
Theil des Gebäudes herum laufen, geben dieser Gegend einen ganz
besondern, eigenartigen Charakter, der noch schärfer hervorgehoben
wird durch schlanke Pappeln und Pappel = Alleen, welche überall
zerstreut, ihre hohen, schmalen Pyramiden bis weit über die Häuser
empor recken.   Hinter diesen Uferbauten erheben sich dann in buntem
Durcheinander die Häuser und Baulichkeiten der den Bergabhang
sich hinaufziehenden Stadt, welche vielfach von großen, alten Bäumen,
grünen Park= und weiten, saubern Gartenanlagen umgeben sind,
und zwischen denen die merkwürdigen Formen der Kirchthurmspitzen
Schloßthürmchen, alter Wachtthurmreste und anderer größerer
Gebäude hervorragen.   Und diese beständig wechselnde, lang sich
hinziehende Uferscenerie wird bespült von den Wellen des vorüber=
rauschenden Sarthe-Flusses, in dessen klaren, durchsichtigen Fluthen
sich dieses anziehende Bild mit allen seinen Einzelnheiten wirkungs=
voll wiederspiegelt.   Besonders sehenswerth erschien mir noch die
nahe der Pont Napoléon gelegene Bretter=Schneidemühle mit den
haushoch aufgestapelten, zum Austrocknen regelmäßig über einander
geschichteten und mit Dächern bedeckten, dünnen Brettern und Fuß=
boden=Dielen, dem Stauwerke, dem um das Haus herumlaufenden,
zum Theil überdeckten hölzernen Pfahlbau, den Laufbrücken, Pappeln,
kurz mit einer Art Extrakt der ganzen Uferseite und ihrer vielseitigen
Eigenthümlichkeiten.

Unter den vielen Cathedralen, welche ich bereits in Frankreich
zu sehen Gelegenheit hatte, fällt diejenige von Le Mans zunächst
durch die bedeutende Höhe des Kirchenschiffes, ihren gewaltigen Um=
fang und die reiche Gliederung der Chorseite auf, zu welchen der kaum
erwähnenswerth die Dachhöhe überragende, unvollendete Thurm, der mit
einem zierlichen, kleinen Dachreiter auf einer runden Kuppel, umgeben von
vier kleinen Eckthürmchen, abschließt, sich fast so ausnimmt, als sei seine
ihm gebührende, himmelanstrebende Spitze in den Hauptbau hinein=
geschlagen worden und sähe nun nur noch mit der obersten Spitze

aus ihrem Grabe hervor. Merkwürdig erscheint ferner die Stellung des runden Chores, welcher sich nicht dem Thurme gegenüber an der Schmal= oder Giebelseite befindet, sondern gleichsam aus dem Ende des Querschiffes mächtig hervorquillt und durch seine Länge und Höhe als eigentliches Längsschiff betrachtet werden kann. Während der Thurm hauptsächlich durch seinen schlanken, einfachen, nur mit Säulen geschmückten Bau hervortritt, fällt bei dem Chore der Reichthum an Verzierungen und Thürmchen aller Art auf, welche sowohl die durch mächtige Bogen mit dem Hauptbau verbundenen und zahlreichen Stütz= und Strebepfeiler, die hinter und zwischen ihnen hervorsehenden Bogenfenster und Fensterrosetten und die sechs, gleich Schwalbennestern rings herum sich anfügenden Seiten=Kapellen schmücken.

Im Vergleich zur Cathedrale durch ihre Einfachheit und Kleinheit auffallend, machen doch die beiden Kirchen, l'Eglise de la visitation und de la couture einen sehr wohlthuenden Eindruck; Erstere durch die ruhige Vornehmheit des griechischen, von Säulen getragenen, dreieckigen Giebels mit reicher Stuck= und Bildhauer=Arbeit seiner Felder und einer stilvollen Freitreppe an der Portalseite, Letztere durch den Uebergang des romanischen in den früh=gothischen Styl mit den fast schmucklosen Gewölbebogen und Nischen und den narrenkappenartigen Thurmspitzen=Aufsätzen über den beiden in ihren feineren Einzelnheiten vollständig verschiedenen, im Gesammteindruck aber kaum von einander abweichend erscheinenden, viereckigen Thürmen.

Interessant waren auch unsere Spazierritte zu den Stellungen der beiderseitigen Truppen während der Schlachttage. Besonders das III. Corps hatte hier wieder einen schweren Stand gehabt, bis unser X. Corps herangekommen war. Mit welcher Zähigkeit und Standhaftigkeit hier auf beiden Seiten gekämpft war, zeigte unter Anderm eine kleinere Waldparzelle, welche einer Abtheilung des III. Corps zum Stützpunkt gedient hatte; dort war kein Baumstamm zu finden, der nicht von einer oder mehreren Kugeln getroffen war; einige dünnere Bäume fanden wir in einer bestimmten Höhe, etwas über Manneshöhe sogar von Kugeln siebartig durchlöchert, oder ganz zersplittert; und bei solchem Feuer waren die Brandenburger nicht nur unaufhaltsam vorgedrungen, sondern hatten auch womöglich stundenlang dort liegen bleiben müssen und noch nicht

einmal die feindlichen Schüsse erwidern können, da unsere Zündnadel=
gewehre ja nicht so weit trugen, wie die Chassepots. Andrerseits
zeigten auch die schönen, eleganten Häuser an der breiten, von einer
alten Baum=Allee eingefaßten Chaussee von St. Calais hinreichend
viele Kugelspuren von den Schüssen des angreifenden III. Corps,
ja an einzelnen Gebäuden waren die Wände mit Kugeln dicht
bedeckt, fast wie gespickt mit denselben. Ganz vorzüglich gewählt
war auch die durch zahllose Munitions=Kästchen sich leicht kenntlich
machende Mitrailleusen=Stellung der Franzosen auf der Höhe dieser
Chaussee, von wo aus die Umgebung nach allen Richtungen hin
übersehen und weithin beherrscht werden konnte. — Auch die
Stellungen unseres Corps am Abend des 11. sahen wir uns
jetzt genauer an, namentlich die Gegend vor Mulsanne, wo wir
den ungemüthlichen Rückmarsch auf der Chaussee von Le Mans
nach Tours im schönsten Granatfeuer hatten ausführen müssen.
Jetzt erst konnten wir sehen, wie nahe wir der Coupure in der
Chaussee an jenem Abend gewesen waren, wo die herumliegenden
Munitionsreste noch deutlich die vorzügliche Stellung der vier
französischen Geschütze erkennen ließen. Und wahrlich, es muß fast
wunderbar genannt werden, daß damals weder von unserm Stabe
Jemand verletzt, noch einer der umkehrenden Munitionswagen von
den Granaten getroffen worden ist, denn da die Chaussee von den
Geschützstellungen ab über drei Kilometer weit schnurgerade durch
einen dichten Wald führt, so mußten ja die vier Geschütze die ganze
Breite der höchstens für drei Wagen neben einander Platz bietenden
Chaussee vollständig bestreichen, und die Kanonen standen dazu noch
weit genug vor dem Waldrande, um die Richtung der Chaussee
genau erkennen zu können. Es war eben ein großes Glück für
uns, daß das neblige, feuchte Wetter und die Dunkelheit es den
Franzosen weder möglich machte, uns zu erkennen, noch durch das
Gehör sicher zu unterscheiden, wie weit wir noch von ihnen entfernt
sein könnten. Vor Allem hat aber wohl keiner der feindlichen Artilleristen
gedacht, daß wir so nahe uns an ihre Stellung heranwagen würden.
Auch die Stelle, wo die erste Granate dicht neben uns in die
Chaussee eingeschlagen war, ließ sich deutlich genug unterscheiden,
und damit zugleich die kurze Entfernung, welche uns nur noch von
den feindlichen Geschützen getrennt hatte.

Die Abende wurden gewöhnlich mit Kameraden und Collegen gemeinsam in einem guten Café zugebracht, wo auch bald wieder ein richtiger deutscher Skat in seinen verschiedenen Formen, als Bier=, Gelb= und Kaffee=Skat, oder auch Kaffee=Lachs genannt, zu Stande kam. Selbst an Kunstgenüssen fehlte es nicht ganz, denn in dem Quartier eines Collegen konnten wir wiederholt uns an dem gediegenen und sinnigen Spiel, wie an dem schönen, ausdrucks= vollen Gesang einer jungen Französin ergötzen, die sich im Uebrigen jedoch nicht vor uns sehen ließ.

Im Allgemeinen dagegen schienen fast die Französinnen in Le Mans anzufangen, es so ganz allmählich zu begreifen, daß die Deutschen doch nicht die méchants barbars, sondern zum Theil auch gentils hommes seien; und in ihrer unverfrorenen Weise hörte man sie sogar hier und da ganz laut sich erzählen: Oh! les officiers prussiens ne sont ils pas quelques fois donc aussi gentils que les officiers français?! Sie trauten also doch nach und nach ihren eigenen Augen und Ohren mehr als den grimmigen Zeitungs=Artikeln, Proklamationen und Erzählungen von der wilden Rohheit, dem abstoßenden Wesen und Manieren der deutschen Offiziere. — Aber trotz alledem, und obgleich wir durch Zutheilung einer Remuneration in der Höhe des Mobilmachungsgeldes von Seiten des Prinzen Friedrich Carl aus den Strafgeldern und Contributionen, welche größeren Städten wiederholt auferlegt worden waren, nicht über Geldmangel klagen konnten, — hatte ich doch bereits über 500 Francs von meinem ersparten Gehalte nach Hause geschickt, — so wurde es in Le Mans doch mit der Zeit so lang= weilig, daß wir uns darnach sehnten, es möge bald nach einer oder der andern Richtung hin eine Aenderung eintreten. — Wie mein Freund Schulze mir täglich vorklagte, der freilich durch die vielen Bälle und Gesellschaften in seiner Garnison während der früheren Winter recht verwöhnt war: er hätte doch noch keine so langweilige, größere Stadt getroffen, wie Le Mans, wo man nicht einmal weiße Glaçehandschuhe gebrauchen könne, ja wo die Leute noch nicht einmal Deutsch verständen.

Die letzten Tage wurden noch unangenehmer durch die Auf= regung und Ungewißheit, welche die Nachrichten von den wiederholt abgebrochenen Verhandlungen über die Capitulation von Paris und einen längeren Waffenstillstand hervorriefen. Sobald man einen

Bekannten sah, war die erste Frage, wie steht's mit Paris? und
dann wurden die Zukunftshoffnungen ausgetauscht, und Zukunfts=
pläne geschmiedet, natürlich bei einem „un bock!" Glase Bier.

Nur Einer war beim Corps, der auf die von uns Allen
ersehnte Entscheidung schimpfte, das war ein allgemein unter dem
Namen „Der wilde Mann" bekannter Artillerie=Hauptmann unseres
Corps, ein junger, behender Offizier, der nichts Angenehmeres
kannte, als wenn so recht hübsch rings um ihn her die Schüsse
krachten. — Er war in der gefährlichsten Lage am ruhigsten und
glücklichsten, und kannte für sich keine Furcht vor der Gefahr;
konnte er auch nur einige Meter weiter, oder etwas genauer von
einem vorliegenden Punkte aus den Feind sehen, so stand er gewiß
sehr bald dort mit seinem Fernglase vor den Augen, mochten die
Kugeln auch noch so dicht um ihn hersausen. — So sah ich ihn
mit eigenen Augen am 28. November am Bahnhofe von Beaune
la Rolande etwa zwanzig Schritte vor den Mündungen seiner
Batterierohre stehen, um von dort aus seinen Leuten die nöthigen
Winke zu geben, da er hier genau den Feind beobachten konnte;
dann kommandirte er „Feuer!" und warf sich gleichzeitig platt auf
den Boden, die Wirkung der dicht über ihn vorübersausenden Geschosse
genau beobachtend, oft nach jedem Schuß wieder aufspringend und
beim Befehl: „Feuer" sich wieder niederlegend.

Von den Leuten seiner Batterie wurde er wahrhaft verehrt,
obgleich er sehr strenge und scharf, aber auch gerecht im Dienst
war und seinen Leuten nichts zumuthete, was er nicht selbst mit zu
leisten vermochte; sie folgten ihm daher blind überall hin ohne
Zagen; hatte sich doch der Glaube bei ihnen festgesetzt, daß er un=
verwundbar sei, eben weil er sich vor keiner Gefahr scheute, aber
trotzdem nicht die kleinste Verletzung erlitten hatte, wenn ihm auch
verschiedene Male schon die Uniform durchlöchert war. Dieser
Glaube wurde geradezu unerschütterlich, seitdem er eines Tages in
wunderbarer Weise dem fast unabwendbar erscheinenden Tode ent=
ronnen war. Seine Batterie befand sich nämlich in heftigem Feuer
gegen mehrere französische Batterien, die Geschütze hatten schon
zweimal ihre Stellung ändern müssen und standen jetzt gedeckt dicht
hinter der Höhe eines Bergkammes, so daß sie die Stellung der
feindlichen Batterien nur noch an dem über diesen lagernden Pulver=
dampf erkennen konnten und dieselben unter Leitung der auf der

Höhe liegenden Offiziere hauptsächlich indirect beschießen mußten.
Der „wilde Mann" hielt auf seinem kleinen, feurigen Rappen
gleichfalls nahe der Höhe, als eine feindliche Granate unter ihm
in die Brust seines Pferdes drang, dort crepirte und den Reiter
nebst Sattel und Vordertheil des Pferdes im Bogen vorwärts
warf, während das Hintertheil in tausend Fetzen rückwärts zwischen
die Batterie flog. Als man hinzueilte, stand der „wilde Mann"
bereits aufrecht, nahm ruhig sein Fernglas an die Augen und gab,
als sei er selbst dabei gar nicht betheiligt gewesen, nur seiner Freude
darüber Ausdruck, daß Niemand weiter verletzt sei, als sein treuer
Rappe, dessen Verlust ihn natürlich sehr schmerzte. Er selbst hatte
kaum eine Schramme davon getragen, und kein Tröpfchen Blut
verloren.

An einem dieser Tage saßen wir nun beim Frühschoppen am
Fenster des Hotel=Gastzimmers, als der „wilde Mann" mit seinem
ebenso schneidigen „Adjutanten" quer über den vor uns liegenden
Marktplatz herüber jagte. Als er die Straße kreuzen wollte, die
von Fuhrwerken überfüllt war, trat eine plötzliche Stockung unter
denselben ein, die den beiden Offizieren den Uebergang über dieselbe
versperrte. Doch — wir trauten unseren Augen kaum — ohne
Zögern hatte der Hauptmann seinem Pferde die Sporen in die
Weichen gedrückt, hob es, und in einem weiten, eleganten Sprunge
setzte er mit demselben über den kleinen, vor ihm haltenden Leiter=
wagen hinweg, so daß die auf demselben sitzende Frau bleich vor
Schreck, kreischend auf das Stroh des Sitzes zurück sank, und der
gerade bei seinem Pferdchen beschäftigte Mann sich mehrmals vor
Staunen erst die Augen rieb. Ihm folgte nicht weniger sicher sein
Lieutenant. Als er dann vor unserem Fenster hielt, und über den
Stand der Dinge in Paris fragte, rief ein Kamerad aus dem im
1. Stock gelegenen Speisesaal, der den Sprung nicht mit angesehen
hatte, und daher leise daran zweifelte, wenn der „wilde Mann"
über einen vorüberfahrenden Wagen springen könne, so würde er viel=
leicht auch à la Münchhausen zu Pferde um den Eßtisch dort oben
herum reiten können. Kaum hatte der Sprecher die Frage, ob er oben
auch Sect finden würde, bejaht, so war Roß und Reiter im Hause
verschwunden, und bald hörten wir Beide die Treppe hinauf= und
in den Speisesaal hineinpoltern, von wo der Bursche das Pferd

dann mit der größten Vorsicht und Mühe wieder zur Treppe her=
unter leiten mußte.

Am 30. Januar traf endlich die sichere Nachricht von der Be=
setzung von Paris und dem 20tägigen Waffenstillstand ein, und
am 31. der Befehl, am nächsten Tage nach Tours vorzurücken,
wohin wir während des Waffenstillstandes ins Quartier kommen
sollten, um Le Mans für das III. Corps zu räumen. Wer war
wohl froher wie wir, und es war dann auch ein recht vergnügter
Abend, den wir in größerem Kreise zur Feier dieses schönen,
wichtigen Tages bei fröhlichem Gesang und einem guten Tropfen
Wein gemeinsam verlebten.

1. **Februar** (Mittwoch). Ohne daß uns die Trennung irgendwie
schwer wurde, verließen wir am Morgen des 1. Februar gegen
10 Uhr bei dem herrlichsten Wetter die schmutzige, allmählich recht
langweilige Stadt Le Mans, in der wir im Ganzen 11 volle
Tage verbracht hatten, und die in der Hauptsache nur den Eindruck
einer durch Schrecken und Gräuel des Krieges im höchsten Grade
ungemüthlich und ungastlich gemachten Stadt bei uns hinterließ. —
Ueber Mulsanne mit seinen Erinnerungen an unsern gefährlichen,
abendlichen Ritt am 11. Januar trabte der Generalarzt mit mir
allein durch eine recht hübsche Gegend nach dem Städtchen Ecommoy,
wo wir in einem alten, recht vernachlässigten Hause ein leibliches
Unterkommen, namentlich recht gute Betten, aber nur sehr mäßige
Verpflegung fanden. Die alte 78jährige Dame, bei der wir im
Quartier lagen, behauptete, daß die vielen Durchzüge und Ein=
quartierungen französischer Truppen und noch weit mehr das rück=
sichtslose Auftreten und die unerhörten, maßlosen Anforderungen
der Franctireurbanden den Ort so ausgesogen hätten, daß kaum die
nothwendigsten Nahrungsmittel aufzutreiben wären. Daß diese
Angaben doch wohl nicht so ganz stichhaltig sein konnten, verrieth
uns das Auffinden von frischen Weintrauben, die nach Versiegelung
der Schnittfläche des Stieles, vorsichtig über dünne Waschleinen
aufgehängt waren, und in mehrfachen Reihen über einander ein
ziemlich geräumiges Zimmer anfüllten. Da indessen die Hausherrin
selbst eine würdige Greisin und ihr Factotum, die Wirthschafterin,
Köchin, Gesellschafterin und Mädchen, kurz, wirklich eine Dienerin
für Alles, zwar kaum jünger, dafür aber desto selbstbewußter einer=
seits und furchtsam und ängstlich andrerseits war, so begnügten wir

uns damit, einen Theil der herrlich schmackhaften, süßen Trauben zur Ergänzung unseres noch weniger wie frugalen, man könnte fast sagen, erbärmlichen Mittags= und Abendessens, heranzuziehen. Die Freude über das vorläufige Ende des blutigen Krieges und die Aussicht auf eine lange Waffenruhe in dem schönen **Tours**, dem kleinen **Paris**, unter den günstigsten, äußeren Verhältnissen war zu groß, um uns nicht diese geringe Entbehrung leicht verschmerzen zu lassen. Bekamen wir doch während des 20tägigen Waffenstillstandes nicht nur eine tägliche Zulage von 20 Francs, sondern auch noch= mals das volle Mobilmachungsgeld ausgezahlt, und wurden wir doch trotzdem mit voller Verpflegung einquartiert. Zudem war dieselbe für Offiziere und Mannschaften genau geregelt und schrieb für jede Charge sowohl die Zahl der Gänge, wie die Menge und Art der mindestens zu liefernden Nahrungs= und Genußmittel und der zu verabreichenden Getränke vor; so für die einfachen Soldaten z. B. zu jeder Hauptmahlzeit ½ Flasche Landweines (**vin du payx**), oder Bier, sowie Tabak, aber für uns Offiziere leider keine Cigarren.

War es nun die Freude hierüber, oder der nüchterne, nicht überladene Magen, was uns in diesem altehrwürdigen Hause, dessen Bestes die Aussicht auf ein gegenüberliegendes Nonnenstift mit seinen sauberen Garten= und Parkanlagen war, so überaus heiter stimmte, daß selbst unser liebenswürdige, aber still ernste Corps= Auditeur an unsern ausgelassenen Scherzen sich mit betheiligte, das blieb mir zwar zweifelhaft, jedenfalls aber schliefen wir nach dem Lachen und Scherzen, dem Singen und Tanzen und der fröhlichen Heiterkeit so ausgezeichnet, daß wir nicht einmal Zeit und Lust hatten, darauf zu achten, ob es etwa in diesen weiten, halb ver= fallenen, düsteren und beinahe unheimlichen Räumen wirklich in der Mitternachtsstunde gespukt habe, wie die Leute überall in der Stadt fest glaubten. Vielleicht haben sie auch unser lautes Herumtollen an jenem Abend für Gespensterspuk gehalten und sich über die den **maudits Prussiens** von den Unholden angethanen Quälereien und Belästigungen noch nachträglich von Herzen gefreut.

2. Februar (Donnerstag). In freudigster Stimmung und bei herr= lich warmem Frühlingswetter setzten wir den Marsch durch eine waldreiche Gegend bis **Château du Loir** fort, auf welches sich von der Höhe der Chaussee vor dem Städtchen aus ein überraschend

schöner Blick eröffnete. Schöne Landhäuser und Villen, umgeben
von Gärten mit den herrlichsten Frühlingsblumen, zwischen saftig
grünenden Rasenflächen, kleine Schlösser mit herrlichen Parkanlagen
umkränzt, ziehen sich von beiden Bergabhängen in das liebliche
Loir-Thal hinab, in welchem sich das Städtchen zu beiden Seiten
des Flusses ausdehnt, von dem aus wieder nach allen Richtungen
hin sich helle, schnurgerade Straßen und Chausseen, meistens durch
hohe Pappelalleen eingefaßt, weithin leuchtend ins Land hinein=
ziehen. Hier fand ich auch die ersten blühenden Schneeglöckchen
und Veilchen in dem Garten unseres Quartiergebers, während
unsere Aufnahme und Verpflegung Anfangs wenig befriedigend
war. —

Bald hörten wir auch den Grund hierfür, welcher es uns auch
erklärlich machte, daß trotz des überall amtlich verkündeten Waffen=
stillstandes doch wieder einige Soldaten von uns auf dem Marsche
angeschossen worden waren, ob durch Bürger oder Franctireurs,
konnte nicht festgestellt werden. Daß Letztere wahrscheinlich zum
Theil von der bestehenden Waffenruhe noch keine amtliche Kenntniß
erhalten haben mochten, war ja möglich. Auffallend war es aber,
daß die Land=, wie auch die Stadtbewohner die Besetzung von
Paris und den Abschluß des Waffenstillstandes absolut nicht glauben
wollten trotz der Bekanntmachung des Maires. Im Gegentheil,
sie waren der festen Ueberzeugung, daß diese Nachrichten, welche,
wie es scheint, zuerst durch unsere Quartiermacher bekannt wurden,
die in 2 großen Etappen nach Tours vorausgeeilt und für die
19. Division Quartiere angemeldet und ausgesucht hatten, von den
Deutschen nur erfunden seien, um die Niederlage, welche die Armee
des Prinzen Friedrich Karl durch die Loire-Armee unter Chancy
bei Laval erlitten habe, zu verdecken. Von Mund zu Mund ging
die Neuigkeit, daß auch Le Mans von den französischen Truppen
wieder genommen sei, daß die vollständig zersprengte und vernichtete
deutsche Armee sich in vollster Flucht nach Tours befinde und nicht
nur von der Loire=Armee hart verfolgt, sondern auch von allen
Seiten durch die Bewohner bedrängt und vollständig aufgerieben
würde. Um Letzteres nun möglichst zu verhüten und sich die
Rückzugslinie frei zu halten, habe der Prinz Friedrich Karl nicht
nur seine Mannschaften und Offiziere angewiesen, diese Lügen zu
verbreiten, sondern schlauer Weise auch die Maires unter An=

drohung sofortigen Erschießens im Weigerungsfalle gezwungen, durch
Proklamationen und öffentliches Ausrufenlassen überall diese falschen
Behauptungen bekannt zu machen.

Als dann aber unsere Truppen lustig singend herankamen und
stramm unter Trommelwirbel und mit klingendem Spiel in ihren
neuen, resp. wieder im besten Zustande befindlichen, saubern Uni=
formen mit selbstbewußter Sicherheit und stolzer Siegesfreude in
die Stadt einmarschirten, und so ganz und gar nicht den Eindruck
einer geschlagenen Armee machten, da fingen die Leute doch an,
etwas stutzig zu werden. — Jetzt kam auch unser Quartierwirth,
der sich bisher mit unverkennbarer Absichtlichkeit bei uns noch nicht
gezeigt hatte, in sehr bescheidener Haltung heran und fragte ganz
verlegen, ob es denn wirklich wahr wäre, daß Paris kapitulirt
habe, und daß die deutschen Truppen in die Hauptstadt eingezogen
seien. Als wir fragten, ob der Maire dies nicht schon öffentlich
bekannt gemacht hätte, erzählte er uns die oben erwähnten, aben=
teuerlichen Gerüchte von unserer angeblichen Niederlage bei Laval,
von deren Wahrheit Jedermann fest überzeugt gewesen sei. — Als
dann sich allmählich auch der Glaube an den Abschluß des Waffen=
stillstandes bei den Franzosen zu befestigen begann, da gewann doch
endlich die Freude über denselben und die Beendigung der schweren
Kriegesnoth die Oberhand in den Gemüthern, und schnell stellte sich
allgemeiner Jubel und ein gemüthlicher Verkehr mit unsern Leuten
ein. Auch wir empfanden sehr bald diesen Umschlag der Stimmung
in dem Benehmen unseres Quartiergebers, der jetzt Alles herbeiholen
ließ, was Küche und Keller Gutes und Schmackhaftes darbot, und
der dann sogar mit uns gemeinsam das Diner einnahm. — Bei
der Unterhaltung zeigte es sich freilich sehr bald, daß der Hochmuth
und die Prahlsucht der **grande nation** noch keineswegs gebrochen
war. — Auch unser Wirth wollte natürlich nicht zugeben, daß
Frankreich besiegt sei. Bei **Weissenburg, Wörth, Sedan** 2c.
seien die Franzosen wohl durch die gewaltige Uebermacht der
Deutschen zurückgedrängt oder umzingelt, aber ebensowenig besiegt
worden, wie die Erfolge bei **Metz, Strassburg, Orléans** durch
die Gewalt unserer Waffen, oder durch die Belagerungen herbeigeführt
seien, sondern die armen, tapfern Soldaten wären einfach sammt den
Festungen verkauft und verrathen worden durch ihre von Deutschland
bestochenen Führer. „Wäre **Bazaine** z. B. nicht ein Erz=Verräther

gewesen, der sein Vaterland gewissenlos verkauft habe," sagte der Wirth unter andern, „so hätte er sich mit Leichtigkeit ohne große Verluste durchschlagen und mit Mac Mahon vereinigen können." „Und wäre Mac Mahon nicht unglücklicher Weise in Sedan ver= wundet worden, so würden die erkauften Generäle nicht den Kaiser und das ganze französische Heer den Deutschen als Ge= fangene haben in die Hände spielen können!" „Au diable les traîtres, les perfides voleurs!"

„Was Ihr aber jetzt bei Orleans, Vendôme, Le Mans ꝛc. vor Euch zurückgedrängt habt, ohne sie wirklich zu besiegen, das waren ja nicht mehr wirkliche Soldaten, sondern nur Gardes mobiles und Gardes nationales!" „Ja," rief er pathetisch, „hätten wir damals, als wir noch wirkliche Soldaten, noch eine echte französische Armee besaßen, so tüchtige unbestechliche Generale wie jetzt, oder jetzt, wo wir diese Generale, wie Chanzy gefunden haben, noch wirkliche französische Soldaten gehabt, dann würden wir längst in Berlin als Sieger eingezogen sein, statt daß Ihr vom Glück begünstigt, jetzt durch unsere Schuld in Paris eingerückt seid."

„Habt Ihr doch auch Paris nicht mit Waffengewalt nehmen können," fügte dieser gute Franzose hinzu, „sondern nur durch Hunger, und wer weiß, ob nicht auch hauptsächlich wieder durch Verrath der Führer; denn daß die Deutschen die Paar Forts um Paris in Besitz hatten, das will Nichts sagen, damit war Paris noch lange nicht genommen, aber die Deutschen wagten den eigentlichen Angriff auf Paris deßhalb nicht, weil sie sich vor den Barricaden fürchteten ꝛc." Kurz, es ist unglaublich, wie die grande nation auch jetzt noch sich stolz aufbläht und prahlt, und wie wenig sie durch alle ihre Niederlagen und Verluste bis jetzt noch gedemüthigt ist. Aber ein Mittel giebt es doch, diesen prahlerischen Hochmuth zu brechen, wenn man nicht ruhig und geduldig genug bleibt, um über solche An= maßungen einfach zu lachen, und dies Mittel ist, mit ihnen ordentlich Deutsch zu sprechen. Denn wenn man nur diesen unverschämten Anmaßungen und Prahlereien ordentlich grob, oder wie man zu sagen pflegt, gröber wie grob entgegentritt, so verwandelt sich der brüllende, scheinbar blutgierige Löwe schnell genug in ein unschuldiges, zahmes Lamm, und aus dem protzigen Preußen-Fresser ist dann im Handumdrehen ein kriechend freundlicher, devoter und galanter Franzose geworden.

Auch wir mußten schließlich zu diesem Radicalmittel greifen und waren mit der Wirkung desselben vollkommen zufrieden.

3. Februar (Freitag). Da die Aussicht, noch einmal in der noch kleineren Stadt Neuillé Pont Pierre Nachtquartier zu nehmen nach den Erfahrungen der letzten Tage und bei der Ueberfüllung des Ortes mit Truppen nicht sehr verlockend erschien, so hatte sich der Generalarzt entschlossen, den Rest des Marsches bis Tours in einem Tage zurück zu legen, obwohl die Entfernung etwa 45 Kilometer betrug, und das Wetter sich etwas verschlechtert hatte. Es war zwar noch milde Frühjahrswitterung, aber der Himmel war doch bewölkt und sandte hin und wieder einen feinen Regen auf uns herab, den dann die warmen Sonnenstrahlen freilich bald wieder aufsogen. Wir hatten auch diesmal keine Burschen mitgenommen, dieselben mußten vielmehr die Begleitung unseres Acten- und Gepäckwagens übernehmen, da die Bagage des Stabes großentheils nur bis Neuillé und erst am folgenden Tage nach Tours hinein fuhr. Die Gegend bot viel Abwechselung, namentlich war der Rückblick auf das Thal des Loir mit der Stadt Chateau du Loir von der Höhe des linken Flußufers fast noch lieblicher, wie auf der andern Seite; die Wege waren trocken und ziemlich glatt, so daß wir rasch vorwärts kamen. Der Generalarzt ritt an diesem Tage sein kleineres, etwas unruhiges Pferd, welches die letzten Märsche bei der Bagage mitgemacht hatte und überhaupt allein noch unruhiger und heftiger ging, wie in der Colonne; es fiel häufig beim Antraben, oder Verstärken des Trabes in Galoppsprung und war dann schwer wieder in Trab zu bringen, wenn ich nicht etwas zurück, aber doch immer noch in gleicher Höhe blieb. Wir waren etwa 10 Kilometer weit geritten, als beim Traben auf theilweise frisch aufgeschütteter Chaussee des Generalarztes Pferd wieder in Galopp fiel, so daß ich meinen Braunen etwas antreiben mußte, um nicht zu weit zurück zu bleiben, zumal wir mitten in einem Gespräche waren. Hierbei muß ich mich wohl, um besser zu hören, etwas vorgebeugt und den Zügel nicht straff genug gehalten haben, kurz, mein Pferd stolperte über eine aufgeschüttete Stelle, ließ sich zwar hochreißen, fiel dann aber nochmals so tief und zugleich etwas nach der Seite mit den Vorderbeinen in die Kniee, daß ich mit dem linken Fuß gegen die Chaussee stieß in dem Augenblicke, wo ich die Schenkel fest angelegt, die Beine straff gestreckt und mich mit dem

24*

Oberkörper weit nach hinten zurückgebogen hatte, um das Pferd leichter wieder hochreißen zu können. Letzteres gelang mir freilich auch, so daß weder Pferd, noch ich wirklich zu Fall kamen; als jedoch das Pferd wieder fest auf den Beinen stand, und ich dem Generalarzte nachtraben wollte, schoß mir ein so heftiger, scharfer Schmerz durch den Oberschenkel, die Hüfte und linke Rückenseite, daß mir die Thränen in die Augen traten und ich mich an der Mähne und dem Sattelknopfe fest halten mußte, um nicht vom Pferde herunter zu fallen, und jeder Bewegungsversuch im Hüftgelenk steigerte diesen Schmerz aufs Höchste. Es mußte entweder ein Nerv stark gezerrt, oder ein mehr oder weniger großer Theil eines der Oberschenkel= muskel eingerissen, oder mit seiner Sehne vom Knochen abgerissen sein. Allmählich beruhigte sich der Schmerz etwas, und nach einiger Zeit konnte ich sogar wieder, wenn auch nicht ohne unangenehme Schmerzen, neben meinem Chef weitertraben, bis wir nach unserem eigentlichen Nachtquartier, dem Städtchen Nouillé kamen und dort eine längere Frühstückspause zu machen uns entschlossen. — Hatten sich beim Reiten die Schmerzen ziemlich verloren gehabt, so daß ich die 10—12 Kilometer ohne besondere Anstrengung hatte zurücklegen können, so war dagegen jeder Versuch allein vom Pferde zu steigen ganz unmöglich. Es blieb daher nichts übrig, als daß ein Stuhl geholt wurde, ich mich vorsichtig auf den Hals des Pferdes nieder= beugte, während ein Andrer mein rechtes Bein langsam und vor= sichtig rückwärts über den Sattel hob, und ein Dritter mich linker= seits unterstützte, bis ich glücklich auf dem Stuhle stand und dann von 2 Leuten herunter auf die Erde gehoben wurde. Auf den Säbel gestützt und meine heftigen Schmerzen mit aller Gewalt ver= beißend, konnte ich langsam zum Saale gehen, wo mehrere bekannte Offiziere bereits bei Speise und Trank saßen, und bald waren wir im heitersten Plaudern und Trinken, bis wir plötzlich inne wurden, wie schnell die Zeit verflogen war. Sehr angenehm war es mir, daß der Generalarzt sich den Offizieren zunächst anschloß, welche die versäumte Zeit nachholen mußten, um rechtzeitig nach Cercelles zu kommen, welches Dorf etwa 8—9 Kilometer südwärts nahe der Chaussee lag. Das Absitzen war schon umständlich gewesen, das Aufsitzen schien aber kaum möglich, um so mehr, als mein allein zurück gebliebenes Pferd beständig hin= und hertrippelte und seinen vorauslaufenden Gefährten ungeduldig nachstrebte. Mit Unterstützung

von 4 Mann wurde ich endlich in ähnlicher Weise, wie beim Ab=
sitzen, langsam in den Sattel gebracht, nicht ohne wiederholt die
heftigsten Schmerzen dabei zu spüren.. Kaum saß ich aber fest im
Sattel, so waren auch die Schmerzen fast ganz verschwunden und
blieben es auch, so lange ich jede bedeutendere und schnellere Be=
wegung der Beine sorgsam vermeiden konnte. Als ich dann die
Chaussee wieder erreichte, sah ich die 4 bis 5 Herren in schlankem
Trabe bereits über 1 bis 1½ Kilometer weit vor mir reiten.
Mein Brauner spitzte sofort die Ohren und drängte so vorwärts,
daß er nur schwer zurück zu halten war; so ließ ich ihm denn mehr
und mehr die Zügel frei, und bald schoß er in scharfem Galopp
dahin, merkwürdiger Weise, ohne daß mir dies die geringsten Be=
schwerden verursachte. Als die Vorausreitenden mich so schnell
herankommen sahen und hörten, gaben sie ihren Pferden die Sporen
und stürmten bald im Galopp, bald in scharfem Trabe, nicht selten
aber auch im tollsten Carrière vorwärts, bis unsere Wege sich trennten,
sie seitwärts abbogen und der Generalarzt mich dann langsam weiter
reitend erwartete. Als wir nach der Uhr sahen, stellte sich heraus,
daß wir diese 8 bis 9 Kilometer in etwa 15 Minuten, d. h. den
Kilometer in etwa 1¾ bis 2 Minuten zurückgelegt hatten, trotzdem
hatte ich nicht die geringsten Schmerzen empfunden, wohl aber waren
aus unsern Braunen eine Art Apfelschimmel geworden, so hatte sich
der Schweiß im dicken Winterfell bei ihnen zu Schaum umgewandelt.
Die noch übrig bleibenden 12 bis 15 Kilometer wurden Anfangs
leicht überwunden, zumal die Gegend mit jedem weiteren Kilometer
reizender wurde. Die Berghöhen begannen sich mit alten, trotzig
dareinschauenden und mit neueren, geschmackvoll und wohnlich
erbauten Schlössern, mit Landhäusern und Villen zu bedecken, die
meist in ausgedehnten Park = Anlagen und weit sich hinziehenden
Waldungen lagen, oder mit saubern, im ersten Frühlingsgrün
prangenden Gärten mit blühenden Mandelbäumen und knospenden
Sträuchern umgeben waren. Meistens führten lange, weißglänzende
Fahrwege, von hohen Baumalleen eingefaßt, oder herrliche Auf=
fahrten und Epheu umrankte, prunkende Einfahrtsthore zu den=
selben und von ihren thurmgeschmückten Zinnen herab wehte die
Tricolore, oder mit Wappen geschmückte Fahnen flatterten lustig
im leisen Frühlingshauche. Je mehr wir uns Tours aber näherten,
desto mehr machte sich die Müdigkeit der Pferde geltend, welche den

beiweiten größten Theil des über 45 Kilometer langen Weges in ziemlich
scharfem Trabe, sogar im Galopp und Carrière zurückgelegt hatten,
desto anstrengender wurde auch das Reiten und um so unerträg=
lichere Schmerzen stellten sich bei mir ein, da die verletzte Parthie
entzündlich anzuschwellen und brennend heiß zu werden begann, und
daher jede unsanfte Bewegung, jeder harte Tritt des Pferdes die
Schmerzen vermehrte.   Jetzt hatten wir die Vorstadt Saint-Sym=
phorien erreicht und bogen auf den runden Platz ein, auf dem am
20. Dezember unsere Geschütze aufgefahren und Major v. Scherff
verwundet worden war. Ueberwältigt von dem unbeschreiblich schönen
Anblick, der sich uns von hier aus auf Tours eröffnete, hielten wir
unwillkürlich die Pferde an und versenkten uns in das schöne Bild,
das vom Dezember her in Folge der damals bestehenden Auf=
regung und Ablenkung durch die kriegerischen Ereignisse bei mir nur
noch eine sehr unvollkommene, schwache Erinnerung hinterlassen
hatte. — Die breite, von Villen, Landhäusern, Gärten und Park=
anlagen eingefaßte, zur Loire hinabsteigende Straße, die sich in
schnurgrader Richtung durch die weithin sich ausdehnende Stadt
fortsetzte, die lange, wundervolle Brücke über den breiten Strom,
die mächtige Kathedrale, die vielen stattlichen Häuser und Kirchen
der überaus saubern Stadt, das Alles erschien mir viel schöner,
entzückte das Auge weit mehr, wie dies mir vom Dezember her in
der Erinnerung war.   Dann ritten wir über die lange Brücke,
welche hier die mehr als 1500 Fuß breite, von einer größeren und
einer kleineren Insel in drei Arme getheilte Loire überspannt. Trotz
ihrer Länge besitzt die Brücke eine sehr bedeutende Breite und ruht
auf mächtigen, massiven Steinpfeilern und Bogen, deren weiß=
glänzende Quadersteine sich eindrucksvoll von den bläulichen Fluthen
des Stromes abheben, während das frische Grün und die hübschen
Baumgruppen der Inseln die Einförmigkeit des langen Brücken=
baues wohlthuend unterbrechen.   Das letzte Stück des Weges über
das glatte Straßenpflaster, auf welchem die völlig ermüdeten und
überanstrengten Pferde beständig ausglitten und zu stürzen drohten,
war für mich noch eine wahre Marter und äußerst anstrengend.
Meine Aufmerksamkeit wurde zugleich hierdurch so vollständig in
Anspruch genommen, daß ich zunächst von der Stadt nur den allge=
meinen Eindruck der Sauberkeit und Eleganz, des Reichthums und
des Großstädtischen erhielt.

Endlich gegen 2 Uhr Nachmittags, nach kaum 4½stündigem Ritt und einer Ruhepause von wohl 1¼ Stunden Dauer, langten wir glücklich vor unserem Quartier in einem schönen, hocharistokratischen und umfangreichen Gebäude der gräflich X.schen Familie an, auf dessen geräumigem und äußerst sauber gehaltenem Hofe sich die eleganten gräflichen Stallungen, Wagenremisen und Dienerwohnungen befanden. Das Haus, oder eigentlich das gräfliche Stadtschloß lag am Ende des großen, schönen Platzes, auf welchem sich die Kathedrale, ein wahrer Wunder=Kunstbau erhebt und gestattete uns einen Ein= blick in den nahen bischöflichen Garten. — Unser Wagen und die Burschen waren bereits längere Zeit dort, so daß wir unsere Zimmer in gemüthlichem Zustande vorfanden, ich zunächst freilich nur eine geräumige Mansardenstube mit einem herrlichen Blick auf einen Theil der Kathedrale und mit einem ganz ausgezeichnet guten Bette. — Es war ein langwieriges, mühsames und schmerzhaftes Unter= nehmen, mich vom Pferde herunter und die schmale Treppe zu meinem Zimmer hinaufzubringen, da ich sowohl der Schmerzen, wie der Steifheit und absoluten Bewegungs=Unfähigkeit der Beine wegen selbst nur wenig hierbei mithelfen konnte. Es waren der Ober= lazarethgehülfe, unser Schreiber und alle 3 Burschen nöthig, um mir das Absteigen vom Pferde zu ermöglichen; während ich mich auf den Hals des Pferdes niederbeugte, mußte jederseits ein Bursche das betr. Bein langsam nach hinten über die Sattelhöhe biegen und dann drei Mann mich selbst in dieser Stellung etwas in die Höhe heben, während der 4. vorsichtig das Pferd unter mir fort= führte. Dann erst konnte ich von den 4 Leuten (das Pferd nahm der Kutscher sofort in Empfang) auf die Erde niedergestellt werden. Als es mir aber selbst bei Unterstützung durch 2 Leute nicht möglich war, auch nur einen Schritt vorwärts zu thun und jede Bewegung der Beine mir die heftigsten Schmerzen verursachte, mußte ich auf mein Bett getragen, mit der größten Vorsicht entkleidet und gelagert werden. So lag ich denn still und regungslos im einsamen Zimmer, jede Bewegung der sofort auftretenden, heftigen Schmerzen wegen ängstlich vermeidend, aber zufrieden, dankbar und mich glücklich schätzend, daß dieser Unfall mich erst jetzt betroffen hatte, wo der Waffenstillstand es mir gestattete, ohne Dienstversäumniß meine Wiederherstellung ruhig und unter den allergünstigsten Umständen und Verhältnissen abwarten zu können.

4. Februar (Sonnabend). So freundlich und warm auch die helle Frühlingssonne in mein gemüthliches Zimmer schien, und so erfrischende, laue Lüfte auch durch die geöffneten Fenster aus den naheliegenden Gärten zu mir hereindrangen, sie konnten mich doch nicht aus der Verstimmung herausreißen, die sich meiner bemächtigt hatte. Es waren nicht sowohl die Schmerzen am Bein, die sich durch Ruhe und kühlende Umschläge bereits sehr gemildert hatten, auch nicht allein das Unbehagen, bei dem herrlichen Wetter bewegungslos im Bette liegen zu müssen, was mich so mißmuthig machte, es war vielmehr das Bedauern und die Traurigkeit dar= über, daß ich nicht an der schönen heutigen Feier mit Theil nehmen konnte. Denn mit dem heutigen Tage begann für uns der 20tägige Waffenstillstand und derselbe wurde eingeleitet durch den feierlichen Einzug unserer erst heute in die Stadt Tours einrückenden Truppen= theile des X. Armee=Corps. — An den beiden ersten Einmärschen in die Festung Metz und in Orléans, gleichsam an der Besiegelung der beiden ersten, glücklich gelösten Aufgaben, welche der Krieg der II. Armee gestellt hatte, war es mir vergönnt gewesen, mit dem siegreichen X. Armee=Corps theilzunehmen. Auch während des dritten und letzten Abschnittes der Kriegs=Operationen der II. Armee, bei der Verfolgung und Vernichtung der bei Orléans geschlagenen Loire-Armee, hatte ich alle Anstrengungen und Gefahren, Ent= behrungen und Kämpfe mit dem X. Corps treulich getheilt. Und jetzt, wo nicht nur die glückliche Ausführung dieses Auftrages, sondern zugleich auch der vorläufige Abschluß des ganzen Krieges durch den heutigen Einzug des X. Armee=Corps in Tours gefeiert werden sollte, gerade heute hielt mich eine geringfügige Verletzung von der Theilnahme an diesem allgemeinen freudigen Ereigniß zurück.

Wehmüthig und sehnsuchtsvoll lauschte ich daher den Klängen der rauschenden Militairmusik, dem Trommelschlag und Trompeten= schall der mit fliegenden Fahnen einziehenden Krieger, und schmerz= lich durchzuckten mich die dröhnenden Paukenschläge der lieb= gewordenen Weisen unserer Kriegsmärsche. Jetzt tönte auch dumpf das Brausen und Wogen der defilirenden Truppen ins Fenster hinein, welche ihrem verehrten Führer jubelnd ihr: „Guten Tag Excellenz!" zuriefen als Antwort auf seine herzliche Begrüßung, dann übertönte das Rasseln der Geschütze, das Klappern und Klingen des Pflasters unter den Hufen der Cavallerie=Pferde und das dumpfe Rollen der noch die Brücke passirenden Munitions= und Train=Colonnen jedes andere Geräusch. Doch nein, deutlich hob sich jetzt in der Ferne ein regelmäßig dumpfer Schall von dem ver= worrenen Lärmen und Brausen ab und deutlich näherte sich der tact= mäßige Trommelwirbel; bald darauf erzitterten und klirrten die Fensterscheiben von den Paukenschlägen, melodisch erklang das helle reine Glockenspiel und mit herzerschütternder Gewalt flutheten und brausten zum offenen Fenster hinein die Klänge unseres schönen, echt deutschen Liedes der Wacht am Rhein. — Mühsam und mit Schmerzen richtete ich mich soweit auf, daß ich wenigstens noch sehen konnte, wie unsere braven Westphalen stolz und straff in gleichem Schritt und Tritt unter meinem Fenster vorbei durch die Straße zogen und auf dem nahen Platze aufmarschirten, um gleich darauf mit ihren Quartierbilletten sich froh, vergnügt und zufrieden, plaudernd und scherzend, zum Theil in ausgelassen tollen Sprüngen, wie junge Fohlen nach allen Richtungen hin zu zerstreuen.

So hatte ich denn schließlich doch wenigstens noch etwas von dem Einzuge unserer Truppen gesehen und mußte unwillkürlich die Schiller'schen Worte der Jungfrau von Orléans citiren:

Die Waffen ruh'n, des Krieges Stürme schweigen,
Auf blut'ge Schlachten folgt Gesang und Tanz,
Durch alle Straßen tönt der munt're Reigen,
Altar und Kirche prangt in festes Glanz u. s. w.

Ja! Auch bei uns ruhten die Waffen und wenn auch nicht gerade Gesang und Tanz folgte, — denn zu Letzterem waren die Tourangoises noch zu sehr durch die ungeheuerlichen Gerüchte eingeschüchtert, welche allseitig über uns Barbaren, über unser vermeintlich rohes, formloses Wesen und ungelenkes, unfeines Be= nehmen ausgestreut worden waren, — so fehlte es doch nicht an Heiterkeit und fröhlicher Lebenslust.

Von Seiten der Truppen wurde dabei selbstverständlich die weitere Ausbildung der Ersatzmannschaften und die Uebung in den= jenigen militairischen Dingen in keiner Weise verabsäumt, die sich durch die Kriegserfahrung als besonders wichtig gezeigt hatten. Wußten wir doch nicht, ob der Waffenruhe ein definitiver Frieden folgen würde, oder ob nicht die Franzosen, deren Hochmuth, An= maßung und Ueberhebung wir ja täglich beobachteten, die durchaus noch nicht mürbe zu sein schienen, in ihrer Verblendung den Kampf

troß aller Niederlagen und Verluste doch noch einmal wieder auf=
nehmen würden.

Waren wir aber sowohl mit der alten, nicht nur durch den
Friedensdienst sorgsam ausgebildeten, sondern auch durch die vielen
Kämpfe in Africa und theilweise in Mexico und Italien practisch
geübten Truppen des Kaiserreiches fertig geworden und hatten die
mit einer unerwarteten Bravour und Hartnäckigkeit kämpfende
Loire-Armee, die zu ihrer Verstärkung herangezogenen Marine=Truppen
und sogar die wilden algerischen Horden siegreich zurückgeworfen,
zerstreut und so gut wie vernichtet, so waren wir wahrlich nicht
besorgt, daß eine dritte, etwa nochmals neugeschaffene Armee ohne
gründliche Durchbildung, Kriegserfahrung und Uebung im Stande
sein würde, wie einst die um die Jungfrau von Orléans sich
schaarenden Kämpfer, uns jetzt noch die Vortheile wieder zu entreißen,
die wir über Frankreichs Macht durch ernste, blutige und verlust=
reiche Kämpfe so mühsam erworben hatten.

Wir konnten also in sicherer Ruhe und ohne Sorge um die
Zukunft auch bei etwaiger Fortsetzung des Krieges — die Erfolge
der Armee nun auch klug und ausgiebig auszunutzen, war ja Sache
der Diplomatie — uns der Erholung und Erfrischung ungestört
hingeben und die Zeit des Waffenstillstandes möglichst angenehm
verbringen. Und so nahmen denn auch wir gleich bei unserer An=
kunft in Tours es uns vor, die vielen Schönheiten und Sehens=
würdigkeiten der berühmten, herrlichen Touraine möglichst aus=
giebig und eingehend kennen zu lernen und den Frühling, der in
einer wunderbaren Milde und Pracht seinen Einzug zu halten
begann, in dieser entzückenden Gegend im ausgedehnten Maße zu
genießen.

Verlag von Max Babenzien in Rathenow.

Kriegstagebücher.

Aus meinem Tagebuch. Erinnerungen an Schleswig-Holstein 1864 von C. Bunge, Hauptmann z. D.
Preis brosch. 2 M., eleg. kart. 2 M. 50 Pf.

Feldzugs-Erinnerungen eines Fünfunddreißigers 1870-71 von Hugo Ehrenberg, Landwehrlieutenant a. D., ehemals Einjährig-Freiwilliger der 7. Kompagnie des Brandenb. Füsilier-Regiments No. 35.
2. Aufl., brosch. 3 M., eleg. kart. 3 M. 50 Pf.

Vom Rhein bis zum Kanal. Erinnerungen an den Feldzug 1870—71 von Wilhelm Ernst. (Im Druck).

Kriegstagebuch eines einjährig-freiwilligen Ulanen aus dem Feldzuge 1870—71 von August Fitze.
Preis brosch. 3 M., eleg. kart. 3 M. 50 Pf.

Vor zwanzig Jahren. Erlebnisse im Feldzuge 1870—71 von Horst von Gersdorff.
Preis brosch. 1 M. 50 Pf., eleg. kart. 1 M. 80 Pf.

Pulverdampf. Heitere und ernste Bilder aus Kriegs- und Friedenszeiten von Adalbert Leese-Loewe.
Preis brosch. 1 M., eleg. kart. 1 M. 25 Pf., eleg. geb. 2 M.

Kriegserinnerungen eines 20er Füsiliers aus dem Feldzuge 1870—71. Nach mündlichen Mitteilungen des ehemaligen Gefreiten Wilhelm Lehmann, bearbeitet von Richard Lehmann.
Preis brosch. 1 M. 20 Pf., eleg. kart. 1 M. 50 Pf.

Erlebnisse eines kleinen Preußen in Frankreich im Jahr 1870 von Dr. F. M. in O., Lieutenant der Reserve. (Im Druck).

Das Dienst- und Kriegsjahr eines brandenburgischen Jägers von Prenzel, Oberlehrer. (Im Druck).

Hinter der Front. Ernste und heitere Erinnerungen eines Feld-Lazareth-Beamten aus dem deutsch-französischen Kriege 1870—71 von Paul Wendt.
Preis brosch. 1 M. 80 Pf, eleg. kart. 2 M. 25 Pf.

■ Zu beziehen durch alle Buchhandlungen. ■